U0804554

现代新儒家美学论衡

XIANDAIXINRUJIAMEIXUELUNHENG

侯敏 著

齊魯書社

本书由国家社会科学基金资助出版

目 录

观照篇

专题篇

绪　论

现代新儒家简称新儒家，是20世纪中国人文社会科学领域中的一个著名的儒雅而坚毅的学术群体和流派，它们广泛涉及了文化、哲学、伦理、文学、艺术、历史等多方面的内容。如果说哲学形而上学始终是大多数新儒家理论的核心的话，那么，文艺美学也是新儒家学说的一个重要组成部分。从20世纪20年代开始，现代新儒家的许多成员表现出对文学艺术的美学关注，呈现出中国现代人文学术领域里的独树一帜的文艺美学。新儒家开其文化之眼，觅其审美之趣。在学术发展的意义上，新儒家的美学思想确乎表现了一种独特的价值。他们继承了中国文化的精神和传统思想的材料，在赓续圣贤文脉、援西学入儒学的过程中，以“统之有宗，会之有元”的跨学科的学术建构，彰显了一种“大美学观”的话语体系。

一、灵根自植

20世纪二三十年代，梁漱溟、熊十力等人面对西方文化在近代中国的传播与挑战，特别是五四前后激烈的反传统主义倾向，深感中国传统文化价值体系崩溃的危机，以恢复传统文化的价值和地位为职志，融会中西，弘扬儒学，以使儒学适应现代化的潮流，在现代中国思想史上掀起了颇有影响的“返本开新”的文化思潮——现代新儒家。现代新儒家作为一个学派或一个学术共同体，从20世纪20年代在中国大陆兴起，到50年代运衍于中国的香港与台湾地区，直到目前海外新儒学的发展，经历了一个较长的曲折的历史发展过程。80年代末，现代新儒家的学术犹如重放的鲜花传入国内，引起了学者们的广泛兴趣。

现代新儒家在学术界萌蘖而退守，蓄势而重归，除时代的背景外，是与它与众不同的流派特征分不开的。笔者同意当代学者方克立对现代新儒家的概括：现代新儒家以赓续儒家道统、复兴儒学为己任，以服膺宋明理学（特别是儒家心性之学）为主要特征，力图以儒家学术为主体、为本位，来吸收、融会、会通西学，以寻求中国现代化之道路，因而至今仍具有一定的生命力。方克立还把现代新儒家的研究对象界定为梁漱溟、熊十力、张君劢、冯友兰、贺麟、钱穆、方东美、唐君毅、牟宗三、徐复观等十人，这些现代大儒属于现代新儒家的第一代和第二代，有的则是跨两代的人物。迄至当代，新儒家滋生出第三代，如刘述先、杜维明、成中英等，大都活跃在当今海外学术思想界，并经常来中国内地讲学，在传播新儒学思想方面表现出更多的特点。① 笔者以为，方克立的这个观点既指出了现代新儒家的学术意义，又厘清了现代新儒家的学术传承，较为准确地概括了现代新儒家的特征和阵容。

当我们把现代新儒家置于现代中国思想版图之中加以认识时，我们不得不承认：现代新儒家以其独特的精神个性形式，构成了一道绮丽而独特的学术文化风景。大致说来，现代新儒家呈现出这样的运衍历程，即从“奠其基”（第一代），到“造其模”（第二代），再到“扬其波”（第三代）。伴随着近百年的文化思潮的动荡，现代新儒家的论述立场和文化选择始终固守两个基点：一是自尊。

① 方克立：《要重视对现代新儒家的研究》，《天津社会科学》1986年第5期。

新儒家竭力从文化精神方面维护中华民族的尊严和独立，强化民族的自信心和凝聚力。二是自立。新儒家在“西化”大潮中力图“化西”，在博古通今的基础上，灵根自植，复兴中国文化。文化担当和文化使命之意识驱使新儒家竖起脊梁，张开慧眼，点燃人文学术之灯，拓展文化美学之路。

（一）守常应变：大变局中的大思考。

现代新儒家学术思潮的兴起，是与中国近现代文化的变革联系在一起的。一般认为，现代新儒家思潮是对五四时期激烈的反传统主义的回应而兴起的一种文化保守主义。在五四时期，激烈的反传统主义显示了一种明显的西化倾向和对传统文化的粗暴态度。

五四新文化运动所表现的观念的现代化变革，乃是以民主和科学为武器，对传统文化的深层观念形态进行全面的、激烈的批判。从儒学的根本基础到伦理道德，从民族性格到风俗礼仪，从文言文到旧文学，都成为反传统主义者激烈攻击的对象。陈独秀、胡适、钱玄同、易白沙、鲁迅、吴虞等人，举起了与传统根本决裂的大旗。他们明确声明：“欲建设西洋式之新国家，组织西洋式之新社会，以求适今世之生存，则根本问题不可不首先输入西洋式的国家之基础，所谓平等人权之新信仰，对于与此新社会新国家新信仰不可相容之礼教，不可不有彻底不觉悟、猛勇之决心；否则不塞不流，不止不行。”①五四新文化运动的激进派过于以西方的价值标准来批判或建构中国文化，表现为一种“西化”倾向和激烈的反传统主义的行为。

作为渊默沉潜的知识分子，新儒家坚守时势变迁中的恒定部

① 陈独秀：《宪法与礼教》，载《陈独秀选集》，天津人民出版社 1990 年版，第 42 页。

分,建立自己的精神据点,以驰骋于新的文化空间。怀着本位的皈依,他们对历史与社会诸文化问题进行了梳理、甄别、重构、展望。

1. 从"狮子之吼"到"儒学复兴"。

现代新儒家是在中国文化遭受西方文化猛烈冲击的时代背景下,主要从捍卫儒家思想和民族传统文化的角度来宣扬儒学的复兴和发展的。近百年来的危机,使人们对中国文化的自信心丧失殆尽,文化的主体意识和自觉意识都降到了最低点。新儒家意识到:中华民族的复兴离不开中国文化的复兴,中国文化的复兴必先要有文化的自觉。作为中国文化主体部分的儒学,具有现代转化和重构的价值。他们拒斥"全盘西化"派对于儒学和中国文化价值体系的否定,而极力论证这个价值体系的合理性和它对中国乃至世界的必要性。

为了回答五四激进派陈独秀、胡适等人对孔教的责难,梁漱溟感觉自己有责任为孔子与儒家学说张目,为孔子与儒学辩护。在陈、胡等已经激烈地冲击"孔家店"之后,梁漱溟坚持要把"孔家店"再修复起来。在狂飙突进的反传统主义的大潮中,梁漱溟挺身而出,发出了"狮子吼"。1918 年,他在北大哲学研究所发起一个孔子思想研究会,接着开始在北大讲"东西文化及其哲学"这一专题。1921 年,《东西文化及其哲学》出版,揭开了现代新儒家学术思潮的序幕。

在《东西文化及其哲学》一书中,梁漱溟以复兴儒学为职志,"评判东西方各家学说,而独发挥孔子哲学",给予孔子很高的评价,认为"中国文化中间以孔子作个枢纽,孔子以前的中国文化差不多都收在孔子手里。孔子以后的中国文化又差不多都由孔子那里出来"。因此,孔子在中国思想文化史上有着至高无上的地位。在中、西、印三种文化路向面前,梁漱溟所选择的是中国文化;而在中国文化里,他又独钟儒家文化。梁漱溟手上所持的文化评价标准是儒家的道德尺度。在这一尺度的衡量下,梁漱溟认为不仅西方文化有不可救药的病根,就是最高层次的印度文化也是违背"生命本性"的。中国文化的"意欲自为调和持中"之优点,在于它避免了西方人和印度人有关形而上学的错误认识。按照梁漱溟的分析,中国的形而上学有着自己的问题和解决问题的方法。孔子的形而上学和伦理学决非是二分的,伦理不仅是形而上学说的落实,而且是与其一体的。在孔子的学说里,人生是生生不息的流行本体,人的生活就是走那最妥帖最适当的道路,其实质就是变化,就是流衍。在这一变化和流衍中,人生须得适中与调和。这在孔子那里集中体现为一个"仁"字。孔子儒学所倡导的"极有活动而稳静平静"的境地,意义的伟大之处就在于它从根本上解决了人类身心关系的问题。梁漱溟指出,孔子的人生道理原本是最好的,只可惜没有得到很好的落实,被后代儒生弄歪了,弄偏了,糟践了孔子学说的真义。当下最要紧的不是去向别人学习,而是复原孔子学说的真貌。这是中国新文化建设的必由之路。梁漱溟宣称"这书的思想差不多归宗儒家",目的是要为孔子说个明白,把中国人和西洋人导向至美至善的孔子路上来;他甚至预测,在不远的将来,世界文化会走"孔家的路","世界未来文化恰将是中国文化的复兴"。

熊十力努力的方向是重建国人的终极关怀和价值信念。面对西方文化的猛烈冲击以及反传统主义者的菲薄固有、抛却自我、失所归依的激进倾向,熊十力致力于传统文化精神价值的弘扬、发掘和重建。他赓续儒家的内圣心学的传统,宣称"吾以返本为学",撰成《新唯识论》。他以重建中国儒学的本体论为使命,以系统的理论形式对儒家思想作了创造性的发挥。他提出了"翕辟成变"、"体用不二"、"理气统一"、"心体无别"、"性智自证"以及"本心之仁"等一系列哲学范畴、命题,并以《易传》和阳明学为本,改造唯识学概念系统为方法，建立其“一元实体论”，强调“本心”、“即用显体”、“即心显体”，并使本体论、知识论、人生论三者合一，完成了一个中国本土性的现代哲学体系。

从《新唯识论》、《体用论》、《明心篇》三书所开创的哲学架构，到《原儒》、《读经示要》、《乾坤衍》所表述的人文精神意识，熊十力直陈儒家大义，希冀引导国人返归于自己固有的“本心”、“性智”、“良知”，深入到自己的内在本性，掘发其内在无尽的宝藏，自本自根，自尊自信，自主自立，自开自发，挺立中国文化的精神价值，重建民族文化的主体性。熊十力作“狮子吼”，一方面呼吁人们对传统文化“好自护持，毋令断绝”，另一方面反对自暴自弃，随波逐流。正是在重建儒家形而上学的意义上，熊十力开启了现代新儒家之津梁。

在历史和社会的大变局中，新儒家充满着一种守常应变的大追求。梁漱溟晚年在谈到自己的思想历程时说过，他一生致力于解决两个问题：一是人生问题，即人活着为什么；二是社会问题，即中国问题，中国向何处去。“促成我的实际行动的，如中国问题占了上风，我则参加辛亥革命，当新闻记者，进北大教书等等；如人生问题占了上风，我便不结婚，吃素，想出家。这两大问题在我身上始终矛盾着，运行着。后来，中国问题逐渐占主导地位，人生问题逐渐退居次要地位。”①人生问题是要追求生命的终极意义，中国问题则是探询中国文化的现实出路与未来走向。五四以后，新儒家全力以赴所要解决的，正是安身立命之地和中国文化健康发展的方向。

2. 从“客观悲情”到“架构思辨”。

20 世纪的三四十年代，是中华民族遭受劫难、民族危机深重的

① 《梁漱溟问答录》，湖南人民出版社 1988 年版，第 30 页。

年代,也是新儒家构筑其庞大的思想体系的时期。中国传统文化在近代以来一直遭受西方文化的冲击,绝大部分中国人也自觉地意识到传统文化的弊病,于是批判传统文化也就成了五四新文化运动前后的进步学者的当务之急。我们应该承认,这种对传统文化的弊病的批判从总体上讲是正确的。但是我们也应该看到,这种批判的一个负面效应是:中国传统的价值观念的失落和传统的人文意识的丧失,其结果就使人们的思想和行动失去了根基。

在国势艰困、文运否塞之时,新儒家的学者们本于他们的孤怀闳识以及对国家民族、历史文化、时代学术的感受,开始从头疏导民族文化生命的内在本性和发展途径。熊十力在流寓巴蜀之际,完成了《新唯识论》语体本的改写和《读经示要》的出版。他要借心性之学的本心、大易之天道,重塑儒家本体论,以振兴民族哲学和文化。抗战时期,冯友兰援用《周易》"贞下起元"之意,著《新理学》、《新原道》、《新事论》、《新世训》、《新原人》、《新知言》等所谓"贞元六书",建立了自己的哲学体系。而这些著作是在他任教西南联大期间生活极其艰苦的环境下撰写的。冯友兰重建形而上学的工作包含三个主要环节,它们分别是:现代的逻辑分析方法、经验事实和人生境界说。这最后一个环节是冯友兰所说的对宋明理学"接着讲"的著述。方东美发表《哲学三慧》、《生命情调与美感》后,即投入全民抗战运动。当时他以南京国立中央大学哲学教授的身份,应教育部邀请,在中央广播电台向国人倾心播讲中国人生哲学,激发人们热爱国家、民族及其文化的精神,奋起抗击侵略者。随即讲稿印成《中国人生哲学概要》发行。抗战时期,钱穆对中国文化的研究是以昂扬的民族精神为其主要内容的,强烈的民族意识是他这一时期文化思想的灵魂。《国史大纲》、《中国文化史导论》即是这时期撰写出版的名著。钱穆之所以从历史研究转入文化研究,是希望通过对民族文化的研究,去寻找抗战救国的文化资源。而对近代以来特别是五四新文化运动以来全盘反传统思想的批判,则是他转入文化研究的动因。

在大多数新儒家那里,呈现出一种双重的回归:在思想上,是由西学向传统学养的回归;在心灵上,是由慷慨激昂向宁静致远的回归。在双重的回归中,完成了他们的心路历程,蕴藏在他们心中的国魂开始觉醒。新儒家内心坚信:中国文化有着非常强劲的生命力。他们把中华民族比作大地上的一株古梅,扶疏茂盛数千年,只因近代外国列强的侵略,才导致如今的灾难;但中华古梅神木植根深远,集义永生,决难摧残殆尽。因而,一方面他们弘扬中华要义,激发民众;另一方面埋首古代经典,投入到对中国文化的探讨中。新儒家的后起重镇,如唐君毅、牟宗三等也脱颖而出。唐君毅出版《人生之体验》、《道德自我之建立》,从人生道德方面来追溯哲学根据,其旷达的胸襟、恻怛的情意、深默的察识在著作中都有精彩的展示;而牟宗三的《逻辑典范》、《理则学》、《认识心之批判》则由逻辑的纯理窥见认识的主体,由认识心彰显道德主体,由德性心的发见走向了儒家的"生命的学问"。

把握文化形态,体察民族生命,是新儒家这个时期的用力之处。牟宗三坚信"非直通文化生命之本源,不能立大信、昭慧命"。在新儒家看来,民族首先是一个文化范畴,民族复兴在本质上应该是民族文化的复兴。正是怀着这种"危机意识",新儒家致力于从事民族文化自救的运动。他们确信,这种文化自救的意义不仅在于中国文化的复兴,就像宋明儒之复兴原始儒家那样,也不仅是关系到民族的自我生存,而且关乎世界文化的未来及其命运。

贺麟在20世纪40年代的一篇题为《儒家思想的新开展》的文章中,提出了"建设新儒家"和"儒家思想新开展"的口号,认为:"一如印度文化的输入,在历史上曾展开了一个新儒家运动一样,西洋文化的输入,无疑亦将大大地促进儒家思想的新开展。西洋文化的输入，给了儒家思想一个考验，一个生死存亡的大考验、大关头。假如儒家思想能够把握、吸收、融会、转化西洋文化，以充实自身、发展自身，儒家思想则生存、复活而有新的发展。”①在“返本开新”中，新儒家力求究天人之际，通古今之变，明中西之学，成一家之言。

3. 从“花果零落”到“灵根自植”。

在风云变幻的现代中国，知识分子即使是在边缘处思索，也会经历坎坷曲折、命运多舛的心路历程。1949 年后，新儒家的重要成员如花果飘零，转蓬于海外，易地发展。在中外文化的夹击下，牟宗三、唐君毅、徐复观等人，包括年长的钱穆、方东美，从中国文化如何适应时代要求、通过吸纳西方文化而走向现代化的角度，来阐扬儒学的复兴和发展。

怀着为中国文化延续命脉的心志，钱穆和唐君毅在香港创办新亚书院，筚路蓝缕，以启山林。“新亚”时期，既是钱穆和唐君毅一生中最忙碌的办学时期，同时也是他们著述讲演硕果累累的时节。钱穆在这一时期先后完成和整理出版了 20 多部学术著作，如《中国历史精神》、《宋明理学概述》、《民族与文化》等，旁征博引，娓娓而谈。唐君毅则出版了代表作《中国文化之精神价值》、《人文精神之重建》等，探本寻源，会通中西。唐氏对中国的文化精神价值进行了发掘和显扬，特别是《中国文化之精神价值》，既包蕴甚广，又运思明晰，对中国的人生意趣、文艺境界、人格精神、宗教智慧进行了广泛而又深入的剖析，力图撑起中国文化结构的巨伞。

这时期，方东美、牟宗三、徐复观等在台湾的大学执教。朝鲜战争以后，新儒家依托学院体制，教书育人，沉潜证悟，取得了卓越

① 贺麟:《文化与人生》，商务印书馆 1988 年版，第 6 页。

的学术成就。方东美的《中国人的人生观》、《生生之德》、《原始儒家道家哲学》，牟宗三的《历史哲学》、《才性与玄理》、《心体与性体》，徐复观的《中国人性史》、《中国艺术精神》、《中国文学论集》，无论是思想脉络的疏解，还是义理范畴的厘清，都已达到了前所未有的精明透彻。这些疏通中国思想史的著作，非同一般哲学的“照着讲”，而是处处显示着思想建构的努力，是对“根源性的文化生命”的提炼和凝聚。

流散在海外的新儒家不是单枪匹马，孤军奋战，而是相互呼应，透发心声。1958 年，唐君毅、牟宗三、徐复观、张君劢联名发表长篇宣言《中国文化与世界》。新儒家张扬中国文化，反思过去、衡量现在和展望未来，旨在消除西方人士对中国文化的误解，为国人打气，表明对中国文化的发展前途具有信心。在四顾茫茫、一无凭借的环境情况下，新儒家抚今追昔，勉力前行。他们相信，真正的智慧生于忧患，只要体验忧患，就可能把精神从一种定型的生活中解放出来。新儒家以一种超越而涵盖的胸襟去看问题的表面与里面、来路与去路。深沉的智慧往往产生于忧患之中，唐君毅感同身受，于守望中沉潜，在沉潜中奋进。1964 年，唐君毅在香港《祖国周刊》发表了题为《花果飘零与灵根自植》一文，认为中华民族惟有经过绝望痛苦的反省后，才能倚仗文化本源，立其主体。

中国的学术文化和文学艺术，如何面对西方现代强势文化的冲击，又如何建构本土民族文化呢？唐君毅提出了以“圆而神”的中国文化传统接纳“方以智”的西方文化精神的主张。理由是：如果圆而无方，神而无智，圆中缺少方形加以支撑，则圆必将萎缩；今日中国文化必须“纳方于圆”，以撑开一个大圆。这是现代新儒家的义不容辞的时代使命。面对中西文化从碰撞走向融合的时代要求，牟宗三指出“大综合”的必要性。未来中国的文化将进入一个大综合时期。这个大综合首先要彻底了解自己民族文化的命脉，挖掘自己民族文化的生命智慧；然后了解西方的传统，在综合的基础上进行创造。新儒家有着强烈的民族文化危机意识，竭力论证中国历史文化是一个活的精神生命的存在。在中西文化冲突中，新儒家主张在肯定民族文化主体性的基础上，尽量吸收西方文化之优长。他们不仅要返儒学之本，而且要开出科学与民主之新，集中体现了其“内圣外王”的现代追求特征。

4. 从“一阳来复”到“和而不同”。

第三代现代新儒家则把儒学放在了世界发展的大趋势下进行探索，也就是在强调全球“文明对话”重要意义的前提下，从现代社会发展的国际大趋势来探索儒家传统的复兴和发展之路。由于意识到中国文化源远流长，有自己独特的文化运作谱系，所以第三代现代新儒家在研究中特别重视、挖掘和弘扬本民族的文化遗存，并将其推向世界。

杜维明、刘述先、成中英等人是第三代现代新儒家的代表人物。他们较其前辈的最大不同，是更具有多元文化的视野和全球意识，对新儒学的精神本质有更理性、更冷静、更深刻的思考。他们认识到文化不是封闭的个体，而是不断变化发展的平台，研究本国的文化不应只局限于本民族的文化视野内，而应该扩展到与其他文化的“对话”当中。正是着眼于此，这批学者都十分重视对中国传统文化的研究，回返自身文化源头，寻求可资利用再生的资源。他们非常重视中华文化的特点和优势，如中国独特的思维形式、言说方式和文化遗产等，认为代表东方文化的中华文化一旦汇入新的世界格局之中，就可以成为多元文化景观中的不可忽视的一元。因此，杜维明重在思考儒学与现代文明的沟通、传统儒学的创造性转化和“文化中国”的意义阐释；刘述先则重在世界伦理建构的参与和对传统儒学基本概念范畴的精神意蕴的现代阐释，力图从“理一分殊”的思维模式中找到一条重建当代新儒学的出路；

成中英致力于在世界哲学的背景下探讨中国哲学的世界化与现代化，主张从主客体之间的动态和谐和相互作用的创造性意义上对审美现象进行阐释，建立一个东西方人类审美体验的比较性、多元化的体系。第三代新儒家甚至同时可以从跨解释学、跨文化以及跨本体论的角度出发，更深层地去认识自然的本质和人类精神的本质，力争从儒学的丰富资源中发展出一种真正放眼全球的世界观和全球伦理。

海外新儒家与上一代的新儒家的处境是不同的。他们跻身国际学坛，力图发出自己的声音，但不免遭到西方文化霸权的挤压，在国际边缘处体验和推广中国儒家文化。他们深深地感到儒家今天所最需要的，实在是一批活生生、气昂昂的"见证者"。这批"见证者"是儒家血脉和学脉的传承者，因为深入智慧的源泉而有活生生的风姿，因为富涵道德的大勇而有气昂昂的胸襟。奋勉前进，方能返本开新。

五四运动以来，新儒学经过三代人的努力，已涌现出"一阳来复"的生机。杜维明承认，儒学从现代的风雨中一路走来，可以说是有生命力的传统了。但儒学作为近百年来中国学术、知识和文化界综合创新的一个例证，目前尚是一株幼苗，必须靠文化中国知识分子的通力栽培，才有健康成长的可能。只有经过各界知识分子的通力合作，逐渐形成具有批判精神的儒学群体，并采取既能"深造自得"又能"己立立人"的途径，新儒学才能有开花结果的明天。因此，在多元文化的背景之中，第三代现代新儒家竭力为文化中国创造新的精神资源。

自梁漱溟提出生命本体论的基本构想，经过熊十力的新唯识论、张君劢的新玄学、冯友兰的新理学、贺麟的新心学、方东美的大生命哲学的多层面、多向度的展开，再至牟宗三的德性形上学、唐君毅的仁道形上学、徐复观的人性论体系，现代新儒家在半个多世纪里，把文化哲学步步推向深入，显示了中国现代哲人的智慧。20 世纪 70 年代后，杜维明、刘述先、成中英等新儒学传人在海外传播和弘扬新儒学，推进儒学的现代化和世界化。新儒家是在文化畛域中昂立、寻找精神家园、自觉自明又埋头苦干的一批学术大师。在他们身上，既折射出共同的命运：难以磨灭的理想主义、博大的历史抱负，也显示出相似的精神品质：浓厚的拯救意识、深广的思索。

（二）返本开新：大困境中的大理想。

新儒家从文化的自我立场出发，反对"无根"的状态，试图发出自己的原创的声音，使儒学走出遭受现代性文化颠覆的阴影。从梁漱溟所说的"立国精神"，熊十力所揭示的"国性"、"国魂"，钱穆所说的民族文化之"生原"，方东美倡导的"中国慧心"，到牟、唐、徐提出的"内在超越"，均说明新儒家青睐中国文化之精神价值，希冀古老悠久的中华智慧在现代世界得以重光。

"轴心时代"（Axial period）是德国哲学大师雅斯贝尔斯（Jaspers）在《历史的起源与目标》一书中提出的关于人类文明超越性突破的概念。公元前 800 年到公元前 200 年的历史时段，世界范围内发生了人类史上最具创造性的精神事件，构成"文明轴心期"。中华文明在轴心期出现了孔子、老子、墨子三种思想体系，刚好分别代表了人类内在组织良知、良心、良能展开的三个思维向度；古希腊文明在轴心期则出现了苏格拉底、柏拉图、亚里士多德等大哲；印度文明在轴心期出现了释迦牟尼等；希伯来在轴心期同样出现了许多先知先觉。这些轴心时代所产生的精神文化一直延续到今天。轴心时代不仅为后世提供了世界理解、自我理解的基本范型，设定了价值追问的大致方向，而且还一次次成为后世精神回归的家园，为新的飞跃提供了精神的动力。新儒家景仰"轴心时代"中国先哲缔造的精神宏业，确信中国古代优秀的思想传统、价值体系和文明典范应该并且可以在人类共同体的融构中起到建设性作用。

新儒家抱着“为天地立心,为生民立命,为往圣继绝学,为万世开太平”的信念,衔接古今,接续悠久传统的根源,找到迷茫已久的文化生命的源头活水和失落已久的精神家园。

早在20世纪40年代,熊十力就主张“建本立极”,提出“今当融贯中西,平章汉宋,上下数千年学术源流得失,略加论定。由是寻晚周之遗轨,辟当代之弘基,定将来之趋向”①。在“返本”与“开新”一统于儒学的祈向下,熊十力苦苦寻索着本体论、知识论和人生论的会通之道。既然“返本”本身便应当有着“开新”的几微,他便把“本”返到孔子的“大道之学”。从缔造“游乎佛与儒”之间的《新唯识论》,到阐释被认作孔子经论之首的“大易”的《乾坤衍》,熊十力的全部文化忧思几乎可以说凝注在“返本”与“开新”之间。他须“返本”,向着民族文化的灵魂源泉处呼唤德性的崇高和刚健的生力,以抵御污浊而退堕的世风;他又须“开新”,拓出民族文化健康发展的新途辙。在熊氏看来,一个有着数千年文明史的民族,却在治乱循环中滞缓不进,不能不痛切地改造僵化的人文环境,以在科学民主中寻得时代的进路。在谈到创立“新唯识论”的宗旨时,熊十力说:“中国人无哲学以启迪其人生理想,日沦乎污下,盖二千年于兹矣。中国有儒佛之学,而废置弗究,非独中国人之不幸,而人类之忧也。宋明诸老先生崛起,颇有所致力。然重阴未开,大明未启也。其愿则已宏矣。余当明夷之运,智小谋大,本平生之积测,欣一旦而贯通。因此平章华梵,抑扬儒佛,而造新论。寻邹鲁久坠之绪,竟宋明未逮之业。”②《新唯识论》呈现出一代学

①《熊十力集》,群言出版社1993年版,第62页。

②《十力语要》,中华书局1996年版,第16~17页。

人在思想传承中浓浓的生命情意，体现出熊十力对儒学传统的现代推进。

张君劢在《学术界之方向与学者之责任》(1933 年)一文中提出中国文化“死而复活”说，把它作为文化再造所必须信守的总原则。所谓“死而复活”，是把中国文化从僵硬的束缚中拯救出来，“光辉其所固有”，“增益其所本无”，以体现中国文化的“新生命”。张君劢希冀儒家义理“有永久存在之性质者”的生命化。他从孔孟以迄宋明儒者的心性之教中提挈的“有永久存在之性质”的学说，概略地说，包含三个方面：天人不二的本体论，知行合一的实践观，道德价值优于智识价值的人生趣向。张君劢确信儒家思想具有永久存在之性质，在适当的时间将会复活。在他看来，儒学复兴的理由至少可以有下述四点：(1)苏格拉底、柏拉图思想并没有因为西方的现代化而被现代的西方人冷落，孔孟比之苏柏，无论在人格或是智慧上都毫不逊色；(2)康德的纯粹理性批判和实践理性批判在西方近现代哲学中有着不可摇夺的价值，而这两大批判的基础“不外乎儒家所谓心之所以同然之理”，儒家的“良知”和“良心”说，涵淹甚广，价值甚显；(3)西方的机械主义进化论与辩证唯物主义，不能涵盖宇宙中的“物”、“生”、“心”三种存在，也不能为弊端种种的现代社会谋求到妥当的救治方案，此种偏激学说之流行，反倒显出为它们所批判的儒家义理的复兴的必要；(4)以“空无”、“忧虑”、“死亡”为立论重心的存在主义，只是表达了历经战乱的西方人的彷徨无措，人的存在的惶惶不可安顿，或许正映衬了为天地立心、为生民立命的中国儒家学说的可堪皈依。当张君劢凸显儒家学说的价值生命时，他的意向是明显的，这就是：借重儒学的复兴，来对纷乱而危机的世界作一种德性价值的引导。

唐君毅曾以《易经》中的元、亨、利、贞、仁、义、礼、智的顺序，畅言中国民族文化精神的发展。在中国文化谱系中，孔子承中国民族古代文化精神而创立仁教，所开启之先秦文化之生机为元。秦汉之建立大帝国之政治，为礼制之实现为亨。魏晋隋唐之艺术、文学、宗教等文化，多端发展，彷徨四达，为文化中之义道，如元亨利贞中之利。则宋元之精神为智，而欲由贞下起元。然而，鸦片战争以后，中国文化与西方文化相遇，清代学术文化重保存文献之精神，终不足以应大变。欧风美雨，纷至沓来，传统文化遭遇新思潮之冲击，徒居退守之势。那么，在这如此严峻的时代，如何振兴中国文化呢？唐君毅的设想是，中国文化应当建立三种肯定：对自我的肯定（立人极），对伦理关系的肯定（立皇极），对宇宙价值——真善美的肯定（立太极）。“承孔孟立太极、宋明理学家立人极，与明末至今企慕皇极之精神，依太极、人极以繁兴大用，实立皇极于天下，使吾人一切精神活动，皆一一得直升而不受委屈，积诸直而并行不悖、参伍成文，成大方之直。依枢极以周流，而大方无隅，斯谓圆而神。正是吾人今日贞下起元之任也。”①很显然，新儒家寄希望于儒学复兴和中国文化的振兴。

牟宗三提出所谓儒学三期发展的划分问题。从孔子、孟子、荀子到汉代董仲舒，是儒学发展的第一期；宋明儒是儒学发展的第二期；现在则进入了儒学发展的第三期。他认为：“自尧舜三代以至孔子及至孔子之后孟子，此一系相承之道统，就道之自觉之内容言，至孔子实起一创辟之突进，此即其立仁教以辟精神领域是。孔子并非一王者，故其相承尧舜三代之道，并非与三代王者为同质地相承。此是其虚歉处。然亦正因此，而使道有‘直方大’之解放，此又是其充盈处。”“此一系列无一不是真实生命之共鸣。孔子之仁

---

① 唐君毅：《中国文化之精神价值》，广西师范大学出版社 2005 年版，第 406 页。

教确为中国文化生命中自本自根之‘直方大’而光畅之精神生命之方向之决定。继之而发展者，不惟曾子、子思、孟子、《中庸》、《易传》是其自本自根之发皇，即隔千余年而兴起之宋明儒亦是其自本自根之发皇。”①按牟宗三的说法，现代新儒家是儒学在中国历史上的“第三期发展”，其学术也必有“直方大”和“充盈处”。

当代新儒家学说即所谓第三期儒学的发展，这一说法是由牟宗三首倡于50年代，至80年代由杜维明等人播布于海外。刘述先在《黄宗羲心学的定位》一书的结尾处，以梨洲论理学两个循环之说比附新儒家的发展历程，谓：“当代新儒家哲学始于熊十力的形上学与宇宙论，这相当于濂溪之‘元’。唐君毅、牟宗三似二程，奠定了这一门学问的基础，或者可以说是‘亨’的阶段。能否有朱子、阳明一类的人物使之大行于天下呢？”对此，刘述先只是问而不答，以“拭目以待”四字作结语。

可贵者识，所要者魂。新儒家以整合的姿态衔接传统与现代，使现代中国文化不致漂浮无根，而能温故知新，创造新的传统。新儒家追求“大本大源”，强调“重立大本”、“重开大用”。唐君毅主张发扬中华礼乐精神，自内而外，显发人的德性，人各以其善互相示范。互相敬重是礼，酷爱艺术是乐，理想的世界必重礼乐。中华礼乐精神有利于世界的和平。徐复观重视中华礼乐文化的现代价值，认为现代文化的危机根源非一，但人的情感因得不到安顿以趋向浮躁、人的关系因得不到和谐以至于断绝，应当是主要原因。徐复观提出用中华礼乐之教来救度西方。礼乐的意义，乃在于对具体生命中的情欲的安顿，使情欲与理性能得到和谐统一。现代中国人须建立生活行为的“中道”，达成“成己成物”的道德理性的使

---

① 牟宗三：《心体与性体》（上册），上海古籍出版社1998年版，第164页。

命，以担承自己，担承人类的命运。实际上，新儒家希望中华人文礼乐能化成天下。

(三)天地境界：大学问中的大追求。

中国传统哲学的最高境界是“天人合一”。熊十力的解释是：通物我而观其大原，会天人而穷其真际，合内外而冥证一如，融动静而浑成一片。即人与宇宙的融合，主体与客体的融合，个人与社会的融合，人类与自然的融合。

对高尚境界的追求，是人类永恒的欲望，也是新儒家远大的理想。冯友兰把人生境界概括为自然境界、功利境界、道德境界和天地境界。人应当达到一种“超乎个体、超乎自己之境界”，此境界就是天地境界。冯友兰在《新原人》一书中强调天地境界，而且认为天地境界实为高于道德境界的宗教境界。因为宗教境界只是近于天地境界，却没有达于天地境界。道德境界乃是就人与社会的关系而言，宗教境界表现了人对于其自身与宇宙关系的“不完全的觉解”，而天地境界则关涉人与宇宙的关系，是“同天”境界。冯氏在道德境界之上高抬“天地境界”，目的是驰骋“天人之际”。他并不是以天地境界否定道德境界，或贬低世俗的道德行为，而是从一种“比社会更高的观点”来看人的道德行为，也就是站在与宇宙万物为一体的立场来看人的道德行为。冯友兰把天地境界也称之为“舞雩境界”，而舞雩境界即是审美境界。

方东美描画了一幅“宇宙生命境界”的蓝图。它由物理生命境界、生理生命境界、心理生命境界、艺术生命境界、道德生命境界、宗教生命境界这六大生命境界构成，层叠跃迁。在形上的超自然的境界中，人的生命地位由艺术到道德以至宗教进行提升。然而，即使是臻于宗教境界，乃至成就了“精神生命可以笼罩宇宙一切真相，符合宇宙里面最高的精神价值”的“圣人”、“至人”，那也“只是些建筑的最高点，它都是指向上面还有无穷的苍天，还有无穷神奇奥妙的境界”①。理想的天地境界是无止境的,笼罩道德和艺术境界的宗教境界是崇高的,但不是生命境界的终极存在。艺术境界在方氏所绘的宇宙生命境界蓝图中低于道德和宗教,他对艺术境界的“美”向道德境界的“善”之升迁途径进行了说明,即“艺术家的品格再向上面点化,使他成为更高尚的人”。看来,审“美”服从向“善”。但艺术境界何以只有通过道德境界才能上达宗教境界,方氏并没有作出必要的解释。

境界的阔大性与超越性的问题,在唐君毅那里继续得到精细的阐述。唐氏在《生命存在与心灵境界》一书中为心灵开出九种境界,即万物殊散境、依类化成境、功能序运境、感觉互摄境、观照凌虚境、道德实践境、归向一神境、我法二空境、尽性立命境。唐氏以判教的方式对古今中外种种人生境界进行了融贯,为自觉到生命存在的人们揭示了一种融合东西文化的心灵境界。九境中的第五境“观照凌虚境”是心灵活动自觉的主观境界,涉及美的欣赏与人格的创造。唐氏认为:真理要人超出直接感触的世界,而美则使人回到直接感触的世界;真理有相对绝对之分,而一切艺术的美,却都是绝对真理的表现。人们在美的欣赏和创作中,都会感到心与身的沉醉。但是这种沉醉又会使人陷于艺术的混沌中,使人丧失主体性。故人要真正表现和欣赏美,就不只是去创造客观的艺术品,还要雕塑自己的人格的美。而最高人格美,就是善。故追求美的人生境界,虽然比求真的人生境界为高,但这还不是最高的人生境界。求善的人生境界虽比美的人生境界高一层次,但也不是最高的人生境界。最高的人生境界是中国儒家的尽性立命境界,它贯通天人、上下、内外、物我,消融主客的对立,而达于超主客之境。中国的儒者之教,独得神圣(天神、地祇、人圣)之全。孟子的尽心、知性、

① 《方东美先生演讲集》,台湾黎明文化事业公司1978年版,第42页。

知天之学说，揭示了一种天德流行或尽性立命的思想。人们从事道德实践、造就人性、成就人格的过程，既是天德流行的过程，又是尽性立命的过程。当然，这一过程包含了对天道的形而上的向往。

新儒家坚信，艺术的最高价值正在于主体能契合宇宙精神，成就理想人格，走向天人之际。人之心灵，广取博采，融通万物，方可成其大；人之心灵，精思冥求，旁通统贯，方可直透宇宙之奥妙。人文知识分子综观一切胜境，方可成其广大和谐。惟有广大和谐的心灵，方可发挥"学统"的精神，显示真、善、美、神圣之价值。

（四）整合网取：大视野中的大观照。

新儒家虽是以文化守成主义的姿态出现于20世纪人文学术领域，但他们并不是以复古为终极目标的"冬烘先生"，而是以儒学为本、融摄中外的学术精英。20世纪20年代，新儒家为了回应西方文明的挑战，把儒学作为中国文化的代表，又把中国文化放在与西方文化、印度文化的对比中来凸显儒学的人文价值，重建儒学的体系。因此，他们的眼界要比传统儒家开阔宏伟，把人类前途的问题同中国的命运当做整体问题来探讨。他们的理论具有民族性，也具有世界性的意义。

20世纪30年代，熊十力与林宰平在北京北海快雪堂曾经谈到儒家的两个优点。一是大中至正。儒家学说既"广大高明"而不溺于空无，又"切实有用"而不流于功利。二是富于容纳性。儒家学说的眼光透得远大，思想放得开阔，以"仁者爱人"为基本原则，以"返本开新"为最高追求，从而显示了儒家思想的强旺的生命力。从历史上看，中华民族自孔子行教以来，其历史文化慧命得以一脉相传，绵延赓续，垂数千年而不坠，实赖于此。儒学是中华民族宝贵的精神财富，现代中国人需要弘扬儒学中的"活的东西"，推进儒学的新发展，使之呈现一种开拓新视野、进入新境界的努力。

基于儒家哲学的经验知识与仁道价值，新儒家提出现代中国人的理性思考系统,开拓现代人的精神境界,并进而能对中西不同的哲学深入批评,撷长去短,达到折衷于儒家思想体系的目的。成中英提出了界定新儒家哲学的六个条件:能够掌握儒家哲学体系及源流,决不闭关自守,反能推陈出新;能够体认儒家哲学的智慧与精神,并能求力行实践;能够发挥知解与分析的理性,在逻辑论证上思辨无碍,在观念建构上清晰明白;能够面对现代人的知识、意志与行为等问题提出解释与解决之道;能够把儒家哲学与其他中西哲学体系深入比较,发挥"他山之石,可以攻玉"的效果;能够融合诸家说,为儒家哲学开辟新天地。这种界定,颇为准确地概括出新儒家在"返本开新"中"致广大"的特色。

在新儒家的思想网络中,儒家学说是其主轴,道家学说和禅宗佛学是其辅翼。中国传统人文精神的核心为儒、道两家,或增加后来的佛家,但根基是儒家和道家。儒家言"仁"、论"礼","仁"和"礼"为"立人"、"立心";道家言"道"、论"术","道"和"术"为"立境"、"立慧"。"仁者爱人"、"人相忘乎道术",乃是中国人文精神之两仪。故中国文化以儒学化了的思想为其基本内容,又由道家的精神建构了传统的文艺思想模型和艺术精神的基本框架。以后,儒、道、佛三者互为通融,使这一传统艺术精神得以成型和完善。熊十力赞赏儒家思想体乾而贵刚健,行健不息;道家思想法坤而守虚静,绵绵若存。牟宗三指出:观世变莫若道,而知性尽性,开价值之源,树立价值之主体,莫若儒。唐君毅发现:"大率儒树当然之则以承天,道明自然之用以辅人,儒重常,道观变。言治道者多本于儒,言治术者多本于道,儒畅性天之机,以成己成物。道养心气之虚,以静照无求。"①从中国美学史看,孔孟创构了儒家的美学

① 唐君毅:《中西文化精神之比较》,载《唐君毅集》,群言出版社 1993 年版,第 367 页。

思想。孔子既表露了一种上达天道的道德精神，也彰显了一种尊重礼乐的艺术精神。故孔子听到《韶》乐而三月不知肉味，赞曾点之志，笑弦歌之声。孔子继天而立仁道，其"兴于诗"即兴于仁，"温柔敦厚"，既是诗教也是仁教。然而，孔子倡导人们"立于礼"而"成于乐"的艺术精神，毕竟以道德为主。心灵来自道德实践而和顺积中，英华外发，显现为道德之音。尽善尽美之乐，可以感动人们的善心。故观乐可以知德，乐为德之华，乐可以养德，金声玉振，象征了道德的繁盛。故孔子的艺术精神是表现的、充实的，而非观照的、空灵的。统于道德的艺术精神，必然重视内心的德性或性情，而以充实为极致。这就是孟子主张的"充实之谓美"。而老子、庄子建构了道家的美学思想。老子不信天神，毁礼乐而弃仁义。道家以道无所不在，平齐万物，而观道于日常生活。道家之道，是即有即无、似有似无之物，而存在于希夷恍惚、虚无寂寞之境。道家的人生观，只重视齐是非，泯得失，以忘物我之别。忘掉物我之间的差别，而游心于万象之中，与天地浑为一气，这就是庄子所说的"观天地之大美"的艺术境界。故道家的艺术精神是观照的、欣赏的、空灵的、纯粹的。后代的文学艺术深受道家精神影响。儒家的表现的、充实的艺术精神和道家的观照的、空灵的艺术精神都表现在中国文学艺术历史上。但在新儒家的唐君毅心目中，前者要高于后者。

在学术探索中追求一种抵达文化的通境，这是新儒家学说的特色。新儒家的理论建构主要是从自己的传统里寻找理论生长点，他们破除"西方中心主义"的阴影，赓续民族优秀的文化传统，但也不排拒西方以及其他异域文化的长处与智慧。唐君毅在《人生之体验》的"赞思道"篇中表达了学说追求的大器度："我思古人，人豪天挺。孔子一贯，老聃抱朴。孟子性善，庄周齐物。僧肇不迁，华严采玄。濂溪主静，明道识仁。晦庵穷理，象山立大。阳明致知，船山观化。释迦演法，大狮子吼。龙树观‘空’，无著说‘有’。苏柏师傅，观念世界。基督降世，信望与爱。康德批判，知识内在。黑氏绝对，自化为外。凡此诸哲，殊方异代。各不相谋，玄津独迈，或异或同，并行不悖。”新儒家以广阔思维空间的文化运思，在理论体系上建构一种“民族文化特色”与“世界学术智慧”化合的思路和策略。新儒家会通百家，并不是把百家等量齐观，也并不认为百家无高下深浅之分。对于中国哲学，他们是以儒家为主干去疏解和消化道、佛诸家，而不是以百家为主去会通儒学；对于中西哲学，他们是以中国哲学为主干去观照和评骘西方哲学，而不是以西方哲学为主去会通中国哲学。如此，新儒家学说才能从矜持到兼容，从沉寂到蓬勃。

二、大美学观

新儒家是文史哲相融的大家，具有深刻的思想力度与学术修养，对精神世界进行了广度拓展和深度思考，包括哲学、道德、伦理、文化、美学等。新儒家是中国诗性哲学和文艺美学的思者，其美学话语得到了宽博的民族哲学体系的支撑，构成一种大美学观，且与大文化观联系在一起。在他们身上，体现了文化使命感、艺理兼重的精神以及诗性浪漫的气质。

从20世纪20年代开始，新儒家的许多成员表现出对文学艺术的美学关注，发表了不少独到的文艺美学的见解。这些见解，或见于他们的哲学论著的某个篇章，或显现在某些专门的美学论文和论著上。梁漱溟的“略论文学艺术之属”、“未来社会的艺术化”（见《人心与人生》）；熊十力的“原内圣第四”（见《原儒》）、“略说中西文化”；冯友兰的“文学美术”（见《人生哲学》）、“艺术”（见《新理学》）、“评艺文”（见《新事论》）；钱穆的《中国文学论丛》、《理学六家诗钞》；方东美的“中国人的艺术理想”、“生命情调与美感”、“生命悲剧之二重奏”、《哲学三慧》;唐君毅的“中国文学与哲学”、“文学意识的本性”、《中国文化之精神价值》;徐复观的《中国艺术精神》、《中国文学论集》、《中国文学论集续编》;牟宗三的“理解、创造与鉴赏”、“说诗一家言”、“真善美的分别说与合一说”;刘述先的《文学欣赏的灵魂》;成中英的“从哲学看文学”、“文学语言及哲学语言”、“中国美学中的美的动态变化过程:诗画交融的创造性和谐”等。这些美学论述、论文、论著,珪璋既骋,英华乃见,对中国美学话语进行了推陈出新的归纳和切问近思的印证。

在新儒家的美学理论天地中,存在与价值、心智与物象、知识与行动、人心与人性、人性与天道、哲思与艺境,两相浃化,一体不分。钱穆说:“中国文化中包涵的文艺天地特别广大,特别深厚。亦可谓中国文化内容中,文艺天地便占了一个最主要的成分。若使在中国文化中抽去了文艺天地,中国文化将会见其陷于干枯,失去灵动,而且亦将使中国文化失却其真生命之源泉所在,而无可发皇,不复畅遂,而终至于窒塞断折之忧。故欲保存中国文化,首当保存中国文化中那一个文艺天地。”①钱穆试图说明一个国家和民族的文学艺术、审美意识,如果不植根于自己国家和民族的文化土壤,就不可能形成自己的特色,更不可能在世界上占有一席地位。

现代新儒家自觉地肩负起民族理论思维的重任,清醒地保持着现代学者的主体意识,展开了与自己民族的传统相交融的理论建构。对文化传统,新儒家不仅“照着讲”,而且“接着讲”。在“返本开新”中,新儒家用一种宏大的叙事来研讨中国文艺美学的特色和大法。在新的历史潮流面前,新儒家努力挖掘中国传统美学中具有历史价值和世界意义的资料,从人性、心灵、生机、诗意方面铸

① 钱穆:《中国文化与文艺天地》,载《中国文学论丛》,三联书店 2002 年版,第 140 页。

造出一种大境界美学观。

其一,大"人"向度。从原始儒家到宋明儒家都追求大写的"人"与人格,他们把人生之旅设定为"道德完善"与"美学境地"耦合的过程。传统儒家所推崇的大"人",是包括身体、心知、灵觉和神明四层次的人,这样的人能够与"天地万物为一体",和自然宇宙乃至宇宙的生化大道结合起来。不仅如此,这样的人还能够"尽己之性"、"尽人之性"、"尽物之性",而达到"参天地之化育"的境界。孔子欣赏品格纯美、行宜有节的君子,君子进一步加以陶冶,就成为蹈乎大方、合乎中庸、无纤毫偏私而为天下式的大人,大人修养到最后阶段,就成为践形尽性、天人合德的圣人。而完成人格培养的途径,就是"兴于诗,立于礼,成于乐"。理想人格的完成,是一种由道德完善而进入艺术境界的逐步攀升的过程。中国传统的人生修养,是成就人之人格。新儒家认为中国古代人文主义最高的理想是天人合德,中国的艺术比西方有更浓厚的人文主义精神。中华民族深层文化心理结构的非宗教性,形成一种内在的人文主义机制,这对中国文艺美学有着重要的影响。

为人生而艺术与融艺术于人生,始终贯穿于中华民族的文艺精神之中。孔子美学紧紧围绕着"仁者,人也"、"里仁为美"这一"人学"主题来进行的。以仁为核心的儒家思想渗透于社会美、人格美、艺术美与自然美的观念之中,进而通向"中和"、"和谐"的审美规范和天人合一的精神境界。新儒家围绕仁道美学这一轴心,多侧面、多层次地展开"人学"思考。钱穆说:"中国人有一套理想,即是本于人之自然赋予,而释回增美,以完成一文化理想人。中国古人在此路向上指导人者,已成为一套极精美之人生艺术,此亦可谓乃中国文化大传统之精义所在。"①从人的角度看艺术问题,新儒

① 钱穆:《现代中国学术论衡》,三联书店2001年版,第265页。

家确信文艺作品是艺术家人格的表征，是人性本质力量的对象化；而从艺术活动看人，新儒家主张人生艺术化，迈向天地境界和圣贤人格。

其二，大“心”向度。张载《大心篇》云：“大其心则能体天下之物，物有未体，则心为有外。世人之心，止于见闻之狭。圣人尽性，不以见闻梏其心，其视天下，无一物非我。孟子谓尽心则知性知天以此。天大无外，故有外之心不足以合天心。”“大其心”也就是扩展心量，不以闻见拘束己心，而能体恤万物。具体地说，所谓“大心”，就是破除心的限制，打破主客、内外的界限，由认知心转变为德性心，由有外之心转变为无外之心。世界与我为一体，人与万物不再是对立的关系，而是一个完全统一的生命体。只有“大其心”，方能“尽其性”。唐君毅以儒道两家的人心观为中国人心观的主流，并从心的“虚灵明觉”中引出心的“无对性”。“无对”，是心物直接相遇，不在观念上造成心与物的间隔，不以心的欲望冲动与外物相对，不把心灵执定在与物境相隔相峙的分位上。由“无对”导向“感通”，儒家的“感通”，表现在人之性情的融通上；道家的“感通”，表现为问道的物我两忘。如此，人与物交感贯通，以成己成物。

儒家倡导“为己之学”、“心性之学”、“生生不已、怵惕恻隐”的“仁心”之学。人之心性，内在于一己之心，而外通于他人及天地万物，呈示出价值自觉的心能与心力。这种“自本自根”的心性价值观，启迪后人自觉地、主动地、创造地成就自我，内在而超越，由有限体证无限，由自然通往自由，达到一种安心立命的境界。新儒家的大美学观始终以心性之美的培育为重心。从心性的角度看艺术问题，新儒家确认“万象自心出”，文艺作品是人的心灵旨趣的结晶，是仁心的发抒；从艺术活动考察心性，新儒家主张“自写胸中妙”，澄怀悟道，心境归一。

其三,大“生”向度。艺术是生命的显现,是人对宇宙的认识、感觉和体验。表现生命是中国艺术理论的最高准则。“鸢飞戾天,鱼跃于渊”、“花放草长,山峙川流”,正是儒道两家体会天地之生意与万物之自得的境界。这也正是《中庸》所说的“小德川流,大德敦化,此天地之所以为大也”的精神。道家主张“与物为春”,“万物复情”,在与自然的亲近中,人获得身心愉快,得到美感。庄子所谓“备天地之美,称神明之容”,见出古人之“大体”。

从《易传·系辞》阐发的“生生之为易”、“天地之大德曰生”,到宋明儒家主张“仁者,天地生物之心”、“盈天地间只是一个大生”,都是强调宇宙是一个生机健动的整体。生命的健动,乃是生命的律动,宇宙生命与人类生命是融洽一体的。儒家对宇宙、人生所蕴涵的真相有深切的体验,将生命活动视为价值的创造历程,主张“小我”融入“大我”,创进不息,妙赞化育,与天地参,契合宇宙生命的美的创造,表现出生命境界的至善至美。新儒家注重人、艺术与大自然之间的关系,充满着一种对“大宇宙生命”的热爱,在“生香活意”中体味宇宙造化之伟力,在生意盎然中亲证“仁”的道德境界。从“生”的角度看文艺问题,新儒家把文艺和美看做宇宙生命和人类生命谐和的感性显现。美与艺术的创造契合宇宙生命大化流行、生生不息的和谐精神,文艺以感性的形式恰当地把握了人的生命的跃动,将自然天真之态与浑然天成的机趣点染成一幅美丽动人而又妙不可言的审美意象。从文艺活动看自然生态和精神生态,新儒家主张人心与万物相通,追求仁心与生命的合一。

其四,大“诗”向度。诗性智慧是中国美学的重要根基,其内涵与功能是十分特殊的,它铸造了中国美学的感性超越精神。国人重视“象”思维,追求对对象的感悟性把握。这种“大诗”情结已成为华夏民族古老的集体无意识,形成一种特殊的文化基因和感悟美学。

新儒家普遍推崇中国的感悟哲学,借用诗的本性与方式来诠释美学与艺术的本体性问题,以寻求美的真正本源与艺术根基。他们认为,在描摹宇宙和人生中,艺术家表达了一种难以言传的“象外之象”和“韵外之致”。一方面,他协和宇宙,参赞化育,深悟天人合一之道,昭示天地之大美;另一方面,又在语言符号的情思想象中,提升人的精神境界。因而,方东美认为文艺创作具有自身的审美追求:抒情则出之以美趣,赋物则披之以幽香,言事则造之以奇境,寄意则宅之以妙机。惟有如此,艺术家方能酿造醇美。从感悟哲学看中国文学艺术,新儒家发现中国古代文论和美学的诗性言说,由诗性思维方式和诗性文化精神为支撑,表现为滋味、意境和韵致。从滋味、意境、韵致看中国艺术和美学,新儒家证明中国美学体系的独特性与丰富性。人们只有超越分析模式,理解诗性言说,才能体味中国文艺中的诗眼和画境。

大“人”、大“心”、大“生”、大“诗”,构成一种“大境界”美学,它包含人性化成之美、心灵主宰之美、生命创化之美、诗艺体悟之美。这是新儒家美学的总体构架和结构方略。当然,“大境界”美学也是“大道”美学。宇宙生命本体的“道”,是一个象征着宇宙生命整体性的概念,它囊括天文、地文、人文,融通物质世界与精神世界,具有广袤性、浑整性、创生性、和谐性。“道”是中国文化对人的生存理想的智慧概括,中国人论文谈艺推原于“道”,其实就是推原于“人”。如此,人之道、心之道、生之道、诗之道,构成大美学之“道”。唐君毅不无感慨地说:“中国之艺术文化精神,皆与吾人上述之中国先哲之自然宇宙观、人生观,及社会文化生活之形态,密切相连者。艺术文学之精神,乃人之内心之情调,直接客观化于自然与感觉性之声色,及文字之符号之中,故由中国文学、艺术见中国文化之精神尤易。”①这

① 唐君毅:《中国文化之精神价值》,广西师范大学出版社 2005 年版,第 213 页。

种大文化和大美学，体现了中国美学内在的人文智慧和精神气质。

在学术运思中，新儒家注意从人的整体生存活动层面（尤其是道德理想方面）来阐释文艺审美属性，把审美与悟道紧密结合起来，把艺境与道境相互贯通起来。“大道”在中国的思想体系中，并非是抽象的信条和高不可及的虚空，而是实实在在的人生境界，或是明心见性的生命本真。它是超越的，亦是现实的；是形而上的，亦是具体可感的——即世而超越，目击而道存。这就是中华民族的生存智慧。新儒家旨在古典文学传统的阐发中，使中国的生存智慧、审美情趣和文学观念得到充分而生动的呈现。

在笔者看来，新儒家对中国古代的文艺美学理论是有所发现的，并在此基础上予以继承和发展。新儒家在融会贯通而自成体系方面，为中国古代文论和美学的现代转化做了有益的探索。他们在庞大的理论框架中营构一种大美学体系，即人化（仁性），心化（心性）、生化（生生）、诗化（品悟）。新儒家的文艺美学话语是由“人生之美”话语—“心性之美”话语—“生生之美”话语—“诗性之美”话语构成的大系统，是以“人文之美”为焦点、“心性之美”为旨归、“生生之美”为祈向、“诗性之美”为体悟的“大美学”。

从美学语境和美学向度来看，新儒家的这个范畴集群和话语体系，与西方世界有着某些共同之处。但是，更重要的是，这种“大美学”，不管是从文化背景还是从理论逻辑上讲，都带有明显的不同于西方的一系列本土化（中国化）特征。唐君毅精心地研究过中国文化诗学的运思模式与情境特色。他指出：“中国哲学喜讲常道而非变道，喜讲‘人’之道而非‘个体自我’之道，喜讲天人合一之道而非主客对峙之道。中国文学亦乐描述万古不易之常情，而非怪异特出之情；喜表达你我他相通之情，而非我与你他相敌对之情；

喜表达主客天人物我合一之境，而非主客天人物我对峙之境。”①此话十分精辟，唐氏从中国的思与诗、理趣与艺境的相通融合的层面上彰显了中华文化诗学的独特性。

在民族文化土壤中孕育出来的新儒家诗学和美学，受民族文化精神的滋养甚丰。凸显“人文”，直指“人心”，同情“生命”，感悟“意境”，是新儒家美学的特色。梁漱溟在《人心与人生》一书中指出，中国文化的人心与人生是不可分割的，“人心”与“生命”也实为同一层面的范畴，人心与生命同义，宇宙之大，万有之繁，均有一心包容。人心本自乐，并随感而应，这样才能深得生命自然流畅之道。在熊十力的思想体系中，“仁”、“本心”、“生命”都是可以互相代用的范畴。“仁者本心也，即吾人与天地万物所同具本体也。”“唯仁者性之灵。而心之真凝于冲漠无朕，而生意盎然，洋溢宇宙。”②人只有觉此、悟此，才能感受生命之欢欣。新儒家继承了中国传统诗学理论的价值指向和基本内涵，强调文艺“本于人心”、“本于精神境界”。这既是中国文化和人格精神的生成之道，也是文学艺术的生成之道。牟宗三说：“中国文化发自人性、人情、人心深处，不是某个教条、某个理论或某人的观念系统所决定的。这个文化系统几千年以理性，也就是所谓‘理性的健康性’，为其最高原则，以此决定生活方式，决定个人的、国家的活动之方向原则。尽管历史上有曲曲折折的升降，这基本的方向大体是不变的。”③方东美从哲性诗学的角度，进一步推论文学具有高度的人文教化的妙用，不论写景或是抒情，都可以陶冶波澜雄浑的情蕴，培养气

① 唐君毅：《中国文学与哲学》，载《中华人文与当今世界》，广西师范大学出版社 2005 年版，第 272 页。

② 熊十力：《新唯识论》，中华书局 1985 年版，第 568 页。

③ 牟宗三：《寂寞的独体》，新星出版社 2005 年版，第 220 页。

脉幽深的心性，透过神妙之美而提升生命精神。广博的人文、渊深的仁心、盎然的生机、隽永的诗美，是方东美所宗趣的美学“大道”。

这种大美学思考在徐复观那里也表现得相当明显。就学术思想的内在理路而言，徐复观的《中国艺术精神》与此前出版的《中国人性论史》有着深层的内在联系。他的美学观与人性论联袂互进。徐复观指出，人性论不仅作为一种思想而居于中国哲学思想史的主干地位，并且也是中华民族精神形成的原理、动力。要通过历史文化以了解中华民族之所以为中华民族，这是一个起点，也是一个终点；文化中其他的现象，尤其是宗教、文学、艺术，乃至一般礼俗、人生态度等，只有与此一问题关联在一起时，才能得到比较深刻而正确的解释。而中国的艺术精神，则主要由庄子的人性论所启发出来。所以，徐复观称这两部著作实为人性王国中的两位兄弟。中国文化归根结底，实有道德、艺术的两大擎天支柱。徐氏不仅要在人的具体生命的心、性中发掘出道德的根源、人生价值的根源，也要发掘出艺术的根源。因为中国文化在这两方面的成就，不仅有历史的意义，也有现代的、将来的意义。徐复观撰写这两部著作，就是要把中国文化在这两方面的意义特别显发出来。

“道通天地有无外，思入风云变态中。”这句宋代儒家之诗，要求人们默会深察，达到观大、观全、观通、观变的最高境界。尽生灵之本性，秉内心之圣道，赞天地之化育，参文艺之神韵，是现代新儒家的学术追求。现代新儒家的思想学说，生长于中土，播扬于海外，在绵延不绝的数十年的进程中，灵根自植，风姿卓异。正如杜维明所说，在中国人受尽了污蔑，儒家传统受尽了摧残的“剧变的时代”，新儒家身体力行，“向孔子的思想性格回归”，所做的努力“是百年长夜中的一盏明灯”。新儒家是在中西文化观照之中“致广大”而“尽精微”,对中国特色的美学范畴进行了广泛而有效的阐释。虽然其美学理论存在着“返本”大于“开新”的局限,但在20世纪的中国美学发展史上,表现了一种独特的价值,即思想整体性、文化联系性和审美境界性,体现了博雅而深入的“大美学观”的建构性质,具有丰富的文化内涵和美学意义。

体　系　篇

第一章 人文之美——现代新儒家美学的焦点

中国传统文化始终洋溢着浓厚的人文主义精神，始终贯穿着重视人伦、崇尚人格、关注人生这一人文主义的主题。中国古代美学思想是以人为中心，基于对人的生存意义、人格价值和人生境界的探寻和追求，旨在说明人的精神境界和审美境界的建构和提升。新儒家也始终是立足于人文价值。他们所阐扬的，正是儒家对"人"的问题的哲学慧识，是儒家人文精神的归缕。新儒家的人本学说包含着审美追求，因为美是人的本质丰富性的对象化，审美是从对象中直观到自身，人学研究与美学研究在要求全面占有人的本质这点上殊途同归。新儒家围绕"人"与"美"来展开审美之思，把人的特性与美的规律、人的修养与美的境界沟通起来，文艺在与人文、人性、人情、人伦、人格、人生之美的联系中，得到了较为全面而深刻的透视。

第一节 人文与文艺

我们常说"文学是人学"。其实，仔细思量，这句话过于含糊和笼统，因为哲学、宗教等人文科学也都属于"人学"，其思考研究的对象无非是人。而文学的人学特质在于，全方位、立体地、形象地表现人的生活、命运和情感。如此理解"文学是人学"，对于我们多侧面、多层次思考文学的具体反映内容颇有裨益。中国古代人论的突出特点是将仁性视为人的良善天性,并以此来强调人的道德意识是人之为人的根本标志。现代新儒家以"仁"作为美学观的内核,从"人学"发展的历程探索"美学"发展的轨迹,其"人学"主张体现了中国"人文本位"、"善美统一"的特色。这样,我们就不能不把视野扩展到新儒家所涵盖的人学与美学的畛域。

一、人文内蕴

新儒家肯认中国传统文化的人文精神。自梁漱溟开启东西文化比较哲学研究之风以后,中国文化的精神实质及其价值体认问题便成为新儒家讨论的热点。新儒家的人文主义的理论思考,涉及人文及其人文主义的内涵、人文主义在中国的历程、中国人文主义的特色、中西人文主义的差异等问题。

对中国传统文化中的人文精神的历程,新儒家如数家珍,了然于心。他们对中国人文精神的起、承、转、合的线索进行过清晰的疏释。新儒家把中国传统文化中的人文精神的源头追溯到殷末周初,并且认为这种人文精神随后在先秦时期发展到极致,又在此后的两千余年间不断拓展和变迁。新儒家梳理出一条中国古代的"人文化成"的脉络。

中国的人文精神源远流长。"人文"一词最早见于《易大传》。《周易》曰:"观乎天文,以察时变,观乎人文,以化成天下。"徐复观把周代初期看做人文精神的黎明期,这一时期开始了人性论的妊育。周人建立了一个由"敬"所贯注的"敬德"、"明德"的观念世界,以照察和指导自己的行为,对自己的行为负责。周初的忧患意识、敬、命等概念,标志着中国人文精神的最早出现。春秋时代代表人文世界的是"礼",而孔子则将"礼"安放于内心的"仁"之中。孔子对仁道的开辟,不仅奠定了以后正统的人性论的方向,而且也由此奠定了中国正统文化的基本性格。孟子是以心善言性善,所以当孟子说"仁,人心也"的话时,实等于说"仁,人性也"。这正是继承了孔子人性论的一个发展。唐君毅断定"人文"这个词,原是中国固有的。中国人的人文精神作为一种思想传统,是由孔子开创的。唐氏把孔子至秦代这一时期称为中国人文思想自觉的形成期。孔子的人文精神直接为孟子和荀子所继承,虽有小异,但基本精神保持不变。孔子重人格,强调"文之质"、"文之德";孟子重人性,强调尽心尽性,把人道与天道贯通起来;荀子重礼制,强调文化的秩序和人文世界的结构。先秦儒家构建了一个完整的人性论系统。

为了更好地说明中国人文思想的原始意义,唐君毅对人文与非人文、次人文、超人文、反人文等思想概念作了界定和疏解。所谓"人文的思想",是指对于人性、人伦、人道、人格、人之文化及其历史之存在与其价值愿意全面予以尊重的思想。它对人性与人伦等要素不是有意加以忽略,更不是加以抹杀曲解,而是不遗余力地坚守和捍卫。"非人文的思想"是指对人以外的所经验的对象,如外在的自然、抽象的形数关系等的思想;"超人文的思想"是指对人以上的、一般经验理解所不及的超越存在,如天道、神灵、仙佛、上帝、天使的思想;"次人文的思想"是指对人文的存在与价值未能全幅加以肯定尊重,或忽略人文与历史的某一方面的存在与价值的思想;"反人文的思想"是指对人文的歪曲与抹杀、使人同于自然之物的思想。相较而言,人文思想是中国文化之主流,非人文思想与超人文思想是人文之辅翼,次人文思想是抵消人文的消极力量,而反人文思想则是与人文精神根本对立的文化逆流。在中国文化传统中,儒家代表了人文思想的主流,阴阳家代表了非人文思想,道家代表了超人文的思想,墨家代表了次人文的思想,法家则代表了反人文的思想。虽然这五种人文思想形态在先秦思想中都已齐备,并且对中国文化往后的发展有各自不同的影响,但惟有儒家的人文思想才是中国文化历史长河中的主流。相续不断的人文思想构成绵延不绝的人文精神。

新儒家全力建树和张扬的,是充满东方古典情趣和泛道德主义色彩的人文主义精神。中国传统文化的特点是对人生境界和道德理想的培育,是对天人之际与人际和谐的追求。梁漱溟用"伦理本位"和"个人本位"来区别中西文化及其人性。在伦理本位的社会,个人向里用力,追求内在的修养。在个人本位的社会,个人追逐外在的欲望与激情,来确证自我的存在。梁漱溟声称,中国传统思想与社会没有西方那样的个人主义。"在中国总是身家念重,因他并没有以超乎身家之上的范围为他社会之所依;而事实上亲切的原只有身家也。虽身家念重,不得谓之自私,更非所谓个人主义。个人主义是集团生活发达的社会所产生的一种有价值的理念。"①中国人文传统没有发展起强烈的"自我"观念,中国文化中的"人",一直生活在一个个大大小小的社会中。作为自我的人,是与他人交往中形成起来的。儒家重视人的价值,但所重之人,不是个体的人,而是社会中与之交往的人。儒家不是强调人的私欲的合理性,而是将善和爱作为人的本性来看待,把对家族、社会、国家的责任看做人必须肩负的使命。这显然是一种道德理想主义的人学观。儒家对诗、礼、乐的高度重视,将人性与兽性、文明与野蛮相区分的主张,也表现了人性崇高的超越要求。对此,冯友兰提出,儒家哲学关注人性,但既不同于西方古代的犬儒主义,也不同于现代哲学的生物主义倾向,而是有着鲜明的理想主义气质和特色。新儒家更是认定,就人的可能性与潜力而言,人具有理想精神人格。人之所以伟大,乃是可以坚韧奋发,实践所有潜能。"内圣外王"标志着人的价值的整全发展。

---

①《梁漱溟全集》(第2卷),山东人民出版社1994年版,第193页。

在新儒家的心目中，中国文化以人文为中心，以人生为本位，极富人文意识，最重人文精神。中国人所设定的世界，是人文的世界。人文润泽人生，人文充实人生。人文表现人性，人文完成人性。脱离人文的人生，是空虚的人生，是自然的人生，是只表现动物性的人生。违悖人性的人文，是片面发展的人文，是桎梏人生的人文。片面发展的人文，乃人性之片面发展所生。中国文化在本原上就是以人文为中心的文化。钱穆指出："中国文化，简言之，乃以人文为中心。人文二字，指的是人群相处的一切现实及理想。中国文化之表现与成就，都围绕此中心，而始见其意义与价值。"① 在钱穆看来，中国文化的人文精神，亦即中国文化的内倾性，主要表现为道德精神。它注重人的德性修养，旨在追求一种完美的理想人格。中国文化是一种人本位文化，亦可称人伦化，是一种富有生命性的文化。所以，中国文化主要表现为从理想上创造人、完成人，要使人生符合于理想，有意义，有价值。而西方文化则以物本为主体，以自然为本位，倾向于追求外在表现，表现为一种物质形象化的文化精神。故西方文化重物质、重物理，偏重在物质功利方面，不脱自然元素性；中国文化精神最注重的，乃是教人怎样做人，践行人道。

儒家人文精神以人道、人性、人格作为本位的价值意向。唐君毅判定这是一种"伦理的人文主义"，其核心是通天地、成人格、正人伦、显人文。它将道德的外在规范化为内在的生命欲求，在理性和情感的融合中建立起和谐人伦的精神。唐君毅是一位道德理性决定论者，以道德理性为核心内容，阐扬人文精神。他主张文化是人的精神活动的表现和创造，文化是道德理性的具体表现，文化的

① 钱穆：《世界局势与中国文化》，台湾东大图书公司 1975 年版，第 331 页。

地位及其兴衰皆依于“仁心”:“余以为中国文化精神之神髓,唯在充量的依内在于人之仁心,以超越的涵盖自然与人生,并普遍化此仁心,以观自然与人生,兼实现之于自然与人生而成人文。”①显然,唐氏所说的人文精神,是以道德理性为最高层次的。

那么,中国的人文精神根本表现在哪些方面呢?唐君毅以为主要表现在道德和艺术领域。中国人文精神向度偏重于利用厚生和审美情趣两个方面,两者都是以人为中心所展开的活动。中国文化的基本精神,是儒家的道德精神和道家所影响下的艺术精神。道德精神与艺术精神是中国文化精神之剑的双刃,中国文化的任何具体形态都会存在这两种精神的同构。从历史上看,礼、乐是周代文化的两大干系,都来源于原始宗教。礼,原为先民事神之仪式,后来又变为敬祖祭天的礼仪,进而成为文明社会人与人之间的规范礼则。这样,礼就由原来的自然形式逐渐被赋予了文明的政治道德意识,而原始宗教的大量成分也被保存下来,进而渗透到后代的道德哲学之中。与礼相似,乐也有一个由神乐转化为人乐的过程。周代司徒以礼导行,司乐以乐和志,礼乐总是相辅而行。孔子主张“依于仁,立于礼,成于乐”,故可谓诗兴于仁,诗教即为仁教。可见,礼和乐作为周朝典型的政治文化制度,作为先秦儒家思想的两个重要部分,不仅是一种古典的文化制度,而且同时体现着道德和艺术的精神。在后来的历史中,伴随着礼与乐,产生了各种道德的与艺术的文化形式,而道德精神和艺术精神贯注其中并据以渗透到传统文化的各个角落。在道德和艺术这两种精神中,道德精神居于支配的地位。在现实生活中,道德渗透并决定着艺术精神,艺术则使道德教训达至中庸高明的境界。两者相互联系,不

---

① 唐君毅:《中国文化之精神价值》,广西师范大学出版社 2005 年版,第 4 页。

可分割。因此,在唐君毅看来,中国传统的人文精神,如周代的“礼乐精神”,孔子的“人德”观,孟子的“人性”论,荀子的“以人文世界主宰自然世界”的思想,汉代的“历史精神”,魏晋时代的“艺术风度”,唐代的“才情气象”,宋明儒家的“立人极”思想,清代的“实学”思想,都是值得发扬光大的人文精神的宝典。否则我们无论谈中国过去或未来的人文思想,皆为无根之木,无源之水。

儒家的人文主义到了现代新儒家第三代那里,继续受到礼赞。杜维明强调儒学以人为主的精神方向,它所代表的是一种涵盖性很强的人文主义。儒家的人文精神主要体现在四个层面:首先,在个人方面,强调道德自律,实现自我,成圣成贤,而途径则是内圣外王打通,修齐治平一体;其次,在社群方面,个人、家庭、家族、社群、社会、国家形成了层层界定而又通融的格局,而个人是这个格局的中心点;再次,在自然方面,强调与自然和谐统一,强调厚生利用,而非宰制自然;最后,在天道方面,儒家强调天人合一,人心契于天心。因此,儒家人文精神表现为:个人与自我的和合畅通,个人和社群的健康互动;人与自然的持续和谐;人心与天道的契合统一。中国式人文主义以其深厚的对人的内在根源的了解以及对其转化潜力的理解,提供了一个纯真的人性的形象。而此种价值取向正好可以弥补西方现代性人文主义中的某些不足。

不难看出,新儒家的人文探索具有“德化的人学”的特点,强调的是中国式的人文主义精神,坚守的是儒学的道德理想主义。人文精神在中西方虽具有人道主义与理想主义的含义,但中西方的人文精神毕竟有所不同。东方强调道德、理性,而西方强调存在、个性。具体地说,西方高扬人的价值,否定神秘主义对人的束缚;谋求个性解放,建立人际间的自由、平等关系,实现自身的价值。东方重视终极追求,即“成人”、“成圣”,执著地探索超越现实的理想人格,追求人自身的完善和理想的实现。中国的人文精神不仅是一种人生态度，一种智慧心境，更是一种生命的学问。中国文化与西方文化各自的特点，构成了东西文化的不同的人文主义。徐复观认为，"西方的人文主义强调才智，崇拜全能的人；而中国的人文主义则不反对才智，但是终究立足于道德之上"①。儒家以人自身的行为规范、道德修养作为探讨的主要内容，形成了一种以人为本的"仁"的文化。中国传统文化中的"上薄拜神教，下防拜物教"的人文精神，表现出重要的思想价值。中国文化对于世界文化的意义，并不在于它是否与西方文化一样具有共性，也不在于它仅仅与西方近代文化一样都主张人文主义，而在于中国人文主义不同于西方人文主义：不是强调人的知性、科学的一面，而是重视人的仁性、道德的一面；不是强调人的物质世界的意义，而是重视人的心灵世界的意义。在新儒家的心目中，西方的人学尽管讨论了人与其他生命的不同，却仍然缺乏完整的人性论。文艺复兴运动以后，西方把人从神学中解放了出来，但其人学存在两大缺陷：一是机械唯物性，把人当做机器，人被客观化为纯粹的物质存在；二是唯意志性，即赋予人以特殊的权力意志，以征服世界。故西方的人文主义是一种外在的人文主义，而中国的人文主义是一种内在的人文主义，这种合乎"中庸之道"的人文精神数千年来绵延不绝。

毋庸讳言，儒家的人文精神虽然是古代东方的一种"早熟的人文主义"，具有原创性，但也不可避免地带有本身的历史局限性，它多半表现了人的道德本质的价值的自觉，而缺少人的本质的其他方面的价值自觉。显然，这种人文主义并未明确肯定个人在经济上和政治上的独立自主与平等权利，也不能从客观上和制度上保证人对人的关心与尊敬。再说，把道德自觉作为社会文明与社会进步的惟一尺度或基本尺度，也是片面的。还有，这种人文主义和

---

①《徐复观杂文续集》，台湾时报文化出版公司 1981 年版，第 412 页。

科学精神往往是脱离的。中国古代有些儒者在科学上作出了重要的贡献,但整个儒家思想的特征是,只重视人生的道德知识及其道德修养,而不重视自然界的物理知识及其智能训练。在儒家文明的本质特征中,既有它的历史优越性,也有它的历史局限性。

受此制约,新儒家的"人文"思想也存在着理论局限。与其说他们的人论本诸人情,不如说本诸道德情感,且是在超越层面上解说的。从社会的历史发展看,中国一方面形成了富于民族特色的人文精神,这就是以"仁爱"为核心的伦理道德传统,成为人生价值和社会生活的支撑;另一方面毕竟表现出明显的局限性:重视伦理道德,忽视物质利益;重视整体,忽视个人作用;重视内省,忽视科学理性。儒家人文主义虽有这些局限,但新儒家极力为之辩护。

如果把唐君毅与卡西尔进行比较,我们就会发现唐氏的《人生之体验》与卡西尔的《人论》都是出版于1943年。唐氏与卡西尔有着某种精神上的共鸣,他们都试图面对人的文化创造活动,来研究人的丰富性、微妙性、多样性。德国现代哲学家卡西尔对人与文化的总体研究颇为精思用力,认为人的哲学事实上应该是文化哲学,所以他的名著《人论》的副标题是"人类文化哲学导引"。在他看来,人的突出特征是劳作,正是这种劳作,正是这种人类活动的体系,规定和划定了"人性"的圆周。语言、神话、宗教、艺术、科学、历史,都是这个圆的组成部分和各个扇面。唐君毅等新儒家成员也广涉这个圆周,但其人文精神言说的庞大结构中存有褊狭。在泛道德主义的影响下,现代新儒家往往把人文精神与道德精神等同起来,正如把道德理性与人性等同起来一样。正如成中英所言,这是把人文精神狭隘化了。这也反映出价值概念的狭隘化。缺少了知识理性的滋补,陷入到单向线形的价值观、人生观、文化观甚至本体观。"道德的形上学"是否排除了"艺术的形上学"与"知识的形上学"而使道德的体验独占本体?抑或道德只是一个通道,通向多元的价值本体？这些都是现代新儒家与新儒学值得探讨的问题。

然而，新儒家的人文致思毕竟要"合内外之道"。徐复观指出，人性论是以命（道）、性（德）、心、情、才（材）等名词所代表的观念、思想为其内容的。人性论不仅是作为一种思想而居于中国哲学思想史中的主干地位，而且是中华民族精神形成的原理、动力。要想通过历史文化了解中华民族，我们必须聚焦"人性"论，这是起点，也是终点。文化中其他的现象，尤其是宗教、文学、艺术，乃至一般礼俗、人生态度等，只有与此问题关联在一起时，才能得到比较深刻的解释。唐君毅说："人之一切事，皆可说是一种人文活动，一切人文活动皆是艺。人必依仁而游艺，即人之道德性必表现于为人文，且由文化以陶养。人能以德性涵盖人文，人文陶养德性，依仁而游艺，则内心之仁与外表之艺，交相护持，而人之精神亦宽平舒展矣。"①显然，人文精神不能局限在理念的追求中，它还应该表现在艺术、诗歌、礼乐等具有人之情的创造活动里。中华民族高次元的人文传统，具体积淀在文艺家的精神深处，成为血素、骨髓和肌质。

二、文艺形塑

文艺是人文精神状态的审美书写和表达。中国古代文论家主张文学艺术联通文化价值和道德理想，体现人文主义的基本精神。中国文学就是这样，在人性的光照中产生，担荷着人性的内容，体现着人情的意绪。人性与文学在历史发展中，两者相生相存，构成了中国文学艺术的审美系统。以人性观照文艺，以文艺彰显人性，

---

① 唐君毅：《人文精神之重建》，广西师范大学出版社 2005 年版，第 203 页。

是新儒家的重要立场之一。

儒家所关注的一个人性问题，就是人性与物性、兽性的区别以及人性之所以作为人性的社会伦理的特征。孟子曰："人之所以异于禽兽者几希，庶民去之，君子存之。舜明于庶物，察于人伦，由仁义行，非行仁义也。"(《孟子·离娄下》)仁义之心，是人与禽兽的区别。人的本性是善，人如果只追逐感官口腹之乐，就与禽兽相近了。孟子在性善的逻辑起点上展开了伦理道德的建构，提出了"四德"(仁、义、礼、智)和"五伦"(君臣、父子、兄弟、夫妇、朋友)关系学说，以人性作为人在宇宙中定位的条件。中国古代的人性学说就这样在宗法伦理的基础上产生和发展起来。"人论"，也就是分析人性之质和厘定人情之实。新儒家的人性观是在中国古代人性论的基础上发展而来的。新儒家的文论，是建立在其"人论"的基础上的。新儒家的文学人性观涉及多方面的内容，它包括人性的发生和进化、人性的各种表现形态、人性的感染教化意向等。

文艺的追求，实质是人的精神的追求。唐君毅从中国古代文学的源头处找到了"人文美"与"人物美"。他举例说，《诗经》有不少有关这类的诗句。《诗经》的内容有风、雅、颂。其中"风"是描写各地风土人情的，彰显了人文风俗之美。例如，"巧笑倩兮，美目盼兮"，便是以眼睛表示人的形态美，同时暗示人的内心美。此与古希腊雕刻不重眼睛的美不同。至于说"洵美且仁"、"洵美且好"、"洵美且武"，则表现了人的内在的精神美和德行美。《楚辞》基本上也是以人文事物之美为其所赋，《离骚》的开头即说，"纷吾既有此内美兮，又重之以修能"，表现了对人文美的体验和对人格美的称颂。故唐氏指出，传统诗歌的价值核心是意义，意义具有两个层面的内涵：一是作为人文主体理想和观念的体现的价值；二是用以言志和抒情的文本的载体作用。

人性美是一种"善美"。孔子提出"尽善尽美",这是对道德的善的审美要求。"善美"是人性中最美丽的花朵。如果说文学是人学,那么,文学不是一般性地表现人,而是要按照一定的审美理想表现人的生活和情感的全部内容。文学是对人的灵魂的深度显现,它以人性为骨,以审美为神,以嬗变的社会人生为源,又以人间的喜怒哀乐为怀。它是从时代生活土壤里生长出来的平凡而又稀罕的精神现象。它因成为历史的回声和时代的折光而显示其功能与价值。文学要展示人性,促进人性的美化。人性是人之所以为人的根本,是区别于其他动物的全部类的特性。从促进美的人性角度上说,文学中所关涉的人的价值、理想、信仰和终极关怀,均是从人性本身出发的,文学可以用来陶冶人的情操,丰富人的心灵,体现人的无限想象力和创造力。正如熊十力所说的那样:"孔子言人生涵养灵性之道,而归本于诗礼乐三学。此是导其情意于正大之发展,即情意莫非灵性之流行也。"①文学是以人性为表现人生的基点,由此扩展到对整个人生世界的呈示,并产生广泛的社会影响。哲学往往以抽象的思辨方式探讨人性的逻辑构成与逻辑发展,而文学则以生动感人的情感方式、形象方式,展现人性的丰富性与复杂性,促进人性的美化。

人是社会关系的总和,人性是维系人生秩序的主要规范。"人的精神不应限制在自己的自然生命之内,也实际不能限制在它自己自然生命之内。人必须在家庭中生活,在朋友中生活,在社会国家中生活,在国际世界中生活,也在对于自然界的真理之认识、美之欣赏,及对自然界之一切文化活动中生活。每一种我与其他个人社会及自然界事物的关系,成为一根生命的丝,合以织成生命的茧。当我们把一根一根丝抽下时,生命的茧便空无所有了。所以

---

① 熊十力:《原儒》,载《熊十力集》,群言出版社 1993 年版,第 375 页。

离开了人伦关系与人情,莫有人生。离开了人在自然界创造的文化,也莫有人生。人生在人伦人情之中,也在人文中。"①作家在一种人性感动的心灵状态下创作,并试图以同样的人性力量感动读者;同时结果也确实是以他所期望的人性感动力吸引住了读者,使他们的情感得到陶冶,灵魂得到洗涤。这样的作品在文学史上为数不少,其文学史地位和审美价值也往往达到较高的层次。钱穆赞赏中国文学中所体现出的人性和人伦之情。他列举了一些作品,如孟郊诗:"慈母手中线,游子身上衣。临行密密缝,意恐迟迟归。谁言寸草心,报得三春晖。"这类诗歌表现了人间之爱和人伦之情,使人百读不厌。中国人的爱的观念,不专限于男女,亦不专限于一家一族之内,而贵能推扩及于全国、全社会、全天下、全人类。于是在夫妇、父子、兄弟三伦之外,又有君臣、朋友两伦。一言以蔽之,皆以爱心为重。这就是孔子所谓的"仁道"。中国古代戏剧《赵氏孤儿》就体现了这种仁道精神。故事的主人公为程婴与公孙杵臼,两人是好友,一同师事晋国赵氏为陪臣。在主人大难临头之时,为救赵氏孤儿,杵臼牺牲自己的独子并自陷于杀身之祸。程婴则抚养孤儿成长,以重振赵氏之宗祠,最后赵氏孤儿登基复位赵国。钱穆指出,公孙杵臼与程婴两人一死一生,在他们身上体现了中华民族见义勇为的博大爱心和人性之美。他们热爱其君及其孤儿,而置自身一切于不顾;其大仁大义大德,可歌可泣。

中国是诗的国度,历代都有诸多的诗篇产生,但为什么只有少数诗人能独领风骚?这个既关乎错综复杂的文学史实、又牵涉精妙深邃的理论思考的话题,自然引起新儒家的思索。他们从以下三个方面作了探讨:一是人性的普遍性。钱穆认为,中国文学重在即事生感,即景生情,重在从个人生活的种种情感中反映出全时代

① 唐君毅:《青年与学问》,广西师范大学出版社 2005 年版,第 99 页。

与全人生。全时代之心情和灵魂,通过诗人一己的种种作品透露显现出来。二是人性的中和性。钱穆认为,中国自古诗三百首,至屈原、陶渊明,乃至后代全部文学史,都把淡雅与中和看做最高境界,故亦能深入读者之心,得其深厚之共鸣。三是人性的深度性。在古典人文精神的题旨中,文学在所有的艺术形式中是最有人情意味的,文学的伟大源自于它能够独抒性灵,超越有限的现实事物,指向人生的理想境界。

诗者,中国文学之主干。中国古代诗歌以抒情为主,诗家园地重在性情。儒家倡导文艺中的忠厚之情、直大之气、恢博之度、深静之致。杜甫的诗歌的最大特征是"沉郁顿挫"。徐复观认为这与杜甫的"情深"有关。杜甫能在短短的五个字、七个字的一句诗里面,沉浸下自己许多感情,使读者觉得情感幽深,探之不尽。杜诗在意境的深度中,涵融着诗人的感情世界。之所以能达到深纯博雅的境界,是因为杜甫在生命历程中,对人生、对社会、对政治吞纳着许多感情化了的问题,偶然一吐,便一发不可收拾,自然吐之不尽。杜甫在表达的技巧上,则常出之以"顿挫",不使自己的感情顺着字句的韵律一滑而过。在杜甫那里,顿挫是形成沉郁、表现沉郁、以达到感情深度的必需而自然的技巧。沉郁顿挫的风格,来自杜甫感情蕴蓄的精深与厚重。例如,"永夜角声悲自语,中天月色好谁看",两句诗第五字的"悲"字和"好"字,是把上面由两件事物连贯而成的四字嵌入作者的主观判断之中,再转出"自语"、"谁看"的作者的感情世界。因此,每一句话都含有几个层次,一层一层地向内转,这当然是了不起的成就。杜甫之所以为杜甫,是因为在他的五律、七律中,有许多这样成功的作品。新儒家对文学传统的省察,使他们赞赏中国艺术文学中所表现的主要精神,即"温柔敦厚的诗教"和"广博易良的乐教"。唐君毅认为,大体上看,中国的艺术文学都不注重表现紧张、激荡、过于刺激的情感,也不喜欢表现强烈鼓动的生命力,或一往向上、超越企慕的理想;而是比较注重表现宽舒广博的气度、温柔和平的性情、飘逸洒落的胸襟、含蓄淡远的意境。

在新儒家眼中,中国文化是最具人间性、最强调人间秩序的文化。因而,中国文学是"人间文学"。所谓"人间"的含义,唐君毅概括为:人与自然之间、人与人之间以及人与其历史文化之间的三重关系。与此相关,中国文学的范围相应地包括抒写人对自然、人对人以及人对历史文化之情志三个方面。就抒写人对自然的情志而言,中国文学寄情万物,皆以养德。乐于观物之并育并行,而不喜欢其凌驾以相争,不重单纯之自然力、自然生命力之表现,而能于至小以观至大,于一物见一太极。就抒写人对人的情志而言,中国文学不擅长于英雄之歌颂、社会之写实,而是崇尚豪侠以代替英雄。中国的小说戏剧,不重烘托主角之性格与理想,而重绘画整幅之人间;中国古代文学中的爱情文学,重回环婉转之情与婚后之爱。就抒写人对历史文化之情志而言,中国文学多有咏史怀古之作,充满着对古哲的赞颂。中国古代的哀祭之文,或以碑叙德,或以诔陈哀,乃对死者之作,亦即对过去历史中存在之人之所作。"怀古咏史对历史人物文化致其情意之诗文,实皆可谓由哀祭之精神发展而出,为中国文学之所最富,而表现中国人之情感深厚之度者。"①这种极富人间性的人文精神,流贯于中国古代文学作品之中,为作家所崇尚,为世人所欣赏,并代代相传。在中国古代文学中,文贵渊雅,诗贵温柔,词贵婉约。中国文学,无论是言志还是载道,都旨在陶养人的善良的性情。

因此,新儒家认为,古往今来的优秀文艺作品,大多"画以立

---

① 唐君毅:《中国文化之精神价值》,广西师范大学出版社 2005 年版,第 253 页。

意”,“乐以象德”,“文以载道”,“诗以言志”。人们可以通过文艺所表现的人文精神,深刻地理解中国文化和中国人生。很难设想,如果没有人文精神的渗透,国人到哪里去寻找民族之根和艺术之魂。一般来说,在一件真正的文艺作品中,人文精神的精华表现得越充分,越深邃,越见其向上力,其艺术价值就越高。

第二节 人格与文艺

整个中国传统文化总是围绕着怎样做人、做一个什么样的人,亦即人格问题展开的。故儒学探索如何做人的道理,应该说是一种以人格发展为运思核心的人学。这种人学有其独特的认知方式、美感经验、宇宙精神和终极关怀。翻开中国文学史,上起先秦,下迄清末,各家各派议论的中心和分歧的焦点,就是文学与人格的问题,这是中国文学的真正主题。中国古代学者强调文艺的价值与立德、立身、立言、立功的关联。因此,中国古代美学的基本问题,无论是儒家还是道家,都重视影响着文艺家在人生历程与心灵锤炼中形成的人格。所谓人品,即人的品格、个性、气质、才情。核心是人格,人格的核心是人的精神境界。文品归根结底也就是人品。犹如人的神采风貌是心灵境界的直接外显,艺术的品格、个性、气质、境界也是心灵精神的直接外显。

一、文如其人

人品与文品的结合,可以给诗文增加光彩。这一点,古人看得十分明白:要创造第一流的文艺,必须成就第一流的人格。人格之建立,不仅意味着创作主体之形成,而且其本身也显现了一种醇美境界。“人”与“文”的统一,是中国文德修养的首要目标。中国文论家十分看重诗人的人品素质,文人的德行往往是文艺批评的重要指标。孔子把德与文作了明确的联系,子曰:“弟子入则孝,出则弟,谨而信,泛爱众而亲仁。行有余力,则以学文。”(《论语·学而》)可见,修炼德行极为关键。有德行,为文才有根柢。中国文人以修德为根本,在德性的基础上作诗作文,才能保证诗文的纯正与崇高。清代学者章学诚力倡“文德论”,主张个人品性、社会道德和文艺创作融合为一。

中国古代文艺家论诗、论画、论乐、论书差不多都要谈到人格,把人品归之为胸襟,即人格的精神境界,把人品在作品中的体现比之为人的面目。人品决定文品,胸襟决定面目。叶燮曾在《原诗·外篇》中指出:“古人之诗,必有古人之品量。其诗百代者,品量亦百代。”中国美学家虽然注意到“诗文与人判然为二”的事实,但从理论主导倾向来看,他们特别强调文品、诗品与人品、人格的统一,这与儒家有关“道”与“艺”统一的观点影响密切相连。由于历代儒家一直坚持为人生而艺术、融艺术于人生,强调艺术与人生的内在联系,所以,中国艺术的最高境界是艺术与艺术家人格的合一。新儒家继承了中国文论的这个传统,对人格与胸襟的具体内涵进行了阐发。钱穆说道:“中国人论道皆必据德依仁。德与仁,即人生艺术所本。未有违于人性而成为艺术者。”①在钱穆看来,真正伟大的诗人,每篇作品都能显示出诗人的人格与胸襟。杜甫的胸襟是包含着一定审美自由的道德人格,是一种超越个人而对国家、社稷、万民、百姓倾注了无限仁爱的精神境界。新儒家不仅指出胸襟是一个人的世界观、人生观,是一种精神境界,而且指出杜甫的胸襟乃是诗人中最高的。在很大程度上,杜甫的胸襟正是孔子所称道的美善合一、以善为本的道德人格。

对此,徐复观深有同感。他说:“人格的修养,成为中国论文论

① 钱穆:《现代中国学术论衡》,三联书店 2001 年版,第 261 页。

艺的最后的极准,可能是千古不磨的。"[1]杜甫诗歌的一个特色是"气象高远"。即使简单的诗句,也蕴含广大的情境,形成高远的意境。杜甫善于抒发自身的感情,如"无边落木萧萧下,不尽长江滚滚来",就显示了诗人的广大心胸和宏富才力,故能于一瞬间抓住高大深远的意象,当下表现出来。这不是仅靠想象力的扩张所能做到的。杜牧试图学习杜诗风格,但因其感情的凝结力不够,没有沉郁做底子,所以只能限于"豪放"。李商隐所写《杜工部蜀中离席》颇得杜诗的一点神韵,如"雪岭未归天外使,松州犹驻殿前军",意象高远,在阔大里面含有转折。但因人格的舒展伸畅终不及杜甫,所以这类上乘的诗作很少,而且达不到杜甫"寓忧患于高远"的风神。

新儒家将诗人的文本看成是社会史和个人史的印迹和记录,所以主张诗歌风格和诗人人格的趋同。钱穆强调"诗史说"和"年谱说"。所谓"诗史说",是指诗歌不仅是诗人时代的一种历史记录,同时也是诗人人生奋斗的史实。诗人把时代社会背景和日常人生写入文学作品。诗人的日常生活与家国天下的情势相应接。大至国家兴衰,小至日常悲欢,无不纳之于文字,故诗歌为当代历史写照,成为时代历史的歌哭。所谓"年谱说",是指诗人既心存君国,志切道义,又投入日常生活,感时忧怀,其个人的出处进退、际遇穷达,都详细地存留在诗人的作品中。因此,伟大的文学家不需有自传,亦不烦他人再为其作传。每一位伟大的文学家的生平作品的结集,便成为其一生最翔实最真切的一部自传。他们的诗文集,按年月编排,即成年谱。在《中国文学论丛》等著述中,钱穆不仅追述了杜甫、苏轼等杰出的古代文学家的人生经历和个性风貌,

---

① 徐复观:《环绕李义山〈锦瑟〉诗的诸问题》,载《中国文学精神》,上海书店出版社2004年版,第314页。

而且将这些文学家的生平遭遇、精神情操与创作风格、审美境界联系在一起,进行了历史与美学的跟踪。例如,钱穆指出,苏轼的《赤壁赋》显现了人生遭遇与诗歌叙事的一致性。那时,苏轼自徐州获罪而下狱,自狱释放而贬黄州,自卜居临皋而游赤壁。这几年间的生活经过,真可谓波谲云诡,死生莫卜,极尽人世间的颠沛困厄和惊险磨折。这些生活遭遇及其心路历程,都反映在苏轼的诗文之中。

在中国文学史上,诗人只要是思想归趋儒家,其诗大多可按年代排列来读。那么,对那些喜欢道家的诗人的诗,如何看待呢?钱穆并没有否认这些诗人和诗作的价值。钱穆说:“李太白诗固然好,因他喜欢道家,爱讲老庄出世。出世的诗,更不需照着年谱读。他的境界之高,正高在他这个超人生的人生上。李太白诗,也有些不考索它背景是无法明白他诗中用意的,但李诗真长处,实并不在这一点上。我们读李太白、王摩诘诗,尽可不管其年代。而读杜工部韩昌黎以至苏东坡陆放翁等人的诗,他们都是或多或少地把他们的整个人生放进去了。因此能依据年谱去读他们的诗便更好。”①可见,钱穆并不排斥道家的唯美人格。除了举杜甫的例子外,钱穆还高度评价了李白的作品。他认为,比之杜甫,李白属于胸襟超然于人世而获得个体精神自由的诗人。但无论是伦理人格,还是审美人格,无论是历史的,还是唯美的,只要诗人真诚地、出色地表现自己的人格在文学作品里,就能在文学史上占有一定地位。

令人欣慰的是,新儒家在强调诗歌的生活真实与人格真实的时候,并没有忘却艺术真实和艺术表现。钱穆指出,杜甫把个人、家庭以及当时的社会都放到诗中去了,他那忠君爱国的人格并没

---

① 钱穆:《谈诗》,载《中国文学论丛》,三联书店 2002 年版,第 120 页。

有在诗里明说,而是从场面和情境的具体描写中表现了出来。这是杜诗高明的地方。正因为杜甫不宣扬忠孝和道德观念,而是在诗里艺术地描摹日常人生,故能达至儒家人生理想最高的境界。如果杜诗背后没有杜甫这个人,这些诗也就没有价值了。但是如果杜甫急于要表现他自己,只顾讲儒家道德,讲忠孝,那么,这人还是个俗人,而这些诗也就算不上是上乘极品的好诗了。所以,杜诗的高深境界,还在于其"不著一字,尽得风流"的妙处上。钱穆说明诗人的人格力量是透过诗人的创作个性升华为审美意识、审美情趣才对文学风格的构成产生作用的。这体现了新儒家对创作规律的维护与尊重。

新儒家的人格文艺观与中国传统的审美意识息息相通。中国古代一直推崇诗品与人品的统一,诗所能达到的意境与人所达到的境界是有密切联系的。这表现为:其一,人品之喻。《论语》曰"岁寒,然后知松柏之后凋也",是比拟和拟人,是以山水松柏比喻君子之操守,把人格本体作为山水松柏之魂,后来演绎为"比德"理论。在中国古代诗歌中,诗人常以香草美人比喻志行高洁,"为芳草以怨王孙,借美人以喻君子",便成为咏物抒怀的传统。其二,人物品藻。魏晋出现了"文学的自觉",形成了"魏晋风度",要求一种超凡脱俗、澄怀味象的胸襟。在陶潜的诗中,自然景物成为人格心灵的寄托。其三,人境之美。唐代诗论家司空图曾列举二十四诗品,构成二十四种诗的境界,每一首诗的境界实际上是每一人格的境界。如冲淡之"素处以默,妙机其微",高古之"畸人乘真,手把芙蓉",典雅之"落花无言,人淡如菊",悲慨之"壮士抚剑,浩然弥哀"等等,都是以诗品形容人品,亦以人品印证诗品。此项典律,沾溉艺坛。

然而,问题是,人格与风格从总体上来说有相应性,但也有不应性。西方有的艺术家认为,做人归做人,做事归做事,事做得好(诗文写得好,戏演得好,画画得好),做人不一定好。这种看法也有一定的道理。人、事有时是应分开的,但中国传统的"文德"论强调两者的一致性,所谓"文如其人",强调的是什么样的人,就会做什么样的事,做人的道理和做事的道理是相通的。"中国第一流之文学艺术家,皆自觉的了解最高之文学艺术为人格性情之流露。"①唐君毅特别强调了中国文学不同于西方的理论向度。人格论文艺学,也许是中国文艺观念的一大特色吧!

中国古代文论家为什么连篇累牍地强调风格即人格呢?当然与其尽善尽美的文艺主张有关。但除此之外,也与中国古代文类的流行不无关系。在中国文学史上,诗歌是比小说、戏剧更多个人经验因素而更少虚构性因素的文本类型,因此,"愤怒出诗人"、"直抒胸臆"、"我心写我手"等一些说法才成为诗歌的普遍的美学原则。钱穆为这种现象提供了解释:"在文学中,只有抒情的诗歌和散文,才始是把作家和作品紧密地融成一体,在作品上直接表现出作者之心情,以及其个性和人格,直接呈露了作者当时之真生命,而使欣赏者透过作品而直接欣赏之。"②在钱穆看来,小说和戏剧,就创作而言,还不免要把作家的心情曲折转变寄放在别的人事上而投射到别人的心里;就欣赏而言,则还不免使人欣赏小说和戏剧作品本身,不去关注小说和戏剧创作者的人格和心态。小说和戏剧这些叙事文类与作者本身人格之间似乎是一种间接的关联,而诗歌和散文这些抒情性的文类与作者本身人格之间则相对来说关系紧密,特别是那些伟大的诗文家,往往将自己的整个人格乃至生命凝成了自己的作品。他们以鲜活的人格展示和本真体验深入到历史和现实内部,独出机杼地书写出诗性感悟。

---

① 唐君毅:《中国文化之精神价值》,广西师范大学出版社 2005 年版,第 286 页。

② 钱穆:《湖上闲思录》,三联书店 2002 年版,第 88 页。

中国艺术家注重以自我直接与外界事物相融凝，皆求在其艺术与文学作品中直接表现自我人格。中国文体的种类与人格的关联，在唐君毅那里也得到了详细的说明。唐君毅发现，在中国文学中，“凡诗赋文中言志、咏怀的，都是多少表现著者自身之心灵、精神与德行、志愿之人格之美。”①例如，以诗歌来说，曹氏父子、阮籍、嵇康的诗，大多是自抒怀抱志愿，亦可自见其德行。至于赠答之诗与书札之文，则除表示友谊之外，也常表示对朋友的人格德行的赞美。咏史诗，则常表示对先前的贤哲英烈等人物的人品、行谊的怀念与崇敬。此外，如挽诗、碑志、祭文等作品，则表示对死者的人品、行谊的怀念与崇敬。这些诗文都饱含着对人格之美的深厚的体验。

二、人格魅力

人格是天生的，还是后天养成的？这个问题说不清楚，或许不需要说清楚，而人格在诗歌中以什么形式表现这个问题却值得深究。新儒家崇尚人之气度和人格魅力。牟宗三在《历史哲学》第一部第三章论“主体自由”时，论到“艺术主体性”问题，认为它由尽才、尽情、尽气之人格来表现。此种人格实为“艺术性的独体人格”。诗歌作品显示的气度直接表现出人格，连诗人本身都无法控制和伪装。诗歌既是情感和思想的表达，也是个体人格的体现。即使诗歌进入公共精神生活领域，诗歌行为的主体还是个体人格。人与作品同时显现，因此不容置疑，个体人格是诗歌作品的灵魂。

新儒家从历史和美学的角度，追溯了文艺与人格结合的史实。中国美学史上，对人格与人伦的鉴赏之风兴盛于东汉末年。后来，

---

① 唐君毅：《中国哲学中之美的观念之原始，及其与中国文学之关系》，载《中华人文与当今世界》，广西师范大学出版社 2005 年版，第 284 页。

刘劭的《人物志》有细致的总结。据牟宗三的判断，汉代刘劭《人物志》的品鉴的立场，是对于人的才性、性格、风格作出品鉴的论述，是对具体的整全人格及其具体的形态或姿态作出品鉴的彰显，故形成了一个品鉴的系统，形成了一套"才性玄理"。这种品鉴的论述可称为"美学的判断"或"欣趣的判断"。在美的欣赏中，当时的人们对气性、才性或质性的品鉴全幅展开。一经美学观点之品鉴，现世具体的个体存在之自然生命，其形相、情态、风仪、容止，就昭然若揭，栩栩如生。"才性主体"便能秀拔出群，花灿映发。《人物志》对人的品鉴的了解，是中国学术传统中全幅人性了悟的学问的两大部分之一。中国全幅人性的学问是可以分两面进行的：一是从道德上的善恶观念来论人性，例如，孔、孟、荀即是；二是从美学的观点来对人的才性或情性作出品鉴的论述，《人物志》所代表的"才性玄理"即是。两者合而为一体，形成全幅人性了悟的学问。如此便开拓了艺术境界与人格境界的结合之路。徐复观认为，《人物志》和《世说新语》记录了当时名士的生命情调。对于人伦的鉴识，不止于青睐人外表的形象，而且还重视通过形象所表现出来的、在形象背后所蕴藏的、作为一个人的存在本质，即人格美。当时的名士重视人生气度。所谓人生气度，是指通过各种人生途径体现出来的人的精神气质和性格风度。人品的高下取决于气度的大小。这种鉴识后来反映到文学艺术当中，由政治的实用性趋向艺术的欣赏性的转化。文艺鉴赏也由重"形"到重"神"。

文学作品体现的人生气度可以包含一种独特的精神品质和人格风范。唐君毅在《中国文化的精神价值》一书中专门论述了中国人之人格世界。在谈到文学家、艺术家的人格世界时，唐君毅强调，中国第一流的文学家艺术家，皆自觉地了解最高的文学艺术为人格性情的流露。中国文学批评中，极少有为文学而文学、为艺术而艺术之理论。本着"士当先器识而后文艺"的宗旨，中国文艺家多能自求超越于文艺之美本身之外，而崇尚性情之真与德性之美。中国文艺家的人格，多由自然与人文的熏陶和内心的修养而形成，达到一个崇高的人格境界。中国古代历来重视理想人格的追求，常用拟人化的方式赋予自然万物以人格象征和审美光辉。张潮曾在《幽梦影》中写道："松，令人逸；柳，令人感；梅，令人高；竹，令人韵；莲，令人淡；桐，令人清。"中国传统审美文化中的"岁寒三友"，作为文化主题与艺术审美的典型代表，突出地体现了中国人的理想人格与审美人格的融合。那"有风传雅韵，无雪试幽姿"（李商隐《高松》）的松、"高节人相重，虚心世所知"（张九龄《和黄门卢侍御咏竹》）的竹、"疏影横斜水清浅，暗香浮动月黄昏"（林逋《咏梅花》）的梅、"寂寞东篱湿露华，依前金靥照泥沙"（范成大《重阳后菊花》）的菊等等，传统士大夫都痴爱之，构成文人审美情趣与人格理想在自然物上的一种移情与投影。松、竹、梅、菊等自然物性所体现出的特征，与中国传统士大夫的审美情趣、理想人格范型异质同构，两者之间产生契合、共鸣。如唐君毅说："中国文人人格之伟大处，皆不在其表现一往向前上之企慕向往精神，而知识其学养之纯粹深厚，性情之敦笃真挚，或胸襟之超越高旷，意趣之洒落自在。大率受儒家陶养多之古典文人，即以前者见长；受道家陶养多之浪漫文人，即以后者见长。前者之文学，善达真挚之性情，其文恒以气象胜，风骨胜；而后者之文学，则善达高旷之胸襟，而其文恒以神思胜，韵味胜。所谓文如其人者也。"①唐君毅洞察中国文人的心性和文学的灵魂，在一种精到的学理品评中，既揭示了儒道文人创作风格的特殊魅力，又从审美意义上道出了这种风格产生的精神缘由。

---

① 唐君毅：《中国文化之精神价值》，广西师范大学出版社 2005 年版，第 290 页。

新儒家提倡和推崇"仁以为己任"的忧患意识,徐复观、牟宗三在著作中都有论述。而这种忧患意识在文学艺术中得到了充分的表现。杜甫之被称为"诗圣",其诗被誉为"诗史",是由雄浑浩瀚、沉郁顿挫之美铸成的。杜诗是忧国忧民之心的呈现,是崇高人格的升华。"国破山河在,城春草木深。感时花溅泪,恨别鸟惊心。烽火连三月,家书抵万金。白头搔更短,浑欲不胜簪。"(《春望》)"西山白雪三城戍,南浦清江万里桥。海内风尘诸弟隔,天涯涕泪一身遥。惟将迟暮供多病,未有涓埃答圣朝。跨马出郊时极目,不堪人事日萧条。"(《野望》)读着这些沉郁顿挫的诗篇,人们往往能从其雄浑的气象中,触摸到诗人忧国忧民的博大胸怀和崇高人格。这种忧患意识,范仲淹名之曰"先天下之忧而忧,后天下之乐而乐"。正因为中国文人执着追求这种"仁以为己任"的精神,孟子所提倡的以仁义道德为根基的"至大至刚"之气,遂成为中国古典美学理论的一个重要观念。

如果说儒家学说提倡一种"仁以为己任"的高尚人格的话,那么,道家学说则提倡一种独立不羁、旷达自在的人格。庄子所塑造的藐姑射之山上的神人、展翅翱翔的大鹏形象,对中国文学艺术及美学理论产生了重大影响。我们能在李白的诗作中发现"逍遥游"的大鹏形象,感受到旷达天放、自在自由的精神人格。"木兰之枻沙棠舟,玉箫金管坐两头。美酒尊中置千斛,载妓随波任去留。仙人有待乘黄鹤,海客无心随白鸥。屈平词赋悬日月,楚王台榭空山丘。兴酣落笔摇五岳,诗成笑傲凌沧洲。功名富贵若长在,汉水亦应西北流。"(《江上吟》)被称为"诗仙"的李白,具有道家的飘逸,他超越名利场,进入一种"行神如空,行气如虹"的境界。李白身上的这种乾坤清气,与老庄所倡导的自由天放的理想人格密切相关。钱穆说:"庄老教人淡,孔孟教人和,惟淡乃能和,惟和始见淡。中国全部人情,乃由此淡与和两味酝酿而成。而中国文化传统之大体系，亦必以儒道两家为其中心。"①儒家充实的"浩然正气"与道家归真返璞的"饮真茹强"，两者共同构成文学创作中的高尚之内涵和高洁之品格，从而在中国古代文学领域里得到了实在而亲切的呼应和交响。

人格的魅力还体现在纯真自然的美学理想的追求上，并落实到文学作品之中。王国维曾指出诗歌创作的纯真自然，即是"不隔"。对此，徐复观进行了具体的发挥。诗词之所以不隔，首先来自作者真切的人生态度，进而发为真切的感情，以形成创造的冲动。诗人如骨鲠在喉，必一吐为快。只要诗人有真正的创作冲动，真诚地表现所见所感，便是不隔。王静安所说的"隔"与"不隔"，主要是就表现能力而言的。为了分析诗词中犯隔的原因，徐复观便从最基本的创作冲动说起。徐复观概括出文学史上三种"不隔"的类型。一是人境交融型的不隔——陶渊明。陶氏的伟大之处，在于他的生命与环境事物的融合一致。此种情形的形成，有赖于作者性情的恬淡安和与周遭环境的纯一宁静。这一类型的诗人，其文艺作品多带有田园诗人的气味。二是天才型的不隔——李白。李白的伟大，来自他卓越的天才。他的诗得自主客凑泊的刹那之间，当下呈现而无需另加修饰，所以能葆其天真，亦即是不隔。三是工力型的不隔——杜甫。杜诗的伟大，来自他的工力。杜甫有强大的创作冲动，用了最大的工力，而又能把工力化掉，以书写自己的真情实感。杜甫有真诚的忧患意识，此情与景所结合的诗的意境，是"大"，因为他担当着一个时代；是"深"，因为他不仅是观照，而且是不断地向人生社会的内部去沉潜；是"重"，因为他经常担荷着与终南山一样厚重的忧患。三种类型中，陶渊明、李白是道

① 钱穆：《欣赏与刺激》，载《中国文学论丛》，三联书店 2002 年版，第 225 页。

家思想中的两种形态，而杜甫则主要是出自儒家精神。杜甫之所以上继风骚，下开百代，应归结于“醇儒”的诗教。在文艺与人格魅力的最佳排行榜上，徐复观把桂冠献给了杜甫。

孔子曰：“君子务本，本立而道生。”中国古代文论家和美学家大多认为人品、人格便是文艺创作之“本”。文艺创作总要表现出创作者的思想、情趣、品格，人品和文章息息相关。叶燮的《原诗·外篇上》曰：“诗是心声，不可违心而出，亦不能违心而出。功名之士，决不能为泉石淡泊之音；轻浮之子，必不能为敦庞大雅之响。故陶潜多素心之语，李白有遗世之句，杜甫形‘广厦万间’之愿，苏轼师‘四海昆弟’之言。凡如此类，皆应声而出。其心如日月，其诗如日月之光，随其光之所至，即日月见也。故每诗以人见，人又以诗见。使其人其心不然，勉强造作，而为欺人欺世之语，能欺一人一时，决不能欺天下后世。”这段话很透彻地阐明了“诗如其人”的观点，什么样的人就会写出什么样的诗，这是假装不了的。所谓“人品高，则诗高；心术正，则诗体正”。因此，“欲治其诗，先治其心”。不仅诗歌创作是如此，其他门类的艺术作品也是如此。于是，培养和加强文艺家的人品修养、伦理修养，便是文艺家的头等重要的事情。只有先“立德”、“立志”、“立品”，成为思想、品德高尚的人，才能创作出成功的文艺作品来。继承这一文脉，新儒家重视伦理思想在艺术上的表现，重视艺术家的人格塑造在艺术创作中的良好作用。“石韫玉而山辉，水怀珠而川媚”，人品、人格高尚了，才会产生有益于人世的作品。所以，新儒家力倡“善美”的诗学。当然，坚持文艺人品化、文艺人格化，要注意分寸，不能走向极端。由于时代的变迁，古今关于人品、人格的看法和标准不尽相同，今天不能也不应当用过去极端的伦理道德来规范文艺家做人的准则。再则，对艺术完全采用人格主义的评价方法，过于强调人品、人格在创作中的作用，就会减弱艺术自身的审美特性对创作的要求。一味把人品、人格当做创作的惟一条件,用文艺家的人品、人格来评定作品的价值,就会走向片面性。

第三节　人生艺术化

人文精神与人生情调在艺术中耦合一体,构成完整圆融的艺术创造系统。中国古代文艺家把艺术精神或美的规律融会在人与世界的关系中,从而达到人类生活本身的艺术化。新儒家追求人生与审美、现世精神和理想目标的结合。新儒家的学说呈现着人生哲理和诗性气质。它一方面通过对自然、社会的诗意观照构成此在亦真亦幻的人生情景,另一方面以自然和社会为参照,营造一种审美化的人生格调和境界。它主要解决的不仅仅是人何以可能的问题,还有审美化或诗性的人生何以可能的问题。如此,新儒家从现实人生出发,以理想人格、艺术化人生为旨归,说明人生美化的必要性。

一、人生之乐

中国是一个具有悠久的艺术审美传统的国度。中国的哲学伦理、思维方式、生活方式都带有浓郁的审美性质。这种文化在3000多年的历史行程中给中国人造成了一种悠闲、潇洒的人生氛围。早在先秦时代,孔子就倡导人生审美化的方式。孔子特别赞赏弟子曾点的观点:"莫春者,春服既成。冠者五六人,童子六七人,浴乎沂,风乎舞雩,咏而归。"孔子何以独赞许曾点?张君劢的解释是:"曾点知宇宙中美之所以为美,有一种纯洁心情,以赏之受之,其雅趣高情,可以与陶渊明之高逸,邵康节之潇洒,相媲美而已。"①

① 张君劢:《义理学十讲纲要》,中国人民大学出版社2006年版,第115页。

这是一种优美的人生境界，它体现了中国美学的感性超越精神。

与“吾与点也”之乐密切相关的，是“孔颜之乐”。“孔颜之乐”源自《论语》中的《雍也》篇和《述而》篇：孔子称赞弟子颜子虽然“箪瓢陋巷”，生活贫穷，却“不改其乐”；又自谓“饭疏食饮水，曲肱而枕之，乐亦在其中矣”。孔子彰显了一种扼穷独处、体道而乐的人生哲学。“孔颜之乐”立足于人生目的、人生价值的思考，引导人们走向高层次的精神境界。具体地说，“孔颜之乐”是儒家本着“止于至善”的理性要求，在心灵上所体验的一种最高的审美心境，这种审美心境能够让人有一种自由、弘放的愉悦与和乐。

“孔颜之乐”在中国历来例证多多，魏晋风度，宋明气象，代不乏人。中国古代的许多哲人、诗人都在努力追求和实践这种审美化的人生。他们在人生情景中对现实世相有深厚的同情，在广大宇宙中与自然和谐相处，写下了隽永睿智、宁静优美的作品。其生活态度和方式本身就是诗，就是诗意化的和谐境界。人我合一，物我合一，达到和谐的审美境界，人也就获得了自由。“仰观宇宙之大，俯察品类之盛”，心胸澄明，不滞于物，游心太玄，至美至乐。冯友兰拈出“风流”二字，认为风流是一种所谓的人格行为美。真正的风流的构成条件有四：一是玄心，二是洞见，三是妙赏，四是深情。风流之风来自魏晋。东晋名士中，陶渊明的境界最高。有诗为证：“结庐在人境，而无车马喧。问君何能尔，心远地自偏。采菊东篱下，悠然见南山。山气日夕佳，飞鸟相与还。此中有真意，欲辨已忘言。”在冯友兰看来，这首诗表现的乐，是超乎哀乐的乐。这首诗表示最高的玄心，也表现最大的风流。① 冯友兰从陶诗中直观到诗人的风流以及人生艺术化的审美风尚。

儒家追求体验的人生是内心和谐的人生，也就是“游于艺”的

① 冯友兰：《三松堂学术文集》，北京大学出版社1984年版，第616页。

境界人生。庄子的《逍遥游》、《齐物论》,将生活精神化、理想化,用审美的态度去体验人生。儒家与道家所追求的精神境界在方法上、途径上有所区别,但殊途同归,都在审美愉悦中合而为一了。儒道互补所塑造的中国人的文化心态,无论进取或逍遥,无论得意或失意,都能保持一种乐观豁达的心境。这些都明显地表现出中国文化的特质。它善于把生活诗意化,把人生艺术化,做到"成于乐"。"乐"的真谛在"与人同"、"与物同"。中国古代的诗是至性的流露,是诗人内在品格的充盈外溢,达到了"仁者浑然与万物同体"的美境。

新儒家系心于文学人生,强调文学即人生。钱穆对宋明理学家的诗篇情有独钟,他编《理学六家诗钞》(按:六家即邵康节、朱晦庵、陈白沙、王阳明、高景逸、陆桴亭),彰显其诗意。钱穆指出,即使像周濂溪、程明道这类理学大师,也能诗能文,追求光风霁月、如坐春风的诗情画意,其人生即如文学,这说明了"中国人生既求文学化,文学亦求人生化"①之道理。再如,王阳明《春日花间偶集示诸生》:"闲来聊与二三子,单夹初成行暮春。改课讲题非我事,研几悟道是何人。阶前细草雨还碧,檐下小桃晴更新。坐起咏歌俱实学,毫厘须遣认教真。"在钱穆看来,此种诗篇富有"人生体味"的哲理。这种深含哲理的人生享受与生命体味,在实际人生的表达上,最先是在政治社会一切制度方面,更进则在文学艺术一切创作方面。宋明儒家把"仁"的精神扩大了,深透到宇宙万物的全体里面,汲取了"府天地,备万物"的道家精神,形成了意趣的人生观。它表现在以下三个方面:其一,体现人的生活关系的和谐性秩序,重视人与自然、人与社会、人与人、人与自我之间的和谐。其二,体现人的理想圆满性特征,强调文学不是表现一己小我,不是自我欲

① 钱穆:《现代中国学术论衡》,三联书店 2001 年版,第 249 页。

望之膨胀，而是充分表现为精神上的旷达和情趣的纯正。其三，体现人的仁义情怀，强调人的主体性意识的建构，不断地丰富人的心灵世界。在人的精神生活方面，儒家偏重道德人生（自然的道德化），道家偏重为艺术而人生（人生的艺术化），这些都与近代西方文化所表现出来的权力观、功利观迥然相异。“中国人生彻头彻尾乃人本位，亦即人情本位之一种艺术与道德。儒家居正面，道家转居反面，乃为儒家补偏而救弊。然皆不主欲，故亦绝不采个人主义功利思想与权力观，此则大较也。”①在钱穆心中，中国文化所讲的自然，是生命化、精神化的自然，人生是自然化、艺术化的人生。自然建立在人生中，人生又包蕴在自然中，表达自然即为表达人生。中国文化演进的趋向，必然是“一种天人合一的人生之艺术化”的途辙。

人生的艺术化，可以称作“超然入世”。要入世，也要超然。不入世，无以了悟人生之大悲、大恸、至喜、至乐，不能领会人生之真味，亦不能真超脱；不超然，只纠缠人生世相之蝇头小利，拘泥于一时一事之得失，不能与生活拉开距离，反省观照，就不能心灵敞亮，无以澄怀体道。梁漱溟推想，文学艺术怕是越到将来越成为人们的需要，人们需要它来调剂生活，培养心情。只有诗意地栖居于此世，才能达到天地境界。孔子“乐”的心态，庄子“游”的境界，苏东坡泛舟赤壁感受人生与宇宙的旷达，都使新儒家领悟到要以超脱之心去看待人生，看待功名利禄，从而保持平和的心境。

人生的审美化，是理性、意志和情感的和谐，达到自由的境界。人生至境是让人生成为审美生存，人们能够在自然和艺术的审美中观照人生。方东美说：“宇宙人生是‘情理集团’，我们对于这个情理集团不应抱持浅薄的乐观态度，尤不当采取畏葸的悲观态度，

① 钱穆：《中国文化史导论》，商务印书馆1994年版，第164页。

只用一种深心去领略它的韵味而已。”①方氏对那些“托心身于宇宙,寓美感于人生”的诗词,备加赞赏。例如,王船山《玉连环·述蒙庄大旨答问者》就深受方氏好评。全词如下:“生缘何在?被无情造化,推移万态。纵尽力难与分疏,更有何闲心,为之偢睬。百计思量,且付天风吹籁。到鸿沟割后,楚汉局终,谁为疆界? 长空一丝烟霭,任翩翩蝶翅,泠泠花外。笑万岁顷刻成虚,将鸠莺鲲鹏,随机支配。回首江南,看浪漫春光如海,向人间,到处逍遥,沧桑不改。”方东美欣赏词境中涵蓄无穷的情思,赞赏诗人发抒性灵,拓展心意,令人有“流情散芳芷”、“空香为我盈”之妙。

钱穆认为,中国文学结合人生,缩短了艺术与人生之间的距离,道德的严肃和艺术的严肃浑然一体,因而中国文学给人的印象平易而亲切,显示了伦理道德见长的文化传统的巨大意义。中国的诗歌散文都不喜欢作人生的长篇史诗描写,它们只是些轻灵的抒情小品,平淡宁静,偏重对失意人生作一种同情的慰藉,或则是一种恬适的和平人生的体味与歌颂。大体上,中国的文学心灵是“解脱性”多于“执著性”。它是一种超现实的更宽大更和平的境界的憧憬。因此,钱穆以为中国文学常常站在人生后面反思人生,这就使读者获得一种清凉静退的意味。它主要并不是一味鞭策或鼓励人向前,而是关爱心灵,时时给予人们一种安慰或解放。因此,中国文学常常是和平生活的欣赏者,乃至失意生活的慰藉者。它们似乎缺少热辣辣的情绪,但可以使人在现实状况下解脱出来,觉得心神舒泰。

至于绘画,也是这种情形。中国画自唐宋以后,重在对现实予以超脱。其着眼点并不在外界事象或物体的具体就实的写照上

① 方东美:《科学哲学与人生》,载《方东美集》,群言出版社1993年版,第91页。

面，而只是借着外界事物的一些影象来抒写自己胸中的另一番情味或境界。山水和花鸟是中国画家最爱运用的题材，因为它们与实际人生隔得远，且又自然生动，中国人理想中的和平恬淡的生活情趣，可以寄托在自然生动、富有天趣的山水花鸟画之中。整个画的外形，既非常单纯，又十分调和。人世间一切的冲突与悲剧都一概洗净了。唐宋以降，中国社会稍识几个字的家庭，多半在其堂屋里或书斋卧室里悬挂一两幅纸绢装裱的画，或立轴，或横披。人们只要偶一眺瞩，便会悠然意远。这些全是中国人心灵上的桃花源，也可说是他们的一种天堂乐土。此乃中国心灵对于自然观照的广大深刻处。山水、草木、花鸟、鱼虫，一切自然对象，皆与我们的广大心灵相通。钱穆以为这就是宋儒所提倡的"以万物为一体"的精神在艺术中的轻妙吐露和优雅呈现。

中国文学艺术不仅集中地体现了中国人数千年的审美观念和艺术智慧，而且蕴含了中国传统士人极为深邃的生命理想与人生哲学。在中国传统文化中，文艺既充当审美娱乐的功能，又参与中国人的人生哲学和伦理价值的建构。钱穆先生极为精辟地指出，西方艺术人生，其用意在骛外，在索取，在竞争，乃成为一专门职业。中国人之礼乐，礼兼宾主人我，融人生为一体，而乐亦在其中。礼乐即艺术，即道义，亦是人生。这种视一切艺术为人生哲学的精神要旨，使得一切中国传统艺术始终维系着生命内在的精神形态和伦理需求，也使得中国的"善美"艺术和艺术人生在历史的长河中经久不衰。

二、人生之境

生而为人，不免会为两个问题烦恼：人为什么活着？怎样活着？自古以来，人们都在忙着解决这两个问题。"月印万川"是儒者的信念和追求。唐君毅早年在《柏溪随笔》中的一段话对此作了较好的诠释:“人的生活,应该如明月一样,须得是多方面的。好比明月映在千万江湖中一样。人的生活应该如明月,虽是多方面的,然而并不因此扰乱内心的统一与安静。好比明月虽然留影在千万江湖中,她的本身仍高高地悬在天空!”唐君毅试图说明,人不仅要把眼光放在个体生命的舒展上,还必须同时具备大胸怀,去努力把个体有限的生命融入自然大生命之中,从而感受到大地自然蓬勃的永不枯竭的生命的呼吸,汲取无穷尽的生命活力。这种人生境界实现的途径,既可以通过各种艺术、人生的创造性活动来达到,也可以如儒家那样通过道德的修养和人生践履来获取,当然也不排斥道家以“心斋”的方式来实现。

新儒家意识到,儒家学说是入世的、功利主义的,不像老庄或佛学那样超脱,但也力求在现实与理想中寻求心理平衡。在儒家士人那里,忧患意识与超越意识常常是互相补充,甚至是融合在一起的。人生艺术化成为士人超越现实、超越自我的基本方式。作家、艺术家在这里也找到了心灵慰藉的精神家园,实现此岸世界与彼岸世界、人生世界与审美世界的统一。同样,新儒家的人生艺术化,不是消极的隐退的遁世主义,而是一种“天人合一”的积极隐逸价值观与审美观。他们试图在天人之间、日常生活和审美体验之间,保持适度的张力和平衡。在物欲横流、利权至上、天人失调、精神坠落之时,人生艺术化思想有可能为人们起到一种矫正与救赎的效果。

日常生活审美化,是中国人的一大传统,新儒家确认此种传统肇始于古代。唐君毅将中国文化概括为礼乐文化。所谓礼乐文化,是指人们的日常生活(包括衣食住行),处处灌注艺术、文学和礼仪的成分,构成礼乐的文化生活。在礼乐的文化生活中,衣不只是御寒,食不只是充饥,住不只是避风雨,行不只是要到一目的地。以食而言,则不应当碗碟都充满食物,应使人从碗碟的空虚处看到一些生命的灵气流行，亦能兼顾欣赏碗碟之形相之美。唐君毅把中国礼乐文化的历史推溯到上古。那时的日用物品就具有浓厚的艺术性。如商周的铜器与陶器式样精致，上面飞动的花纹即钟鼎文，而为书法之源。钱穆注意到了古代日常生活审美化的现象。中国人的人生理想是要把“实用”和“自然”调和起来，融成一片。例如，中国的民间工艺，一方面完全像是美术品，莫不天趣活泼，生意盎然；但另一方面，它又完全是一种实用品，对于日常人生有其极亲密极广泛的应用。丝绸刺绣、陶瓷器皿、园亭建筑，既是实用品，又是美术品。中国宋代以后的民间艺术、文学、绘画、书法，一切文化生活，均向平民日常人生方面普及和深入，民间工艺常与诗、文、字、画有着显著的联系。因此，艺人往往在一只盛饭的瓷碗上，写上一首脍炙人口的风雅的唐诗，或是画上一幅山水人物画，有时是诗、画双全。在一幅卧床的锦被上，绣上几处栩栩如生的花、草、虫、鱼，或题上几句寄托遥深的诗句。总之，中国宋代以后的民间工艺是完全美术化了，平民生活沉浸在诗、文、字、画的境界之中，一般人都走上了生活享受和生活体味的路子，在日常生活中寻求一种富于人生哲理的幸福与安慰。① 正是在宋代，中国文学艺术展现出细腻的艺术性和日常的审美性。如果说，在唐代以前，文学艺术还是贵族的、宗教的话，那么，宋代以后则逐渐流向大众民间，成为日常人生的组成部分。

新儒家致力于对所谓人生的审美化的理解、阐述和把握，把它视为中国古代特有的诗性智慧风貌，把它视为人的情致、理念和生命型态的外化。钱穆认为：“人生大义尽在此矣。则中国之道德人生，亦即是艺术人生，正是一诗化人生也。”②在西方那里，真善美趋

① 钱穆：《中国文化史导论》，商务印书馆 1994 年版，第 251 页。
② 钱穆：《诗与剧》，载《中国文学论丛》，三联书店 2002 年版，第 138 页。

于分立,而中国则是真善美同归和合。西方分真善美为三,中国则一归于善。善即人情,使真而无情,即真不为善,虽真何贵!无情亦无善。美而无善,亦可成不美。也就是说,在真善美的问题上,中国人把善放在第一位,再次是美,再其次是真。善涵盖美与真,善包容美与真。美的判断标准是善,没有善或缺少善的美,不是真正的美,是没有价值的"美",或缺少价值的美。真的最高、最后的判断标准也是善,离开善的真,失去了价值的依托,使其变得枯燥,变得冷漠,变得失去人情和人性。中国传统文化强调真善不二,善美不二;不离善而求真,也从不离善而求美。在新儒家看来,天人合一的真、情景合一的美、知行合一的善,本来就是一个统一的命题,是天道与人道的合一、天文与人文的合一、人道与文道的合一。

人生艺术化实际上是个境界问题。新儒家强调生命存在与心灵境界。冯友兰有"人生四境界"说,唐君毅有"心通九境"论,方东美提出了"人生双回向"说,其思路是:把人的生命领域,由物质世界—生命境界—心灵境界—艺术境界—道德境界—宗教境界,一层层向上提升,以追求最崇高的人生价值境界。但是,方东美没有因此将达到人生价值的最高境界(神境)停留在彼岸,而是在"提神太虚"之后又"俯之",回到现实,落实在此岸。正是在这个关节点上,他充分地肯定了儒家人格精神的现实价值。

《三国演义》开首一词曰:"滚滚长江东逝水,浪花淘尽英雄。是非成败转头空。青山依旧在,几度夕阳红。　白发渔樵江渚上,惯看秋月春风。一壶浊酒喜相逢。古今多少事,都付笑谈中。"牟宗三认为此词足以反映中国古代"轻松的艺术之观照"的精神,而背后存在一种苍凉之感。在文化史上,中国文化心灵呈现出"严肃的道德人文之悲情"与"轻松的艺术之观照"两种形态。在现代历史的风云变化中,新儒家的内心世界也交织着"剑气"和"箫心"。他们在体察人生时,努力将浩渺的宇宙意识与沉潜的哲理意味融合在一起,具有一种浑涵豁达的美感。

三、人生美化

"人生艺术化"也可称作"人生美化"。这一形而上的境界,深得近人的青睐。在20世纪的中国学术界,类似"人生艺术化"的理论主张不绝如缕,例如"艺术的社会"(吕徵语)、"生活的艺术"(林语堂语)、"人生的情趣化"(朱光潜语)等等,在学界产生过一定的影响。现代美学家朱光潜主张理想的人生应该像一首诗。一首好诗总是至性深情的流露,诗化的人生也应是本色自然的人生。诗化的人生并非轻易得来,必须通过培养对人生的艺术态度才能达到。所谓对人生的艺术态度,就是要以"无所为而为"的精神来对待人生。在现实生活中,人总是难以挣脱各种利害关系的羁绊,而在审美世界里,人却可以跳出现实利害关系的罗网,保持一种超功利的态度。故朱光潜主张整个人生的艺术化和宇宙的人情化,从而肯定了人生本身的趣味和价值。但是,朱光潜的"诗化人生观",主要是受了西方美学思想影响的结果。而新儒家立足于中国传统文化,认为中国自古以来就把审美当成形上追求的境界。这一传统在中国士人的思想中自觉或不自觉地继承了下来。新儒家着重阐述了如下几点:

其一,人生的审美化在于同自然的和谐。新儒家认为,人们在对自然的和谐体验中找到自我,找到自我的感性生命的存在意义。中国古代的许多哲人、诗人热衷于审美化的人生。他们在人生场景中对人生世相有深厚的同情,在无限宇宙、山野林泉中与自然和谐相处,在宁静优美的诗篇中,在悲慨豪放的鸣琴鼓瑟中,表现那飘逸洒脱的风神。这使得他们的生活态度和方式本身就是诗,那一花一木、一丘一壑在他们空灵的眼中就是诗,是诗意化的和谐境界。

其二,儒道思想是"人生艺术化"的哲学基础。孔子云:"知之者不如好之者,好之者不如乐之者。"(《论语·雍也》)庄子的《逍遥游》、《齐物论》将生活精神化、理想化,用审美的态度去把玩、去体验、去享受人生。儒与道所追求的精神境界在方法、途径上有所区别,但殊途同归,都是在自由中合而为一。方东美曾借歌颂松树道出自己的襟怀:"青松老更狂,劲节一身藏。雪澡龙筋瘦,风培鹤骨昂。贞心常傲古,耿性自凝香。春色来天地,掀髯看世妆。"①从这首抒发胸襟的诗中我们可以看出,方氏深得儒道刚柔相济的风神。自然的人化、宇宙的精神化、人生的艺术化,是对宇宙化、艺术化的自我人格的欣赏。这是中国传统美学的出发点。人生艺术化,可以说是过去式艺术的终结归宿,它在内涵上与艺术生活化是有区别的。艺术生活化只是过去式艺术走出困境、向人生、生活艺术化目的的转化的过程手段。人生艺术化,是用心体验生活,在庸常中注入生命,使我们自己成为生活的艺术家。新儒家强调中国人善于把自然界的一草一木、一山一水、一片彩云、几块顽石变得非常富有诗情画意,激发人们的想象和情趣而玩味无穷。这样做的目的,是要在感性世界中,求得精神的寄托和心灵的归宿。

其三,中国士人一般具备"儒风道骨",并未抛弃现世。无论是入世还是出世,古代知识分子往往循道持志,行用舍藏,身居穷达两境,调适自己的本心和生活。需要指出的是,新儒家推崇的"人生的艺术化"命题作为一种追求,虽与古代人生哲学相系,但并不是消极的,也不是单纯的"出世"思想的反映,而是他们救国自强、振兴中华这一主导思想的一个组成部分。救国自强、振兴中华首

① 方东美:《坚白精舍诗集》,台湾黎明文化事业公司1978年版,第209页。

要的是政治革命，是生存、发展问题的解决。但又不该把眼光囿于利害关系之中而不能自拔，还要有高尚的精神生活和理想生活。新儒家试图从人生境界的提升方面，振兴文化精神和民族精神。他们深信，现代知识分子关心国事民瘼，宁静致远，在艺术中，在审美体验中，可以找到这种境界的存在。

"人生艺术化"是新儒家设定的"理想国"。人在现实的人生中、自然中、艺术中，观照自己的人格心灵、生命本质，从而达到人生美的境界。从这一意义上讲，艺术的人生是哲学和艺术为之奋斗的目标。新儒家希冀人生艺术化，而且认为自古代始中国人就诗意地栖居在大地上，这显然是新儒家的似是而非的臆想。因为人要走向艺术的人生，不仅取决于人的生活态度，而且取决于他所栖居的社会土壤。只强调前者而忽视后者，就不能全面了解中国人的本真的历史存在。新儒家没有看到，中国的封建制度和伦理道德，对文艺来说，也有不可承受之重；农业人生也有难以忍受之苦。然而，最大限度地发挥人的能动性和创造性、追求日常生活的审美化的观点，则为新儒家的人生艺术化思想带来了片面的深刻性。在美学上，这种人生艺术化的追求不仅仅是个体的率性所为，而是一种世界观和人生哲学。

考察新儒家的人生艺术观，我们也会发现他们与宋明儒家之间有着相承处，也有不同点。宋明儒家极力倡导"万物一体"的境界。程颢诗曰："闲来无事不从容，睡觉东方日已红；万物静观皆自得，四时佳兴与人同。道通天地有形外，思入风云变态中；富贵不淫贫贱乐，男儿到此是豪雄。"（《秋日偶成》，《明道文集》卷三）这首诗最能体现宋明儒家的"鸢飞鱼跃"之乐，既表现了仁者气象，也表现了超功利的美学境界。如果有这种境界，人就能体会到人生的意义和快乐；如果没有这种境界，人就只能看到一个机械的物理的世界，人是人，物是物，毫无意趣。现代新儒家深切地体会到宋明儒家的这种把人的精神修养与人的存在根源予以耦合的传统，他们也把人生自我提升的历程与作为“天地之美”的“大道”联接起来，追求人生的艺术化或美化。但在这个过程中，现代新儒家与宋明儒家的不同之处是：前者体现着作为一个现代的知识分子的理性自觉、思维方式、情感态度和审美观念。现代的艺术与人生涉及现代人的生存论，现代新儒家重视从价值论的角度审视人生，阐发文学艺术对人生的意义。

新儒家认为中国文学艺术与人生情理密切相关。中国人的人生理论，能用文学艺术来表达。中国人的人生理想一般说来，可以在中国文艺的生动的形象体系和优美的意境结构中表现出来。唐君毅把文艺与人生结合起来论述道：“美学所当论者，除美之共性种类外，尤当论美在宇宙人生中之地位，与人生如何能由至善而至美之道。而东西哲学中之所论美者，亦恒连人生所求之真、善、神圣等其他人生价值以为论。故美学在一义上，亦可属于人道论中。”①中国古代优秀的文艺作品动人的奥妙正在于对真诚与良知的艺术表达，在于人文精神和主体生命力的激扬。新儒家推崇中国的“人伦大道之人生”。他们崇善尚美。就审美与人生的关系而言，他们认为人生应该是诗意的人生，而不应是庸俗的生活；精神生活应以人的本真至善情感为追求，审美过程是以陶冶心灵的方式确证人自身存在的本质。

总之，只要对新儒家的论述稍作整理，我们就会发现其归趋：“人文之美”的理论主张，目的是追求人的内在本质力量的对象化。无论是将文学人格化，还是要求把人生文学化，最终目的都是为了实现“内圣外王”、“美善合一”的社会理想和美学理想。人的问题始终在新儒家美学思考的视野之内，同时也处于美学的中心地位。

① 唐君毅：《哲学概论》，中国社会科学出版社2005年版，第78页。

唐君毅主张美学的理想,在于“以善为主导的真善美俱现的统合人格价值之实现”;牟宗三认为康德的“判断力批判”仍未能穷尽美学之真,必须把美学提升到与道德人格合一的高度讨论,才是美学研究的真谛;徐复观主张中国艺术精神,在于从人格层面把握艺术精神的主体,为人生而艺术,才是中国艺术的正统。可以说,文艺的人性化、艺术的人格化以及人生的审美化是新儒家之人学美学的要旨。

第二章 心性之美——现代新儒家美学的旨归

中国传统艺术审美思想十分重视人的主体性和艺术的心灵性。“心声心画”与“性灵所寄”是中国古代文艺的趋赴,“心哉美矣”,道出了任何审美活动都与“心”密切相关。由于中国人习惯于从自身经验去体验、推断、思考问题,所以对于心与艺的关系,侧重于艺术实践活动中的心灵体验。从人类的心灵活动和心理状态出发,研究审美现象,是新儒家文艺美学的蕲向。在艺术境界和哲学境界中,新儒家悉心探询人的心灵旨趣。以中国心性理论为核心,他们兼收并蓄,触探广阔幽深的心灵世界,在心学与美学之间搭起了一座“以心为美”的桥梁。

第一节 以心为本

中国古代哲学有着悠久的心性论传统。儒家自先秦的思孟学派到宋明理学中的“陆王心学”,道家自庄子的“心斋”到唐宋道教的“内丹学”、中国化佛教的华严宗、唯识宗和禅宗等,它们都极力在心源上用功,从心性处寻根。新儒家认为“心”在中国文化精神体系中,是涵盖天地万物、突出人的主体意志的重要哲学范畴,是弥漫人生、文学、艺术之中的独特境界。

一、心者神之主

新儒家认为,心是主客体相交融而产生的一个具有包容性、直观性和混沌性特征的独特观念。从精神现象学角度讲，心是人的精神性意念，是人把握对象世界而产生的观念、情感、心理、意识。中国古人对“心”的看重远胜于脑，“心”不仅是生命的中枢，更是自我意识的载体和精神的寓所，王船山就曾提出过“宅心说”。所谓“心”之官则思，表明“心”具有大脑的功能；“心者神之主”，说明心是人的精神主体。儒家心性论属于精神主体范畴，是心灵哲学、心灵美学。方东美总结出中国人对“心”的看法：一是精神的作用；二是理智的核心；三是良知的本质；四是感情的源头；五是斡旋的官能。事实上，“心”是所有这些因素的整合体，而“心善论”乃是绝大多数中国哲学家的共同体认。故“心”之概念，成为中国哲学的中心范畴，自然也是基于日用日常的认知与体验。由于心能思、能知、能感、能应，而人的一切感情及意志也都可归之心的活动，所以中国哲人对心的自觉与认识往往是以发抒及描述心的功能为起点的，进而阐述心在认识真理、实现人的潜能方面的重要性。儒家以心为本体，把心的修养作为揭示和体现最高真实之道。

心灵不同于心理。心灵定义于意识、思想、情绪、欲望，是人的精神境界的核心部位，也是心理发展变化的最高阶段。心灵是一个人文精神概念，是人的本质力量的集中体现。虽然心灵少不了一个肉体的躯壳，但它是基于肉体生命的一种升华。心理则属于科学、医学范畴，着重研究人的感觉、知觉、记忆、语言、思维能力以及病理方法的性质、机能、规律和操作方式等。

儒家心性论涉及心灵的本质、特征、存在及其变化，尤重心灵的涵养。孔子指出“人者，天地之心”；孟子把心灵看做是主宰一切、无所不通、无所不容的绝对主体，“心者，天地万物之主”，“万物皆备于我矣”。从伦理学的角度，孟子认为“恻隐之心，人皆有之；羞恶之心，人皆有之；恭敬之心，人皆有之；是非之心，人皆有之”，“仁义礼智根于心”（《孟子·尽心上》）。人的这四种“善端”，就是人的心灵的具体表现。

宋明儒家的心灵说概括为：心即理，人心之理即天地万物之理。一人之心，即天地之心；一物之理，即万物之理。人同此心，心同此理，心与理合一。心自万理，万理于一心。王阳明认为："人者，天地万物之心也；心者，天地万物之主也。"他更是以诗表达其心灵学说："人人自有定盘针，万化根源总在心。却笑从前颠倒看，枝枝叶叶外头寻。"（王阳明《咏良知四首示诸生》）"良知"即是本体，"致良知"即是功夫。"是非之心不待虑而知，不待学而能，是故谓之良知，是乃天命之性，吾心之本体，自然灵昭明觉者也。凡意念之发，吾心之良知，无有不自知者；其善与，惟吾心之良知自知之；其不善与，亦惟吾心之良知自知之；是皆无所与于他人者也。"故曰："物格而后知至，知至而后意诚，意诚而后心正，心正而后身修。"（王阳明《大学问》）良知是人心之本体，它是"灵明昭觉"的。人心意会之每一萌动，行为之每一起始，良知无不自知其善与不善，而无须他人指教，良知实为高度自觉之心灵本体。黄宗羲《明儒学案·师说》评述阳明"心学"是"即知即行，即行即物，即动即静，即体即用，即工夫即本体，即上即下，无之不一"，其实质是达成本体与工夫的统一。

在古代哲学中，"心"、"性"、"情"三者的关系，不断得到辨明。孟子最先论及"心"与"性"的关系："尽其心者，知其性也；知其性则知天矣。""君子所性，仁义礼智根于心。"（《孟子·尽心上》）在先秦典籍中，"性"与"情"常常组成一词："起礼仪，制法度，以矫饰人之情性而正之，以扰化人之情性而导之。"（《荀子·性恶》）"此六子者，世之所高也，孰论之，皆以利惑其真，而强反其情性，其行乃甚可羞也。"（《庄子·盗跖》）在"心"、"性"、"情"三者之中，宋代儒家认为"心统性情"（张载《张子全书》卷十九）；"性"和"情"都根于"心"（朱熹《四书章句集注》）。《朱子语类》卷五称："性是未动，情是已动，心包得已动未动。盖心之未动则为性，已动则为情，所谓心统性情也。”“性”是“心”寂然不动时的本然状态；“情”则是“心”感物触事而起的波动情态。

据此，新儒家把握“心性”的核心价值。梁漱溟认为心之义包含“主宰”之义，徐复观厘定中国文化的人生价值的根源即在人的自己的“心”。“心”作为认识主体反映客体的优位特点，得到确认。方东美认为，中国的心性学是“高度心理学”，是用“立体观”看待人类心性，所看到的“不是平面的表层，也不是黑暗的深度”，而是人性的崇高价值。

二、心之特性

中国哲学对心灵特别垂青，因而它特别注重人自身以及心灵的心性问题的求索。新儒家在继承中国心性论的基础上，以心灵价值学为特征，探讨了心灵价值的主体性、感通性、动能性等特性。

1. 主体性。

孟子讲“万物皆备于我矣，反身而诚，乐莫大焉”，彰显人的心灵的主体中心价值。张载的“大心”，程颢的“心即天”，朱熹的“心包万理”、“心为太极”，陆九渊的“心即理”、“吾心便是宇宙”，王阳明的“心是天渊”、“心者，天地万物之主也”、“心者身之主宰”等，便是强调了主体的决定作用。这样，中国古代便构成了以心灵价值为中心、为支点、以“心”—“性”—“天”为逻辑结构的心灵价值哲学体系，“言心则天地万物皆举矣”，“万化根缘总在心”，凸显出心灵的中心价值。

在《明心篇》中，熊十力强调“本心”，本心在他那里又称良知、明几、仁心、天明等。“本心”是人的先验的知觉能力，与后起的“习心”不同，它是“本有”的。“人之生也莫不有本心”，“本心者是本有，非后起故，遂名本心”，“良知即是本心”（《明心篇》）。熊十力不仅强调本心的先验属性，而且更强调此种先验属性的宇宙论的根源。在熊氏看来，“本心”不仅是自身的主宰，而且遍为万物之主，遍为万物实体。本心即心体，是天道之秩序、人道之律则，是宇宙人生创化不已、生生不息之内在动力。本心不仅是理智之心（“识”）、道德之心（“意”），而且是一绝对的本体（“心”），是宇宙大生命，是万化之原、万有之基，同时又内化在吾人心中。

为了进一步论证人之本心这一论题，熊十力采用了传统的“禀受”说和“万物一体”说。他认为，个体的生命心灵出自宇宙的大生命，但这并不意味着个体只禀受宇宙生命的一部分，而是“万物各有的生命即是宇宙的大生命，宇宙大生命即是万物各有的生命”（《明心篇》）。就是说：一方面个体的本心禀受宇宙大生命之全，另一方面宇宙大生命并不在万物之外，万物之外更无大生命，个体本心与宇宙生命之间是一种互印的关系。熊十力赞成“天地万物为一体”的说法，认为人与万物就形体而言各有差别，但以生命而言则浑然为一；人的本心常不为小己之私和私意所锢蔽，就能廓然与万物同休戚。

牟宗三继承了孟子的心性观，认定朱熹对于心始终取经验主义的态度或实在论的态度，而从未能正视其道德上的应有的意义和超越意义。原因在于朱熹言心未能纯取孟子义，从“识仁”的角度待之，而是主张心属气，所以他讲道德践履始终不免歧出，从而未能达到中肯切要之境。依孟子意，超越的道德的本心是人们发展道德人品的本性。恻隐、羞恶、恭敬、是非之心只是本心的具体真实显现。这虽可说是情，然亦可说是心，并不是与心分又与性分的情，故只是本心的具体呈现、真实呈现。这个具体呈现、真实呈现的本心是心也是情，是情也即是心，而此亦即是吾人之性。①

---

① 牟宗三：《心体与性体》，上海古籍出版社 2001 年版，第 160 页。

贺麟沿袭了宋明理学的陆王心学，提出了自己的“新心学”，主要强调两点：一是心的主宰性，二是无心便无物。“离心而言物，则此物实一无色相，无意义，无条理，无价值之黑漆一团，亦即无物。……被物支配之心，心亦物也，能支配心之物，物亦心也。”在贺氏看来，世界上最根本的东西是“心”，心为物之体，“明灵能思者为心，延扩有形者为物，据此界说，则心物永远平行而为实体两面；心是主宰部分，物是工具部分。心为物之主体，物为心之用，心为物之本质，物为心之表现。故所谓物者非他，即此心之用具，精神之表现也。”①可见，这与王阳明所说“离开我的灵魂，便没有天地鬼神万物”的观点完全一致。

2. 感通性。

感通是指心灵存在形态可呈现为“寂然不动”，但它蕴涵着“感而遂通”属性。心灵的感通性，既包括由万物与心灵的内在感通路向，以满足心灵俱足众理的需要，即“万物森然已具”、“万物森然于方寸之间”的需要，又包括由心灵与天地万物的外在感通路向，以满足心灵感应万事的需要，即“存心”、“养性”、“事天”的需要。荀子等人认为“心未尝不动也，然而有所谓静”。而“心静”并非静止，而是使心灵恢复到正常的状态，这就是心灵的感通性。西方心灵学预设一种主客二元对立的型式。中国心灵学是价值构型，强调“心体”、“感通”，可视为对这种主客二元对立的消解。

熊十力强调“本心”是万化之源、人生之性、道德之根。但他同时认为，心之本体不是超绝的本体，而是合天地万物于一体、将宇宙人生打成一片的整体。这样的“一体之心”、“一体之仁”，可以推广到鸟兽、草木、瓦石。也就是说，通过内在于人的“仁心”，即人的

---

① 贺麟：《近代唯心论简释》，载《儒家思想的新开展——贺麟新儒学论著辑要》，中国广播电视出版社 1995 年版，第 217 页。

精神生命与道德意识的感通，人的生命与宇宙大生命能够回环成为一体。而人的生命与宇宙大生命能够回环成为一体的中间环节是“用”，也即是工夫，即道德实践。熊氏主张道德践履与良知仁心的一致、工夫与本体的一致、外王与内圣的一致。

唐君毅认为，人生之本在心。那么，“心”又是什么呢？他征引了朱子的诗：“此身在物宰其中，虚澈灵台万境融。敛自至微充至大，寂然不动感而通。”人生的本质在于心体（内在精神）。唐君毅说：“在你思想的开始时，你必需知道心与所对宇宙万物之不离。在你思想的第二段，你必需知道心之自觉性的无限。在你思想的第三段，你必需知道如何在你个人之自觉性以外体验你心之无限。在你思想的最后阶段，你必需知道你的心可以包罗宇宙，而知你可以代‘神’工作，而重新建设宇宙，同时完成你心之本性的要求。当你了解你思想之最后段，你将了解所谓现实的宇宙，只是你的心完成和实现其本性之材料。这是我们所谓宇宙唯心的意义。”①在唐氏那里，“心体”含有极为丰富的创生意义，乃至后来他把“道德自我”推扩为“生命存在”。“心”已不仅是先验的道德之心或抽象的理性之心，而是与人的生命存在合一的“心灵”。唐君毅晚年著有《生命存在与心灵境界》，力倡“心灵”以“居内而通外以合内外”的种种感通活动建构起不同的境界，创造出人文世界的丰富内容。在唐氏那里，“心”自内说，“灵”自通外说，合心灵为一名，“则要在言心灵有居内而通外以合内外之种种义说”②。

与王阳明所谓“心外无物”、程伊川所谓“事外无心，心外无事”等观点比较起来，唐君毅的“心论”脱离了封闭性。他认为心境关

① 唐君毅：《人生之体验》，广西师范大学出版社 2005 年版，第 100 页。

② 唐君毅：《生命存在与心灵境界》（上册），台湾学生书局 1976 年版，第 11 页。

系是一种感通关系，心境俱存俱在，俱开俱辟，俱进俱退，俱存俱息。境不是心之所知，也不是心所变现。言境为心之所知，则心与境乃主客对立关系，不能形成俱起俱息；言境为心变现，则境便全摄于心，或惟有心而无境。这样就不能有心与境相互为用、相感相涵之义。唐氏之说既继承了王、程的心与物不相离的义涵，又进行了超越，揭示了心境通主客、兼知行的质素。显然，与西方认识论、形上学所言的能知与所知之分、主客之分、心物之分比较起来，唐君毅之说更能说明心灵境界的本真。

3. 能动性。

中国古代哲人认为"盈天地皆心也"。中国哲学所谓的"心"，是"灵明知觉"之心、"虚灵不昧"之心、"神妙不测"之心、"操合存亡"之心。正因为"心无限量"，"心无内外"，心才具有巨大的能动性和创生性。

唐君毅在谈到心灵之发展时肯定了心的能创性，他说："当你经验桂子花香时，你之经验此时开始，而桂子花之如是之香，亦在此时开始。"①也就是说，桂子花之如是之香，并不先于你的经验而存在，而是与你经验之存在同时的。唐氏的这个观点与王阳明何其相像！《传习录下》载有王阳明一则故事：先生游南镇，一友指岩中花树问："天下无心外之物，如此花树，在深山中自开自落，于我心亦何相关？"先生曰："你未看此花时，此花与汝心同归于寂，你来看此花时，则此花颜色一时明白起来，便知此花不在你的心外。"王阳明和唐君毅特别强调"心"的能动性，在认识论上可能会有争议，但就审美活动而言，客体只有作为主体的对象性的存在，才可能具有审美属性；离开了人生和人心，离开了审美主体，客体就不会有审美价值存在。即使是艺术品，其审美价值也不过是一种潜能，尚

① 唐君毅：《人生之体验》，广西师范大学出版社 2005 年版，第 72 页。

未转化为现实。按照王阳明与唐君毅的说法，一棵花树，你没有观照没有欣赏它的时候，你就不能与花树产生生命和情感的交流，不能体验到宇宙的大生命。只有当你来看花树的时候，花树的本体生命由于人的召唤而得以彰显，人与花树"欣合和畅"，产生了生命交流，令人体验到了无限而永恒的宇宙大生命。从人之"心"的主位能动方面谈美，这是符合美的创造规律的。

同样，牟宗三论康德的审美的概念时，也发挥了王阳明的见解。他认为，美的花是心物耦合的花，而非分解的花，是人之特有的妙慧与气化的光彩相遇的结果。美就是庄子所说的"天地之美，神明之容"，是在人的全部精神生活之实践过程中融化天地之光彩所致。

牟宗三在《心体与性体》中强调心具五义：(1)心体义：心体物而不遗，心即是体。(2)心能义：心以动用为性(动而无动之动)，心之灵妙能起宇宙之创造，或道德之创造，心即是能。(3)心理义：心之悦理义即起理义，即活动即存有，心即是理。此是心之自律义。(4)心宰义：心之自律即主宰而贞定吾人之行为，凡道德行为皆是心律之所命，当然而不容已，必然而不可移，此即吾人之大分。此由心之主宰而成，非由外以限之也。依成语习惯，无心分之语，故不曰心分，而曰心宰。心宰即性分也。(5)心存有义：心亦动亦有，即动即有。心即存有，即存在之存在性，存在原则；使一道德行为存在者，即是使天地万物存在者。心即存有，心而性矣。[①] 道德行为都是我们的本分，由心之主宰而成，心体与性体完全合一。

在新儒家的观念中，心是先验的，又是经验的；既是超验的，又是后验的。心是先验、经验、超验、后验的综合体。它与人的理性、真理、情性、存在等粘连挂靠。新儒家成员，除徐复观偏重"形而中

① 牟宗三：《心体与性体》，上海古籍出版社 2001 年版，第 438 页。

者之心”外,其他成员都热衷于“形而上者之心”的研究。在《中国哲学原论》中,唐君毅进行了“原心”。他认为,人之知义理必本于理性的心知,而理性的心知又呈现出四种形态,即知类知故的知识心、虚灵明觉心、德性心、历史文化之统类之心。知物理事理,要在知识心;知玄理空理,要在虚灵明觉心;知性理,要在德性心;知人文之理,要在知历史文化之统类之心。四心与六理,整合统一。

“心性之学,乃中国文化之神髓所在。”这是新儒家在《中国文化与世界》宣言中所作的总结性论断。他们认为,不了解中国心性之学,即不了解中国之文化。“心”在中国文化精神系统里被赋予了极为深广的精神意蕴和内涵,它一方面具有形而上的知性与理性层面,另一方面具有形而下的直觉与感性的特点。心即境也,心性为本,无不体现了中国的美学和艺术理论源于人的心理和精神结构的显著特点。中国文化以心性修养为重点,重视文艺的内在体验方式及其功能,强调心的体证,故能形成具有精神内涵的心之道和诗之道。

第二节　文艺与心灵

文心即人心,即人之性情,是人的生命之所在。中国文艺家是从“本于心”开始艺术创作的。文艺家的创作动机一旦发动,他就努力地将自己内心的感受、智慧和情感乃至整个的生命投入、融合、体现于创作对象之中。钱穆说:“中国文学亦可称之为心学。”①新儒家赞赏中国文学艺术的心性表现论。无论是言志,还是缘情,主体心灵总是由内而外、由心及物,如此产生的抒情文学、写意艺术也就成为主体心绪、情志的物态化。新儒家重视中国艺术

① 钱穆:《现代中国学术论衡》,三联书店 2001 年版,第 245 页。

创造主体最内在的精神追求,并从中认识和体会深刻的心化审美意识。

一、修心

中国古代关于内心修养的理论相当丰富。孟子说"万物皆备于我",强调修养之道应从内心求得,在道德实践上"反求诸己",可以达到"反身而诚"的境界。朱熹在此基础上进一步发挥,把"居敬"作为内心涵养的功夫,通过内省体察,完成心体的自我观照,从而达到"心地光明"、"天理粲然"的境界。王阳明更强调内心的修养,强调自省内悟的功夫,"求理于吾心",将中国自省内悟的修养方式发展到极致。人的心性客观上包含着不同的成分、不同的层次,具有各种不同的机能、内能。中国古代思想关注的焦点是,将处于低层次的心性转化为高层次的心性。在儒家那里,"心本体"的培养、生成即为"内圣"之学,"内圣"是"外王"的前提。

心性之学即儒家所谓的"内圣之学",是一种讲究正心诚意的德性之学。钱穆指出,中国文化"建基于人生修养",以心性为一切价值之本。而心性之学的主要内容则是以个人自我的道德自觉为基点,通过自我的道德心性修炼,以成就完美的圣贤人格。因此,儒家的心性之学强调人应以修身为本,主张到人的内心去寻找道德的根源和人生的价值,特别注重自尽我心、自践我性的内省自求的修养功夫。钱穆把以心为本的中国文化称为"惟心文化"、"心本位文化"。他说:"中国人本位文化,亦即己本位文化,亦可称之为心本位文化。……中国之心本位,重性情,重一己之行为,向内自求己心。"①因而,中国文化之主要根基,"则安放建立在各个个人之内心"上。显然,钱穆所推崇的儒家主张"内圣"的"心性之学",

① 钱穆:《晚学盲言》(下卷),广西师范大学出版社2004年版,第421页。

实为一种“为己之学”，它注重人的生命本身及其内在德性的完成，强调道德心性主体的培养和建构。

熊十力认为，人的“本心”是人自己与天地万物所共同具有的本体。他用大海里的水与众沤比喻本体与万物的关系：大海之水呈现为众沤，而每一水沤都以大海之水为本体，是大海之水的全整的显现。同样道理，各人本心即具大全（即本体），所以不可离开自己的本心到外面去追求客体。牟宗三“接着说”道：一个完美人格的形成，必须通过自我的修养，达到绝对的精神自由和心灵自在，达到逍遥游的“无待”，以成就所谓“真人”。

禅宗《传灯录》有一则有名的“公案”：“老僧三十年前参禅时，见山是山，见水是水；及至后来亲见知识，有个入处，见山不是山，见水不是水；而今得个体歇处，依然是见山是山，见水是水。”（《五灯会元》卷十七）这段记述也表明了感悟外物的三个阶段：第一阶段是感性印象；第二阶段由于进入认知层次而肢解了对象；第三阶段超越了知性认识，把握了对象内在之真，恢复了对象外在之貌，即物即真，有限与无限达到统一。第三阶段对于第一阶段不是简单的重复，而是否定之否定。禅宗的这个故事，说明了心性要历经一个培养、转化和顿悟的过程。

儒家的内省与道家的虚静、禅宗的顿悟相辅相成，其对人的精神觉悟造成的影响不可低估，尤其是对中国艺术心理的影响更是潜在而巨大的。自省内悟的修养方式成为中国艺术家的诗性选择。文学乃为心声，故文学作用于人生，当然就具有修养心性之功能。钱穆教导人们，先培养其心灵德性，乃可进而从事文艺活动；先做一个不庸俗的人，才可做一个文学家，乃能有真性情真人生从其作品中流露。可见，内心的修养和德行对文艺创造非常重要。涵养功深，真积力久，方能形成艺术胸襟。

中国的文艺宗旨是呈现人的性情以养心。钱穆认为，心的修养是写心的前提。为了能完成文艺创造,作家就必须要求在心的修养上达到一种新的境界,亦谓“修心”,即进行人生与自然之间的体悟。这种体悟,既不属宗教,亦不属科学和哲学,而是一种艺术,一种人生的艺术。古代诗歌“水流心不竞,云在意俱迟”、“雨中山果落,灯下草虫鸣”,都表明了中国诗人描写景物之外,自有一种心灵修为的本领。在钱穆看来,中国古典文学之所以感人,乃是因为古代人外界干扰少,人心简易单纯,行为感人深厚,诉诸文艺作品中,乃能历百世而犹新。而后人因为人事繁忙,外界多有侵扰,心乱而杂,修心功夫不如古人,所以文章浮浅,感人不深。内省修心方式,能使心灵与外物达到完美的融合。

在作者的心之修养问题上,新儒家既重视“性情之真”,又强调“性情之正”。徐复观说:“照中国传统的看法,感情之愈近于纯粹而很少杂有特殊个人利害打算关系在内的,这便愈近于感情的‘原型’,便愈能表达共同人性的某一方面,因而其本身也有其社会的共同性。所以‘性情之真’,必然会近于‘性情之正’。”①

人生之环,扩而愈大,心之内蕴,一经抒写,乃玄而妙。儒家主张以个体的修身、正心和齐家的方式完成“心”的外向运动,包容宇宙,其关键处,在于个体的心灵感悟与体验,真正与天下达到和谐一致。以儒家教义为主导的中国文化精神,主张个体自身在基于现实人生的层面上,以包容对象世界的方式来完成外化的运动,获得对世界、人生带有极为浓厚道德意识的超验关怀。因此,中国文学对文之心的强调,就是要求作文应将主旨集中在内在的人生和人心上,以获得“内在的超越”。中国文学强调的“心”之外向运动,是建立在精神此岸的道德本体意义层面上的。所以,道德上的自律和内省的特性,就往往要求“心”能体现“大道之行,天下为公”的

① 徐复观:《中国文学论集》,台湾学生书局1985年版,第88页。

价值思想，在个体的价值实践中能够充分地反映群体的利益、价值和理想。“心”的外向运动，显示出中国文学踵武先圣、天下为公、忧国忧民、自强不息的人生精神。

修心的关键是解决身与心的关系问题。修心养性的目的是调适身心，从而达到培养本源的目标。在心与身的关系上，熊十力强调心主宰身，不为官能欲望所蔽，不为外物所困。他说：“生命心灵固有生生、亨畅、照明、刚健、升进等德用，而潜驱默运乎物质之中，破除锢闭，是其特性。”(《明心篇》)人生价值的实现就是仁心的扩充和拓展，其基本途径就是保持本心，扩充善端。钱穆在研讨人生生活时区分出两个世界：一是物质的世界，即身之生活；一是心灵世界，即心之生活。这两个世界并不能严格分开，但也不能混并合一。心灵世界似乎必须寄附在物质世界上，但人生所能有的心灵世界，实较其所能有的物质世界，远为广大、悠久、灵活而高明。身之生活范围有限，心之生活范围无限；身之生活差别甚微，心之生活差别甚大；身之生活乃暂时的，心之生活可成为永久的。心灵的崇高和悠远，要胜过身体的满足和逸乐。就物质生活而言，此属一种极为低度的生活，但孔子、颜渊在此物质社会中所寓有的心灵生活是不可轻易企及的。修心是成德的保证，是步入理想境界的前奏。

修心的目的是要打造一颗美好的心灵。有一位当代作家用了“造心”这个词语，说道：“蜜蜂会造蜂巢。蚂蚁会造蚁穴。人会造房屋、机器，造美丽的艺术品和动听的歌。但是，对自己的心，谁是它的建造者呢？”作家自答道：我们的心，是长久地不知不觉地以自己的双手塑造而成的。心的边疆，可以造得很大，像延展性最好的金箔，铺设整个宇宙，把日月包含；心的规模，也可能缩得很小很小，只能容纳一个家、一个人，甚至只能容纳一粒芝麻。心为血之海，那里汇聚着每个人的品格、智慧、精力、情操，心的质量就是人的质量。有一颗仁慈之心,会爱世界爱人爱生活,爱自身也爱大家。有一颗自强之心,会勤学苦练百折不挠,宠辱不惊大智若愚。有一颗尊严之心,会珍惜善待万物。[①]"造心"即为塑造心灵。这是从古到今的文人雅士所开展的永无止境的心灵建设工程。

心灵价值学是指关于心灵自身存在的价值的学说,它涉及心身、心物、心道关系。儒家心灵哲学以灵感、体悟、诗意、意象为表现方式,揭示心灵的本质和人生的真谛,并且上升到艺术与美学的境界。新儒家的美学是"良知美学"、"心力美学"、"修养美学"。"言为心声,文学出于性灵,而任何一民族的文化业绩,其内在基础,则必然建筑在此一民族之性灵深处。"[②]故中国文艺重心不仅在心情娱乐上,更是在德性修养上。艺术价值之判定,不在其外在的考量,而更在其内心修养的深厚。内心修养深厚,即要拓展心宇,根绝俗念,挺立自我人格,走向"和美"的"同天"境界。人的心灵空间相对于宇宙来说是"其细无内",宇宙对于人的心灵空间来说是"其大无外"。新儒家所向往的,是人所拥有的主观世界内宇宙与客观世界的外宇宙合而为一,构成"大心",达至"大境"。

修心与养气是结合在一起的。徐复观发现,古代文论家意识到气在文学艺术中的作用,为了提高作品的境界和创作时的力量,便提出了养气的观念。养气,实际是通过一种修养的功夫突破气对于人的局限,使其向精神上升华,并给精神以向外实现的力量。这是以提高作者自身的人的存在来提高创作能力和作品。在养气的工夫中,当然含有知识的重大因素,但知识必须融入情性,必须成为人格中的一个成分,才可达到养气的目的。养气的工夫,是每

① 毕淑敏:《养心的妙药》,时代文艺出版社 2004 年版,第 10 页。

② 钱穆:《中国古代文学与神话》,载《中国文学论丛》,三联书店 2002 年版,第 96 页。

一位文学家和艺术家的基本工夫。在过去,养气工夫多半被看做个体行为,人们往往不能认识到其中的社会性的意义。但养气效应的重大验证之一,就是在作者个性中能够涵摄社会性。"先天下之忧而忧,后天下之乐而乐"的气,就是浩然之气,这是文学艺术创造的无穷动力。

心灵状态被徐复观看做是一个艺术家的修养与创造的大关键所在。徐复观强调:"'读万卷书,行万里路',这不是技巧的学习,而是对心灵的开阔、涵养;是要使被尘浊所沉埋下去了的心,借书中的教养,与山川灵气的启发,得到超拔、扩充的力量,这便把气韵的根源复苏起来了,人格便自然提高了。"①在这里,徐复观突出了心灵的涵养问题,而漠视了技巧的学习问题。"读万卷书,行万里路",确实有开阔、涵养心灵的一面,但未必对"技巧的学习"没有作用。应该说,万卷书、万里路不仅拓展、丰富人的心灵,而且能提高艺术家的艺术修养和技巧。即既有人格的修养,又有技巧的修炼。正如有的学者指出的:"对艺术家而言,书与路也是被独特的感受方式领悟的对象。而艺术家独特的感受方式就不同于思想家、经济学家。艺术家是以他达于'极工'的形式感来感受万卷书、万里路的。因此,这种感受决不仅仅是心灵境界的提升问题,也是艺术家的独特只眼——形式元素的聚合呈现问题。"②因此,"技巧的学习"也是艺术家进行艺术创作活动的必要准备。修养和技巧在创作活动中,都能帮助艺术家抒写"胸中之妙"。

后来,在修养与技巧问题上,徐复观对自己的观点有所修补。他说:"仅一副素朴的性情,并不能创造出艺术品来,当然要有技巧的钻研、澄练;但技巧必由熟练之极,以归于忘其为技巧。如此,则

① 徐复观:《中国艺术精神》,春风文艺出版社 1987 年版,第 183 页。
② 邹元江:《必极工而后能写意》,《文艺理论研究》2006 年第 6 期。

技巧融入于性情,在创作时,不以技巧的本身出现,而依然以性情出现。"①更重要的是,性情固然是艺术的根源,但艺术并非存在于性情的某一固定的横断面。性情可以不断地向下堕落,也可以不断地向上升华。所以素朴的性情还有待于启发、培养、充实,这便不能不有待于人文的教养。人文的教养愈深,艺术心灵的表现也愈厚。因此,心的陶冶、心的修养、心的锻炼,是美的发现和体验的不可缺少的培养、开辟的力量。

二、写心

中国文艺的心物论,不仅强调物对心的感发,而且更重视心对物的回应。在感发过程中,"心"是主体,"物"只是凭借,虽因于物,实源于心。正如王夫之在《诗广传》中所论,外在世界的一切,如"天人之际,新故之迹,荣枯之观,流止之几,欣厌之色",必须与内在的人心"相值而相取",才能产生诗。新儒家反复强调,艺术境界诞生于自我最深的心灵,审美体验的目的在于窥透人类最高的心灵。

1. "拟容取心"。

儒家传统文论中的心化论,不仅强调物对心的感发,而且强调心对物的回应,更强调心对心的感应。《乐记》云:"人心之动,物使之然也。其本在人心之感于物也。"《诗大序》曰:"在心为志,发言为诗,情动于中,而形于言。"《文心雕龙》的"创作论"揭示了一个命题,即"拟容取心"。表象的摹拟是拟容,异质同构的感应是取心。文学创作的使命,是要创造出最能表现艺术家的思想感情、精神实质而又最鲜明、最有个性的形象和意象。诗人"以心体天地之心",诗歌作为人心的活动,其最终存在根据在于表达能够体现"天

① 徐复观:《中国艺术精神》,春风文艺出版社1987年版,第362页。

地之心”的“诗心”。王阳明的“心学”云:“人者,天地之心;心者,万物之主。”(《传习录下》)。从以“心”包容天下方面来说,中国文学的文之“心”,是上对天,下接地,将作为主体的人与天地宇宙大化的灵气、灵性相融合,与心灵宇宙相融合,形成超越时空和世俗的恢弘的艺术审美世界。

写“心”,乃是中国文学的一种具有深刻精神意蕴的创作活动。钱穆说:“凡中国文学最高作品即是其作者的一部生活史,亦可谓是一部作者的心灵史。此即作者之最高人生艺术,其他中国一切艺术品亦必见有其作者之心灵。”①作为审美活动的核心,审美体验无疑是“心灵”活动。而意境无非是达到一定精神境界的“心灵”所营构的特殊之“象”。王夫之说:“诗者,幽明之际者也。视而不可见之色,听而不可闻之声,抟而不可得之象,霏微蜿蜒,漠而灵,虚而实。……故诗者,象其心而已矣。”(《诗广传》卷五)王夫之谈的是心与物的关系,提倡的是若有若无的美。“诗者,象其心而已矣”,就是把诗看做心的对象化。传统观念视“心性”为人的精神本体。受此影响,中国审美感兴理论,强调在感发过程中,“心”是主体,“物”只是凭借,虽因于物,实源于心(诗学中有“心源”之说)。当然,心接受物的感发,亦非单纯的映照。“应物”不同于“映物”,而是“心”与“物”的双向交流与融通。艺术一方面是人心的产物,另一方面又是心与物的相互融合。刘勰说:“诗人感物,联类无穷。流连万象之际,沉吟视听之区;写气图貌,既随物以婉转;属采附声,亦与心而徘徊。”(《文心雕龙·物色》)经过“目既往还,心亦吐纳”,文艺创作的物我双向运动过程才能完成。

新儒家的心学美学观吸收了中国古代的“心物同一”观。清人朱庭珍在《筱园诗话》中曾将这一思想表达得非常清楚:“夫文贵有

① 钱穆:《现代中国学术论衡》,三联书店2001年版,第271页。

内心,诗家亦然,而于山水尤要。盖有内心,则不惟写山水之形胜,并传山水之性情,兼得山水之精神,探天根而入月窟,冥契真诠,立跻圣域矣。"山水有其独特之"心"(性情、精神),诗人必须以自己的内心来体山水之心,做到人之心与山水之心心心相印,心心相契,这样才能把山水写活。新儒家同样主张凝神于无朕之宇,以心体天地之心,以穷造化之变。方东美认为,诗人"总持灵性,吐纳幽情,进而寄托遥深。化运神思,以情挈情,终能放旷心胸"。"在诗中,我们可以驰情入幻,求得心迹双清之解脱,将人类灵魂带入高度的精神自由,此时所有的深意玄思、激情狂念、幻梦奇景、悲痛苦难、迷离错乱、优雅心声,乃至于雄奇生机都可以淋漓尽致的宣畅无憾。"①这也说明"运用之妙,存乎一心"之理。

在文学创作中,诗人澄观一心而腾踔万象,进入"应会感神,神超理得"的最佳精神状态。中国文学皆自作者之性情发出。钱穆认为,相比之下,"西方文学不见作者内在之心情。如鲁宾逊漂流荒岛,非作家自有此心情,乃伪造一鲁宾逊之心情。读者所激动,乃一伪造心情,故所激动亦不深。仅为一时消遣,非如读中国文学,乃一如读者自己心情之抒写,今读者自无心情,仅求消遣,则宜读西方文学,视为新而可喜。"②钱穆站在"贵真"、"求诚"的立场,褒扬中国抒情诗歌,贬低西方叙事小说,却混淆了中国抒情性诗歌和西方叙事性文学的区别。其实,两种文体的创作思路和要求是不一样的。中国抒情诗歌重在抒发内心,而西方叙事小说重在书写世态。再说,成功的小说离不开心灵的酝酿,总是作者心灵底片的感光。

---

① 方东美:《中国人的人生观》,载《方东美集》,群言出版社 1993 年版,第 166 页。

② 钱穆:《现代中国学术论衡》,三联书店 2001 年版,第 256 页。

在文学心灵的表达问题上，徐复观显得比较辩证。他认为诗人既要吟咏自己的心灵和性情，又要“总天下之心”，即以己心抒发入世之心、济世之情。真正的好诗，它所涉及的客观对象，必定是先摄取在诗人的灵魂之中，经过诗人感情的熔铸、酝酿，而构成他灵魂的一部分，然后再挟带着诗人的血肉以表达出来。大凡有性情之诗、有个性之诗，必能给予读者以感动。因为这样的诗，个性与社会性是统一的。按照孔颖达《毛诗正义》的说法，诗人“道己一人之心”，即是发抒自己的性情，发抒自己的个性；同时“揽一国之意以为己心”，“总天下之心、四方风俗为己意”，而歌咏之。即诗人先经历了一个把“一国之意”、“天下之心”内在化而形成自己的心，形成自己的个性的历程，于是诗人的心、诗人的个性不是以个人为中心的心，不是纯主观的个性，而是经过提炼升华后的社会的心，是先由客观转为主观，因而在主观中蕴蓄着客观的、主客合一的个性。所以，一个伟大的诗人，他的精神总是笼罩着整个的天下、国家。天下、国家的悲欢忧乐凝注于诗人的心，以形成诗人的悲欢忧乐，再挟带着诗人自己的血肉把它表达出来，于是，读者随诗人之所悲而悲，随诗人之所乐而乐，作者的感情和读者的感情通过作品而融合在一起。

2.“中得心源”。

中国古代美学家突出艺术家主体心灵的发挥与创造。从唐代的张璪开始，便明确地提出了“外师造化，中得心源”的创作理念。所谓造化，即为文艺创作原型的客体大自然。心源者，以心为源也，即发乎主体的思想、意念、情感、修养。心源是造化的基础，造化是艺术家之心所师法的对象。造化于外，心源于内，内外结合为一体，发之于心，行之于笔，立之于象，现之于画。至此，内外已无分别，造化与心源融为一体，人心与天心亦相通大和。因此，徐复观指出，张璪的“外师造化，中得心源”，道出了中国艺术创造“以心为艺”的根源。“外师造化,中得心源”,说明“心”所孕育的是一个丰富多彩的心灵世界和艺术世界。艺术美不是自然所能现成提供的,它是心灵的产物,是心灵生气灌注的果实。“心源”论的重要性在于,强调了艺术创造的主要来源,强调了艺术创作是一个摹写“心象”的过程,突出了内心意象,也突出了创作心灵自由创造的性质。艺术活动本质上是独创性的,这种独创性,既不是前人能传授的,又不是造化所赐予的,而是艺术家参照二者在自己心灵的坩埚中熔炼而成的,主体富有诗意的想象力营构出一个令人神往的艺术世界。

尽管新儒家认为“外师造化”与“中得心源”二者不可偏废,但由于执着于心性和自性的思想体系,他们还是认为“中得心源”更为根本。徐复观分析道:张璪是唐代画风转变的关键人物,他能画出松石云水的鳞皴、巉岩、湛湛、窈渺的性情,即是画出它们的精神。因为这些东西已首先融入张璪的灵府(心)之中,在灵府中受到去渣存液、去粗存精的自然陶铸,而与其灵府为一体;所以他所画的并非临时在客观世界中以耳目去捕捉对象,而是以自己的手写自己的心。主客已经融为一体了,心手亦因之形成一体,他方能如流电惊飙样的,将灵府中的松石水云写了出来。松石水云是有定质的物质,一旦融入灵府以后,乃破除掉物质的凝滞呆板性,而得到精神性的自由变化和艺术的创造性收获。① 简言之,从张璪心源所流出的,乃是松石水云的精神。这是因为他不断地吸收、消化了许多造化中客观的松石水云。客观的松石水云进入艺术家主观的心源、灵府之中,而与之为一体。因此,艺术家所画的是自己的心源、灵府,同时也即是造化、自然。“中得心源”的艺术创作论告诉我们:“外师造化”主要解决艺术创作的生活素材问题,“中得心

① 徐复观:《中国艺术精神》,春风文艺出版社 1987 年版,第 228 页。

源”则主要解决艺术美的内在意蕴和内在意象问题,后者一般来说更重要。正是“心源”的作用,才使艺术家将生活素材变为艺术作品,从第一自然改造为第二自然,并使之具有独特的艺术价值和永久的艺术魅力。总之,一切美的灵感来自审美主体心灵的领悟,一切美的境界是心灵感受与体验的成果。在中国艺术审美思想中,张璪的名言“外师造化,中得心源”可谓深得“艺术三昧”,而徐复观对“中得心源”的推阐则使古典的艺理智慧散发出幽光。他阐明了艺术家在艺术创作过程中,比“摹仿”和“感物”更为重要的,是“摹心”和“写心”。

中国审美理论所谓的“中得心源”、“心源为炉”、“物在灵府”、“本自心源,想成形迹”,皆追求主体“心象”的重要功能和作用。新儒家也以自己的经验载体印证着心理在审美创造中的功能。唐君毅在谈心灵的体验时说:“当你真能开辟你想象的世界时,你在你的心中,任意融裁万象。你的想象力发展到极端之大时,你将觉一切万象之形色声香,都自会来奔赴集中于你现在的自我,任你如何加以组织。”①具体地说,在建构想象世界时,艺术家幻想把鸟翼插在小孩身上,花化为美人,太空变为天国。艺术家可以任意在心中熔铸万象,可以把大千世界中的一切事物的形色声香分离拆散开来,作为制造想象世界中的一切事物的材料。这时艺术家不复把形色的世界当做外在的东西,而是一齐收到自己的内心。主体和客体之间不复有内外对待之感,因为艺术家自觉地以内心统摄外界了。在艺术想象中,艺术家可以超越时空的限制,任情感翱翔在自己编织的艺术世界之中。这时,现实生活中从未有过的事物,按常理、常情不可能出现的事物,都会随着情感的跌宕起伏,浮现在艺术家的脑海里,成为思想、情趣的载体,用一定的艺术手段和技巧表现

---

① 唐君毅:《人生之体验》,广西师范大学出版社 2005 年版,第 78 页。

出来,成为瑰丽多彩的艺术作品。这就是古代文论家所说的“神思”。

《文心雕龙·神思》所谓的“神”,在徐复观看来,是指文学心灵的活动。文学的神思活动是人的志、情、理在心灵融和中、酝酿成熟时出现的创作状态。艺术神思能使艺术家在创作时推己及人,甚至推己及物,物我两忘,把自己和所要表现的对象融为一体,进入《庄子·齐物论》所说的“物化”的境界:“昔者庄周梦为胡蝶,栩栩然胡蝶也。自喻适志欤!不知周也。俄然觉,则蘧蘧然周也。不知周之梦为胡蝶欤,胡蝶之梦为周欤?周与胡蝶,则必有分矣。此之谓物化。”人与物本来是有很大区别的,但在梦幻状态中,往往物我不分,物我合一,这就是所谓“物化”。后来这段话也被用来阐释技艺创造和艺术创造,说明达到物我不分的想象境界,就能使作品具有化工之妙、天成之美。徐复观认为庄周化为蝴蝶,“这是主客合一的极至。因主客合一,不知有我,即不知有物,而遂与物相忘。……与物冥之心,即是作为美地观照之根据的心。”①因此,我们不妨说,“物化”现象是艺术家在艺术想象过程中的不期然而然的结果。

艺术想象属于神思范围。唐君毅指出,西方人言文学者,皆重想象。然中国古代无“想象”之名词。黄侃在《文心雕龙札记》中认为,《文心雕龙》之神思即想象。但是,唐君毅觉得神思与想象二者有所不同:想象重在所想之意象;而神思则重在心不为所想之意象所限制,而自由运行,遍接万物。故《文心雕龙·神思》曰:“文之思也,其神远矣。故寂然疑虑,思及千载。悄焉动容,视通万里。吟咏之间,吐纳珠玉之声。眉睫之前,卷舒风云之色。观山则情满于山,观海则意溢于海。”神思能驰骋自如,自由想象,不受限制,心在想象中表现出超越性、涵盖性。“凡以后中国文学家之以神为文学

---

① 徐复观:《中国艺术精神》,春风文艺出版社1987年版,第77页。

批评之根本概念者,皆是自心之不为意象所限制,而能自由融裁一切意象上说神,以显神之超越性、涵盖性。故吾谓中国所谓心之神之一名,乃包含西方想象一名之所含之义,而又超越所想象之内容,以表心之虚灵而无对的伸展活动之一名也。”①在神思的瞬间,以情感为中心的人的全部心灵世界都打开了门窗,实现了完全的舒展,享受到彻底的自由,体验着所有的意象。甚至现实中的不可能的事情,都将在艺术的审美想象世界中得以浮现。

3. 释“诗言志”。

“诗言志”被朱自清称为中国诗学的“开山纲领”。从发生学来看,“诗言志”中的“志”,孕育于上古歌谣、乐舞及宗教、巫术等一体化活动中的祷咒意向,经礼乐文明的运衍、演绎、转形,并确立为与古代社会政教及人生规范相关联的“怀抱”。那么,“志”和“言”之间的关系是怎样的呢?简要地说,“志”是内容和对象,“言”是形式和载体;“志”是“言”所要表达的目标,“言”是为表达“志”所凭借的手段。孔子说:“言之无文,行之不远。”钱穆赞同孔子的观点:“言与辞,皆以达心。……言而文,则行于天下,行于后世,乃为文学。”②言志即言心。

“志”作为“心之所之”的意向,在中国文论史上常常被看做是与社会政教、人伦相关联的“怀抱”。“志”既有情意之含义,又包含理性之内容。但“志”更多属于情志范畴,是情意在内心的蕴积。内心蕴积的情意因素经外物的诱导,发而为有指向的情意活动。这种情意活动虽不能不受理性规范的制约,但本身拥有感性的质素。《毛诗序》用“发乎情,止乎礼义”来概括“志”所必具的感性基

① 唐君毅:《中国文化之精神价值》,广西师范大学出版社 2005 年版,第 102 ~ 103 页。

② 钱穆:《现代中国学术论衡》,三联书店 2001 年版,第 245 页。

质与理性规范之间的关系,是较为适切的。中国古代对主体心理的划分,不像西方那样把知、情、意分得清清楚楚,而是把知、情、意看做一个整体。中国人的“心”是包含感情理智、意志与道德判断的,而以“感情”为挂帅的主导因素。但中国人以感情为主导的“心”,是包括理智在内的,它重“情”戒“欲”。古人云:“是故先王之制礼乐,人之为节。……乐者为同,礼者为异。同则相亲,异则相敬。乐胜则流,礼胜则离。合情饰貌者,礼乐之事也。”儒家认为人是应该有“情”的,否则就会“离”。但是,这个“情”又必须被纳入社会公认的渠道,否则就会“流”。喜怒哀乐必须“发而皆中节,谓之和”。所谓“皆中节”,就是符合“人为之节”的意思;所谓“和”,就是既不“离”也不“流”的意思。只有如此,才算是“合情”。“情”是主体在感知客体的基础上所形成的心理活动,带有很强烈的感性色彩。“理”是与“情”相联系又比情具有更多理性成分的心理状态。在审美感应活动中,它对人的情感起着规范作用。

关于“诗言志”,朱熹曰:“熹闻诗者,志之所之,在心为志,发言为诗,然则诗者,岂复有工拙哉?亦视其志之所向者高下如何耳。”(《答杨宋卿》)。孔颖达《毛诗序正义》说:“诗者,人志意之所适也。虽有所适,犹未发口,蕴藏在心,谓之为志,发见于言,乃名为诗。言作诗者,所以舒心志愤懑,而卒成于歌咏。故《虞书》谓之‘诗言志’也。”孔颖达倾向于把“志”理解为心之“情”。

经过研究《诗经》,也参照前人的解释,徐复观认为“诗言志”的“志”,乃是以感情为基石的“志”,而非通常所说的意志的“志”。通常所说的意志的“志”,可以发而为行动,并不一定发而为诗。发而为诗的“志”,乃是喜怒哀乐诸种情感蓄积于内心,自然要求一发为快。心之情志,才是诗的真正来源和血脉。

可见,新儒家诗学,并不回避对情感的关注和对情感的肯定,它不仅肯定情感的感性层面,而且肯定情感的理性层面。西方人把心分为智、情、意三项,西方文学重事情,中国文学重情意。事述成体,情则当境而发。中国人的心灵境界,在很大程度上是心性情感的培养和修养,是情感意义所构成的意义世界。其中,审美境界与道德境界往往是相通的。新儒家最关心的是人的情趣、情调、情操、情怀、情理、情境,而不是什么"纯粹理性"。唐君毅和牟宗三的道德哲学虽是理性主义的,但其所谓理性者,道德情感的理性也,或理性化的道德情感,而不是在情感之外有一个道德理性与情感相对立。

在审美心理问题上,新儒家秉承情与理的中和与统一,与孔门儒学相契合。在孔门儒学看来,艺术总要发抒情志,但抒情言志还要"以理节情","发乎情,止乎礼义",不能超出礼乐的中和范围,使艺术的因素在相互依存中彼此制约,达到情与理的统一。新儒家是赞成"温柔敦厚"、"乐以安德"的文艺伦理学的。这种"中和"的艺术观,立足于人类心理情感的健全,反对违背理性和放纵情欲,体现了儒家美学对艺术创造规律的理解。但是另一方面,它把艺术和审美严格限制在宗法礼义和伦理关系的范围之内,排除人的自然情性,这不能不说是极大地束缚了艺术审美表现的精神个体形式。诚如当代有的论者所说:"既要求个体与社会的和谐发展,同时又极大地束缚着这种发展,这是孔子美学内在地具有一个为它自身所不能解除的矛盾。"①那么,新儒家是如何解决这个矛盾的呢?他们是强调"志"与"情"、"理"的融合。徐复观说:"文学心灵活动是志、情、理已经到融和而又酝酿成熟时的活动状态。"②"志"

---

① 李泽厚、刘纲纪:《中国美学史》(第1卷),中国社会科学出版社1984年版,第154页。

② 徐复观:《中国文学中的气的问题》,载《中国文学精神》,上海书店出版社2004年版,第114页。

是与“情”、“理”结合的观念形态，不像情那样完全受当下情境的左右，也不像理那样受制于客体的自身内在规律，它是主体认识客体的一种认知图式。

在“诗言志”问题上，古代文论家围绕着“言志”、“明志”、“道志”、“述志”以及志与情、志与气的关系展开过种种议论和实践，这些都为新儒家思考这个问题提供了借鉴。新儒家常把“诗言志”中的“志”称为“情志”。唐君毅说：“诗歌直接以抒发情志为事。情志所及之事物，皆为此情志之泽润覆涵。”①文学所写故事与境界之美，不能脱离人的情志。人的情志，原本不能没有道德意义与善的意义。在唐氏看来，文艺所载之道、所明之道，本身就包含情志。道是情志所追求的目标。文学中的境界、胸襟、神韵，均与情志有关。在新儒家的心目中，“志”是指人的思想，也包括人的情感，这种情感不是一般的思想情感，而是一种包容个体心性的社会性的思想感情，一种积淀着社会政治伦理与民族心理结构内涵、体现出生活群体与人文理性的思想感情。简言之，它是具有鲜明的社会内容的个人性情和感受。

唐君毅注意到，中国文艺家挺身作文，多能在追求文艺之美本身之外，重视性情之真与德性之善。中国文艺史上崇尚言志者，主乎性情之真；崇尚载道者，主乎言德性之善。这与为艺术而艺术者不同，而这正是中国文艺家的可爱处和伟大处。因此，徐复观主张要在“性情之正”和“性情之真”中理解“志”。他认为，中国传统的文学思想，常常于强调性情之后，又接着强调“得性情之正”。所谓“得性情之正”，就中国文化的通性而言，即是“没有让自己的私欲熏黑了自己的心，因而保持住性情的正常状态”。因为“在中国文

---

① 唐君毅：《文学意识之本性》，载《中华人文与当今世界》，广西师范大学出版社 2005 年版，第 225 页。

化中,有一个根本信念,认为凡是人的本性,都是善的,也大体上都是相同的;因而由本性发出来的好恶,便彼此相去不远。作为一个伟大诗人的基本条件,首先在不失其赤子之心,不失去自己的人性;这便是得性情之正。能得性情之正,则性情的本身会与天下人的性情相感相通"①。文学创作,关键要解决好文学的个性与社会性问题,"使社会之心约化到一己之心里面来"。如此,一种反映人的心灵旨趣又沟通群体审美情感和审美理想的情志,成为文学经典所必需的维度。

实际上,"诗言志"命题是一个关于文学创作的意识表达问题。在新儒家看来,文学意识自身的价值兼具真、善、美三方面。唐君毅作了一个归纳:"文学之美的意义与其中包含之真的意义,则由情志要求之欲表现于故事境界而形成。至此表现于故事境界之美的意义,再主观内在化于人之情志,则为其美的意义,再反照于情志之善的意义,以成为内在的再构造此情志之善且美的意义,使之更充实而有光辉者。合其三者,即为文学意识所表现价值之全体。"②只有对知情意和真善美进行整体功能价值把握,我们才可能达到文学创作中意识表达精奥的目的。

"本于心"的美学思想,意味着诗人必须通过心智之源泉来浇灌诗的花朵。宋儒邵雍诗曰:"行笔因调性,成诗为写心。诗扬心造化,笔发性园林。"(《伊川击壤集》)邵雍以心性之学发挥"诗言志"说,确认"言志"即"写心"。"心造化"云者,乃以诗人之"心"为归趋,高扬且拓宽了"心"的审美内涵。在新儒家看来,"言志"即"抒情",抒发"中和"之情;"言志"即"写心",摹写慧雅之心。如

① 徐复观:《中国文学论集》,台湾学生书局 1985 年版,第 87 页。

② 唐君毅:《文学意识之本性》,载《中华人文与当今世界》,广西师范大学出版社 2005 年版,第 258 页。

此，才能走向“以心为美”。

三、传心

写心的目的，是传心。中国古代文论注重把文艺当做人的性情的传达和呈现。不仅在论文艺本身的时候，强调的是“心声心画”；即使在论文艺功能的时候，也归趣于“心”。为天下写“心”，中国文学艺术家多半希望自己的本质力量达成对象化，使人生、人心的活动不断扩大，强调个体负载群体，有限走向无限。在个体获得充实的生命价值与意义当中，艺术家最终超越个体的有限，进入无限的人生精神领域。因此，在这方面，中国文学艺术的路径，实际上就是由内而外，由外明内。

新儒家哲学主张“合外内之道”，文学艺术也要融摄内心和外界、精神和物质：“艺术是以物质界的形色声音象征吾人内心之精神境界，艺术作品也就是吾人内心世界之客观化——吾人内心精神境界在物质界投下之影子。所以艺术创作即是沟通内心外界，精神与物质，超形界与形界之媒介。”①文学艺术的创作，首先是要构成一个完全的想象意境，并表之于具有美感的文字和物质世界的声形色的构造中，使人我的心间得以沟通和交流。诚于中，形于外。内在充沛的生命力，必外现而为可以触摸得到的具体创造。钱穆认为，作为一个作家，“你的个性与人格完全投射在你所创作的艺术品上，而映照到别人心里，别人欣赏到你的艺术作品，便发现到你的个性与人格。你的艺术创作，便是你的生命表现。艺术长存，即是生命长存。”②因而，文艺作品的流传，是艺术生命的延

① 唐君毅：《中国文化中之艺术精神》，载《中华人文与当今世界补编》，广西师范大学出版社 2005 年版，第 43 页。

② 钱穆：《湖上闲思录》，三联书店 2002 年版，第 81 页。

伸，读者通过它可窥见生命的本真和本体。梁漱溟在《人心与人生》一文中说："那些意境甚高的文艺作品，感召高尚深微的心情，彻达乎人类生命深处，提高了人们的精神品德。比如陶渊明的诗，倪云林的画，恬淡悠闲，超旷出尘；又如云冈石窟，龙门造像，静穆柔和，耐人寻味；或如欧洲中世纪仿古罗马式哥特式大教堂，外高耸而内闳深，气象庄严，使人气敛神肃、起恭起敬，引向神秘出世之思。如此其例多不胜举，总皆由人心广大深远通乎宇宙本体。"①从本体论和接受论的角度看艺术，梁漱溟揭示艺术确有动人情、成教化、穷神变、测幽微之功。在很大程度上，传心就是传情。牟宗三说："诗人作一首诗的时候，他当下的那个特殊情感是独一无二的，有那个情感他才作得出这首诗，没有就作不出来。而且他今天有这个情感，明天并不一定也有。可是当这首诗作出来以后，它是一个客观的呈现，我们通过文字来了解而可以起共鸣，所以它有真实性，这种真实性是内容的普遍性。"②诗人的心灵和情感，一旦客观化为作品，就成了人们心仪的对象、情感的磁场。

动静在心，但传之有序。唐君毅提出了"三情生发说"，即作家因情造文，作品涵蕴着对境之情，读者体会文本之情。如此，文学作品是"由情以生情，而于情上加情"所成。文学作品不断传递心情。作品创作完成后，作者希望此作品亦能为未来之我或他人之我或神灵所欣赏、了解、赞美，而成为我与未来之我、他人之我、神灵之心的互相沟通、往来、过渡之桥梁。心情传递不但存在于横向的时代交流之中，而且贯穿于纵向的历史沟通之间，"诗人之心，其贯通远近古今之道，或直接以其心之同时念古今，念远近，而将远近古今纳于当下之一念，或凭一当前之物，为古今远近之人之所

---

①《梁漱溟全集》(第3卷)，山东人民出版社1994年版，第737页。

② 牟宗三：《中国哲学十九讲》，上海古籍出版社2005年版，第22页。

见,而为古今远近之人之所知,乃即其物以贯通远近与古今。”①李白诗“今人不见古时月,今月曾经照古人。古人今人若流水,共看明月皆如此”,沈佺期诗“可怜闺里月,长在汉家营”,杜甫诗“今夜鄜州月,闺中只独看”。在唐君毅看来,这些都是以天上一轮明月为载体,沟通远近,抒发情感。再如“妾住长江头,君住长江尾。日日思君不见君,共饮长江水”,也是以地上长江之水为载体,寄托相思之意。诗人饱含柔情蜜意,以某种富有美感的自然物为媒介,抒情表意,构成其心灵情绪的对象化。诗歌如此感动人心,故能穿过时光隧道,经久不衰。

钱穆主张中国文学亦可称“心学”,其“文学心学论”强调传心与达心。钱穆认为,中国文学根源,必出自作者个人之内心深处,故亦能深入读者之心。此心虽可借文学传达于他人,但前提是文学家必须写好自己的“文心”和“人生”。如“窗前明月光,疑是地上霜。举头望明月,低头思故乡”,此诗只是李白自述其心情和人生而已。“月明星稀,乌鹊南飞。绕树三匝,无枝可依”,亦是曹操寓情于景之作。曹操当年统军八十三万,南下荆州,而东吴大敌在前,曹操进退两难,故月夜不眠,星下散步,闲眺林野,油然生情。这也是作者个人的文心诗情。此情此心为曹操所有,此诗只有曹操而能为。再如“前不见古人,后不见来者。念天地之悠悠,独怆然而涕下”,也只是陈子昂彼时彼地真情的流露,他人不能为。深切地抒发作者的独特文心,才能够长久地激动他人之心。钱穆感叹道:诗歌所寄之心灵能上通千古,下传百代,而所以成经典。如今人读《诗经》,三千年前人的忧喜郁乐,凡其心中所存而流露于诗句中的情致,今人读之,无不一一恍然如在目前,怦然如在心中。

---

① 唐君毅:《文学意识之本性》,载《中华人文与当今世界》,广西师范大学出版社 2005 年版,第 220 页。

文学的一切表达形式都在于“达心”,在于表达作者的“心”,反映作者的“性”,抒发作者的“情”。中国古代文学之所以有很强的吸引力,就因为做到了“达心”。语言是人类相通的媒介,而文学是心与心相通的渠道。文字的表达,“较之语言传达,可以更细微,更曲折,更深挚,更感动。不仅远地人可用文字传达,异时人,乃至数百千年以上以下的人,文字在,即此心在,此心乃可传达”①。于是,一个作家当时当地之文心,可以与异地数百千里外人的心振动,与异时数百千年外其他人的心产生共鸣。文学心灵的互通,构成彼此的召唤结构,就在于文学是心灵的倾诉和交流。

文学作品要“达心”,关键是要做到文本、文心、人心三者之间的交融。钱穆主张,文学作品的文字技巧与题材选择,要和作家个人之内心修养与情感积累融凝合一。作家的内心生活、文字表达同外围的现实、家国天下息息相通,融凝一致,在理想上达到人我一致、内外一致的境界。伟大的作者,都是以创作展示自己的心灵,创造艺术的美感。读者由鉴赏活动追踪作者的心位,这就是以心见心,心心相印。

“心”是中国文化和文艺活动的基本范畴。《乐记》曰:“凡音之起,由人心生也。人心之动,物使之然也。感于物而动,故形于声。……乐者,音之所生也,其本在人心之感于物也。”创作时,活动的心灵表现于作者写出的文字之中,“缀文者情动而辞发,观文者披文以入情”,鉴赏者顺着文字深入进去,可以与作者创作时的心灵相接触和融合。刘勰说:“沿波讨源,虽幽必显。世远莫见其面,觇文辄见其心。”徐复观解释说,读者沿“文”讨“心”,能见到作者之心。见其心的“见”,不是用眼睛去见,而是用心去跟踪和体贴,即以读者之心,契合作者之心,从而达成以心见心的目的。

---

① 钱穆:《灵魂与心》,广西师范大学出版社 2004 年版,第 90 页。

第三节 审美与心境

审美活动不仅需要审美主体具有相当的审美能力,还需要在进入审美思维活动过程时,营造特定的审美心境。熊十力从唯识论的角度阐明了境和心的关系,认为境和心是一个整体的不同的两个方面,既互相对立,又互相联系。境对于心有促进作用,能引发心与己同时出现;心对于境能当机立应,即于自心上显示境的相貌,能识别和处理这现前的境,而使境随心转,自在无碍。所以说,境和心是一个整体的不同的两个方面,断不可把境看做独存于心外的对象。一切的境,都是与心同体的。因为是同体的,没有彼此的分界,没有内外的隔碍。有感,必有应;有应,必有感。万物都是我心所感通的,万有都是我心所涵摄的。泯除境和心的对立,才能达到心境两忘、能所不分的境地。审美活动中,心物相融的审美心理过程,伴随着审美意象的萌生、审美境界的开拓以及意义世界的建构。

一、虚静论

新儒家十分重视"虚静"说。在中国古代的美学和艺术理论中,"虚静"是一个很重要的范畴。审美心境的诞生源自于虚静。虚静之概念起于道家。老子倡导"道法自然",道化生万物,是自然而然,不带任何人为的痕迹,即"无为而不为"。老子认为人要体道,就要按照道的本性去做,复归于人的自然本性,以自然之心体自然之道,也就是要复归于"虚无"。复归于虚无的心灵状态,就是"虚静"。"致虚极,守静笃。万物并作,吾以观复"(《老子·第十六章》)庄子把老子的"虚静"主张进一步作了发挥,特别是把它延伸到审美对象化的创造过程中,把"虚静"视为从"无为"而达至

“无不为”的主体条件、由虚而终能至实的必经途径。从老子的“致虚极，守静笃”发展到庄子的“无己”、“丧我”、“心斋”、“坐忘”，都以虚静作为体道即把握人生本质的工夫，也就是一种主客两忘、物我合一的境界。这种虚静心境表现为从日常心理向审美心理转移，虚静的精神状态可以促进艺术家创作兴会的生成。

虚静说萌芽于先秦，奠基于庄子。它的发展以道家为主线，但也不断得到儒家和佛学思想的融入。虚静作为一种生活和审美态度，既包含了人生观的意味，又关乎心理学的内涵。它既是一种人生境界，也是一种审美心理境界。所以，新儒家表示，虚静说具有深刻的学理根据。

其一，心理根据。虚静的作用是由两个特点决定的：(1)超俗忘身。人是生活在具体环境之中的。耳闻目染身触，容存于心中有很多东西，这些东西在具体环境中是有用的，但对于宇宙来说又是有限的。虚，就是摆脱头脑的日常习惯套路和思维方式，忘掉自己的俗人俗心。超俗忘身即以一尘不染之心境观照万物。虚静之心犹如宇宙之心，从高视下，全而不偏，能直照事物的本质；又如童子之心，对一切都新奇，能使事物以新的方式展现，敞开事物的本质。(2)凝神专一。俗常之心是繁杂的，虚静之后，排除了生理的欲望、心理的情绪、意念的造作，如此才能虚一而静，无限心才能呈现。“用志不分，乃凝于神”。精神的专一就能得到对象的本质。

其二，哲学根据。关于虚静，庄子主要提出三个命题：一是“游心于物之初”(《田子方》)；二是“心斋”(《人间世》)；三是“坐忘”(《大宗师》)。“游心于物之初”就是游心于“道”，也就是对道的观照。要想实现游心于道，庄子认为必须有一个修养过程，这就是“外天下”，即忘掉世故，排除对世事的思虑；“外物”，即抛弃贫富得失等各种计较，不被物役；“外生”，即无虑于生死，把生死置之度外。庄子把这种“外天下”、“外物”、“外生”的精神状态称之为“心斋”,又称“坐忘”。徐复观指出,“心斋”与“坐忘”是庄子全幅精神的核心。通向“心斋”之路,依庄子的说法,即是“堕肢体,黜聪明,离形去知”,而这又恰是“坐忘”。“堕肢体”、“离形”,意指消解由生理而来的欲望,使“心”从欲望的役使或挟制中解放出来;“黜聪明”、“去知”,意指心与物相接时避免心向认知方面而趋,使心不为是非判断所搅扰而超离于知解理性的无穷追求。其实,“心斋”与“坐忘”原是一体之两面,前者重在从本体上说“唯道集虚”的“虚”,后者重在从工夫上说忘却“仁义”、“礼乐”,以至于忘却自身形骸。

所谓忘物、去物,是指对于具体物欲的超越,要跳出物的实用功利性,对物作审美的审视。一切功名利禄的私欲,中国古人都称之为“身外之物”,其基础就是物欲,是物质的实用功利所激发的利害得失之心。挣脱物欲的诱惑,摆脱纷扰的世事,使主体与现实之间形成一定的心理距离,才有可能对事物作美的观照。胸次悠然,种种审美意象方能自然涌入;相反,若不能排除“营营世念”,精神澡雪未透彻,就不能真正进入审美观照。虚静论正是在这个意义上,要求人在审美活动中排除主体的非审美观念,形成一种超越的物我合一的澄明境界。如此,主体不为无谓的物欲私情所骚扰,而独存虚静融和之心。庄子在《大宗师》中说“外天下”、“外物”、“外生”,“而后能朝彻;朝彻,而后能见独。”可见,虚静而能心地大清明(“朝彻”);大清明就能直观独立无待的至道(“见独”)。

庄子虚静说的积极方面自荀子以后即为儒家所接受。荀子曰:“人何以知道?曰:心。心何以知?曰:虚壹而静……然而有所谓虚,不以所已臧害所将受谓之虚……虚壹而静,谓之大清明。万物莫形而不见,莫见而不论,莫论而失位……夫恶有蔽矣哉!”(《荀子·解蔽》)荀子以心的“虚壹而静”为知“道”的根源条件。人拥有虚灵,就能宁静致远,在虚静中吮吸天地阴阳之气而修养身性,方能入道入仁。朱熹也认为,不虚不静故不明,不明故不识;若虚静而明,便是识好事物。

其三,创作根据。中国古代的虚静论,虽然有偏重于人生态度的价值学内涵,但也开始广泛探索虚静对于审美活动和艺术创作的作用和价值,具有丰富的审美创造的心理学内涵,为后世虚静说的发展和审美心理学的建构奠定了扎实的理论基础。

艺术家要用艺术反映天地之心,必须以虚静作为保证,创作才能顺利进行和取得成果。在徐复观看来,人的主体,即作为人的本质的"德"、"性"、"心",是艺术的"德"、"性"、"心"。"庄子所把握的心,正是艺术精神的主体。"他认为,要成立这种艺术精神的主体,就必须达到"心斋"与"坐忘"。达到"心斋"、"坐忘"的历程,就是美的观照的历程,主要是通过两条道路实现的。一是消解由生理而来的欲望,使欲望不给心以奴役,而使心从欲望中解放出来;一是与物相接时,不让心对物作知识的活动,不让由知识活动而来的是非判断给心以烦扰,而使心从对知识的无穷追逐中得到解放。这种"忘知"就是忘掉分解性的、概念性的知识活动,剩下的便是虚而待物的、徇耳目内通的纯知觉活动的美的观照。①

从虚静论的生成史来看,它经历过由哲学范畴向美学、文艺心理学范畴的转化。在文学领域,第一个自觉把"虚静说"引入文学创作理论的人是陆机。《文赋》开篇即说:"伫中区以玄览,颐情志于典坟。""玄览"即为虚静。《文赋》谈艺术构思时又说:"其始也,皆收视反听,耽思傍讯。""耽思傍讯"指以静思求得意象的创造。在谈到创作思维不畅的"龃龉不安"的状况时,《文赋》主张"罄澄心以凝思,眇众虑而为言",要求以虚静之心促进感兴的到来。刘勰十分强调虚静心态对于艺术构思的重要性。他在《文心雕龙·

① 徐复观:《中国艺术精神》,春风文艺出版社1987年版,第63页。

神思》中说:“陶钧文思,贵在虚静,疏瀹五藏,澡雪精神。”这一论述直接运用了庄子的语言,可见刘勰同样认为,作家在文学创作中,只有志专气一,才能体悟到超于意象之神理,其关键就是虚静的心态。这种虚静心境,能使诗人获致洞观万象的审美体验。苏轼《送参寥师》诗中说:“欲令诗语妙,无厌空且静。静故了群动,空故纳万境。”艺术家如果具备了虚静的审美心境,不仅可以在胸中容纳万千景象,而且可以认识客观世界万事万物的变化发展及其内在规律。

“虚静”的核心是“去我”,是“无己”。《庄子·大宗师》云:“堕肢体,黜聪明,离形去知,同于大通,此谓坐忘。”唐代张彦远说:“凝神遐想,妙悟自然,物我两忘,离形去智。”(《历代名画记》)所谓“离形”、“堕肢体”,是指对自我生理欲望的排除,是对自我肉体存在的忘却,去除一切欲望的心灵,这就是心灵方面的“空”。空的心灵如司空图《诗品·洗炼》所描绘的“空潭泻春,古镜照神”,此刻人的情欲销声匿迹,非分的念头和激烈的情感波动得以止息,只剩下在空旷虚无的心灵中,以最纯净的本色和最自然的心态来接受美的意象和意境的降临。所谓“去智”,就是对自我理性和知识的超越。理性和知识常常是强加于物的刻意的理性追求,不利于审美观照与艺术创造中心灵的最大限度的开放和心灵本能的最大限度的发挥。熊十力指出,道家致虚守静,去智去欲,使精神专一,一切杂染消除殆尽。其内心生活乃清净,直与宇宙万化之原合一。因而,只有当一个人彻底抛弃是非得失的理智考虑,甚至摆脱普通的所谓知识活动时,才能真正沉浸于艺术的境界,从对事物的审美观照中得到一种高度的精神喜悦,达到一种“身与物化”的审美境界。

如此说来,审美主体要回复到静态的心理定势,使纷杂定于纯一,对外必须去物,对内必须去我,做到物我两忘。徐复观指出,凡是人进到美的观照时的精神状态,都是中止判断以后的虚静的精神状态，也实际是以虚静之心为观照的主体。不过，这在一般人，只能是暂时性的；庄子为了解除世俗的缠缚，而忘知忘欲，得以呈现出虚静的心斋。以心斋接物，不期然而然地便是对物作美的观照，而使物成为美的对象。因此，心斋之心，即是艺术精神的主体。"心斋之心"因"去知去欲"而"虚"以待物，因"虚"而"万物无足以挠心"，以至于"静"。

美的本质在很大程度上是艺术家"心斋"的显现和直观。唐君毅说："人在表现美欣赏美之际，则有判断活动之止息，有主客物我对待之泯除。人亦遂可有一时之完全的满足，及超越时空关系之意识；且能发现一其各部互相依赖而美之境，为一有机全体之个体的实在。由此求美意识遂可使吾人之思想判断皆沉入此个体实在之欣赏的把握中，同时与感觉之世界息息相通，无复思想形式存在与形式之对待，乃对吾人之情感生活能有真正诞育安顿之功。"①具备了"虚静"的心境，艺术家才能"洞鉴肌理，细观毫发"，突破"物"与"我"的界限，从而体验到宇宙的真谛与生命的意味。

徐复观已深入到庄子玄学美学理论与西方现象学理论的底蕴，在《中国艺术精神》一书中，徐复观对两者作了精辟的分析："现象学的归入括弧，中止判断，实近于庄子的忘知。不过，在现象学是暂时的；在庄子则成为一往而不返的要求。因为现象学只是为知识求根据而暂时忘知；庄子则是为人生求安顿而一往忘知。现象学的剩余，是比经验地意识更深入一层的超越地意识，亦即是纯粹意识，实有近于庄子对知解之心而言的心斋之心。心斋之心，是由忘知而呈现，所以是虚，是静；现象学的纯粹意识，是由归入括弧、中止判断而呈现，所以也应当是虚，是静。现象学在纯粹意识

① 唐君毅：《文化意识与道德理性》，中国社会科学出版社 2005 年版，第 344 页。

中所出现的是 Noesis 与 Noema 的非前后、非因果的相关关系;因此,两者是根源地'一';若广泛点地说,这即是主客地合一;并且认为由此所把握到的是物的本质。而庄子在心斋的虚静中所呈现的也正是'心与物冥'的主客合一;并且庄子也认为此时所把握的是物的本质。庄子忘知后是纯知觉的活动,在现象学的还原中,也是纯知觉的活动。但此知觉的活动,乃是以纯粹意识为其活动之场,而此场之本身,即是物我两忘、主客合一的,这才可以解答知觉何以能洞察物之内部,而直观其本质,并使其向无限中飞越的问题。庄子更在心斋之心的地方指出虚(静)的性格,指出由虚而'明'的性格,更指出虚静是万物共同的根源的性格,恐怕这更能给现象学要求的以更具体的解答。因为是虚,所以意识自身的作用(Noesis)和被意识到的对象(Noema),才能直往直来的同时呈现。因为是虚,所以才是明,所以才可以言洞见。假定在现象学的纯粹意识中,可以找出美地观照的根源,则庄子心斋的心,为什么不是美地观照的根据呢?我可以这样说,现象学之于美地意识,只是傥然遇之;而庄子则是彻底地全般地呈露。"①这段辨析性的话语清楚地说明,庄子的"心斋说"与现象学的"括弧说"虽有外表的相似,但实有境界形上学的差别。道家的心境论,并不像西方哲学中的知识论,求得人类理性的知识秩序,而是直面事物的本真。庄子的"心斋"、"齐物"、"外物"等,其根本处在于"化物",能使我们可以从形器的自身直接窥视其所含蕴之道,体味其所具有的深远幽微。西方的美学家尚未能将虚静之体作整全的把握。庄子由虚静之心所把握到的,是事物的本质。通过虚静,抛弃俗念的负累,心灵之博物馆达到高度的单纯与明净,这样才能"即景会心",发现事物的美。

由此可见,虚静之心与审美之心之间存在着密切的关系。正

① 徐复观:《中国艺术精神》,春风文艺出版社 1987 年版,第 68 页。

如唐君毅所说:"凡美感之所对,皆由其神运并化,不可以概念、判断加以分辨之处,即可使人之分别心起,而不得不止也。人能去其概念、判断之分别心,即应合于一超分别心之虚静,而使此虚静之心之灵光,以美感之生起,而照耀于外,以观赏之持续而凝聚于内,合以渐致此心之虚静。此即美感之陶冶、诗乐之观赏之可以养心。"①从实用与知识解放出来之心,正是虚静之心。艺术的"心斋",表面看是限制了自我,但实际上是扩大了艺术的自我,走向了艺术的自由。这种"洗尽尘滓,独存孤迥"的"虚静之心",能使艺术家"静观、深看、直观",进行无限的美的观照。

二、心游论

虚静的审美心境能使审美主体的自由心灵与宇宙之心寂然咸通。从"忘"到"游",庄子强调由"虚静"而体道的天地境界。冯友兰在《中国哲学史新编》中指出,古代哲人把虚静的心斋比作略无纤翳的明镜,因为虚静空明的心斋正好像明镜一样,像王阳明所言"妍媸之来,随物无形,而明镜曾无留染",保持一个虚静的心境,摆脱实用功利的考虑,才能进入天地境界。这就叫"游心造境"。在此氛围中,文学家才能写自得之见,抒自如之情,显自在之趣。

审美活动的自由特征,意味着从功利欲求的狭隘意识中解放出来。"游乎至乐"、"游心于德之和"是庄子的人生美学理想,旨在张扬人的精神自由。心的作用、状态,庄子称之为精神,即是在自己的精神中求得自由解放,而此中得到自由解放的精神,在庄子那里是"闻道",是"体道",是"与天徒",是入于"寥天一",庄子把上述精神的自由解放,以一个"游"字加以象征。徐复观认为这正是

① 唐君毅:《生命存在与心灵境界》,载《中国现代学术经典——唐君毅卷》,河北教育出版社 1996 年版,第 705 页。

最高的艺术精神的体现。嵇康诗云:“俯仰自得,游心太玄。”所谓“游心太玄”,也就是精神与道合一,心灵与宇宙自由活泼的生命韵律趋于一致,而获得最大的自由,从而使自由的心灵在道的境界中得以无限地提升。黑格尔曾指出:“审美带有令人解放的性质,它让对象保持它的自由和无限,不把它作为有利于有限需要和意图的工具而起占有欲和加以运用。”①在这里,黑氏也注意到审美活动中人的心灵自由解放的特点。中国传统审美心理思想强调在心斋中产生“洞见之明”,这样可以使人获得精神的自由。

“心游”,不是现实生活之游,而是精神、内心之游。在虚静状态下,人排除了外界纷繁事物的干扰,祛除了心中的世俗欲念,“独与天地精神往来”,集中全部心神进入“神与物游”的心理状态,就可以从具体的时空环境中超脱出来,提供广阔的心理时空,有利于展开审美想象。

《大学》强调“静”,静而能安,安而能定,定而能虑,虑而能得。静就虚,虚就能明,明就能灵。澄静的心灵不仅能陶然于它所带来的清澈,而且能透过清澈,直窥深邃的存在。心静乾坤大,心安万事明。心静,心灵就可以升华到“月到上品诸风静”的境界。宋代邓椿《画继》云:“虚静师所造者道也。放乎诗,游戏乎画,如烟云水月,出没太虚,所谓风行水上,自然成理也。”说明虚以待物,方能以自然之心去创造审美意象。虚静心态的养成关系到绘画的格调,因为无虚静之心,就不能参透道意、禅心,对美的审视也就不可能达到高的境界。徐复观认为,画家的心中若填满了名利世故,未留下一片虚灵之地以“罗万象于胸中”,而欲在作品中开辟境界,抒写性灵,恐怕是很困难的事。当代绘画名家中,白石老人能够拈出一个“静”字,道出他的体验所至,接触到艺术中某一方面的真实。

---

① 黑格尔:《美学》(第1卷),商务印书馆1979年版,第147页。

在心本体论方面，新儒家重视“真心”（包括心斋与虚静）和“本心”（参禅与禅定）。这是因为在审美思维活动中，心态只有由“虚静”而至“游心”，方能进入精神创造活动。徐复观认为，从欲望与心智中解放出来的虚静之心，其效果是“澄明”，以虚静为体、以知觉为用的“澄明”，即是美的观照。这种虚静和澄明，类似于禅境。禅宗以三种境界的比较来说明禅境。第一境是“落叶满空山，何处寻行迹”，寻找禅的本体；第二境是“空山无人，水流花开”，主体渐入客体，并未彻悟；第三境是“万古长空，一朝风月”，一刹那妙悟，进入物我合一之境，心胸澄明，涵盖万物，这就是审美的境界。故由老庄“虚”、“静”、“明”之心所观照的世界，一定是清明澄澈的世界。主体精神体悟到时空的无限的、永恒的自然本性，使个体与宇宙生命合一，从而取得对个体局限性的超越，最大限度地扩展主体的胸襟和思想境界。

心灵舒展，意境自深。新儒家“以心为美”的观点，突出了心灵在文艺创作中的主体性、澄明性和创造性。文艺家只有以澄静之心怀为前提，摆脱个体有限的感性生命的束缚，才能发现生命之大美。新儒家重视心灵自由，强调不为物拘，不为俗染，提倡心灵雅洁和心灵解放，就是把那些束缚自身的外在的东西、外在的压力统统抛掉，获得一种内在的超越，进而获得灵性的点化和创造的喜悦。

第三章 生生之美——现代新儒家美学的祈向

中国传统美学思想体现鲜明的重“生”的特征。“生之为性”这一重要的思想命题，体现和反映了古代中国人的生命观和哲学本体观念。出于对生命的意识与反思、对生命价值的认识与领悟，儒家礼赞“生生之德”和“生生之美”。“盈天地间只是一个大生”是中国古代美学家的典型的生命意识观。中国传统美学的“至境”指向“同天”，即臻于统摄心物、化育万有的天地之道。广大的宇宙不仅赋予天地万物以鲜活的生命力，而且使我们人类充满勃勃生机。艺术家以亲和自然的精神来造型，就使艺术品具有永恒的魅力。新儒家以“生的意趣”为中心，以生命体验为快乐，强调在艺术与生命的关联上建构中国式的生命美学体系。

第一节 生生之道

“天人之际”是中国哲学的终极追求，它的内涵就是以中和的方式直探宇宙的运动和奥妙，演绎一套以生命为中心的价值论。儒家的宇宙观，视世界为一个创化不已、健动不息的大天地，宇宙蕴涵大生机，生存其间的个人生命可有无限的建树。儒家把并不具有自觉意识的“天地”看做是人类生命所从出的最终根源。在儒家看来，人之所以不同于一般动物，是因为人具有德性生命精神。而天地作为人类生命之本，也以其“生生”（即不断创发新的生机与活力)之“大德”,体现最高程度的德性生命精神。人在与他人、社会乃至天地宇宙的互动关系中,既成就一个大化流衍的世界,也造就一个具有内在仁德的自我。

一、生生之德

人类的生命肇始于宇宙。宇宙观在各个民族文化思想体系中占有特殊的重要地位。中国古代的生命一元论的宇宙观,是中国传统文化思想的基石。随着中国传统文化从生命一元论的宇宙观出发的逻辑展开,中国传统文化的独特意蕴便充分地显示出来。《周易》的宇宙观是中国先民长期观察天地万物的生成变化的现象而发展出来的。伏羲观天察地,远取诸物,近取诸身,表明了易的宇宙观的起点。中国古代早就有自己的一套“万有含生论”。孔子慨叹上天寂然无言而化生万物:“天何言哉?四时行焉,百物生焉,天何言哉!”(《论语·阳货》)老子称“天道”为“万物之母”、“玄牝之门”,把天道视为天地万物的创生者。“道生一,一生二,二生三,三生万物。万物负阴而抱阳,冲气以为和。”浑然一体的“道”禀承着阴阳二气,阴阳二气的交会,产生一种融和状态,化生为天地万物。庄子亦云:“天地者,万物之父母也。合则成体,散则成始。”天地万物在阴阳二气的激荡下周流繁衍,汇聚成无边无际、无始无终的生命宇宙。

《易传》综合儒道两家之说,把物之生与人之生统一起来,建立了一个完整而丰富的宇宙生命系统。《易传·系辞下》说:“天地氤氲,万物化醇;男女构精,万物化生。”《易传·系辞上》说:“刚柔相摩,八卦相荡,鼓之以雷霆,润之以风雨。日月运行,一寒一暑。乾道成男,坤道成女。乾知大始,坤作成物。”所以,《易传》对于宇宙的总规律提出了一系列这样的命题,如“天地之大德曰生”,“一阴一阳之谓道”,“生生之谓易”,强调天地伟大的德性是给予事物以生命;“生生”就是使生命顺利地展开,不断地增生,这是天地的好生之德。

儒家哲学与《周易》哲学相应。在《周易》哲学的宇宙观中,先哲对于宇宙的动态变化有充分的观照,所以才得出一个有深度的观念,即生生不已。儒家把自然大生命视为“仁”的生生不息,它同时也就转换成了道德生命。因此,“仁”、“人”、“天”、“地”合而为一,就意味着个体生命的超越,就意味着人获得了不朽和永恒。《中庸》云:“唯天下至诚,为能尽其性;能尽其性,则能尽人之性;能尽人之性,则能尽物之性;能尽物之性,则可以赞天地之化育;可以赞天地之化育,则可以与天地参矣。”由此可见,人们赞天地之化育,以至“与天地参”,从而实现生命的超越。

沿着这一思路,宋代儒家认为宇宙万物禀受伦理道德属性。朱熹在《仁说》一文中称:“天地以生物为心者也。而人物之生,又各得夫天地之心以为心者也。故语心之德,虽其总摄贯通,无所不备,然一言以蔽之,则曰仁而已矣。”儒家伦理道德的根本要求就是“仁”,而“仁”就是“天地生物之心”。宇宙生命的自觉是“天地之心”的自觉,人们觉悟到了天地“生物”之大德,因而自觉地肩负起“生生”的道德义务。

新儒家不遗余力地阐扬《周易》哲学及其奥秘。熊十力把《周易》看做五经之源,指出“易学不妨名之为生命哲学,特其义旨广远深微,包罗万象,非西洋谈生命者所可比拟”①。在《原儒》再版序言里,熊十力说:“大易之道,通内圣外王而一贯,广大如天地,决不覆载。变化如四时,迁运无穷。”熊氏借助《易经》的“生生”与“大用流行”的概念,发挥孔子的仁道,提出“体用不二”、“翕辟成变”的思想。所谓“体用不二”,是指本体(本心、仁体)是实实在在存在

① 熊十力:《读经示要》(卷二)。

着的,是人类文化与宇宙之生生不息的终极根源。但本体与现象不是隔碍的,本体显现为大用,本体不在现象之外,就在生生化化的物事之中。所谓"翕辟成变",是指本体能动功能的构成机制。"翕"是摄聚、收凝、物化的势用,"辟"则是刚健、自主、反物化的势用。两者相反相成,造成现象界的刹那生灭。宇宙既不静止,也不虚无,而是生化不息,活泼生动。

方东美肯定《周易》的宇宙自然观:"全自然界为宇宙生命之洪流所弥漫贯注,创造前进,生生不已,宇宙万有,秉性而生,复又参赞化育,适以圆成性体之大全。"方东美认为,中国的哲学从春秋时代便集中在一个以生命为中心的哲学上,是一套生命哲学。"中国人向来是从人的生命来体验物的生命,再体验整个宇宙的生命。则中国的本体论是一个以生命为中心的本体论,把一切集中在生命上,而生命的活动依据道德的理想、艺术的理想、价值的理想,持以完成在生命创造活动中,因此《周易》的《系辞大传》中,不仅仅形成一个本体论系统,而更形成以价值为中心的本体论系统。第一是以生命为中心的哲学体系,第二是以价值为中心的哲学体系。则《周易》从宇宙论、本体论、价值论的形成,成了一套价值中心的哲学。"①这种生命哲学源远流长,早在柏拉图以前,孔子就已经推衍出一套创生不已的大宇宙生命理论,即由天道的原始创造力配合地道的生长应和力,普施于人类,使人得以厚生利用。由此,中国哲学发展出广生、大生、厚生与创生的崇高理念。

成中英揭示了《周易》的九大原则,即:(1)包容天、地、人及万物的道,既是一个变化的过程,又是一个有秩序的结构。(2)生命之创化力量乃变化之根本,道的创生能力是无限的。(3)变化过程

① 方东美:《原始儒家道家哲学》,载《方东美集》,群言出版社 1993 年版,第 446 页。

中永远有阴阳两种相反相成的动能。(4)道乃一:所有的变化的动能皆出于道。道称作"太极","太极"即"一"。(5)事物之分化乃阴阳互动的表现,因此事物与道并不异质。(6)万物化生乃道之性,凡是能跟随或发展道之性的东西,皆有善于其中。(7)人有能力了解变化之动态,以自己的行动来配合这动态,乃能成就至善于世界。(8)人一旦了解变化,便能参与变化,知悉本身与世界的和谐。(9)人事间的失调、不幸与缺陷,起源于人不能了解变化的真相以及未能与世界和谐。由于《周易》视变化过程为种种对偶现象的不断生化和统合,所以不但变化本身得到了解释,而且,万物化育如此繁复,也得到了说明。①

新儒家青睐一种承自先秦儒家的广大悉备、生机盎然、活泼健动的生命气象。他们广泛而又深刻地彰显了中国式的生命哲学,揭示了生命的普遍性、合德性、体道性和创生性。

生命的普遍性。在中国哲学家看来,宇宙是普遍生命流行的境界。天为大生,万物资始;地为广生,万物咸亨。合此天地生生之大德,遂成宇宙,其中充满生气,旁通统贯,毫无窒碍。

方东美说:"我们立足宇宙之中,与天地广大和谐,与人人同情感应,与物物均调浃合,所以无一处不能顺此普遍生命,而与之全体同流。"②按照生命一元论的宇宙观,天地万物皆为宇宙生命之所生,亦皆为宇宙生命之所寄,故皆有生命之义,"盈天地间只是一个大生",无论人物、动物、植物,还是日月、风雨、山川。因而,"生命"遍及整个世界的万事万物,而并无所谓生物与非生物之分。

生命的合德性。在生生哲学方面,新儒家往往把道德创造与宇

---

① 成中英:《论中西哲学精神》,上海东方出版中心 1991 年版,第 177 页。

② 方东美:《中国人的人生观》,载《方东美集》,群言出版社 1993 年版,第 211 页。

宙创化结合起来。方东美研究《易经》,发现《易经》中的"创生宇宙论"与"人性崇高论"彼此互涵,融通不隔。牟宗三说:"就事言,良知明觉是吾实践德行之根据;就物言,良知明觉是天地万物之存有论的根据。故主观地说,是由仁心之感而与天地万物为一体;而客观地说,则此一体之仁心即是天地万物之生化之理。"①可见,仁心之朗现,即是宇宙之生化,道德创造与宇宙生化合一。新儒家的思路是:良知是天心,是道心,是宇宙之心。朴真之自然进化,至善之道德创造,共同涵载于自然宇宙的大化流行之中。人只要法象天地以求真,赞天地化育以求善,就可以与时偕行,与万化同归。

生命的体道性。道是以时间意识为主体的宇宙论学说,是一切事物变化的本源。世上没有君临万物的主宰(如西方的上帝),一切都由道生成。"道为天地之本,天地为万物之本。"牟宗三认为,无论儒家的德化,还是道家的道化,皆须法天。方东美确认,儒家形上学和本体论有两大特色,一是肯定天道之创造力,充塞宇宙,流衍变化,万物由之而出;二是强调人性的内在价值,翕含辟弘,发扬光大,妙与宇宙秩序合德无间。在这个宇宙中,上为天的生命创造过程,下为地的生命创造过程,中间代表人类上应天、下应地的创造过程。天之道、地之道、人之道,表现为一个宇宙生命之大道,或大宇宙生命之道,人以自身的创造过程与天地的创造过程配合起来。因此,《中庸》提倡人要"赞天地之化育,可以与天地参矣"。在天、地、人三者中,人是一个参赞化育者,天地宇宙的创造精神,诚然把握在人的创造性生命之中。故中国思想具有唯道论和体道论的特色。

生命的创生性。"生生"指化育生命,"生"之叠用,意味生命的绵延不绝。第一个"生"字是动词,有产生、孳生之意;第二个"生"

---

① 牟宗三:《现象与物自身》,台湾学生书局1990年版,第442页。

字是名词,即生命。这里的“生”,不仅仅是生物学意义上的生长,更重要的是一种伦理价值意义上的生化。梁漱溟提出“生生不息”是中国文化生命的大义,熊十力揭示“生生不息,变动不居”的现象世界即是真实本体,生生的过程就是生命向上提升的过程。方东美说得更明确:“‘天地之大德曰生。’然并非生只一度而已,如寻常所谓静态一度之生者,而是动态往复历程。《易经》‘生生’一辞,中文直解为‘生之又生’,或‘创造再创造’。”①根据方东美的解析,生生含有五义:育种成性义,开物成务义,创进不息义,变化通几义,绵延长存义。

新儒家喜欢用“宇宙大生命”一语。在梁漱溟的心目中,“生”代表儒家的道理。“宇宙是一个大生命,从生物的进化史,一直到人类社会的进化史,一脉下来,都是这个大生命无尽已的创造。一切生物、自然都是这个大生命的表现。”②宇宙本体不是固定的静体,是“生命”和“绵延”。梁氏是把儒家哲学中“生化”和“生生”的概念与柏格森的生命哲学拼合起来,赋予了宇宙本体论的意义和近代生物进化论上的含义。梁漱溟常常以“生活”界说“生命”,而熊十力则将生命哲学纳入“新唯识论”体系,使得生命哲学儒学化。他说:“本体就是生命。”“吾人识得自家生命即是宇宙本体,故不得内吾身而外宇宙。吾与生命,同一生命故,此一大生命非可剖分,故无内外。”③熊十力还强调,宇宙本体就是“仁心”、“道德自我”,它既是万化之源,又是人生价值的根据。牟宗三继续在“生命的学问”中探索“生命”:“人所观照之物(自然)亦不能外在化为知识所

---

① 方东美:《中国哲学精神及其发展》,载《方东美集》,群言出版社1993年版,第280页。

② 梁漱溟:《朝话》,百花文艺出版社2005年版,第87页。

③ 熊十力:《新唯识论》,中华书局1985年版,第535页。

对的客体，它必内在化而与自家生命息息相通。因此，'自然'既富有艺术的情味，亦弥纶之以道德的意义。"①牟宗三以为，达到宇宙本体的途径，舍艺术体验与道德践履莫由。因此，新儒家所谓"生命"，主要是从生活、伦理的角度讲的，具有"道德的意味"。

中国的生命哲学体系，是宇宙本体论与人生价值论的大合唱。在儒家哲学中，生命有三种层次：宇宙生命、大群生命和道德生命。儒学是以人为中心，以道德为入路，内彻心性，外透天道，重和谐，言时中，衡经权，刚健有为，积极入世。在道家哲学中，生命有三种层次：自然生命、生理生命和心理生命。生理生命是基础，生理与心理的融和，是达到人与宇宙生命相契合的必要前提。生理心理的融凝，用庄子的话说就是"全汝形，抱汝生"，从而将内心世界变成一片空灵清静的世界。熊十力对这种生命哲学作了较为形象的分析，他举例说，陶渊明的诗句"日暮天无云，春风扇微和"，道出了生生不息、变化不竭之真机，而无偏于滞寂之病，"日暮天无云，是寂静也。春风扇微和，生生真机也，健德仁德浑然流行也。"②如果不深刻领会大宇宙之生生真机，人们就只见空寂而已。新儒家挖掘儒道哲学中的"生生"元素，告诉人们，浑然充实，无为而无不为，则是大用流行的本体。惟如此，才能从宇宙自然界的阴阳相和、刚柔相济、有无相生、盈亏有数以及万物生生不息之中，认识到调阴阳、和大悲、明人伦、顺群生的道理。

二、生化之理

"万物一体"是中国人的哲学观。人与自然界之万事万物皆为

---

① 牟宗三：《道德的理想主义》，载《牟宗三集》，群言出版社1993年版，第167页。

② 熊十力：《体用论》，载《熊十力集》，群言出版社1993年版，第399页。

生命之流所创造,物性与人性皆来源于生命创造之流的贯注。因此,生命世界便有了同一性基础,人与自然万物形成了不可分割的有机整体。

在儒学史上,孔子以人道弘天道,从天地万物浑然一体处立命。明儒罗近溪把"仁"落实为同情万物之生,从而走向了博大的生命之爱。戴震著《原善》,疏证大易哲学,兼发挥孟子性善论,得出"生生者,化之原;生生而条理者,化之流"的观点。牟宗三认为,中国思想所诠表的世界始终是气化流行、生生条理的生命世界,人们只能对此世界加以解析,加以体认,而不能加以增减。没有超越的本体,没有本体与现象的分别,而只是即现象即本体,即流行即主宰。流行乃是变动不居,主宰乃是不易之则,合起来便是"生生条理"。

《易经》曰:"天地氤氲,万物化生。"气本原是一生命体,所以宇宙万物皆充满生命特质。宇宙万象之生成变化,是气本原由统一到分离、由分离复归于统一的气化过程。对于这种颇具中国特色的宇宙理论,李约瑟先生称之为"有机的自然主义";并且认为在中国人的心目中,自然界"是一切生命体中最伟大的物体"。李约瑟先生之卓见,已触及了中国乃至东方古典哲学的内在本质。但是,李约瑟没有明确点明,在中国哲学中,自然界何以一直被看做"是一切生命体中最伟大的物体"。究其原因,方东美认为就在于以中国为代表的东方古典哲学之本原,从诞生之始,就具备了与西方哲学迥然不同的哲学特质,即:将世界视为旁通统贯的广大和谐系统,不似西方哲学无法化除二元对立的世界观。

生命整体观念对于中国人来说,既是一种对宇宙的深邃思考,又是一种对现象界的感性把握。"机体主义"是方东美对中国哲学精神的界定。方东美认为这种机体主义具有三个特色:其一,否认把人与物相对峙,视为绝对的孤立系统。其二,否认把宇宙万事万物化为意蕴贫乏的机械秩序,视为纯由各种基本元素拼凑的产物。

其三,否认把变动不居的宇宙本身压缩成为一套紧密的封闭系统,视为毫无再可发展的余地。[1] 成中英在前辈新儒家的基础上,对生命整体观作了精辟的概括:"从本体的整体意识出发,中国人自然看成是有生命的运动的整体,人可以与之沟通。这不仅在诗画中,同时也在哲学中反映出来。强调天地万物与人同体,这叫机体哲学,也叫生命哲学。"[2]方东美和成中英都认定,在西方现代哲学家中,同中国哲学最为相契的,是海德格尔和怀特海。海德格尔的"存有论",强调人的存在是个整体,从生到死,从知到行,是一个不可分割的整体。怀特海的"机体论",强调整个宇宙是一个整体,整体与部分是息息相关、互为体用、互为因果的,是一个有机体而不是机械体。因为他们把整个宇宙看做是一个横跨时空的有机体,它们之间层次分明,脉络相通,就像指与臂是互相依存的。海德格尔和怀特海的哲学是对西方哲学主流传统的反叛,而这一反叛,从某种意义上讲,意味着西方哲学的发展最终在精神上要认同东方哲学尤其是中国哲学的精神传统。

刘述先颇有同感,他曾经把传统中国的自然观总括成为下列几点:其一,在这个传统主流的思想中,根本缺少自然与人文的对抗与割裂,故此不能根据西方习用的寡头的自然主义或人文主义一类的词语来框定中国的思想。其二,中国先哲由动态的方式来了解自然,故首出的观念为"道",而不是西方式的不动不变的"存在"。但中国先哲对于道的运行有不同的了解,老子强调的是归根复命,儒者所强调的却是生生不已。其三,人必须有深刻的智慧以

---

① 方东美:《中国哲学之精神及其发展》,载《方东美集》,群言出版社 1993 年版,第 233 页。

② 成中英:《中国文化的现代化与世界化》,中国和平出版社 1982 年版,第 115 页。

及严格的训练,能够体证自然,与道合妙。故中国先哲所谓自然与现代人的自然本能或冲动拉不上任何关系。其四,人对自然的了解依靠人对他自己的本性以及生生之源的体证。中国人不容许自然与人文分离,以抽象的方式由外在来理解自然,故从来没有发展出机械主义的自然观这样的思想。其五,正因为一个有文化修养的人才能充分了解自己的本性与流行的天道,人文与自然不是一对互相反对的概念,而是彼此相得益彰,成已成物,故两方面才能够得到充量的发展。①

在新儒家看来,生命机能与生命历程相统一,构成机体主义哲学的核心问题。人与宇宙的关系是充满圆融和谐的。万物大众之间交易互动,自然形成有机的整体。在这一整体中,是你中有我,我中有你,相互影响和作用,最后在人的心中呈现出整体宇宙与其内含的阴阳原理的互动创生。方东美认为,人的小我生命一旦融入宇宙的大生命,两者达到同情交感,一体俱化,便浑然同体,绝无敌对与冲突。为了说明这种生命化合关系,方东美以元代才女管仲姬送给丈夫名画家赵孟頫的情诗做比喻。这首诗是这样歌吟的:"尔侬,我侬,忒煞情多。情浓处,热似火。把一块泥,捏一个你,塑一个我,将咱们两个一齐打破,用水调和。再捏一个你,再塑一个我,我泥中有你,你泥中有我。与你生同一个衾,死同一个椁。"方东美指出,试看上面所说的情侣,是何等浓情蜜意,如胶似漆!人和宇宙的关系也正是如此,浓郁亲密,毫无隔阂。

这种化合与化育,也就是原始儒家所言的:"夫大人者与天地合其德,与日月合其明,与四时合其序,与鬼神合其吉凶,先天而天弗违。后天而天奉其时。"(《易经·文言传》)所有这些证明,人在

① 刘述先:《儒家思想与现代化》,中国广播电视出版社 1993 年版,第 511 页。

现实中无法脱离天、地、人构成的大宇宙生命世界。自我生命也只能在时空之中得到确证。天地的动静，四时的节奏，昼夜的来复，说明宇宙运行有规律，是生生而具条理的。这“生生而有条理”就是天地运行的大道。唐君毅认为，中国哲学以儒道二家为代表，儒道二家都讲生化。儒家所长者，偏重讲生；道家所长者，偏重讲化。生是相继相续，这是生命韵律的往复；化是转易变化，这是生命韵律之转变。它们合成生命的节奏。具体地说，儒家思想善于讲如何使宇宙人生庄严的一面能生生相续下去，道家思想善于讲如何使宇宙人生平凡庸俗的一面能超拔转化出来。孔子言四时行，百物生；孟子言生则恶可已；《易传》讲生生，均是重生的意思。老子言反复，庄子言变化无常，游于变化之途，都是重化的意思。表现在文学方面，受儒家影响的文学，多善于表现“生”之情，以性情胜、气象胜；受道家影响的文学，多善于表现“化”之意，以神韵胜、胸襟胜。① 这是唐君毅在文艺美学研究方面的一个重要的理论发现，它揭示了儒道思想在中国美学风格形成中的“生化”特色。

天人合一的观念，使中国文艺家把自我的生命与自然万物的生命融为一体，他们感悟到这些宇宙自然的本性，对自然的变化规律十分敏感。刘勰《文心雕龙·物色》曰：“春秋代序，阴阳惨舒，物色之动，心亦摇焉。……献岁发春，悦豫之情畅；滔滔孟夏，郁陶之心凝。天高气清，阴沉之志远；霰雪无垠，矜肃之虑深。”钟嵘《诗品》曰：“气之动物，物之感人，故摇荡性情，形诸舞咏。……若乃春风春鸟，秋月秋蝉，夏云暑雨，冬月祁寒，斯四候之感诸诗者。”人们或以心写自然，或以自然写心，在作品中形成了自然意境类型。王维《山水论》说：“春景则雾锁烟笼，长烟引素，水如蓝染，山色渐青。

① 唐君毅：《中国哲学与文学》，载《中华人文与当今世界》，广西师范大学出版社2005年版，第273页。

夏景则古木蔽天，绿水无波，穿云瀑布，近水幽亭。秋景则天如水色，簇簇幽林，雁鸿秋水，芦岛沙汀。冬景则借地为雪，樵者负薪，渔舟倚岸，水浅沙平。”郭熙《林泉高致》曰：“春山艳冶而如笑，夏山苍翠而如滴，秋山明净而如妆，冬山惨淡而如睡。”诸如此类，不一而足。生命之喻，遍被艺林。中国艺术家在艺术中展示了艺术本体与自然生命的律动，显现了“拟人化的自然”与“自然的拟人化”的融合。

生生美学，在新儒家看来，具有以下特征：一是文艺型态可以契合自然与人生的演变，文艺创作的旋律应和着天地的节奏；二是文艺的运作与人的生命紧密相关，文艺家对自然宇宙的感受也就是对生命的感受，因而属于生命的双向互动；三是文艺的运衍是以循环往复的轮回方式出现，这种循环只能是一种相似性的呈现（但不是相同）。中国艺术家从生命感悟出发，在时空中化育生命，在生命中包容时空。一方面把自我投入到自然的怀抱之中，去体悟宇宙之生命大流，去把握天地之大美；另一方面又竭力把自然容纳于自我心中，不满足于表述“一己之情感”，而在于传达“人类之情感”、“宇宙之情怀”。中国艺术家总是把主体的世界导向自然的世界。于是，一切自然物象不是无机物质的实体，而是流转不息的生命形态，成为晶莹的美的对象。大宇宙生命的形态撞击着主体心灵，主体便在这观照中开始孕育着艺术的腾飞。

第二节　生香活意

新儒家常用生机、生意、生理（生生而有条理）来通观天地万物和气化运行。宇宙是一个自然的整体（宇宙、自然），又是一个精神的整体（道德、艺术）。方东美认为，中国美学是“在创造中宣畅气韵生动的宇宙机趣”，关切“生命之美及其气韵生动的充沛活力”，注重“全体生命之流所弥漫的灿然仁心与畅然生机”①。可见，宇宙是一个整体，并非独立自存，而是与人相互沟通，相互交流，形成物我合一、主客交融的整体宇宙生命。如此，世界并非外在于人，而是人自己主观经验到的体现宇宙大生命具体的世界。在新儒家看来，文学艺术同样是一个充满生命张力的、活泼的有机世界。这个世界有生命的节奏、色调和周期。从文艺史看，文学艺术中的生命意识，具体地表现在创作活动中，主要有两种表现特征：一是对生命意义的充分肯定；二是对生命创造力的热情歌颂。“气韵”在中国传统文艺理论中占据着首要地位。南朝梁画家谢赫在《古画品录》中提出绘画“六法”，第一法即是“气韵生动”。艺术作品不能满足于描绘对象（人和物）的外部形态，更要表现出对象（人和物）的内在精神。气韵所要求的是，艺术要表现出对象的内在生命。大凡“气韵生动”的诗文，必定是表现了艺术家的思想、性格、情趣。生气盎然的作品，能使鉴赏者如见其人，如闻其声，感受到生命的韵律。

一、生之意趣

中国古代哲学家非常重视“气”这一范畴，故形成了具有民族特色的“气”哲学和“气”美学。元气是一活泼泼的生命有机体，有生命，有知觉，有智慧，这是中国传统文化中较为发人深思的文化特质。这种文化特质早在《国语》、《庄子》等先秦典籍中就已萌发，在宋代达到高峰。宋儒以元亨利贞四德比照春夏秋冬四季。程颐云：“元者，万物之始；亨者，万物之长；利者，万物之遂；贞者，万物之成。”②朱熹曰：“梅蕊初生为元，开花为亨，结子为利，成熟为

① 方东美：《中国人的人生观》，台湾幼狮文化事业公司1980年版，第131～134页。

② 《二程集》，中华书局1981年版，第695页。

贞。""元者，天地万物之端倪也。元者生意，在亨则生意之长，在利则生意之遂，在贞则生意之成。"①儒家推崇四德，正是为了推崇"生意"。他们设定宇宙本原具有泛生命（生气）特性。正是有了元气，宇宙万物、动植飞潜、山川林薮、岩洞岛泽，皆有灵有知，生成发展。大自然的元气孕育了人的灵气。人的灵气就是人在整个生命进程中，其形其神所显示出来的全部活力。唐君毅指出："中国之自然文学，则所重视者，在观天地之化机、生德、生意。"②艺术家的灵气，在于能统摄这宇宙中自然元气与人灵之气，并将其巧妙地融进自己的作品。

山水自然是艺术描写的主题。艺术家往往执着于对自然本性及其与人类关系的揭示和呈现。例如，中国的山水诗和山水画在模仿和反映自然山水现实性的基础上创造了一个意境，揭示和呈现了情景交融的艺术世界。方东美说："植物学家走进花园里，只注意花的种别类别，分析花的枝干、萼蕊、色彩等属性；所见者只是花的实物。同一境地另由文学家观之，则觉情感蕴藉，意兴缠绵，以之点染花草，而花草栩栩生动，顿显一种绮丽香泽之态。所谓'在外者物色，在我者生意'，二者相摩相荡，而物我之情契合无间。文学家'拟诸形容，象其物宜'的秘诀，只在不把物色看作闲事，处处以自家生意萦蔓缭绕于物色上，造成一种芳洁的意境。高妙的诗人往往以精神寄色相，以色相染精神，盖深得'物亦具我之情，我亦具物之情'的旨趣。"③文艺家触物以起情，索物以托情，叙物以言情。人与物，灵气往来，融成一片，显示出无尽的生动气韵，即所

---

① 《朱子语类》，中华书局1981年版，第1690页。

② 唐君毅：《中国文化之精神价值》，广西师范大学出版社2005年版，第237页。

③ 方东美：《科学哲学与人生》，载《方东美集》，群言出版社1993年版，第77页。

谓一天的春色寄托于数点桃花，三二水鸟启示自然的无限生机。

重视生命是中国艺术（包括诗、书、画、乐、园林等）的基本特征。方东美以中国古典小说《镜花缘》为例，说明中国文艺中所体现的万物有灵之色彩。当三月的春天来临时，西方的王母娘娘在昆仑山上设宴作寿，一切的自然万物与超自然的万物，像小神仙们、半神半人的少女们、大自然的众神、妖怪以及所以奇奇怪怪的神仙们——包括北斗宫的魁星夫人，空中的风姨，天下的月姐，蓬莱山上的百花仙子、百兽大仙、百鸟大仙，海中的百介大仙、百鳞大仙和木公、金童、玉女等等，所有不同类型的生物都来参加献寿盛会。这种文学上的幻想，直把世界上冥顽不灵的东西（动物和植物）都看做生香活态的现象，昭示了一种普遍流行的盎然生意贯彻于宇宙全境，整个宇宙是一个统一的生命大家庭。

"生之意趣"表现在重生的儒家型文学与重化的道家型文学之中。对此，唐君毅作了较为详细的分析。重生的儒家型文学表现在四个方面：其一，赞美人的自然生命的延续。这类文学，乃表现人对自然生命之"生"的本身的赞叹和赞美。《诗经》的《大雅》、《颂》中就有赞美祖先长寿和子孙繁多的诗篇，如《大雅·大明》曰："有命自天，命此文王。于周于京，缵女维莘。长子维行，笃生武王。"此乃赞美生命的长久和生活的充盛，这导源于儒家重视人生的思想，构成后来一切庆贺赞美式文学的本原。其二，体验人与自然生意的相通。中国古代一切表示天地的化机和生机的诗歌，就是属于此一类。朱熹曾称赞石曼卿的诗句"乐意相关禽对语，生香不断树交花"，因为诗句所表现的，正是儒家的物我之间生意相通的思想。其三，贯通人的古今生命的历程。中国古代的咏史、怀古、思旧、伤逝以及哀祭碑铭的作品，能使往者不往，逝者不逝，在当下复活和永生。如孟浩然诗曰："人事有代谢，往来成古今。江山留胜迹，我辈复登临。"人们怀古念旧，并非只是留念过去，而是要实现现在的生命与过去的世界的贯通,使我们认识一个生生相续的世界的存在。这也是由儒家的尚友千古、不忘故旧、事死如事生、事亡如事存之意发展而来的。其四,沟通人与他人的生命情感。中国文学常把各种伦理之情(例如夫妇、朋友、君臣之情)贯通起来加以表现。例如杜甫的《北征》,便错综蕴藉地表现了各种对家国的忧喜之情。同样,重化的道家型文学也有四个方面的表现:其一,超尘以自化于自然。这类作品是很多的,如陶渊明"采菊东篱下,悠然见南山"、"啸傲东轩下,聊复得此生";王维"下马饮君酒,问君何所之。君言不得意,归卧南山陲。但去不复问,白云无尽时";李白"问余何事栖碧山,笑而不答心自闲"。这些诗句都表现了一种由尘俗中超拔以返于自然的心情。其二,化景物的质实以归于虚灵。这一类的文学重在将质实的自然物化于空灵的意境中。如王维的"空山不见人,但闻人语响。返景入深林,复照青苔上";钱起的"曲终人不见,江上数峰青";苏东坡的"时见幽人独往来,缥缈孤鸿影"。在这些诗歌中,诗人乃将实在之人都化为一声音、一影子、一种似有还无的物象,这就形成了一个空灵的意境。其三,取善化的景物和人物以入文学。例如,云水、烟霞、花草、鸿鹤等等,这些都是在自然界中善于变化的东西;高人逸士、侠客神仙,也是居无定处、行无定踪的善于变化的人物。这些都是道家型的文学惯用的题材。其四,将人间惊天动地的历史化入寂天寞地。苏东坡的《赤壁赋》先说曹操与周瑜之战,后说"固一世之雄也,而今安在哉",便将惊天动地的三国的历史事迹皆纳入寂天寞地之中,而加以超化。陶渊明的《桃花源记》,说桃花源中的人"不知有汉,无论魏晋",则把两汉魏晋历史上的无数惊天动地的大事轻轻一笔带过,其超化"人间历史"的本领更大。①

---

① 唐君毅:《中国文学与哲学》,载《中华人文与当今世界》,广西师范大学出版社 2005 年版,第 276~278 页。

“生之意趣”是一种大化冥合的意境,即“天地与我并生,万物与我为一”。方东美指出,在儒家那里,一个充实完备的人格,就应该与宇宙大化冥合为一。在道家那里,一个澄明的人格,就要达到“寥天一”的境地。正如李白诗歌所言:“揽彼造化力,持为我神通。”大艺术家之所以能创造,其创造力取之于地,取之于宇宙本体,将宇宙本体的一切创造力把握住,拉到自己的人格中来运用,如此一来,人的创造直可与天地之创造比美。① 中国艺术家的审美兴趣并不像西方艺术家那样注重对象形态的比例、组合结构,而是追求文艺作品的神韵贯通、元气淋漓;中国艺术家常常把对象视为有生命的载体,追寻灌注在对象内在肌体中的生机和韵味。新儒家所讲的宇宙生机,是指人从自身有限的感性生命存在中解放出来而体验到的无限和永恒的整体生命。新儒家强调“生之意趣”,阐明人间宇宙并不是一个死板的机械的物理世界,而是充满生机与活泼泼的精神气象的魅力世界。

自然—艺术—人,在生命本体意义的高度上相通并得以统一,构成生命本体的一体三面。因此,基于这样的信念,新儒家认为艺术生命化成为中国传统审美意识、审美观念的主导倾向。体现在审美观念中,古代学人强调艺术不仅是人和自然得以沟通的桥梁,而且,艺术与人、艺术与自然本质上是一种异质同构的关系。因此,品评活动中出现了大量的拟人化倾向和拟物化(自然化)倾向。即把艺术与人外在的机体(形)和内在的生命(神)相比拟;把艺术与自然万物的外在形貌和内在生机相比拟。在比拟中,又略形而重神,更注重艺术的内在神韵的有无。拟人化倾向中,常以人的血、肉、筋、骨、气、神来品评艺术作品。如与人内在风神相关的,仅

① 方东美:《原始儒家道家哲学》,载《方东美集》,群言出版社 1993 年版,第 448 页。

以“骨”为例，就有所谓风骨、骨法、天骨、正骨、骨气、骨趣等；以“气”品艺术作品的有生气、神气、风气、气韵、逸气、浩气等；以“神”品艺术作品的有神韵、神似、神采、风神、传神、畅神等。而以自然万物活泼的生态比拟艺术美感特点、美感趣味的，更是屡见不鲜。例如：“采采流水，蓬蓬远春……碧桃满树，风日水滨。柳阴路曲，流莺比邻。”（《二十四诗品·纤秾》）又如：“观乎悬针垂露之异，奔雷坠石之奇，鸿飞兽骇之姿，鸾舞蛇惊之态，绝岸颓峰之势，临危据槁之形。或重若崩云，轻如蝉翼；导之则泉注，顿之则山安；纤纤乎似初月之出天崖，落落乎犹众星之列河汉。同自然之妙有，非力运之能成。”（孙过庭《书谱》）如此等等。中国艺术家把艺术“通盘的人化或生命化”（钱钟书语），视艺事为人事，视艺术体为生命体。“艺术与宇宙生命一样，都是要在生生不息之中展现创造机趣，不论一首诗词，一幅绘画，一座雕刻，或任何艺术品，它所表露的酣然生意与陶然趣机，乃是对大化流行劲气充周的一种描绘。所以才能够超脱沾滞而驰骋无碍。”①生机、活力、灵性等人的生命情态，成为衡量艺术品的格调与品位的重要尺度。

二、感应自然

中国传统艺术的审美观照，本质上是用“心”来“感”的艺术，诗人感情向自然深入，去领悟天地之精英、自然之玄妙、造化之魂灵。徐复观认为，中国诗歌与自然发生关系很早。《诗经》中的比兴，即是诗与自然的关系。不过魏晋以前，在文学中的自然，只是偶然相遇，旋缩旋开的关系。人并不曾着意去追寻自然，也不曾把人生的意义要安放于自然之上。此时，自然在文学中的地位，毕竟是处于

---

① 方东美：《中国人的艺术理想》，载《方东美全集》（第1卷），台湾黎明文化事业公司2005年版，第294页。

消极的状态。到了魏晋时代,人开始在文学中主动地追寻自然,并且要在自然中安放人生的价值。这从《文心雕龙·物色》"窥情风景之上,钻貌草木之中"的两句话即可以看出。因此,中古时期的文学界出现了谢灵运的山水文学、陶渊明的田园文学。由魏晋所开辟的"自然文学",乃是人的感情的对象化、感情的自然化。文学家把掩抑在生命内部的感情,扩展到纯洁的大宇宙中去。

中国美学从人与自然、生命与宇宙的精神联系上去寻找美,把美看做一种与宇宙合一的精神境界。邵雍将"以物观物"作为诗人感应宇宙的一种特定方式。清人贺贻孙曾经在评价谢灵运的"池塘生春草"时说过:"吾尝谓眼前寻常景,佳人琐俗事,说得明白,便是惊人之句。盖人所易道,即人所不能道也。如飞星过水,人人曾见,多是错过,不能形容,亏他收拾点缀,遂成奇语。骇其奇者,以为万炼方就,而不知彼实得之无意耳。"①自然即"不隔",即有"意境"。不隔的作品描写的是即目所见、即景会心的境界,故自然传神,如化工造物一般。大宇宙生命运行于一切生物机体中,不断充实和发展。王船山诗曰:"拔地雷声惊笋梦,弥天雨色养花神。"熊十力称赞这联诗句阐明了自然的生命之理。上句"拔地雷声惊笋梦",形容大自然的雷声威猛,生命力的升进之势,竹笋惊蛰而醒,破土而出,受雷声震发而不自觉地快速生长,故曰梦。下句"弥天雨色养花神",比喻生命包罗万象,圆满无亏,像满天雨色那样充盈,滋润花朵绽放,故曰神。熊十力阐释船山诗意,彰显了一种"宇宙大生命"之学说。他说:"万物各有的生命,即是宇宙大生命。宇宙大生命,即是万物各有的生命。不是万物以外,别有大生命也。"②

---

① 郭绍虞:《清诗话续编》,上海古籍出版社 1983 年版,第 164 页。

② 熊十力:《明心篇》,载《熊十力集》,群言出版社 1993 年版,第 419 页。

新儒家觉得,在天人合一的思想支配下,古代作家对于自然还有种超越功利的审美态度。陶渊明、王维、李商隐、朱熹等人,有不少脍炙人口的诗篇,例如"采菊东篱下,悠然见南山"、"明月松间照,清泉石上流"、"天意怜幽草,人间重晚晴"、"问渠那得清如许,为有源头活水来"等,都不能作为单纯的吟诵自然的诗来看待,因为它们渗透着自然对人的理智和情感的启发,包含着人的生命感悟。故熊十力指出:"美学是由情感的鉴赏而融入小己于大自然。"(《十力语要》卷一)

自然是人的生命的本源,也是文学艺术的宝库。贺麟认为,在艺术方面,自然的确可以说是一个无尽的宝藏。自然是诗人获得灵感、永不枯竭的源泉。中外文学大家的艺术感悟也说明了这一点。例如,苏东坡曰:"惟江上之清风,与山间之明月,耳得之而为声,目遇之而成色,取之无禁,用之不竭,是造物者之无尽藏也。"英国诗人丁尼生用拟人的手法吟咏溪流:"人可以来,人可以去,但是我永远前进。"足见自然是人类及其艺术所珍视的永恒不息的源泉。

艺术将自然作为自身的主题,并表现一定的意义;同时艺术家体悟并运用自然的尺度,效法自然之道,遵循万物自然而然的本性。自然是艺术生命的风姿与风格。方东美说:"在诗中,我们可以驰情入幻,求得心迹双清之解脱,将人类灵魂带入高度的精神自由,此时的深意玄思、优雅心声,乃至于雄奇生机,都可以淋漓尽致的宣畅无憾,虽然历经艰难,终能陶熔美感,裁成乐趣。如此透过诗心,一切万象都能充满生香活意,蔚成绮丽美景。"①人生体验是艺术体验的本源,而艺术体验则显现了生命的本真与自然的呼吸。

① 方东美:《中国人的人生观》,载《方东美集》,群言出版社 1993 年版,第 166 页。

生命与艺术的完美结合，创造真正的诗意蓊郁的境界。

新儒家是书斋里的学者，但他们对大自然充满向往和憧憬。钱穆在《湖上闲思录》抒发了一种敬畏自然的情致："人文本从自然中演出，但人文愈发展，距离自然愈远。距离自然愈疏远，则人文的病害愈曝著。只有上述的一个心态，那是人文和自然之交点。人类开始从这点上游离自然而走上文化的路。我们要文化常健旺，少病痛，要使个人人生常感到自在舒适，少受捆缚，只有时时回复到这一贯心态上再来吸收外面大自然的精英。这是一个方便法门。"①人类从自然中产生文化，而文化终必亲依自然，回归自然。

唐君毅在《海上遐思记》一文发出如下的感慨："我们如果常到自然界，我们都可发现，我们真会喜欢一种莫有什么，或有所无、或有上的无、或有无之交界。我们喜欢旷野之无垠，喜欢苍天之无际，喜欢大海之无涯。我们亦喜欢寂静之无声，喜欢此心之空阔无边，喜欢朋友之相对无言。由此我们才会爱隔断林木的烟霞、爱弥天的大雾、爱湛冥的暮霭、爱无色的阳光、爱月的晕。……苍天之无际、大海之无涯、寂静之无声，同使人无以为怀。一切无以为怀之情，都是由于人之怀了一有上的无，抵达了有无之交界。而人在世间所可能的最高怀抱，亦即常怀此无以为怀之情。人接触了有上的无，抵达有无之交界，人随处都可觉一无以为怀之情。此情，人可以默默的感受。但是莫有语言真能说出它。语言只能技工于有的世界，而不能真及于有上的无，抵达有无之交界。"②唐君毅迷恋于大自然的悠远的美感的天空。走进这一片天空，就是走进一个温馨的生命世界；感悟那一片天空，就是感悟一种人生情意；体

---

① 钱穆：《湖上闲思录》，三联书店2002年版，第22页。

② 唐君毅：《中华人文与当今世界》，广西师范大学出版社2005年版，第731页。

验那一片天空,就是体验一种心灵意绪。

曾有研究中国当代文学的学者慨叹:当代小说缺乏令人耳目一新的风景描写。这种看法一针见血,抓住了当代作家失去与大自然交流的症状。当代一些作品大肆描写灯红酒绿的世俗生活,拂去了与天地万物流连的诗情画意,失去了在季节的变化中感悟生命的灵性冲动。从生命美学的角度看,作家之心耦合着天地之心。"池塘生春草,园柳变鸣禽"、"海上生明月"、"春江花月夜"等等,这些生机盎然的自然景观,是那么令人心旷神怡。源于自然的生命灵韵是不应该退出现代人的视线的,也应该在当代文学作品中得到淋漓尽致的反映。

第三节 生之礼赞

美生成于主客体相互感应的思想,在中国古典美学中是大量存在的。新儒家赓续"生生"诗学,可以说是当代学界对中国传统美学的一种发展。新儒家的"生生"诗学是中国式的生命美学,是一种外在丰富同时内在充盈的诗意生存,是一种创造性的生命境界。

一、生命的本性

新儒家把宇宙看成是"虚灵的时空间合一体",里面飘拂了哲学与诗的情趣,充满生命体验。在他们眼里,宇宙、世界、哲学、艺术等,无一不生气流贯。中国人的时空观念与中国人的生命意识紧密相连,与人的心灵、情态直接相通。中国人的大宇宙生命学说,既重视宇宙自然的感性生机,又体现着人的情感状态的深层境界。新儒家概述了生命的多种特性:

其一,生命的自然本性。

方东美把道家比作“太空人”，道家生活在一种既非物理空间亦非立体空间的世界。道家所寄托之世界乃是一大神奇梦幻之世界、一种充满诗情画意之空灵意境。在中国古代思想中，道家主张妙会自然。在庄子的心目中，最高的艺术是“无待”（无所依待，无依因，也无目的）的“天籁”和“天乐”。所谓“天籁”和“天乐”，乃指完全不依靠人力造作而由自然发出的音乐。庄子还认为这种自然的艺术的另一个特点是“天全”，是不可以用语言、音响、色彩、线条去表现的。庄子提倡无言的艺术，即无言之文，无声之乐，无色之画。中国古代美学家强调“以物观物”，旨在求物之妙、得物之神。这种创作思想能否完全实现，姑无置论，但是它在中国美学史中被认为是诗人感应宇宙的最上乘。诗人让物象自然兴发，意境因自然呈现而生发，风格因自然而彰显，如“清水芙蓉”那样单纯、平淡而朴素。“明月照积雪”、“池塘生春草”、“鸡声茅店月，人迹板桥霜”，之所以传诵千古，就因为它们是最符合中国人传统审美趣味的“自然英旨”。

作为道家，庄子主张顺应自然，反对以我观物，而主张以物观物；但庄子也要求“万物与我为一”。后世儒家为了填补道家的“清空”，以“仁心”充实之。王阳明在他的语录中说，“仁人之心以天地万物为一体，欣合和畅，原无间隔”，讲的是“浑然与物同体”的宇宙大生命的感受。宇宙大生命存在于天地宇宙，但它要在万物“与人同”、在人的“思”（观照、欣赏）中才能呈现出来。它是人的一种与万物欣畅合一的主观精神境界，并非本身就存在于万物之中。就是说，宇宙生命之美，要靠人去发现，去照亮。循此思路，熊十力认为“仁”就是宇宙万物的生命本体，是宇宙大生命的内质。但这种宇宙大生命并不是指个体的小生命的机械相加。如果以为无数个小生命会集而成的无止境的生命总体就是宇宙大生命，那恰恰就是误解了宇宙生命本体。从心灵出发，将生命融入道的大化流行，使人的生命与宇宙的大生命合为一体，使心灵之气与宇宙气化为一气。如此，心灵之神就会插上翅膀，“游乎于无人之野”，“游乎于四海之间”，“游乎于红尘之外”，“游乎于茫茫宇宙”。在无牵无碍的尽情遨游中，心灵就会忘却是非得失，生命就会由此焕发奇异的风采，奏响激越的华章。

宇宙生命既是源始生命，也是终极生命，艺术家“妙合化权”、“合于天造”，就是体现这宇宙生命。新儒家抉发了形上范畴的宇宙情调、生命意识，试图从大自然所呈现的生命精神气韵中领悟宇宙生命本体的真义，乃至与“道”冥合；从山水形象本身体验宇宙、自然、生命之道。这样，从过程到目的，欣赏自然之美与领悟宇宙奥妙得以彻底冥合。

其二，生命的情感本性。

新儒家所讲的宇宙大生命、宇宙生命本体，是属于宇宙自然与人的生命、人的情感共鸣和交流的统一体。也就是说，是天人合一、情景合一的统一的整体生命。

宗炳在《山水序》中谓山水是“质而有灵”。徐复观解释“灵”即是精神，即是艺术家所追求的清高玄远的意境。艺术家之所以爱山水、画山水，是因为在山水之形中发现了山水的清高玄远的精神，而这种精神，正可以作为他们人生的安息之地。事实上，山水的精神，是由作者自己的精神照耀而出，可谓自然的精神化。而在艺术性的精神中，必含有生活的感情在内。因此，也可以说这是自然的感情化。中国以山水为主的自然画，是建立于自然的感情化之上的。这是“见”的艺术，而同时成为“感”的艺术。绘画中，自然趋向精神的追求，同时体现自然向人生的迫近。由自然的“拟人化”，而使天地有情化。

中国人在与自然的接触中，饮之太和，寄其同情，往往产生一种物我同一之感。方东美认为，这并不是将主观的感受投射于外，如德国美学家立普斯所说的"移情作用"。立普斯的"移情说"只强调自主观移入客观,那只能称为主观主义,人的身与心之间的鸿沟仍在,主体与客体之间也会有隔阂。而中国艺术家与宇宙大生机浑然同体,以诗心、诗情点化世界之美,超乎自身之外,而与至美合一。唐君毅持相同的看法,认为我们欣赏春光明媚而生喜悦之情,欣赏午夜之星空而生肃穆之情,皆是非功利的、无私的。这种情感,要在现实的美的形象呈现而人们凝神其中的情形下才能产生。唐君毅所说的中国人圣佛般、春风化雨般对待自然的态度,强调的是人与自然之间的"和乐"关系,赞叹的是生生不息的自然生命力。人欣赏花卉、树木的姿态与色彩,在情感的引导下,人与自然山水间的距离缩短、消失,终于完全融入自然,成为大自然的和乐旋律的一部分。在这样的情况下,人们对大自然山水作为一种美的实体存在有了积极的体认,开始以把玩的心态观察、欣赏自然山水,呈现的是一种美感的情怀。

艺术作品由于表现了情感,创造出一个美感的艺术世界,故读者或观众能欣赏,凝神于其中,将情感客观化,达到与作者、作品之间的情感交流,从而获得一种审美享受和艺术共鸣。

其三,生命的生死本性。

人生在世,犹如白驹过隙。此种思想,在中国哲人、诗人中为数不少;"对酒当歌,人生几何"的追问也无处不在;"生年不满百,常怀千岁忧"的焦虑深埋于中华民族的心理中。个体生命是有限的存在,但有限的生命经过人的本质力量对象化,可以获得一种无限。钱穆认为,生老病死,亦是人体一生之化。由生到死,是生命历程。春夏秋冬四季似在变,但其背后,气象本体并不变。生老病死四态似在变,但其背后之生命本体并未变。人身只落在现象界,生命始是其本体。万物生长和死亡,都只是现象,只有天地大自然才是本体。

庄子曰:“人之生也,与忧俱生。”唐君毅认为这句话其实包含着无穷的慨叹。大千世界,人如蜉蝣,一切个体人生,由青年而壮年、中年、老年。一切人的死,同是孤独的死,世界照常运转。各人只能携带其绝对的孤独,各自走入寂寞的不可知的世界。对于这种个体人生,唐君毅不想多说什么。因为人生原是诞生于一个茫然的茫昧的天地间。生前之万古与死后之万世皆不可知,其构成人生寂寞苍茫的氛围。而我们有限的人生,就是在这氛围中凸现出来。人生如在雾中行,只有眼前的一片才是看得见的,远望是茫茫大雾。人生如在山巅立,只能听见自己的呼吸,四周是寂静无声。人生是“无穷的生前死后的不可知的虚无”之上的一点“存在”。至于何以在这无穷的虚无之上出现这一点存在,唐君毅把它归结为人生之谜。事实上,诗人常常站在这个存在的边沿,直面这种神秘而叹息。

从生命哲学和存在哲学的角度,唐君毅展开了对生命存在的体会。但唐氏不是人生悲观主义者,在他看来,当我们有此最深的人生悲剧感时,我们才能真正体味到人生的真实感情,了解到人生最严肃的意义。人在另一方面,则能知此有限,心灵超越此种有限。上天下地,往古来今,同为我的心怀所涵,人的心怀本来就有无限大的心量。“人果能随处自证此心量之无限,以观其现实之生命之存在中之有限,亦观他人之现实之生命存在中有限,乃使有限者,皆各成其限,仁也;使有限者相限,而各得其限,义也;使有限者互尊其限,礼也;知有限者之必有其限,智也。而我之此仁义礼智之心,则意在曲成天下之有限,亦即自成其为无限。又我有此仁义礼智之心,人亦有之,充极其量,则又皆同其无限,更无互相之节限之可言;而以我之此心通人之此心,即仁也;谓人我同具此心,即义也;以我之此心,自敬,而敬人之此心,礼也;知人我皆有此心更不复疑,智也。我有此心,人有此心,而同其无限量,以相摄相涵,而此心之广居，在人我之中，亦在人我之上，而人我皆天之所生；则此心亦天之所予，天与人此心，而人再奉献之于天地，不私之为人之所有，则人皆得自见其心之即天心矣。知其心之即天心，以还顾其有限之生命存在，则其有限生命之存在，皆依此无限量之即己心即天心，以生以成，而为其昭露流行之地，则有限者接无限者之所贯彻，而非复有限，以浑融为一矣。”①很显然，唐君毅一方面疏解了人的生命存在的有限性的真实烦恼，另一方面确证了人的心量可以导向一种无限的生命理想之境。其生命美学洋溢着一种“寓乐于悲”的理想主义的超越之激情。

宇宙生命是世间万美的原美，世间万美都是宇宙生命的体现，故谓“天地有大美而不言”。关于这一层，方东美解释说，天地之大美即在普遍生命的流行变化，创造不息。我们若要原天地之美，就得协和宇宙，参赞化育，深深体会天人合一之道，人与世界相浃俱化，以显露同样的创造，宣泄同样的生香活意。换句话说，天地之美寄于生命，在于盎然生意与灿然活力；生命之美表现为创造，而美的创造更彰显了人的生命的本质力量。

二、生命与诗艺

“生生”美学的基本范畴是生命，生命总要栖居在世界中，因而与生命范畴对应的必然是世界范畴。艺术生命的建构受制于建构者对生命和世界的理解。新儒家探入诗艺的生命底蕴，认为艺术都是从体贴生命之伟大处得来的，而这正是中国所有艺术形式的基本原理。

人类自诞生以来，俯观仰察，静摄万象，穷天地之象以言万物

① 唐君毅：《人生之体验续编》，广西师范大学出版社 2005 年版，第 162 页。

之奇，通古今之变以明事功之故，立人道之极以证性命之理。表现在艺术创作方面，文艺家抒情则出之以美趣，赋物则披之以幽香，言事则造之以奇境，寄意则宅之以妙机。方东美说："宇宙，心之鉴也，生命，情之府也，鉴能照映，府贵藏收，托心身于宇宙，寓美感与人生，猗欤盛哉。"①在生命与诗艺的结合上，方东美列举了古代一首歌咏兰花生命风姿的诗："兰生幽谷中，倒影还自照。无人作妍媛，春风发微笑。"方东美赞赏这首诗阐明了生命的神采和艺术的幽境。宇宙之清幽自然，生命之空灵芳洁，意境之玄秘神奇，情绪之圆融纯朴，都为此诗所道破，了无遗蕴。令人有"流情散芳芷"、"空香为我盈"之妙。由此可见，反映生命的神韵的诗篇，能使人心旷神怡，悦心妍虑。

艺术家总是用全部的心灵去感觉世界和生命，用全部的感觉去体验世界和生命。在这个问题上，我们可以借助海德格尔的一段人所熟知的话语来参照说明。海德格尔认为，当作品成为世界的呈现时，它就不再是一般的物品，而就具有艺术价值。审美对象的价值就是它的情感特质，即它的表现性，也就是对象的深度，一种使自身主体化的属性。这时它像一个主体一样具有召唤性，充满活力，并让我们感到它像是一贯自为，从它的存在深处散发出来的魅力令人陶醉。海德格尔举的著名的例子，是梵高的农鞋画。画面上，这是一双普普通通的鞋，无法辨认出究竟是放在什么地方，只有一个不确定的空间，鞋子上甚至连田野里的泥土也没有粘带一点。总之，看不到农鞋的有用性。但是，它却揭示了农鞋这一器具的真实存在，使我们知道了农妇的农鞋究竟是什么。那么，人们能从梵高的这幅画上看到什么呢？海德格尔对此作了生动的描

① 方东美：《生命情调与美感》，载《中国现代学术经典——方东美卷》，河北教育出版社 1996 年版，第 210 页。

述:"从农鞋露出内里的那黑洞中,突现出劳动步履的艰辛。那硬邦邦、沉甸甸的农鞋里,凝聚着她在寒风料峭中缓慢穿行在一望无际永远单调的田垄上的坚韧。鞋面上粘着湿润而肥沃的泥土,鞋底下有伴着夜幕降临时田野小径孤漠的踽踽而行。在这农鞋里,回响着大地无声的召唤,成熟的谷物对她的宁静馈赠,以及在冬野的休闲荒漠中令她无法阐释的无可奈何。通过这器具牵引出为了面包的稳固而无怨无艾的焦虑,以及那再次战胜了贫困的无言的喜悦,分娩时阵痛的颤抖和死亡逼近的战栗。这器具归属大地,并在农妇的世界里得到保存。正是在这种保存的归属关系中,器具自身才得以居于自身之中。"①审美视域中的整体性不仅展开于审美对象,而且也体现在物我之间。按其实质的意义,审美观照所指向的对象不同于本然的存在,作为审美主体和对象交互作用的产物,它已与主体的存在融合为一。海德格尔从这幅画上看到了农妇的世界,农妇那充满劳作、焦虑、辛酸和喜悦的生活和命运。通过梵高的这幅画,器具之存在才第一次真正露出了真相。农鞋这一存在者在它的存在的无遮蔽上凸现了出来。存在者的无遮蔽即是真理。因此,真理是存在的真理。美不出现在真理之外,当真理自行置入作品时,美就出现。作为把握存在的方式,审美活动在表现主体理想的同时,也展开了存在的图景。正是在这个意义上,牟宗三以为"能表现'天地之美,神明之容'的生命才是艺术家"②。

农鞋为何吸引人?无非显现了鲜活的生命存在迹象。同样,王维的两句诗"雨中山果落,灯下草虫鸣",也得到了钱穆的欣赏。

---

① 海德格尔:《艺术作品的本源》,载《林中路》,上海译文出版社 2004 年版,第 18 页。

② 牟宗三:《美的感受》,载《牟宗三先生全集》(第 27 卷),台湾联经出版公司 2005 年版,第 205 页。

他称赞王维的诗歌“诗中有画”，认为诗句中的“落”和“鸣”用得好，在这两字中透露出天地自然界的生命气息。钱穆设身处地，深切地体味道：“大概是秋天吧，这声音和景物都跑进到这屋里人的视听感觉中。那坐在屋里的这个人，他这时顿感到此生命，而同时又感到此凄凉。生命表现在山果草虫身上，凄凉则是在夜静的雨声中。我们请问当时作诗的人，他碰到那种境界，他心上感觉到些什么呢？我们如此一想，就懂得‘不著一字，尽得风流’这八个字的涵义了。正因为他所感觉的没讲出来，这是一种意境。而妙在他不讲，他只把这一外境放在前边给你看，好让读者自己去领略。”①王维诗歌之妙，在钱穆看来，妙在他对宇宙人生抱有一番看法，通过艺术境界提示出来；而在这境界背后，自有无限深意，需要读者去体悟。王维的作品，具有道家韵味的悠然澹远的至境，给人以一种“最高灵境的启示”。尽管钱穆和海德格尔处在不同的文化境域，对于人的存在境界的深化方向有不同的确认，但他们对宇宙大生命的尊崇是共同的，对反映宇宙人生真谛的文艺杰作的欣赏是相通的。

生命与诗意，构成一种“互在关系”。所谓“互在关系”，就是主体和对象在某种关联中实现了各自的存在性，两者彼此唤出存在的深度，并且相互寓居。一个具有本源意义的生活世界并不是作为“外部”的环境环绕着我们，因而也不是作为等待认识的客体被我们所观察。新儒家知道人类生活在共同的宇宙中，客观世界作为属人的存在，是一个与我具有“互在关系”的世界（生活世界），也是一个与作家自己从而也一样与读者具有这种“互在关系”的世界。就艺术创作而言，艺术家和宇宙自然本来是交融统一、同体共化的。“天地与我并生，万物与我为一”（《庄子·齐物论》），人与自然不是对立关系，而是主客同构、心物共振、和谐统一的生命共

① 钱穆:《谈诗》，载《中国文学论丛》，三联书店2002年版，第113页。

感关系。这种宇宙生命的本真状态就是天地境界，就是天地之大美。就审美创造而言，伟大的作品总能透彻到人类的最深之“生”。接受者将在这一深度中完成一次新的生命旅程。在作品获得“存在”时，接受者也同样有了他的“存在性”，即像对象一样表现出深度：“深度之所以常常含有某种奇异性，那是因为它只有使我们离开原有的生活环境，摆脱构成表面的我的那些习惯，把我们放置在一个要求新目光的新世界面前才是深度。”①接受者涵容玩索于作品呈示的新世界之中，逐渐走出现实中平庸的生存状态和近乎麻木的感觉，超越了原来的自我，不断地提升对人的存在特征的理解，以至于能洞察到平常所无法达到的存在深度，领悟到通常被经验所忽视的存在意义。他以新的姿态投入正不断地显示着深度的审美世界之中，体验那种与物相洽俱化的自由。中国的审美体验，无论是艺术创作，还是艺术接受，倾向于一种无物无我、陶然忘机的境界，在物我双遗的美感体验中达到对世情的超越。这是一种主客体双向建构的生命过程。

与西方生命美学不同，中国的生命美学所注重的，不是生命的个体性，而是超个体的宇宙大生命。这种宇宙大生命美学具有广泛生命特性、广泛道德特性、经验体验性的特点。梁漱溟指出：“生命本性要通不要隔，事实上本来亦一切浑然一体而非二。吾人生命直与宇宙同体，空间时间俱无限。古人‘天地万物一体’之观念，盖本于其亲切体认及此而来。此必从张目四望之散乱意识收敛、潜默、凝合到生命本身，亦即从有所待转入无所待方得。”②新儒家生命美学的自然意识与人伦意识是紧密融合在一起的。与西方的“移情说”不同，中国艺术家推崇“天人合一”的审美意境，主张将自

---

① 杜夫海纳：《审美经验现象学》，文化艺术出版社1996年版，第448页。
② 《梁漱溟全集》（第3卷），山东人民出版社1990年版，第572页。

己的整个身心都投向自然，化入自然，因为人是天之子、自然之子，人需要欣然地参与宇宙自然的大循环，体悟其中生生化化的真意。在人与人、人与物、人与自我、人与宇宙的四重生命关系中，完整把握艺术境界。

总之，新儒家的生生美学强调生命存在、德性生存与艺术生成之间的内在关系。这种生命美学体系，致力宇宙生命、自然生命与德性生命、文化生命的谐调，个体生命与群体生命的协调，感性生命、理性生命与悟性生命诸生命活动形态的共鸣。这种"生化论"的生命美学体系，既追踪了生命的普遍性与创生性，又彰显了生命的合德性与灵动性。这种中国式的生命美学，昭示了一种人类生命原创的过程，一种东方文化和审美机制的创建，一种东方"大生命模式和系统"美学的形成。

三、生态美学观

近 20 年来，随着生态运动的高涨，生态伦理学与生态文艺学应运而生。回首打量新儒家的学说，我们竟然也能发现其中包含的生态伦理学与生态文艺学的思想成分。揭陈这些内容，不是往新儒家脸上贴金，而是不放过学术大师们所作的每一点有价值的思想贡献。

一些当代学者指出，现代科学所描述的自然界，实际上乃是"乏味的、无声无臭、无感觉、无色彩的；自然只是物质无休无止和毫无意义的骚动"①。这样的自然，已经失去了所有使人类精神可以感受到亲情的任何特性和可以遵循的任何规范。处在这样的自然之中，人就像一个吉普赛人，流浪生活在一个异化世界的边缘。现代全球性的生态危机已经不是危言耸听，而是已对世界造成了

① 格里芬编：《后现代科学》，中央编译出版社 1999 年版，第 126 页。

威胁的事实。

中国传统的“天人合一”思想以及“生生之德”的哲学，被现代新儒家用来当做拯救生态危机的金玉良言和药石之方。新儒家高扬中国传统文化中“自然与人文一体化”的世界观，张扬“天人合一”的儒家学说。新儒家认为，近代欧洲学者制造人与自然的对峙。完整的宇宙被劈成两橛，一方面是物质及其初性，另一方面则是心灵及其次性，陷入了一种人性被贬抑、机趣被斫丧的困境。“中国文化是妙性文化，贵在絜幻归真，人与自然彼此相因，流衍互润，蔚成同情交感之中道。”①方东美认为，个人、他人、万物三者，在思想、情分及行为上，都可以成就相似的价值尊严。我们以平等的心情待人接物，自不难与天地并生，与万物为一，共证创造生命的神奇。我们珍惜自己的生命，也当尊重别人的生命，同时更应维护万物的生存。方东美提倡以一种“民胞物与”的态度，建立一种和而不同、共生共荣的生态系统。人类必须秉持人性尺度、大地尺度、价值尺度、历史尺度，并且通过这些尺度，使生命的个体和群体相互理解，融为一体。

归根复命，亲和自然。梁漱溟说：“人生是天地万物浑圆一体流通变化而不隔的。人要时时体现此通而不隔的一体性而莫自私自小，方为人生大道。吾人生命之变化流通主要在情感上。然逐求外物，计算得失，智力用事，情感却被排抑。自财产私有以来，人的欲念日繁，执着于物，随在多有留滞，失其自然活泼；同时，又使人与人的情感多有疏离，失其自然亲和。怎么办呢？礼乐之为用，即在使人从倾注外物回到自家情感上来，归复了生命重心，纳入生活正轨。”②钱

---

① 方东美：《中国人的智慧》，载《中国现代学术经典——方东美卷》，河北教育出版社 1996 年版，第 366 页。

② 《梁漱溟全集》（第 3 卷），山东人民出版社 1990 年版，第 744 页。

穆认为，乡村是代表着自然、孤独与安定的，而城市则是代表着文化、大群与活动。乡村中人无不羡慕城市，乡村也无不逐渐地要城市化。人生无不想摆脱自然，创建文化，无不想把自己的孤独投进大群，无不想在安定中寻求活动。但这里有一限度，正如树木无不想从根向上长，水无不想从源向前流。但若拔了根，倾了源，则枝亦萎了，流亦竭了。没有自然，哪来文化？人生活在围城中，城市太与自然隔绝了。长年在城市居住的人，他们的心力体力也不免会逐渐衰颓。人在大群中，易受感染模仿，学时髦，却湮没个性。人们疲于奔命，神情疲惫，企图向外面寻求刺激，乃至于神经过敏，心理失常。种种文化病，皆由违离自然而起。如何达到人与自然之间的生态平衡与和谐呢？科学落后的民族努力学习科学，建设新都市，形成庞大的生活群体。城市人调整科学发展过度的种种毛病，改善僵化了的城市、僵化了的群体生活，回过头来重视自然环境。人生活在新的自然天地中，能日新又新，不仅人文自然化，而且自然亦走向人文化。

裁成天地，辅相万物。熊十力说："自然虽为无穷无尽之大宝藏，然自然界之万物不是为吾人而生，吾人却资万物以遂其生。人之资取于自然也，时有不获满足其欲求之患。自然之发展本未尝为人谋，人固取给于自然，而自然不必供人之求，甚至予吾人以危害者尤不可胜言，故吾人与自然之间确有巨大矛盾存在。然则化除矛盾，为吾人不容放弃之权责，固已甚明而无待论矣。矛盾如何化除？则在吾人对于大自然，尽裁成之道，有辅相之宜而已耳。自然不曾留意于吾人，吾人要不得不关心自然。"①刘述先提出要在一种现代的方式之下重新阐发传统中国哲学的"生生和谐"的宗旨，

---

①《中国现代学术经典——熊十力卷》，河北教育出版社1996年版，第262页。

要重新把人类放回到自然之内,重建彼此之间和谐的关系,找到一个精神故乡,人类要发挥集体的创造力来解决我们在现代面临的问题。这决不是以浪漫的眼光缅怀往古,回返道家式的自然境界,而是提醒人类要深谋远虑,克服环境生态的危机。

新儒家确信中华民族之灵魂首先是把握生命,注重调护生命,安顿生命,追求生命的内润与外美。牟宗三担忧,现代科技社会把启发人灵感的自然环境破坏了,人类今后有没有以前那样的文化很难说。方东美清醒地意识到,人们在注重生命享受的同时,也不能忽视所生存的外部自然环境。人脱离了外在世界的凭借,就寸步难行。"如果对这些没有认识,那不但是生存不可能,我们甚至做梦都不成,以前庄子梦为蝴蝶,'栩栩然胡蝶也'。假如在梦中没有一个梦境世界,再假如那梦境世界没有美丽的花园,可爱的草地,以及满园的花香春意,庄子即使梦为蝴蝶,又怎能栩栩然陶醉其中?一言以蔽之,宇宙就是人类借以生存的环境,而宇宙论则是对这生存环境所下的合理解释。"①方东美惦念伟大思想家庄子作品中的美丽蝴蝶。那一只与生命融为一体的自由自在的蝴蝶,还能在今日的阳光下、绿树花丛中翩翩飞舞吗?但愿那只美丽神奇的蝴蝶不至于消失在遥远的时光隧道,而仍然存活在当今文学家的眼前和心灵的底片上。在一个缺少诗意的时代,一个越来越世俗化的时代,一个为科技理性所统治的时代,人类更需要一种艺术的神圣梦想,更需要一个给人以情感力和想象力的自然美境。

山水精神,天人合一。冯友兰说:"天地境界中的人,自同于大化,自同于大全,感觉到自己是上包万古,下揽方来。在无限的空

① 方东美:《中国人的人生观》,载《方东美集》,群言出版社 1993 年版,第 173 页。

间时间中，万象森然，他均在精神上与其感通。”①徐复观说：“人的精神，固然要凭山水的精神而得到超越。但中国文化的特性，在超越时，亦非一往而不复返；在超越的同时，即是当下的安顿，当下安顿于山水自然之中。不过，并非任何山水，皆可安顿住人生；必山水自身，现示有一可安顿的形相，此种形相，对人是有情的，于是人即以自己之情应之，而使山水与人生，成为两情相洽的境界；则超越后的人生，乃超越了世俗，却在自然中开辟出了一个更大更广的有情世界。人与自然两情相洽之处，乃选择加以重新创造的标准。”②人与自然的和谐，既是文明人性的重要特征，又是完美人性的重要条件。

和谐境界是在自然的环境中得以形成和升华的。贺麟把自然分为外自然与内自然。所谓外自然，即人生之外有自然。所谓内自然，即人生之内也有自然。人生之外的自然，就是具体美化的大自然。人生之内的自然，就一般层面说，是指人类的情感、欲望、本能等等；就根本意义来说，就是指人类的本性或本质。遵循内外自然的本性，即遵循内外宇宙的本性。这使我们归真返璞，胸怀洒脱开朗，不致执着小我，又能实现真我。

人生与自然往往说成是主体与对象的关系。从人类历史看，贺麟认为，这种主客关系的逻辑大约可以分成三个阶段。在第一阶段里，主客是混一的。在此阶段里，自然与人生是混沌不分的，自然界的事物同人生的现象漫无区别。人类不是自然的主宰，也不能够支配自然、观赏自然。人类的个性均埋没在外界的自然中，没有自我意识的存在。在这种情形下，主不成主，客不成客，主客

① 冯友兰：《三松堂全集》（第 4 卷），河南人民出版社 2001 年版，第 623 页。

② 徐复观：《中国艺术精神》，春风文艺出版社 1987 年版，第 297 页。

混一,无知无识。在第二阶段里,主客是分离的。自然和人生,彼此隔膜,自然是外在的、冥顽的、物质的,人生是内在的、灵明的、精神的。这是代表中古时期的观点。自然与人生由隔膜发展成为敌对,自然是人生的敌对,不是人生征服自然,就是自然征服人生。在某种意义之下,人生与自然对立,是人类文明发展上的一大进步。人生是主动的,自然是被动的。人要替自己创造出一个努力征服的对象,以求自身的发展,构成人的精神主体的特点。到了第三阶段,主客是合一的。合一与混一不同,混一是漫无分别埋没自我,合一是分中有合。自然成为精神化的自然,人生成为自然化的人生。自然建筑在人生上,人生包蕴在自然里。人成为最能了解自然的知己,人成为最能发挥自然义蕴的代言人。近代思想家所谓回到自然,就是要回到精神化、人文化的自然,并不是要埋没自我,消灭人生,沉没于盲目的外界。乃是将自然内在化,是自然在灵魂内大放光明。这种自然与人生合一的关系,既不是自然与人生混一不分,也不是自然与人生对立而无法调解。这种合一,可以说是人类对于自然的精神征服,以别于物质的征服,也可以说是人类的精神将自然提高升华后所达到的境界。① 贺麟勾勒出一个人类生态哲学思想运衍的历程。他所希冀的是人生与自然合一的生态美学之境。

值得一提的是,方东美是中国现代最早注意到国外生态美学思想的学者之一。20 世纪 30 年代,他阅读过奥佗(Otto)的《自然律与人类希望》一书,在自著的《科学的哲学和人生》中,方东美摘译了首章的几段话,例如:“我们静观世界,虽有日月,山林,人物之别,然而有所谓一,统摄万象。自其同者观之,万物实合冶于一炉;飞禽,走兽,花草,诗歌,形色,时空,言行之属,虽有蕃衍立异,终必

① 贺麟:《文化与人生》,商务印书馆 1988 年版,第 122 ~ 123 页。

归于一体。"方氏赞赏作者所体现出来的"对境的认识"。

在那时,方东美阅读过赫德逊(Hudson)的《汉普郡岁月》和《绿色大厦》等著作,欣赏其中的生态思想,例如:"一切的蓝天、棕土、草原、树木、野兽、风雨、星辰,在我都永远不会感到陌生,因为我生在其中,属于其中,与其同在;我的骨肉与土地合一,心血与阳光合一,热情也与风雨合一。"在赫德逊看来,最高的美来自个人对森林、河流、湖泊、山峦、晨雾、朝霞的灵感和体验的升华,美好的生活是通过对自然和人性美的敏锐感受达到的。方东美认为赫德逊的自然观与中国艺术中的自然观相类似,但赫德逊的自然观是知其然,而中国艺术家能知其所以然,因为中国文化的基质奠定了中国艺术的自然观的天人合一的精神。赫德逊坚称自然中有"灵韵"(Rima),为"灵韵"在现代的失落而惆怅。方东美解释说,所谓 Rima——可爱的、柔情的、灵敏的精神,弥漫整个自然,若用中国美学的术语来说,就是我前面所说的生动的气韵。它浩荡充周,圣洁灵活;它象征了人类灵魂的渴望,企盼在生命中达到完满的爱和美,所以它足以化为陶然天趣,永恒地流注于一切万有之中。总之,"人与自然在精神上是不可分的,因为他们两者同享生命无穷的喜悦与美妙。自然是人类不朽的经典,人类则是自然壮美的文字。两者的关系既浓郁又亲切,所以自然为人类展示其神奇奥妙,以生生不息的大化元气贯注人间,而人类则浸馈感应,继承不绝,报以绵绵不尽的生命劲气,据以开创雄浑瑰伟的气象。"①

新儒家的第三代学者接应时代的吁求,也开始发掘中国传统文化中的生态哲学。为了避免人类中心主义所可能导致的生态危机,他们开始反省与思考。成中英探讨了儒家哲学中的宇宙学、生

① 方东美:《中国人的艺术理想》,载《方东美全集》(第 1 卷),台湾黎明文化事业公司 2005 年版,第 303 页。

态学与伦理学三位一体的架构，强调只有透过宇宙学、生态学与伦理学的智慧整合，我们才能实践及完成人类作为天地合一的生命价值。杜维明重新挖掘儒家倡导的人类与宇宙相统一即天人合一的观念，厘定儒家所倡导的思想是一种整体的、非人类中心论的、一视同仁的、环境保护的世界观。对于新儒家而言，最紧迫的问题是强调与自然和谐的精神层面。杜维明把这一现象称作“新儒家人文主义的生态转向”。

自然的人化，一定不要背离自然之理。人类审美理想的实现，同时也是一个“原天地之美而达万物之理”的过程。一种生态的关注是对现代主义进程的必要校正。新儒家强调生命本真，思慕家园，回复到与万物合一的整体。这决不是要提倡回到自然，反对文明，决不是要回到主客关系以前的原始状态，而是追寻诗意栖居之地、人生的纯净家园，因为人类回到自然的自然，是指具体的、有机的、美化的神圣的生命自然。这个意义的自然可以发人兴会、欣人耳目、启人心智、慰人灵魂，是与人类精神相通的。这是有生命、有灵魂的自然。“人生需要自然来作育，人生需要自然供给力量。自然是人生的‘净化教育’。”①生态学的首要法则是万物互相关联，和谐共存。唐君毅说：“人需要在自然界中过其艺术性、审美性的生活，能欣赏自然界的美，在自己生活中与自然界有一种默默的感通，才会觉得自己真正存在于自然界。”②唐君毅非常羡慕古代诗人那种与自然本源的接近，那种向着自然生命的皈依。圣贤暎于绝代，万趣融其神思。他认为这是一种生命和精神的自由境界。而文学艺术的价值，就在于总持灵性，吐纳幽情，给人类呈现一个充

① 贺麟：《文化与人生》，商务印书馆 1988 年版，第 116 页。

② 唐君毅：《人的存在问题与中国文化》，载《中华人文与当今世界补编》，广西师范大学出版社 2005 年版，第 847 页。

沛的生命神韵和情感时空，给我们这个日益失去神秘魅力的世界传递一种博大精深的灵性和悟性。

确实，新儒家在生态美学方面发表了许多真知灼见。新儒家欣赏和赞美一切自然物，希冀绿野神州之中国生生相续，新新不已。他们要徜徉在大自然中，与大自然同呼吸，共命运。我们还是领略一下唐君毅在1943年出版的《人生之体验》中的深情抒怀吧："我的生命，是日光下的飞鸟，是月夜的游鱼；我的生命，是青青的芳草，是茂茂的长林；我的生命，以日月为目而照临世界，照见我在长空中飞翔，在清波中游泳；我所生活之所在，即我之所在。"唐君毅倾心于物我一体的生命意象，迷恋于情景交融的诗意栖居。因为美是同生命联系在一起的，美感就是生命自由的快感。如此看来，新儒家的生态美学思想对我们当代的生态文明建设具有重要意义。

第四章 诗意之美——现代新儒家美学的体悟

文学艺术是一个民族情感和智慧的标志。华夏民族具有自己的审美观照方式,构成别具一格的东方审美精神现象学——感悟美学。中国艺术精神的深层文化—心理结构作为社会文化和历史过程的积淀物,在历史的嬗变中得到个体和社会合力的雕琢,呈现出独特的结构类型风貌。了解这种深层文化—心理结构的独特性,不仅有助于对中国艺术精神的把握,也有助于理解中国独特的审美观念和审美倾向。新儒家在探寻中国哲学思想内核的同时,发掘中国艺术的审美奥妙,即中国人的审美思维、审美特征以及审美格局和幽情美趣。

第一节 悟觉思维

一个民族的特殊品格,乃是由其文化所塑造的。而一个民族文化的特殊品格,则与思维方式的特性直接相关。新儒家认为,与西方的“方以智”文化品格不同,中国文化品格属于“圆而神”,充满感悟性。中国传统思想,不论是儒家的“天”、“理”、“气”,还是道家的“道”、佛家的“禅”,都不能用语言概念来确指和表现,也不能靠纯粹理性思辨来把握,而只能靠主体依其价值取向在经验范围内体悟。所以中国美学话语,重比喻式的人物品藻,重神思和风骨,而不作理性分析。在诗学表达策略上,重意境、境界和神韵,不作具体范畴和概念区分，念念不忘“得鱼忘筌”、“得意忘象”，由“言不尽意”进而追求“言外之意”。中国传统艺术往往追求蕴藉，讲究含蓄，其中深藏的意蕴不是一眼便能把握的，只有反复咀嚼、品赏，才能悟出。

一、感悟哲学

感悟哲学在中国渊源久远，有着深厚的文化土壤，并且一脉相传，绵延不绝。《易经》开中国感应哲学之先河。《易经》中的拟象理论及其基本原则是中华民族“通神明之德，类万物之情”思维的源头。“圣人立象以尽意，设卦以尽情伪，系辞焉以尽其言”（《易经·系辞上》）。从物象（静态）到“人像”，是一种深刻的取象、立象、映象理论原则建构。言欲尽意，必须通过一个中间环节“立象”。在中国哲学史上，由“言—象—意”三者展开的世界，是一个充满情趣意蕴的大千世界。它拓展于庄子的“得意忘言”说，规范于王弼的“得象忘言、得意忘象”说，以后便成为中国诗歌“象外之象”、“弦外之音”、“言有尽而意无穷”等的创作原则。因此，感应的观念是中国哲学乃至整个中国文化的一个大课题。感应所牵动的问题领域，不只是人对天的信念依赖、人与天的交流和沟通，还应该涉及包括意象、类比、隐喻、感通、想象等方式在内的人的思维。而这就与后来重视并崇尚理性逻辑的西方哲学思维传统形成了鲜明的比照。理性逻辑是西方哲学的起点，也是希腊精神的核心。自苏格拉底的“美德即知识”、柏拉图的“理念论”出现之后，理性在整个西方哲学中几乎一直占着垄断统治的地位。经中世纪和近代的发展、完善，最终形成所谓“理性逻各斯主义”。理性的一个最为显著的特点就是：以范畴、概念、判断为基点，以逻辑、演绎、推理为方法，以确定性、清晰性和统一性为目的。但是，中国的哲学和中国的思想在主导方面，却与西方有着明显的不同。中国人思维的主要倾向，在于少用甚至不用逻辑、演绎、推理的方法，甚至连确切的范畴、概念、判断都找不来，更谈不上思维过程与最终结果的确定性、清晰性和统一性了。所以，唐君毅称西方哲学特性是"我思故我在"，中国哲学特性是"我感故我在"。

一定的宇宙观和哲学观总是体现了一定的社会群体或民族的运思方式。在大多数情形下，宇宙观和哲学观对文化的规定和影响往往是通过"集体无意识"或"集体潜意识"的隐而不宣的方式而发生作用的。蒙培元《中国传统哲学思维方式》一书，把中国传统的思维方式集中表述为五种类型：主体思维、辩证思维、整体思维、意象思维和直觉思维。当然还有一些具体思维可能跨越这几种思维类型，不过总体而言，这大致可以说明中国思维的特点。中国人的思维不是逻辑型的，而毋宁说是一种意象型的，或可称之为"意象思维"。这种意象思维在本质上是一种直觉思维，它讲求在具体、当下的实际情境中由象及意，由现象直达本体。因此，思维与对象、人与物、主观与客观、知性与感性、存在与本真之间实现了有效的、真正的统一。"这种意象思维以一定的性情为发生基础，非常重视通过心理情感去挖掘对象的意义存在，探究出特定境遇下的感受和体验，而达到思维主体与对象的拟人化衔接。因此，它在性质上也算是一种感应思维。"①中国哲人在建构其思想体系时，多是比喻式、体验式的，归趣"境界"——有情有景、虚实结合的一种精神状态，而非纯逻辑范畴。他们对最高境界追求的方法，主要不是论证、分析、推导，而是洞见、感悟和体味。

"悟"作为中国古代哲学和美学中的一个重要范畴，熊十力

① 余治平：《中国的气质——发现活的哲学传统》，中国社会科学出版社 2003 年版，第 128 页。

称之为“从实践中彻悟真理”的“冥悟证会”方式。在漫长的历史发展中,它融通了儒、道、玄、佛的格物致知、涤除玄览、澄怀观道、妙悟圆觉的理论。这里试把这种传统哲学、美学和心理学中的“悟”当做一种思维方式提出来讨论。这种思维方式,是否能在形象思维与抽象思维之外独立存在,抑或仅为一种思维状态,尚可讨论。蒲震元认为,中国传统思维中的“悟”,是一种具有东方特色的创造性直觉思维方式。它具有三个特征:一是“悟”原是一种“物格知至”、“体验有得”的创造性心理活动;二是悟觉思维是一种象为基础、情为中介、理趣为归宿的思维;三是悟觉思维包括妙悟乃至顿悟,其产生的基础是“渐修”,它具有超越一般经验的深层感悟特征,但这些都是思维主体在平时不断加深对物态、物情、物理的体验认同的基础上获得的。因此,中国传统的悟觉思维理论,不同于抽象思维,而是一种在感物兴怀中达到神超理得的方式,一种在澄怀味象的同时进行澄怀观道的方式,一种融潜显思维为一炉、包涵感性直觉与理性直觉并以妙悟为最佳形态的思维方式。① 而这种被熊十力称为“冥悟证会”的创造性直觉思维方式与思维状态,对中国传统艺术特别是艺术意境的创造,无疑是十分重要的。

中国人的悟觉思维反映出矛盾的特性。一方面,我们想看清事物的真实面目,想探索诗艺生命的神秘之处;另一方面,我们又想让神秘的东西保持神秘。我们渴望获得确切的知识,但同时我们又陶醉在想象、味觉和魔力之中。李泽厚说:“中国思维之特征与‘诗’有关。它之不重逻辑推论,不重演绎、归纳,不重文法句法(语言),而重直观联想、类比关系……此种类比既有情感因

---

① 蒲震元:《中国艺术意境论》,北京大学出版社 1995 年版,第 200 ~ 205 页。

素,又有经验因素,故无固定秩序,而呈模糊多义状态;非线性相联,乃网状交叉,如云从龙风从虎之类;固非纯理性,乃美学方式。"①刘士林认为,中国诗性智慧与西方理性思维完全不同。在时间意识上,它是一种自由的时间直觉;在空间意识上,它是一种生命化了的空间直觉。正是以这种时空直觉为起点,中国文化最终发展成为一种与西方物质文明截然不同的诗性文化。在这种文化中,从自然的角度讲,它生成的是"天地与我并生,万物与我为一"的天人氤氲境界;而从人类的角度讲,它则是一种"大乐与天地同和,大礼与天地同节"的生命节奏。② 悟觉思维达于意境深层结构中的道之认同境层,实际上即进入了对大宇宙生命本体和万物生成的运动规律的体认。

在中国文化中,具象隐喻的思维一直有着深远的影响,甚至成为民族的类本能。客体生命化,不仅仅是一种物我平等观,它更是以此为基础的渴望自我生命与自然宇宙生命交流的表现。"象思维的优越性表现在:具有与对象直接关联的直观的生动性;它在表象中能够显示对象在动态中的整体性;它借助联想力,具有从一点把握整体的全息性。相反,概念思维虽然具有把握对象内在本质的抽象性,并且能够借助概念体系对事物的内在本质做出明确规定和表述等优点,但这是以扬弃象思维的直观生动性、具有动态的整体性和全息性为前提的。"③意象思维把本体与现象笼统地裹在一起,并不强调"知",但却承认可以"感"。人心达到本体的路径只有一条,那就是感通。如此,"味"思维、味美学出现。"感",已经超

---

① 李泽厚:《论语今读》,安徽文艺出版社 1998 年版,第 204 页。

② 刘士林:《中国诗性文化》,海南出版社 2006 年版,第 52 页。

③ 王树人、喻柏林:《传统智慧再发现》(上卷),作家出版社 1997 年版,第63 页。

越了时空的基本特性,"感"是无限制的,可以通天下,纵古今。所以,"感而通"就具有一种神妙玄奥的特征,它既似于本如真体之境界,又几近心灵世界的愉悦意会。

而感悟哲学的盛行,又与中国人的"天人合一"观有关。钱穆曾把"天人合一"当做中国文化区别于西方文化的最大的亮点。"天人合一"使中国传统文学创作和理论批评具有诗意栖居的质素,带上明显的交感论色彩。汪涌豪在《范畴论》一书中说:"倘再细究这种'天人合一'、'主客合一'的表现形式,以及其衍生形态,可以看到,传统文学理论批评在情景交融中更重情,心物契合中更重心,虚实相须中更重虚。有无相生中更重无,形神兼备中自然更重神,显隐交至中也更重隐。"①也正因如此,中国古代文论中的"气"、"神"、"韵"、"境"、"味"、"意象"、"意境"、"神思"、"情采"、"风骨"、"比兴"、"妙悟"、"夸饰"、"隐秀"、"活法"、"涵泳"、"气韵生动"、"形神兼备"、"虚实相生"、"韵外之致"、"弦外之音"、"景外之景"、"物我交融"、"独抒性灵"等等一整套的范畴,与中国民族思维相匹配。它们是民族思维在文艺领域中的果实。

新儒家以毕生的理论实践证明中国哲学具有其固有的特征,中国哲学拥有自成一格的体系。他们在对"正""负"体系的论述中确认了中国哲学的独特性以及中西哲学的互补之道。

冯友兰在《新知言》中认为西方哲学长于分析(形而上的"正的方法"),而中国传统哲学则长于直觉(形而上的"负的方法"),未来健全的哲学方法是两者的结合。关于中国哲学体系问题,冯友兰认为中国哲学家的哲学形式上的系统虽不如西洋哲学家,但实质上的系统同样具有。学者讲解中国哲学史,就是要在形式上无系统的哲学中找出其实质的系统。后来,在《中国哲学简史》中,冯

---

① 汪涌豪:《范畴论》,复旦大学出版社 1999 年版,第 442 页。

友兰论到形而上学的方法论时说:“在《新知言》书中,我提出,有两种方法,即正的方法和负的方法。正的方法的实质是讨论形而上学的对象,这成为哲学研究的主题。负的方法的实质是:对要探讨的形而上学对象不直接讨论,只说它不是什么,在这样做的时候,负的方法得以显示那‘某物’的无从正面描述和分析的某些本性。”①中国哲学的历史上,正的方法始终未曾得到充分的发展;或者应当说,它被过分地忽略了。

因此,中国哲学里缺少明晰逻辑的思考。方东美说:“中国哲学家之思想向来寄于艺术想象,托于道德修养,只图引归身心,自家受用。原夫艺术遐想,道德慈心,性属至仁,意多不忍,往往移同情于境相,召美感于俄顷,无科学家坚贞持恒之素德,颇难贯穿理体,巨细毕究,本末兼察,引发逻辑思想系统。”②这是中国哲学往往被视为简单的原因之一。由于缺少明晰的思考,这种哲学往往被认为幼稚。然而,中国哲学范畴的模糊性、朦胧性,又是境界形上学所独有的,它在学说品位上不低于实体形上学,即不低于明晰思考,毋宁说,它是超越于明晰思考的。它不是反理性,而是超理性。

西方哲学从“公设的概念”开始,而中国哲学则从“直觉的概念”开始。由于这个缘故,西方哲学的方法论是理所当然地由正的方法占统治地位,而中国哲学的方法论则理所当然地是负的方法占统治地位(中国的道家思想尤为明显)。如何对待和整合这两种不同的思维模式? 冯友兰的思路是:“正的方法和负的方法不是互相矛盾,而是互相补充的。一个完整的形而上学体系应当从正的

---

① 冯友兰:《中国哲学史简史》,新世界出版社 2005 年版,第 451 页。

② 方东美:《哲学三慧》,载《方东美集》,群言出版社 1993 年版,第 350 页。

方法开始，而以负的方法告终。它若不以负的方法告终，便不可能登上哲学的高峰。但如果它不从正的方法开始，便缺少了对哲学来说最重要的明晰思考。"①西方思维重分析、重逻辑，而中国传统重综合、重直觉，两者恰好可以形成互补。现代中国哲学在保持民族特色的同时，应吸收西方哲学的长处，方能走向"可大可久"之路。熊十力著《新唯识论》完成了"本体论"（境论）部分，他原计划还要写"认识论问题"（量论），这一点我们可以从他的论著中看到他的"量论"的基本思路。由于中国哲学原来缺乏"认识论"，熊十力提出哲学为"思修交尽之本"，正确的做法是"性智统摄量智"，使宇宙人生融成一片。思修交尽，二智圆融，而后为至人之学。因此，他主张要在中国哲学中创建中国式的认识论，"吾国学术，崇尚体认而轻辨智，其所长在是，而短亦伏焉"，故"中西文化，宜互相融和"，"中国诚宜融摄西洋以自广"（《十力语要》卷二）。可见，熊十力也希望在独抒民族自性的基础上吸纳西学之长，融思辨以入体认，为建设中国现代哲学而努力。

二、立象悟道

新儒家对中国思维模式的辨析，对我们把握中国古典美学特色和建构中国特色的美学体系颇有启发。中国古典美学在美本体问题上即使承认客观美，也把美与内在精神、气韵相联系。王夫之云："含情而能达，会景而生心，体物而得神，则自有灵通之句，参化工之妙。"（《夕堂永日绪论·内篇》）中国古代文艺家对神韵、意境、神似、写意有着执着的审美追求，主张观象味道，思与神合。那么，在人们的审美活动中，对象的外在形态就只是审美过程中的一个载体，而不是目的。审美主体不是要认识对象，而是要凭借对象

① 冯友兰：《中国哲学史简史》，新世界出版社 2005 年版，第 454 页。

的形态获得一种精神性体验;这个体验不是静止在对象本身,而是超越了对象,在对象之外,此时对对象的认识就已经不太必要。对象形态只是进行凝神观照的一个载体。由此,中国古典美学的审美认识方法就不是对对象形态的分析、认识的抽象过程,而是一种非模拟性的、内在感受的体验过程。审美认识强调的是对"意"、"味"、"境"、"韵"的体验和感受。中国古典美学把认识美看成是"凝神观照",使审美认识方法带上了神秘的心化色彩。

从知识角度来说,中国古典文论和美学带有感悟性和模糊性的特点,诗论家习惯于以形象表述的方式来研究美学问题,缺乏系统性和逻辑性。但是从审美经验和审美鉴赏来看,用形象性比拟来论述美学问题又有独特的价值。在审美活动过程中,无论是审美对象本身,还是审美主体心里引发的审美感觉,抑或是所谓的"美"和美感,都不是一个清晰的概念,而是一个朦胧的形象或意象。主体在审美活动中不是求解清晰、确定的美的方程式,而是要追求"余味曲包"的美或美感。因为审美对象自身和审美感觉的朦胧性不但不会妨碍对审美对象的把握,反倒是体悟美的方法。叶燮说:"诗之至处,妙在含蓄无垠,思致微渺,其寄托在可言不可言之间,其指归在可解不可解之会,言在此而意在彼,泯端倪而离形象,绝议论而穷思维,引人于溟漠恍惚之境,所以为至也。"①对于中国审美鉴赏来说,具有朦胧、模糊意向的美感才是最高的美,能够说出美在何处的审美对象不一定是最美的。只有感觉到美,又无法确切说出的美才是最美的;对于审美对象在主体心中引起的审美感觉,只有用语言表达不出的审美感觉才是最美的感觉。审美认识过程中,由于对象和主体间的关系的未确定性、非明晰性,则使以直觉的形象来表达审美认识成了一种体悟的方式。文艺作品

① 叶燮:《原诗》(卷二),载《清诗话》,上海古籍出版社 1981 年版。

重心不是思辨和理念,而是形象和意境。具体到美学批评来看,美学风格的内涵是无法靠理性的分析来传达和把握的,诸如冲淡、清空、神韵、飘逸的内涵、程度和层次,古人只能靠形象来意会,即使今天也难以给予确切的区分,多半凭借个人的理解来体味。但是,较之以抽象的分析,对美学风格的内涵喻之以形象的描述也更能说明其实质。新儒家认为,虽然古人以诗话趣味方式品赏文艺,或以诗论诗,但是,这样的形象美感话语,可以帮助我们在更广阔的想象时空中获得一个包孕性的审美理解,对本是抽象的问题有了深刻而又生动的觉知。这种深刻的觉知效果,往往是抽象的分析所无法达到的。与此类似,美籍华裔学者叶维廉也在《中国文学批评方法略论》一文中,概括了中国传统文学批评的主要特色,即:"中国的传统理论,除了泛言文学的道德性及文学的社会功能等外在论外,以美学上的考虑为中心。""只提供与诗'本身'的'艺术',与其'内在机枢'有了悟的文字,……不依循(至少不硬性依循)'始、叙、证、辩、结'那种辩证修辞的程序。"此外,叶氏还有一条颇具总结意义的看法,就是:"中国传统的批评是属于'点悟'式的批评,以不破坏诗的'机心'为理想,在结构上,用'言简而意繁'及'点到为止'去激起读者意识中诗的活动,使诗的意境重现,是一种近乎诗的结构。"①很显然,中国古代诗性美学是属于体验性的,具有东方感悟美学的特色。

确实如此,中国古代艺术批评观念多是从艺术实践的土壤中生长出来的,因而它们凝聚着更为丰富的艺术含量,更具悟性的理论品格。正如唐君毅所言:"在中国文学艺术批评中,所以用理以外之名辞以状美的对象、美的世界、美的创作,如论其韵致、情味、风趣、气象、风格,而文艺批评本身之文字,亦恒有文学化之倾向,

① 叶维廉:《中国诗学》,三联书店 1992 年版,第 8 ~ 9 页。

重以具体之事物，象征譬喻文艺之美。”①中国的文艺批评理论，突出地表现了“立象以尽意”的思维特征。它常常不是通过经验的归纳抽象出普遍的法则与标准，而是通过取象比类、解读体验进行鉴赏，所以它的形式不是抽象概念的演绎，而是形容、议论、比喻、象征等具体描述。最后留给读者的，不是一种逻辑判断和抽象结论，而是一种不可简单界说的理性与感性的同一整体。中国诗论、乐论、文论、画论、书论以及明清之后的小说、戏曲、园林的美学理论，都无例外地具有这种特点。

重感悟、重体验的批评方式的出现，只说明传统审美意识的高超，而不意味着审美理论的严密。它内在的直觉思维特点、形象思维特点、整体把握特点以及外在的形象化、诗意化、美感化的表述倾向有诸多妙处，但也使得其批评话语处于一种尚待解读的艺术文本状态。今天，我们如何建构有特色的中国文艺美学呢？当然要考虑中国传统美学的现代转型问题。正是在这样的意义上，新儒家说出了自己的想法。徐复观说：“我国的诗歌，则常常是把主观的情绪，通过客观事物的形相以表达出来。由‘情象’与‘描写’的合一，以构成主客两忘、浑茫缅邈的境界。……假定能通过概念性的思考，把几千年诗的遗产中所蕴藏的真正精神发掘唤醒，借以激发人生内在的性情，润泽人们枯槁的生命，因而增进民族精神的活力，我想这将是一件有意义的工作。”②看来，新儒家的一个设想是，在尽展悟觉思维特色的基础上，适当配以理性的架构思辨，追踪两者间的渗透、交汇，以熔铸出新的可能形态。这应该是朝着有中国特色的文艺美学体系建构的不二法门。

---

① 唐君毅：《文化意识和道德理性》，广西师范大学出版社 2005 年版，第 353 页。

② 徐复观：《诗的原理》（译序），台湾学生书局 1989 年版。

第二节 "味"与"兴"

"感悟"作为中国传统美学的重要范畴,有着不同于西方传统美学思想的独特性质。在这种中西审美的差异性中,"感悟"范畴体现出一定的优异性。审美活动中的实与虚、景与情、形与神之辩证关系,往往通过内在的体悟,方能领会。

比照西方注重知性分析和逻辑推理的审美方式,中国传统的艺术批评具有重感悟、重体验的特点。正因为中国传统艺术批评中"重体验"这一具体思维取向,以批评家(审美与认知主体)的"自得"与"体道"的自然融通合一为最高理想境界和归宿,所以,研究体验性思维取向中"体验"与"悟"及与悟觉思维成果的关系,就很重要。怀着为中国诗性智慧辩护的热忱,新儒家探本发源,判情析采,抉发"味"与"兴"的真精神。

一、"品味"之蕴

"悟"作为审美感受的体验方式,其对象不是客体的实境本身,而是寄寓于实境之中的意趣、神韵,中国古代文艺美学名之为"味"。

"味"在我国是一个源远流长的审美概念,而且,因为它代表了个人从感受的角度来鉴赏艺术的倾向,所以一直是中国文艺理论的核心概念。在相当意义上说,唐以后所出现的"境"、"趣"、"神韵"、"性灵"等概念,也都是在"味"的基础上建立起来的,并与"味"在深层意义上血肉相连。"味"表现为审美感受的内在体验,难以言传的心领神会,是一种直觉型感受方式。表面上看,它是感性的领悟,似乎不受深度理性、情感等审美因素的支配,其实,在直觉感受中积淀着深厚的审美经验。钟嵘的《诗品序》从美学出发,提出

"使味之者无极,闻之者动心,是诗之至也"。晚唐司空图进一步提出味在咸酸之外的命题,要求人们"辨于味"。辨味,就是审美。

味的实质是主体的生命感受。它是浑整的,而非分析的;它是灵境的,而非概念的;它是情绪体验的,而非符号认知性的。"味"是一种离形的存在,是"言外之意"、"象外之旨"。这是一种生命的体验,是一种形而下与形而上结合的哲理和诗情。它很难用概念加以表达。牟宗三指出,中国历来重视文学的鉴赏或品题,"品诗品文与品茶一样,专品其气味、声色、风度、神韵。品是神秘的、幽默的,所以会心的微笑,但却不可言诠"①。这种情况,只有透过媒介和形象的表层,想象其情状,才能领悟其旨趣,新儒家的文艺美学包含着对人生之美的体会和体验。这在某种程度上,可以说是中国古典感悟美学的当代复兴。在中国传统美学中,儒释道美学中的感悟论思想,将审美与艺术看做是人的生命直觉或体验结晶,强调要"体味"人生真谛、生命气韵,要以诗以画以书以舞以乐去表现只可意会、难以言传的生命体验,而且认为艺术的精粹之处,就在于善于表现那种蕴涵着"生命体验"的"言外之意"和"韵外之致"。钱穆十分欣赏王维的两句诗:"雨中山果落,灯下草虫鸣。"他认为此十字饱含诗情画意,并且深入禅理。此十字之神韵,正在于作者之冥心妙悟。诗人将个人完全投入此幽美的自然环境中而与之融化合一,达到一种无我之境。诗篇虽没有明写一个诗人自我,而在字里行间,却潜藏着一个自我。于是读者遂见天地全是一片化机,于此化机中又全是一片生机,而此诗人则完全融入于此一片化机一片生机中,而全若不见有其个别之存在。

品味文艺的方式,由来已久,"中国人原初的美意识起源于味

① 牟宗三:《红楼梦悲剧的演成》,载《牟宗三先生全集》(第26卷),台湾联经出版公司2005年版,第1062页。

觉,然后依次扩展到嗅、视、触、听诸觉,随着文明的发展,又从官能性感受的'五觉'扩展到精神性的'心觉',最后涉及到自然界和人类社会的整体,扩展到精神、物质生活中能带来美效应的一切方面。"①诚然如此,我们可以从词源学来考察"美"之义。《说文解字》曰:"美,甘也。从羊从大。"段玉裁注:"甘者五味之一,而五味之美皆曰甘。"甘这种愉悦的享受是对于"五味之美"的体验,所以苏轼《颜乐亭》曰:"天生烝民,为之鼻口;美者可嚼,芬者可嗅。"嚼而甘美,而引起美的享受,便具有审美价值作用。"味"在中国传统文化里,既担负了"物质"范畴的功能,又担负了"精神"范畴的功能,经历了一个由物质实体向审美感觉的转变过程。中国的"味论美学",主要表现在两个方面:一是把"味"与人的精神境界和情感状态相联系;二是把"味"与人的心理体验、直觉感悟相联系。味从何来? 来自精神,来自情感,来自心理体验。它是一种整体把握,是一种气化谐和的复合感觉,是由外观、外听(即"第一感官")转向看不见、听不着的内视、内听(即区别于普通感官的"第二感官"),从而在内省中体验宇宙人生的最深层的奥妙。以味论诗,以味论文,就在这个意义上找到了美的归宿。所谓诗文有味,并不是说语言文字、艺术形象真的有酸甜苦辣之滋味,而是指那只可意会不可言传的审美感受,你只要获得了美的感受,也就尝到了作品的滋味。由于这滋味体现在虚实相生、神余言外的深邃意境中,所以只能通过涵泳、体会去领悟。司空图所说的"辨于味而后言诗",的确抓住了中国诗学和审美心理的精髓,把"味"这个审美范畴的内蕴升华到了中国古代美学所能达到的最高层次。②

① 笠原仲二:《古代中国人的美意识》,北京大学出版社 1987 年版,第 5 页。

② 陈德礼:《人生境界与生命美学》,长春出版社 1998 年版,第 154 页。

问题是,中国美学为什么把味觉与美感联系起来呢?新儒家给出的答案是:与中国古代以农业立国有关。中国人最能知饮食之味,故烹调技术之高,食物种类之多,世界无能相匹。由于中国人善于调和味道,遂形成品味意识。味是无形质的,存在于饮食之中,又是可以尝到、品出的,因此味觉的感受对中国人来说,不仅仅是一种饮食尝味,还是一种具有普遍文化哲学意义的享受。美,甘也,美就是味道好,故于味觉中生出美感。这种若即若离、具体精微的美感享受,让中国人流连、陶醉。西方美学倾向于对审美经验做抽象的心理分析,我们的传统美学则倾向于对审美感受作具体的形象描绘。故体味、玩味、寻味、研味、吟味、细味、咀味、熟味、深味等成为中国审美的常用词汇。当"味"的概念经过长时间衍化,被引入我国古典美学理论之后,就成了一个富有东方特色的审美概念了。中国的"品"的理论,正是从"味"的理论引发升华出来的。品评活动不仅体现在文学领域,如品诗有钟嵘的《诗品》、司空图的《二十四诗品》、袁枚的《续二十四诗品》,还体现在其他艺术门类中,出现了画品、书品等,例如谢赫的《古画品录》、黄钺的《二十四画品》、杨景曾的《二十四书品》等。在考察古代品味美学资源的基础上,唐君毅总结了中国"品味"("审美")的历程:由味觉("羊大为美")到视觉("观美")再到整个感觉("全觉体美"),指出中国人的真善美三位一体的审美精神始终是人生的终结关怀。徐复观以为,"品"作为一种中国审美的批评方式,经历了品藻人物—品赏山水—品评文艺的三个阶段,即从对人物的鉴识品藻(人格美)到品赏山水的会心适意(自然美)再到对艺术的审美品评(艺术美)三个基本过程。这种发展过程,显示了中国审美意识的不断自觉与深化。

当然,在中国文艺创作和欣赏中,不止于味美,还追求一种全美的美感享受。刘勰在《文心雕龙》中对诗文提出了全面的审美要求，即“视之则锦绘，听之则丝簧，味之则甘腴，佩之则芬芳”（《文心雕龙·总术》）这是追求视觉、听觉、嗅觉和心觉的全美享受。胡应麟在《诗薮》中说，色、声、象、情，“一篇之中，必数者兼备，乃称全美”。姚鼐在《古文辞类纂》中提出“神、理、气、味、格、律、声、色”，作为衡量文学的主要标准。全美更需体悟。熊十力说：“中国诗，妙在辞寡而情思悠然，含蓄不尽。清幽之美，如大化默运，不可以形象求也。”①这表明在审美感兴中引发、产生和形成的审美感悟，是以审美方式直觉领悟到宇宙、人生和艺术真谛为旨归的，在审美活动的触兴、致情、因变、取会的过程中，达到灵心妙悟，感而遂通。

作家之体悟，不是站在对象之外去观察思考，而是亲入对象之中去直接感悟。心物之间，乃“不期而相遇”，有感即通；天人之际，“目击而道存”，一触即觉。文论家们所说的“意冥玄化”、“默契神会”、“涵泳玩索，相浃俱化”等，也都是对体悟的这种直接性的描述。体悟的结果，不是概念化的理性认识，而是超越性的感性境界。中国传统美学的“感悟”说，则强调了一种审美感性体验之中的悟性超越。它表明，审美感悟不是思辨的推理认知，而是个体的直观体验，它不离现实生活，是在审美经验中通过直观体味而“悟”，所以它是在感性之中获得超越，既超越而又不离感性。审美对象的神、情、气、韵，多半通过体味与感悟方能得到。

大凡优秀的文艺作品都有“言外之意”、“弦外之音”、“韵外之致”、“味外之旨”。因此，在鉴赏时，读者不能停留在形式、形象的感受上，而要寻求形式、形象之外的意蕴。例如杜甫的《绝句》：“迟日江山丽，春风花鸟香。泥融飞燕子，沙暖睡鸳鸯。”如果只看字面，便会认为诗人写了一些春天的景物，对偶工整罢了，别无深意。

---

① 熊十力：《复性书院开讲示诸生》，载《十力语要》，中华书局 1996 年版，第 193 页。

这就停留在鉴赏的浅层次上。如果能透过形象，"涵泳玩索"，就会掘发出深意。罗大经曾在《鹤林玉露》中就杜甫的这首诗分析道："或谓此诗与儿童之属对何异？余曰：不然。上两句见世间无非生意，下两句见万物莫不适性。于是而涵泳之，体认之，岂不足以感发吾心之真乐？"罗大经从杜甫诗中"悟"出了"道理"，感受到春天瑰丽活泼的景象和诗人欢快愉悦的心情，由此而领悟人生的乐趣、宇宙的生机。罗氏的欣赏水平达到了相当的深度。确实，古代诗人的一些看似平平的写景诗歌，却饶有意味，例如，"水流心不竞，云在意俱迟"、"野色更无山隔断，天光直与水相通"、"平芜尽处是春山，行人更在春山外"、"乐意相关禽对语，生香不断树交花"等等，这些诗句都曾得到钱穆、方东美、唐君毅等新儒家的赏识。还有，《诗经·周南》中的一些诗，被徐复观认为"兴寄深微"，值得深究，"我们只能顺着诗人的感情而玩味其'引发'、'触发'的意义。严格地说，诗中所表现的这种感情的引发、触发的作用，正是表现诗之所以为诗的本色。其间有看不出这种引发、触发意义的，或者如朱元晦所说'系人之高下，有做得好底，有拙底'，或者因读者涵泳体会的工夫不够，尚不能把自己的感情与作者的感情联结上去。"①可见，优秀作品是味之不尽、悟之不尽的。读者若有高超的慧识，在不断的"涵泳玩索"中，就可以不断地得到审美乐趣，从审美体验升腾到对艺术作品的深层领悟。

二、"兴"之释义

"兴"是一个古老的审美范畴，又是两千年来辩识不清的问题。"兴"被诠释为"托物"、"引譬"、"隐义"、"起情"、"余意"等多种含义。尽管众说不一，但各家都认为"兴"是中国文学艺术的具有核

---

① 徐复观：《中国文学论集》，台湾学生书局1985年版，第110页。

心意味的范畴。中国诗歌艺术中的“兴”,其基础就是世界万象之间的某种广泛的、潜在的类同和应合关系,根源于人们不能言传的审美意识。

在深入体认《诗经》艺术思维和中国诗歌基本特质的基础上,方东美界定:“兴者,兴会淋漓,化为象征妙用,而‘言在于此,意寄于彼’,兴体尤风行于抒情诗词,用以美化创造之幻想力。”①方东美把“兴”看做是一种自觉的、艺术状态的象征。显然,《诗经·关雎》篇中,用“关关雎鸠,在河之洲”来作为男女相悦恋歌的起兴,并不是偶然的,至少在古人的意识中,“耦常并游,而不相狎”的雎鸠与人的情爱有某种关联。这两者之间,实际上拥有一种广义的象征。而唐君毅把“兴”看做是“隐比”(隐喻),它是建立在一种深层的、潜在的沟通和应合之上的。“诗歌中之兴,则源自人情志之冒起之后,即一直上升,以充实弥漫于所对境物与可相比之境物之上以运行,而其比乃多隐比,而隐比则尽可能稍多;而相比之境物之本身的与理想的意义之相类而相贯通,即见于此隐比之中。”②例如,“不义而富且贵,于我如浮云”是散文的显比(明喻);《诗经》中反复出现“参差荇菜,左右流之”、“参差荇菜,左右采之”,是隐比君子好逑之意。《楚辞》以兰蕙芳草美人隐比君子,则是诗歌中的隐比——兴。兴可以看做是一种潜在的象征。

在新儒家中,对“兴”这一美学范畴展开了全面而深入研究的,是徐复观。他探讨了“兴”的发生、“兴”的分布、“兴”的意义,疏释了“兴”的外显状态和深隐层次,创造性地将“兴”理解为中国“感

① 方东美:《中国哲学之精神及其发展》,载《方东美集》,群言出版社1993年版,第271页。

② 唐君毅:《文学意识之本性》,载《中华人文与当今世界》,广西师范大学出版社2005年版,第232页。

悟美学”的重要体现。

1. 兴之发生。

徐氏认为,“兴” 比“比”缺乏连理,它是由感情直接附丽其上,形成一首诗的气氛、情调、韵味、色泽。用作兴的事物,诗人并没有想到在它身上找出什么明确的意义,安排上什么明确的目的,要使它表现出什么明确的理由,而只是作者胸中先积累蕴蓄了欲吐未吐的感情,偶然受某种事物触发,潜藏的情感浮现出来。它和主题的关系不是平行并列,而是先后相生。先有了内蕴的感情,然后才能为外物所触发;先有了外物的触发,然后才能引出内蕴的感情。所以,兴所用的事物,因感情的融合作用,而成为内外、主客的交会点。此时内外、主客的关系,不是经过经营和安排,而只是“触发”或“偶然的触发”,这便是“兴”在根源上和“比”的不同之处。兴的事物与主题的关系不是理路的联络,而是由感情的气氛、情调来作不知其然而然的融合。这种由感情所融合的关系,正和感情自身一样,朦胧缥缈,可感受而不易具体把捉,可领略却难加以具体表诠,所以孔颖达说“兴隐”,意指兴的隐微难见。

在中国古代文学的源头《诗经》中,“兴”是一种素朴的形式。在这一阶段中,作者并不一定有表现技巧上的自觉,出于天籁者为多。可以说,兴的出现,正是自然的、直感的抒情诗歌的产物。但随着诗人对表现技巧的自觉和艺术修养的加深,于是素朴的形式演变为复杂的形式。最明显的变化是,赋、比、兴各以独立形态出现的机会较少,以互相渗透和融合的方式而出现的机会特多。这种渗透和融合,不仅表现在一篇一章中,更有将三种要素凝铸于一句之内的。即是最好作品中最精彩的句子,亦常是言在环中,意超象外,很难指明它到底是赋,是比,是兴,而实际则是赋、比、兴的混合体。尤其是,此时的兴常不以自己的本来面貌出现,而是假借赋、比的面貌出现,因而把赋、比转化为更深、更微的兴,这样,便常能在一句诗中,赋予它以无限地感叹流连的生命感。此时的兴,已升华而与诗人的生命合流,使诗人的诗句不论以何种形貌出现,都成为怅惘不已的活句。对一切的诗人,都应以这种作品的有无、多少来衡量他的地位。这正是唐司空图所说的"象外之象,景外之景",使人得味于咸酸之外。这好像由五色互相调和而出现新的色彩,此时并非是五色的消失,而是五色的演变、升华。因五色调和和色度不同,便会出现各种体貌不同的诗,这种比度之所以不同,又和一个人的个性、学养及其时代有连带关系。

2. 兴之分布。

徐复观认为,兴的过程,就是创作主体性的展开过程。"兴象",就是内在主体性的感性表现。兴也就表明了对象意义的本原与主体情感世界不可分离的根本性关系。

首先是一章之首的兴。它是触发、兴起之兴,是兴的素朴形式,根源于情感蕴积的深厚。《诗经》中的兴,大多在一章的开端。例如"关关雎鸠,在河之洲。窈窕淑女,君子好逑","桃之夭夭,灼灼其华。之子于归,宜其室家"。此种兴所叙述的主题之外的事物,是在作者的感情中与诗的主题融成一片。诗人通过他所叙述的事物,显示某种感情的气氛、情调、韵味、色泽。被感情融化了的事物,常常与感情飘荡在一起而难解难分。兴在一首诗中,成为与主题不可分割的一部分。兴是内蕴的感情,偶然被某一事物所触发,因而某一事物便在感情的振荡中与内蕴感情直接有关的事物融合在一起,亦即是与诗之主体融合在一起。这是古代中国诗歌的一大特色。

其次是一章之中的兴。它是激荡、兴会的兴,属于兴的变例。这种兴的发生,是因为感情积累深厚,在抒写的中途自然形成一种顿跌。诗人在顿跌中,忽然触到某种客观事物,引发出更深曲的内蕴情感,因而开辟出另一情境,使主题得以进一步的展开。例如,

《诗经·王风》:"君子于役,不知其期。曷至哉,鸡栖于埘。日之夕矣,羊牛下来。君子于役,如之何勿思。"此诗首尾是赋,而中间插入"日之夕矣,羊牛下来",以引起"如之何勿思",这是一章中间的兴。此种兴的发生,是因感情深蕴,在抒写的中途自然而然形成一种顿跌,有如气急说话时发生哽咽一样。在顿跌中,忽触到某种客观事物,引发出更深沉更曲折的内蕴感情,因而开辟出另一情境,使主题作进一步的展开。此种用兴方法,在后来诗歌的发展中,居于很重要的地位。一首诗中,常因此而形成跌宕、盘郁、开阖、低徊。例如《古诗十九首》的《行行重行行》,说到"相去日以远,衣带日已缓",表现的是游子思归之情,可谓非常迫切,照理应该想尽方法归去。但此诗人之所以别离,其内心实藏有难言的隐恨隐痛。此种隐恨隐痛在胸中激荡,使他不能顺着原来发展的方向说了下去——即由思归而归去的方向,于是自然形成发展中的顿跌。因此,顿跌而跌开了内心深处的隐恨隐痛,让它飘荡出去,而偶然沾上"浮云蔽白日"的景象,使原有的隐恨隐痛得以明朗化,遂另开出"游子不顾返"的情境。"不顾返"的情境,好像与怀归的感情相矛盾,但实在是怀归感情在矛盾中的强化、深化,所以他的感情显得特别盘郁,而文气也显得特别跌宕。因此,"浮云蔽白日"正是蕴藏在诗的中间的"兴"。

再次是一章之末的兴。它是余意、兴寄的兴,较之于章首的兴,其气息情味更显深厚,能给读者以更强的感动力。兴的三种分布中,一章之末的兴是兴体发展的最高典型。就纯粹的兴体来说,它必发展到用在一首诗结尾的地方才算完成,才算达到兴在诗的作用中的极致,因而把抒情诗推进到了文艺的巅峰。例如《诗经·唐风》:"椒聊之实,蕃衍盈升。彼其之子,硕大无朋。椒聊且,远条且。"此诗是以椒实的蕃衍引起"彼其之子"的硕大无朋,朱熹注曰"兴而比",就前四句而言,这是对的。但这首诗到"硕大无朋"已发展完成了，而后面又加上“椒聊且，远条且”两句，传注家遂多以此为无意义的重复。殊不知此两句实际上是兴的变例。因为说到“硕大无朋”，言意尽而情尚未尽，于是将此未尽之情又投射向客观的事物，使此客观事物沾染上诗人的未尽之情，以寄托诗人的咨嗟叹息之声。这种咨嗟叹息之声，并不代表某一明确的意义，而只是诗人未尽之情在那里飘荡。这种兴体经常出现于最好的绝句当中，以构成绝句的无穷韵味。如王昌龄的《从军行》：“琵琶起舞换新声，总是关山离别情。撩乱边愁听不尽，高高秋月照长城。”这首诗若说“高高秋月照长城”与“边愁”无关，则何以读来使人有无限寂寞荒寒怅触之感，因而自自然然地把主题中的“边愁”推入到无底无边的深远中去呢？若说它与主题的边愁有关，则又在什么方面有关？而这种有关，又在表明一种具体的什么呢？这本来就不可捉摸，也无从追问，而只是由一种醇化后的感情、气氛、情调，把“高高秋月照长城”的客观事物与主观的“边愁”交会在一起，因而把整个的现实都化成了“边愁”，把整个的“边愁”又都化成了山河大地，并以眼前澄空无际的秋月所照映下的荒寒萧瑟的长城作为主景。这种交会，是月色朦胧而看不出接合的界线的，所以它是主客合一，是通过有限而具体的长城来表达“边愁”的无限。此时“高高秋月照长城”之所以来到诗人的口边笔下，只是一种偶然的傥来之物，诗人内在的感情不知不觉地与客观景象凑泊上了。这本不是出之以意匠经营，此之谓“神来之笔”。

3. 兴之意义。

徐复观认为，较之赋和比，兴在诗中的意义更为自然、深微，而与诗的自身不可分。兴是把诗从原始的、素朴的内容和形式一直推向高峰的最主要的因素。抹煞了兴在诗中的地位，等于抹煞了诗自身的存在，就不能恰当地体悟中国古代诗歌的真谛。正是兴的重要意义，徐复观把它看做是中国诗歌艺术的欣赏基础。通常人们的看法是，“兴”的诗法在古典文学中至晚唐已经消逝，不再被人们所趋赴。对此，徐复观的理解是，在高度成熟的唐诗中，“兴”作为一种原始性的、朦胧性的诗性美学范畴，已经内化于更为圆润丰赡的意境范畴之中。但这并不意味着“兴”的诗性机制从此终结，而是转换、融入到更为全面的整体性的生命经验的诗意表达之中去了。①

在“比兴”释义方面，朱熹曾经说过：“比意虽切而却浅，兴意虽阔而味长。”又说：“诗之兴，全无巴鼻。”（《朱子语类》卷八十）道出了“兴”的本色及其破译难度。徐复观就“兴”这一文学史上独特的文学观念，在参阅前人成说的基础上（如前述“兴”的各种解说），进行了知识性考古和创造性阐释。他回溯中国文脉，运用系统观照法，作出了令人耳目一新的创造性阐释。这种创造性阐释是在“体知”的基础上绽开的体悟美学之花。徐复观对“兴”的解释，着眼于感兴、兴会、情兴、兴味等审美机制的构成，从中国诗性文化和感悟美学的层面触摸到了一个真正的、开阔的生命经验与诗性意义的表现场域与传达途径，将“兴”全方位、多向度地指向“意蕴深远”的根基处，发掘中国诗性智慧的生命符码和原型结构。他对“兴”的意义机制的详尽分析，为我们弄清“兴”作为一种元始性的、根本性的诗性意义遗存，建立了一个求解方程式。

作为美学范畴的“兴”，既有“兴起”这种创作发生论意义，又有“兴象”这种创作主体性的外现意义，更有“兴味”这种文学接受论意义。故“兴”具有内敛的聚合性和深厚的发散性，拥有蓄势而发的艺术精神能量。今人叶嘉莹指出：“西方诗论中的批评术语甚多，如明喻、隐喻、转喻、象征、拟人、举偶、寄托、外应物象等，名目极繁，其所代表的情意与形象之关系也有多种不同之样式，只不过

① 徐复观：《中国文学论集》，台湾学生书局1985年版，第113～115页。

仔细推究起来，这类术语所反映的都同是属于思索安排为主的'比'的方式，而并没有一个真正属于自然感发之作用的中国之所谓'兴'的方式。对于所谓'兴'的自然感发之作用的重视，实在是中国古典诗论中的一项极值得注意的特色。"①正是因为"兴"的重要性与独特性，新儒家把"兴"看做领略中国文学之妙趣与深致的关键，强调研究中国文学创作和批评，必须通晓"兴"蕴，领略"兴"趣。

第三节 意境与韵致

意境，被公认为中国文艺美学的重要范畴，它是人通过艺术对世界本体的体悟而产生的一种艺术境界。而世界本体在中国传统思想中是亦虚亦实的存在。意境的实的部分存在于文字、画面、乐曲所渲染的意象之中；而虚的部分，即意境之重要或本质的部分存在于想象和感悟之中。中国艺术的最高境界是天人合一的境界，是道心合一的境界。艺术的精神最终要达到道的精神境界，艺术的最高表现是塑造艺术化的道境——意境。意境是在心物交往中呈现的、蕴涵着丰富情思意味的艺术空间。就境自身而言，它实际上是由人的情感熔铸所提升了的整体上的心灵氛围，而其外现的形式是"物理俱美，情致兼深"的艺术境界。新儒家主张将人的审美感受引向那广阔无垠的想象空间和绵远不尽的情意空间，使得诗思、诗情、诗趣、诗韵、诗味呈现出来。

一、"境"之内涵

在中国诗学里，"意境"亦称作"境"或"境界"。"境"、"境界"、

① 叶嘉莹:《比兴之说与诗可以兴》,《光明日报》1987 年 9 月 22 日。

"意境",进入中国诗学领域虽有先后,而究其实质,并无根本性差异。在文艺美学领域,它们是艺术活动中情景交融、意溢象外和人与自然审美统一的意象结构和美感形态,故它们经常交叉通用。在诗学中,"境"是一个由语象符号构成的内涵丰富的审美世界。王昌龄的《诗格》提出:"诗有三境:一曰物境,欲为山水诗,则张泉石云峰之境,神丽绝秀者,神之于心,处身于境,视境于心,莹然掌中,然后用思,了然境象,故得形似。二曰情境,娱乐愁怨,皆张于意,而处于身,然后驰思,深得其情。三曰意境,亦张之于意,而思之于心,则得其真矣。""物境"是心物交感产生的偏重于客体的审美意象,旨在寄情于山水美景之中,传达出诗中有画的审美效果。"情境"是审美主体与审美客体感应后产生出强烈的情感,即"娱、乐、愁、怨"等情感体验,在诗中鲜明地传达出来的审美意象。"意境"是指在审美主客统一中表达出超越"物我"的一种宇宙意识,这是一种"张之于意,思之于心,得其真"的艺术境界。

新儒家有关"境"、"境界"的理解,与前人的用法既一脉相承,又有延伸发挥。唐君毅说:"中国之境界之原义,则兼通虚实,于义为美。"①对"境"、"境界",新儒家一方面以命题的形式来加以直接的界定,另一方面用它来鉴赏、评价诗歌。在新儒家那里,境界首先是一种精神性的、灵慧性的存在。其次,境界又是文艺作品所特有的、用来表现文艺家特定感受的一种神思语象。如果前者可以称之为"意中之境",那么后者则不妨说是"艺中之境"。艺中之境有两个层面,一个是形象层面,亦即是一般说的艺术画面;另一个是意味层面,亦即"象外之象"、"韵外之致"。用唐君毅的话来说,形象层是真境,意味层是"神境"。而且新儒家的"意境论",强调意

① 唐君毅:《生命存在与心灵境界》,载《中国现代学术经典——唐君毅卷》,河北教育出版社 1996 年版,第 8 页。

境具有整体性与空灵性的特点，它是有限与无限的统一、人与自然的统一所构成的艺术空间。

“意境论”中的“意”泛指心中的观念、感受、思绪、兴致和想象以及作为依据的儒、道、佛等人生哲理，“意境论”的“境”则指自然景物（物境）、人生境遇（情境）和脑中心象（心境）。“意”和“境”都各有两个层次：一是作品用来作为根据的意境，一是作品所表达出的意境。前一层次存于作者心中，后一层次则涉及读者的回应。“意境论”的研讨重心便是“意”和“境”在创作上及其欣赏上的互动关系。新儒家结合中国古典诗歌，对意境的性质进行了具体而深入的探讨和欣赏。

首先，对那些“言近旨丰”和“意欲委曲”的作品，新儒家展开了挖掘式的欣赏。徐复观尝试分析了李商隐《锦瑟》诗的艺术特色，认为此诗晦涩难懂，却有一种魅力。最初引人注意的是这首诗所给予人的美丽的意象及其与意象相融合的流动而婉曼的韵律。锦瑟、年华、晓梦、蝴蝶、春心、杜鹃、沧海、月明、珠、蓝田、日暖、玉都是美丽的意象。这些美丽的意象放置在一起，容易作有机体的连结，以形成一个统一的美丽意象。这首诗韵律谐和，错落有致。更重要的是，在文字后面有一股生命力在跃动，构成幽美婉曲、兴象深微的意境。把《锦瑟》诗读熟了以后，我们会感觉在它的美丽婉曼的意象、韵律中，浮现出一缕缕的哀愁，并且这种哀愁的气氛越挖越深，最后好像看到有一个诗人被爱憎怨慕交织而成的万缕青丝所捆缚着，正力求解脱，却尚未能完全解脱，甚至也不想完全解脱，他正站在与读者若即若离的处所。

其次，对那些悠然意远、达至化境的作品，新儒家采取了回味式的欣赏。中国诗歌史上众多的精品之所以能使人“挹之而不穷，咀之而味长”，一个重要的原因便是具有意在言外之妙。钱穆欣赏唐诗中流传甚广的两首诗歌的意境。如杜牧诗云：清明时节雨纷纷,路上行人欲断魂。钱穆说,诗眼在"欲断魂"三字。由这三字,才生出下面"借问酒家何处有,牧童遥指杏花村"这两句。但这首诗的妙处,则妙在不讲出"欲断魂"三字含义,而是让你自己体会。又如张继诗云:月落乌啼霜满天,江枫渔火对愁眠。姑苏城外寒山寺,夜半钟声到客船。钱穆说,这一首诗,最重要的是"对愁眠"三字中的"愁"字。第一句"月落乌啼霜满天",表示天色已经亮了,而诗人尚未睡着,于是他听到姑苏城外寒山寺那里的打钟声,从半夜直听到天亮。为何夜不能寐?正因为他有愁。试问他愁的究竟是些什么?诗中不曾讲出来。如此诗作,步入"状难写之景,如在目前,含不尽之意,见于言外"的隐秀化境之中。

再次,对"意与境浑"和"境生象外"的作品,新儒家进行了探幽式的欣赏。唐君毅发现,中国艺术家擅长运虚入实,运无若有,由艺进乎道。例如"枫落寒塘露酒旗"是王渔洋在《渔洋诗话》中征引的一句古诗,以此用来表示古诗的神韵,但王氏并没有说明该诗句为什么具有神韵。唐君毅接过话题予以探析,指出"枫落寒塘"四字之境,有如禅师所谓"雁过深潭,影沉寒水",皆实沉于虚之境。"枫落寒塘露酒旗",酒旗是实的,它又浮于枫林空处。时在深秋,枫叶变红。红叶凄迷,摇摇欲坠,乃似有寄无寄。可以想见诗人爱酒,酒醉而万事浑忘;世界乃若虚若实,乍有乍无。就这样,在虚实之间、有无之际,"枫落寒塘露酒旗"之句展示了一个幽美的境界。① 这样的意境虽尚未清晰,有似烟雾迷离之远景,然而人对这种迷离之景,或许反可引出深远幽眇之思和向往超脱之情。按唐君毅的说法,幽美的意境必须具有三个条件:一是有虚有实,方能情景互现;二是虚实相生,方能构成意境;三是化实为虚,要有象外

① 唐君毅:《间隔观及虚无之用与中国艺术》,载《中华人文与当今世界》,广西师范大学出版社2005年版,第317页。

之象,虚中生虚要有言外之意,味外之旨。如此,才能形成圆融深远的意境。

审美境界的有限与无限的统一,在新儒家那里得到了广泛而独到的论述。审美境界既执着于感性,又超越感性,携载有限之物,向无限之物飞升。英国诗人勃莱克的一首小诗道出了美的这种特性:"一颗沙里看出一个世界,一朵野花里有一个天堂,把无限放在你的手掌上,永恒在刹那间收藏。"美是在有限空间之中显现无限的人生之境。中国美学有一著名命题,即"文有尽而意有余"。"文"是形式外观,不能不具有时空局限性;"意"是意蕴、意境,它可无限生发,丰富而自由。徐复观对这个古代文论命题进行了创造性阐释,觉得"意有余"之"意"不是"意义"之"意",而是"意味"之"意"。"意义"之"意"是以某种明确的意识为其内容,而意味之意并不包含某种明确意识,只是流动着的一片朦胧缥缈的情调。文艺的最高境界,乃是在有限的具体事物之中,敞开一种若有若无、可意会而不可言传的主客合一的无限境界。由刹那见永恒,以咫尺见千里,是中国艺术家创构艺术意境的切入点。在时间上,文艺家从时间长河中截取某个片段,从纷纭的万象中撷取具有象征性或内涵深沉的事物,作为辐集思想、浓缩感情的焦点。这样,从有限可窥见无限,在瞬间可体味永恒。在空间上,也同样能以小观大,以动的眼俯瞰天地,焦点集中于一景,却又寄于远举无限的生气,引发无限的遐想。

二、韵与境偕

意境是一个关系到中国文化深层结构的审美胜境,它集中地体现出中国文化的高妙意蕴和美妙情蕴。关于"境",中国美学总结出许多种类,有画境、神境、常境、异境、佳境、妙境、圣境、实境、虚境、有我之境、无我之境等等。境本自佛教教义,进入美学领域,用来谈诗论画。其实,也不独诗与画要取境,一切艺术诸如音乐、戏曲、园林、书法、建筑都要取境。意境的蕴藉隽永与余味无穷,使得人们总要去探寻其内涵与外延,以揭示其层次结构。对意境的解说,历代不乏其人。

在中国美学当中,无疑有一个最高的审美范畴在统帅着整个的审美和艺术创造。这个范畴是什么?王国维《人间词话》一开始便标出"境界"二字,以作为论词的圭臬,并由此而成为奠定王氏文学理论地位的主要内容。王国维说:"词以境界为最上。有境界则自成高格,自有名句。""沧浪所谓兴趣,阮亭所谓神韵,犹不过道其面目,不若鄙人拈出境界二字,为探其本。"王国维还认为:"有境界,本也。气质、神韵,末也。有境界而二者随之矣。"王氏所谓"境界"到底指的是什么?叶嘉莹以为指的是"一种具体而真切的意象的表达"(叶嘉莹:《由〈人间词话〉谈到诗歌的欣赏》)。徐复观认为叶氏的解释大体是与王氏本意相合的。但是,表现一种具体而真切的意象,是诗词之所以成为诗词的基本条件,不具备此种基本条件,固然不成为诗词,乃至不成为文学,但具备了此种基本条件,未必便是最上乘的作品。徐复观强调,文学在此一基本条件上面还有许多高次元的条件,王国维的"境界说"不仅说得笼统,而且对文学的真正本源没有弄清楚。为此,徐复观进行了拾遗补缺,展开了进一步论述:境界有高下大小之分。王氏说"有境界则自成高格",这是说不通的,应当说"有高境界便自成高格"。例如杜甫的《水槛遣心》诗句"细雨鱼儿出,微风燕子斜"和其《后出塞》诗句"落日照大旗,马鸣风萧萧",境界一小一大。前者取境小,文学小家也可以写出;后者取境大,非文学大家便不能写出。因为取境的大小和作者精神境界的大小密切相连,作者精神境界的大小和作者人生的修养、学力密切相关。这如何能不分优劣呢?徐复观把艺术境界和人生境界结合起来,考察艺术境界的优劣,这就见出了他的文艺美学的高妙导向。

“境”的重要性的提出,导致了“韵”这一重要的美学范畴的建立。方东美认定中国文艺的情韵是纡余蕴藉。韵致是诉诸人的情感,在具体感性的形式语汇(如笔墨、线条、色彩、音响、词句、结构等)中所传达出的生命外观的节奏美感。就韵自身而言,其内在的本质是精神性的情感,而其外现的形式则是与人的精神、情感同构的节奏。无论是境化,还是韵化,都离不开情思。两者都是人的生命情调及其物化后的艺术美。可见,意境和韵致,前者在外,后者在内,实际上正是一个东西的两面。形上之神,物表之韵,本来就是即物而离物的“象外”的存在,实际上又往往是附物而非物的情思的存在。因而作品有境界才能给人以神气氤氲、韵味无穷的感觉。优美的意境都有韵致,而有韵致的作品也都有隽永的意境。两者相辅相成。境与韵的特点,就是处于有无之间,因而它具备了超越实存时空的条件。“境”与“韵”两者都指向一种超时空的精神境界。两者本身就在有象与无象之间。所谓有象,指它与作品中、想象中的意象相连;无象,则指它是一种非具象的抽象。这犹如气体,它既有象又无象,伸缩变化自如,其时空变化也就随意而适。艺术中的气象则是在有限的意象基础上,跟随艺术家和欣赏者的想象和情感而作无限的扩张和变化,领略一种情境或韵致。从艺术创作和鉴赏来看,韵致是通神入化或“穷神达化”后的一种艺术境界。境与韵偕,两者体现生命之美和艺术之美的总体原则。有生命之境,方有生命之韵、生命之美;有生命之境,方有艺术之韵、艺术之美。

从韵的生发历程来看,韵用于诗画品评,是在两个含义上展开的:一是指诗文的声韵、韵律,取的是韵的本义;另一是指艺术品的风神韵味,从品鉴人物发展而来。晋以后,人们开始将韵的概念予以拓展,用到人物品评上来。徐复观统计过《世说新语》及刘孝标注文中用“韵”字共19处(话语重复者不计算),仅四处与声音相关,其余15处均属人物风姿气度的品鉴。韵在当时是指一种不离乎形貌而又超乎形表之上的人的内在风神。这种含义的韵较多地见于论画与论诗,大抵论画兴起在先,论诗发达于后。谢赫《古画品录》中即有“气韵生动”、“体韵遒举”、“情韵连绵”等话语。由于韵包含玄学“无”所派生出的淡远、幽深的情感审美意味,与以玄学为本的神、意境相通,因此有人以韵来论画的神。“韵”从“声文”领域转入书画领域,从有形转化为“无迹可求”,最后又在诗歌领域得以完善。画、书、诗之“韵”各有不同的美学内涵,但又都可融会贯通。因此,“韵”就成了中国文论一个包容性很大的审美范畴。由于诗性生命活动的进程有其自身的规律,诗学观念的承传亦有其前后因果的关联。

在诗论中,“韵”主要指意味的回味无穷。唐司空图提出“韵外之致”(《与李生论诗书》)。宋代范温又加以发挥,认为“有余意之谓韵”,诗歌“有深远无穷之味”,故“无往而不韵也”,从而得出“韵者美之极”的论断。明代陆时雍说:“物色在于点染,意态在于转折,情事在于犹夷,风致在于绰约,语气在于吞吐,体势在于游行,此则韵之所由生矣。”(《诗镜总论》)实际上,这种超出形象之外的意味,依托于直观联想的意味,已经是意境的范畴。韵的概念趋向精神化、情味化、幽远化,韵致成了意境的另一称谓,这就造成了韵的概念与神、意境的概念的重叠。历史的回顾使我们发现,韵在文学绘画领域的运用和发展,几乎与神的概念的运用和发展同步。而且在古代的许多诗话中,韵与神的含义基本相同。有的诗论家虽然对二者作了区分,但在论述时又间或将二者重叠,故王渔洋提出“神韵说”。中国美学史上的一个特点就是各种概念的重叠,但是概念的重叠并没有使任何一方消失,这就表示各有存在的必要。

新儒家对“韵与境偕”的美学内涵进行了研究,以探求中国古典艺术无穷魅力的奥妙。他们认为文学艺术中的境界,决非一个直觉的平铺的艺术空间,而是意境与神韵相伴相生的艺术世界。艺术家状写境物,依其情志与神韵。唐君毅说:“文学之境界之高低,则系于其情志之高低,与境物所可能引生之情志之高低。此则属于文学之神韵气势,与所显之胸襟或识量者。神韵依于情志之超拔于所对之境物之上之高度。气势依于情志之贯彻于所对境物之强度。胸襟识量,依于情志所涵摄之境物之广度。高而后强,强而后广,而情志之向上而高举,以有其高度,即一切文学之境界,得超升一层本原所在。”①中国传统艺术创造的中心是意境,中国古典艺术的最高审美理想是求得“无形大象”、“希声大音”,这些“无形”和“希声”是大自然中最深沉的韵律,是宇宙中最精微的艺术韵致。方东美说:“一种意境,不论景象虚实如何,其神韵纡余蕴藉,其生气浑浩流衍者,名曰充量和谐,此在中国谓之同情交感之中道。其意趣空灵,造妙入微,令人兴感,神思醉酡。”②这就清楚地阐明了中国文艺“韵与境偕”的特色。

在中国古代美学史上,一些受到庄学及禅宗影响较深的美学家,如皎然、司空图、严羽等人提出了“象外之象”、“韵外之致”、“味外之旨”等美学范畴,注重幽美的意境,旨在给读者留下想象和回味的余地。这种理论成了古代美学的一个重要特征。新儒家学贯博综,经虚涉旷,执着于中国美学本身经验的总结和发扬。艺之所成,主于情志,证于境界,运于韵致。这是新儒家文艺美学的精

---

① 唐君毅:《文学意识之本性》,载《中华人文与当今世界》,广西师范大学出版社 2005 年版,第 251 页。

② 方东美:《哲学三慧》,载《方东美集》,群言出版社 1993 年版,第 340 页。

辟之见。新儒家看到了文艺具有情景交融、韵与境偕,互相生发、不断生成的特点,不仅从诗性的高度解释了艺境自身不断生成的特性,而且对意境的层次结构特点作出了自己的鉴识。提挈出"韵与境偕"这一审美观念,是新儒家对具有中国特色的意境理论体系所作的美学贡献。如果说王国维向学界贡献出"本真"的境界论,宗白华向学界贡献出"舞"的意境论,朱光潜向学界贡献出"情趣"的意境说,那么,新儒家的"韵与境偕"的意境观,通过发掘感悟美学的幽情美韵,同样彰显了中国文学艺术的审美境界之维。

三、艺术神韵

中国美学的感悟特色,在新儒家那里被概括为两方面:一方面深植根基于现实界;另一方面又腾冲超拔,趋入崇高理想的胜境而点化现实。诗性生命体验永远是美和美感的基本来源,在此基础上发展并构筑出多姿多彩的审美型态。新儒家对中国诗性文化和感悟美学的研究匠心独运,他们注重对以抒情为主的中国文艺创作的内部规律进行总结,发现和发扬中国文艺的民族神韵。他们希冀中华民族千年积淀的出神入化的诗性智慧和文艺观念,在一种曼妙的品析中重新得到充分而生动的观照和呈现。

1. 灵韵之美。

灵韵之美表现在中国文学中。方东美觉得中国诗词能曲径通幽,涵蓄无穷情思。例如:"春路雨添花,花动一山春色。行到小溪深处,有黄鹂千百。""独棹孤篷小艇,悠悠过烟渚沙汀。金钩细,丝纶慢卷,牵动一潭星。"方氏认为上述词作发抒性灵,拓展心意。情感融化于景物,但毫不外露;景物包孕了情感,却不着痕迹。词人将自我的幽境涵泳在虚灵之中,进行着将自我与宇宙中某种超验价值相结合的精神体验。所以中国诗人对艺术中幽境和虚灵情有独钟,数千年来始终不已地将它神往、追寻,将它视为艺术表现的理想境界。

中国文艺精神注重游心于物,崇尚自然流露,重视表现虚实相涵的意境。唐君毅称中国文艺善于追寻悠然意远,融实入虚,构成"虚实一如"之化境。具有"虚实相涵之化境"的中国山水诗,在文学史上不可胜数。唐君毅以两首唐诗为例,一首是王维的五言绝句"空山不见人,但闻人语响。返景入深林,复照青苔上";另一首是七言绝句"隐隐飞桥隔野烟,石矶西畔问渔船。桃花尽日随流水,洞在清溪何处边"。唐君毅解析此二诗,前者有空灵之致,后者有幽远之致,皆由其远离质实,而有化境。这与中国中古以后的文艺精神相契合。严羽《沧浪诗话》所谓诗中兴趣,"羚羊挂角,无迹可求。故其妙处,透彻玲珑,不可凑泊,如空中之音,相中之色,水中之月,镜中之象,言有尽而意无穷",王渔洋《渔洋诗话》所谓的神韵,皆指诗文中之若虚若实,使人无以为怀处,而蔚成化境。中国艺术文学中此类之境界,皆涵摄宗教之解脱精神。大解脱而忘我忘神,境界直接呈现,心与天游,心物合一。东坡诗"人生到处知何似,应似飞鸿踏雪泥。泥上偶然留指爪,鸿飞那复计东西",鸿飞冥冥,则所接之物,至实而亦至虚。中国文学重在表现理趣、情致、神韵等,富有虚实相涵与回环悠扬之美。

灵韵之美体现在中国绘画中。方东美十分欣赏中国绘画中的"极空灵飘渺之致",他向人们展示了一幅绘画的意境:一个神俊的幼童,站在磐岩之上,手放风筝,怡然自得,陶醉在大自然的祝福里。那风筝宛似一只蝴蝶,随着依稀隐约可辨的风筝影线,天真幼童的赤子之心早已窅然空踪,驰入了无限,感到一股寥寥长风、莽莽浩气,完全系于他手中的那根细线上。同时,蝴蝶般的风筝在大气的鼓荡之下,振翮翱翔,扶摇直上。忽而戛戛高引,造妙入玄;忽而飘然下降,洒落太清。逍遥遨游,提神太虚而俯之。这幅富有启发性的绘画,映证了司空图《二十四诗品》所云:具备万物,横绝太空。荒荒油云，寥寥长风。超以象外，得其环中。“气象氤氲，由深于体势”，无论是画艺中还是诗艺中，道家式的心灵超脱空灵，造妙入玄，激发出了中国艺术创造中无数充满灵韵的优美作品。

在悠久的艺术创造历程中，中国艺术显现出独特的风貌。从先秦历汉魏六朝到唐宋明清，中国文艺各门类不断积累并出现了越来越丰富的理论话语。先是分别形成，后是相互认同，集合成为若干可以涵盖一切与“艺”有关的审美创造观念，其中“形神”、“气韵”、“意境”、“性灵”、“神韵”可视为中国文艺理论中的核心范畴。尤其是“气韵”说出现后，将绘画与音乐与诗歌更亲密地联为一体。到宋代，又由诗人兼书法家黄庭坚引入书论。他评苏东坡的书法作品曰：“书法娟秀，虽用墨太丰而韵有余。”指认东坡书法有从容自得、节奏舒缓、余意悠远的美态。唐君毅发现：“中国书法，用笔能回环运转，游意自如，又有立体美、深度美，故可开出一纯粹之形式美、韵味美之书法世界，为人之精神所藏修息游之所。中国之画与书法同源，故亦重用线条。用线条则有书法美。有虚白处，而能有疏朗空灵之美。”①自宋元以降，中国绘画中的“文人画”达到极其空灵的境界。文人画之高，即高在善于巧妙地运用画中的虚白，这就是中国古代绘画所倡导的“虚白中有灵气往来”的艺境和艺理。

中国艺术精神的自觉，在新儒家看来，主要表现在文学和绘画两方面。由庄子所开显出的典型，完全是纯艺术精神的性格，主要又是结实在绘画方面。徐复观精辟地论证了绘画艺术精神中的远、淡、逸、清等范畴。

关于“远”。徐复观认为，远与韵相关。中国画论在追求形与

---

① 唐君毅：《中国文化之精神价值》，广西师范大学出版社 2005 年版，第 225 页。

神的统一中，形成了“远”的自觉。郭熙提出了著名的“三远”说，这是他在实际观照中所提炼出的心与境交融时的意境，理论上渊源于庄子和魏晋玄学。远是山水形质的延伸，是顺着一个人的视觉，不期然而然地转移到想象上面。由这一转移，而使山水的形质直接通向虚无，由有限通向无限。由远以见灵，这便把不可见与可见的东西完成了统一。由于能表现远的意境，故山水画得以繁荣。郭熙在《林泉高致》中尤重“平远”，平远较之高远深远，更适合于艺术家对平淡心灵的要求。关于“淡”。徐复观认为，淡的意境是从庄学中直接透出的意境。淡的作品，即是由有限以通向无限的作品。淡的作品，寄至味于淡泊，间有远韵。画家在山水画中多画寒林竹石。秋岚夕照，大概因为易得萧疏淡泊之趣。关于“逸”。徐复观认为，画之逸格的推重者是黄休复。由人之逸的提倡到画之逸的追求。即传神中之逸、气韵中之逸，发展成为绘画中之逸。超逸是精神从尘俗中得到解放，所以由超逸到放逸，乃逸格之中应有之义。关于“清”。徐复观认为，元代赵松雪以“清远”代替了南宋末期的“幽玄”，重辟了艺术生命。他由心灵之清把握到自然之清，最后便形成其作品之清。清远通向清幽，达至杳霭淡漾、出入无有的艺术之境。

当然，远、淡、逸、清等范畴体现了中国绘画中的灵韵之美。在新儒家看来，中国绘画乃能直接表现人的生命心灵。在纸墨笔砚中，画家的生命心灵次第流出，呈现出韵律之美。中国绘画追求气韵、逸韵、神韵，则画中自有音乐，画中自有诗，而在画上亦可题诗，遂能在画中合诗、画、音乐为一体，从而开出一种由有限以达无限之境。

中国艺术为什么追求灵韵之美呢？这一问题耐人深思。中国人在日常的生活问题上，总体上呈现出极强的务实品格，儒家强调厚德载物，君子自强不息，就充满“实践理性”的基调。而在美学、艺术中,在形而上的精神层面上,中国人又往往追求空灵和玄妙,亦即虚境。因此,新儒家指出中国文艺饱含"灵韵之美"的两点缘由。一是玄览性。唐君毅认为中国艺术是玄学性大于科学性,中国艺术家擅长驰骋玄思。徐复观深有体会,认为假定谈中国艺术而拒绝玄的心灵状态,那等于研究建筑物而只肯在建筑物的大门口徘徊。老庄以及魏晋玄学对中国文学艺术影响巨大,不能不察。二是象征性。方东美认为所谓象征性,是指中国艺术的底蕴多属虚象灵境,颇乏实迹繁理,这种象征性带有理想色彩,故有审美惊奇和诗意灵感,"实者虚之,最为吾民族心智之特性,据此灵性以玄览万物"①。唐君毅认为,中国人的纯粹艺术精神,"根本在移情于物而静观静照之。静观静照之极,必托出对象,使之空灵。对象真达空灵之境,即在若有若无之间,与我全然无对待。故中国元明山水画,重荒寒淡远,重虚白之中,灵气往来。严羽论诗,亦以如空中之音,相中之色,透彻玲珑,不可凑泊,为诗中最高之境。"②这说明中国古典文艺家重玄思,尚幽远,往往喜欢把宇宙、自然、生命的真理提升到"灵"的高度,用一切只可意会的譬喻和象征来表示他们构想的艺术生命境界。

新儒家把灵韵之美的追求看做是中国审美历程的必然结果。从中国古典文艺的历史发展来看,中古之后的美学思想确实发生了三个转变:即从"以形写神"到"离形得似",从"文以气为主"到"文以韵为主",从"立象以尽意"到"境生于象外"。所以,"离形得似"、"文以韵为主"、"境生于象外"三者互相适应,互为因果,共同

① 方东美:《生命情调与美感》,载《方东美集》,群言出版社 1993 年版,第 368 页。

② 唐君毅:《中西文化精神之比较》,载《唐君毅集》,群言出版社 1993 年版,第 363 页。

构成中古以后的美学思潮。这种美学思潮,就是以内向、淡泊的情怀化入幽远、灵韵的境界。① 此间自有袅袅不绝的情致。

2. 含蓄之美。

“诗贵含蓄”,这是古代诗人们总结出来的一条重要经验。含蓄之美具有情绪蕴藉、感受朦胧和意味隽永的特点。追求艺术意境的含蓄美,这和儒家的传统诗论与老庄哲学都有内在联系。先秦儒家论诗,强调“主文而谲谏”、“温柔敦厚”,提倡“比兴”,这些都是“含蓄”的理论渊源。但从文艺美学自身而言,含蓄美和老庄哲学的关系更为密切。老庄把无声无形的“道”视为美的最高境界。新儒家以为中国艺术精神中的“含蓄”包含在情感与艺理之中。

其一,情感的含蓄。唐君毅说,中国人谈恋爱,尤重婚后之爱。所以中国诗文在表现男女之情的时候,皆重婉约蕴藉,即在古代有自由恋爱之时,其异性求偶,也不是一意孤行地追求,而是婉转以起相思。例如,《诗经·国风》中的《蒹葭》、《楚辞·九歌》、梁武帝《西洲曲》、张若虚《春江花月夜》都表达了一种欲进还止、回环婉转的情感。中国夫妇相处,总是注重情感能天长地久,历万难而不变。而惟在离别患难之际,更可见其深厚的情感。夫妇之间的情意,如两镜交光而传辉互照。其情感因为婉曲蕴藉,宜由叙说对方之情来表达自我之情。例如杜甫思念妻子之诗曰:“今夜鄜州月,闺中只独看。遥怜小儿女,未解忆长安。香雾云鬟湿,清辉玉臂寒。何时倚虚幌,双照泪痕干。”全诗只说对方思念自己,但能设身处地为对方着想,夫妇之情交相渗透。诗人自我之情饱含敦厚温柔,婉曲蕴藉,从而情中有情。唐君毅把这种情形称作中国文学中

① 成复旺:《中国古代的人学与美学》,中国人民大学出版社 1992 年版,第 372 页。

之重两面关系中之情。于是,中国文学表现情感,一方面重婉曲、蕴藉、温柔、敦厚,一方面重情感的平正、通达和笔法的老练、典雅。

中国古代的一些咏怀诗词也充满了情感的含蓄。冯友兰列举了李后主的词:“独自凭栏,无限江山,别时容易见时难。”冯友兰分析道:李后主的这几句词,是说江山,话别离。表面上是写景,实际上是寓情于景,词语背后掩藏的是作者个人的亡国之痛,作者也在痛心疾首地反思亡国的缘由。这就深藏了作者情感的惆怅、幽怨、感伤,其径狭,其意隐。读者当能体会作者情致缠绵、欲说还休的情感要素。江山是具体的物,别离是具体的事,这些都是直接可感觉的,感不尽的是作者“问君能有几多愁,恰似一江春水向东流”的愁苦心怀。含蓄美的艺术力量,就在于人们从作品的意境中所感受的东西要比文字表述的东西深刻得多、丰富得多。

情感的蕴藉、朦胧,并不表明艰涩、晦暗。徐复观说,李商隐的《锦瑟》诗表现了诗人深层情感的朦胧、复杂和矛盾。此诗中所用的故事、语言都化为悲凉怅惘,而带有紫绿中夹着灰白色的气氛、情调,但并不是向人们具体地指陈什么,所以千年来没有人能具体而完全地了解它。但凡是读过义山诗的人,没有不受其魅惑的。此种蕴藉、朦胧的诗与那些艰涩、晦暗的诗不可同日而语。

实际上,含蓄、蕴藉是与中国的“中和”哲学和美学相通的。方东美从“中和”层面揭示了蕴藉含蓄之真谛。中和之义,不偏为中,相应为和。中国人信奉中和,中和之理是中国哲学的亮点。《周易》尚中和,诗书礼乐尚中和,修齐治平莫不尚中和。方东美总结出“中和之理”的五个要点:一是一往平等性;二是大公无私性;三是同情感召性;四是空灵取象性;五是道通为一性。而“中和之美”表现在中国文化艺术的五个方面是:其一,周礼六德之教,殿以中和;其二,六艺中的诗礼乐三科,原本不分,故诗为中声所止,乐乃中和之纲纪,礼是防伪之中教;其三,中国建筑讲究山回水抱,得其环中，以应无穷，形成园艺和谐之美；其四，绘画六法追求气韵生动，不像西方那样遵守透视原理，这似乎是画法之失，然而经营位置，其向背、阴阳、远近、浓淡、大小、源流、出入的处理，不违中道，不失和谐；其五，中国各种文体的文学作品，传达心灵之馨香，书写神明之妩媚，音韵必协，声调务谐。所谓"中和之美"，就是要在"中和之气"中，包孕一种深远的韵味在内。这种"中和之美"，主要表现为协调与和谐。

其二，艺理的含蓄。中国传统艺术往往追求蕴藉，讲究含蓄，其中深藏的意蕴不是一眼便能把握的，恰如熊十力所说"涵养活力，深可玩味"。在作者及欣赏者的想象中，它是恍惚之状，是似有似无的形象感受；而且其"有"的部分——气象，又是一种流动的、整体的笼罩一切的、渗透一切的形势、气韵、节奏、氛围。它不是实体，在空间上没有明确的外形和边线，在时间上没有明确的起与止，因而它有形而又无形，可感受而又不可把握；又由于它是符号性和启悟性的，有赖于作者通过想象来创造，有赖于欣赏者通过想象来进行再创造，它在想象中必然形成意识流，如空气、流水一般，随感情的波动而起落飞扬，随巧思而变幻不居，因此它是朦胧的。在感性层面上，它总是最直接的感情外现，因而又具有召唤力，激发着作者与欣赏者的内在情感，这就使这种朦胧感受具有深厚饱满的感情韵味和隽永悠长的审美意味。朦胧美的动人之处，就在于它的幻想性和情感性。诗人运思含毫，吐纳万象，云霞满空，回翔万状，恰如陶渊明《饮酒》诗曰："此中有真意，欲辨已忘言。"

中国诗人为什么对"美"常常"欲辨已忘言"呢？就是因为审美意象带着某种难以言喻的晕环。方东美为此感叹："他们直透宇宙人生之美，要想说，却说不尽，要想不说，却又太重要了，不能不说，所以才用玄妙的寓言，对宇宙人生之美委婉曲折的巧为譬喻，其用意正在考验我们对美的了解程度。”①中国传统艺术和美学旨在追求朦胧、含蓄的美感。所以钱钟书曰：“诗者，艺之取资于文字者也。文字有声，诗得之为调为律；文字有义，诗得之以侔色揣称者，为象为藻，以写心宣志者，为意为情。及夫调有弦外之遗音，语有言表之余味，则神韵盎然出焉。”②中国文艺美学倡导一种“不可解之解”，就是通过含蓄这种有意味的形式和结构方式，让创作主体和欣赏主体通达作品的“极胜”之意。

中国艺术家之所以会如此钟爱“含蓄”，在新儒家看来，其哲学根底在于“主内”：心性修养讲究“内省”、“内观”、“内视”、“内察”。艺术审美强调意会、感悟、联想、窥测，美学理想在于内蕴、内涵、内秀、内美。而含蓄的长处正在其审美意味的深长。徐复观说：“诗人通过感情的移入而使某一事物、情景，成为自己感情的象征（或称为心象、意象、情象。就诗而论，以称为‘情象’最为恰当），某一事物、情景即离开其具体明确的性质，上升为意味地、气氛地、情调地存在，以与诗人所要表达的感情，于微茫荡漾中成为主客一体。”③故古代艺术家、理论家谈及意境时，常用“浑然”、“混沌”、“苍茫”、“入微”、“微茫”等描述“道”的字句来描绘它。司空图《二十四诗品》所说的“返虚入浑”（《雄浑》）、“妙机其微”（《冲淡》）、“由道返气”（《豪放》）、“泠然希音”（《实境》）、“高人画中，令色絪缊”（《飘逸》）等，其中的浑、微、气、希，就是道境的恍惚之状。反过来说，只有在意境上入浑、入微、返气、希音、絪缊，才能使人由此而进入“道境”的体悟。

① 方东美：《中国人的艺术理想》，载《方东美全集》（第1卷），台湾黎明文化事业公司2005年版，第283页。

② 钱钟书：《谈艺录》，中华书局1984年版，第42页。

③ 徐复观：《环绕李义山〈锦瑟〉诗的诸问题》，载《中国文学精神》，上海书店出版社2004年版，第283页。

朦胧美是道境的美，是人与宇宙本体相合而生的精神体悟之美。而这种即有即无、即实即虚的朦胧之美，常常是只可意会不可言传的。朦胧含蓄与中国艺术的感悟思维有关。冯友兰说："诗所说者，是只可感觉，不可思议者，其所表现者，是不可感觉，只可思议者，或不可感觉，亦不可思议者。它的意思，并不止于其所说者。此所谓'言有尽而意无穷'，其所使人得道者，并不是其所说者，而是其所未说者。此是所谓'超乎象外，得其环中'。就其所未说者说，它是所谓'不著一字，尽得风流'。其所说者是如庄子所谓筌蹄，得鱼忘筌，得意忘言。"按照冯友兰的鉴识，进于道的诗，达到了存在于无言中、存在于静默中的境界，它不但能使人得其所表现者，并且能使人于得其所表现者之后知其所说者，不过是筌蹄之类。宇宙大全、艺术奥秘不是用逻辑能说明的，而是在一种自觉的心理状态中体认和领悟。"诗的意思，不止于其所说者。其所说者，乃所以表现其所未说者，其所说者，意在表现，不在于讲义理，意在表现，所以其所说者，必富于暗示，必使读者读之，能引起许多意思。"①隐而不露，深文隐蔚，代表着中国传统艺术的基本特点。正是因含蓄蕴藉，中国传统艺术力图在整体的直觉悟性中求得主客观关系的神合，而中国传统艺术思想正是贵悟不贵解。

在美学史上，德国"法兰克福学派"的杰出理论家本雅明也曾提到过"灵韵"(aura)概念。他的所谓"灵韵"，是一种环绕着艺术作品、渗透在艺术形式之中的神秘意蕴，它似有若无，如一丝气息、一线光线、一道神秘的踪迹，它赋予艺术作品以独特性。按照本雅明的说法，"灵韵"只能属于过去，它是过去在消逝着的瞬间闪现的

① 冯友兰：《明诗》，载《三松堂学术文集》，北京大学出版社 1984 年版，第 563 页。

美。如果剔除其感伤的情结,这倒也遥契中国人的"灵韵"观。但新儒家强调中国美学之"灵韵"之生生不息,"最美之形相绝未清晰界定而该为气之流露所弥漫而曼妙其形。气韵乃中国美学之关键性词语。"①中国文艺美学中的"灵韵之美"和"含蓄之美",更能凸现文艺的本真存在与生发意蕴。根本上,它们是蕴涵在对生命境界的追求中,是立足于"空灵"而追求"充实","以超脱的外表来表达缠绵的内容","用空灵渊微的方法直入深处"②。这样,空灵、灵韵和含蓄、蕴藉的艺术空间和艺术意味,是"境化"和"韵化"的艺术世界,构成尺幅千里的"弥漫性"的美感效应。

"妙境"与"灵韵"的美学观,是新儒家诗境论的核心。这是与中国古代美学传统一脉相承的。然而,人们不禁要问:"妙境"与"灵韵"的诗美学是否存活在现代呢? 新儒家当然青睐古典诗境,用牟宗三的话说,古诗至今已成绝响,老师硕儒,其学非不传,然无诗才以绪遗音,无诗识以大其军。虽然如此,也有少数现代人创作的格律诗进入牟宗三的"法眼"。牟氏称赞现代格律诗人鲁默生的诗歌,美妙生动,极显才情,文温容雅,极表神韵,是异代之典章。牟宗三强调作诗三要素:一是学养,二是意境,三是技巧。"无学养则格调不高,无意境则不能成诗,无技巧则不能入微。三者备则格高调雅。高则不流,流则荡矣;雅则不偏,偏则激矣。亦高亦雅则有神韵。神韵者,作品之成熟者也。不成熟,则幼稚偏激。诗格之高者,神乎其志,韵乎其情者也。"牟氏深得中国传统美学的精髓,故诗论演绎见出深雅。但是牟氏毕竟是现代学者,在论述了鲁默生的诗歌品质之后,继续申述现代格律诗人所应走的大境界美学

① 唐君毅:《中国哲学精神价值观念之发展》,载《唐君毅集》,群言出版社 1993 年版,第 540 页。

② 钱穆:《中国文化史导论》,商务印书馆 1994 年版,第 68 页。

之路："诗之高贵者略有三端：一曰表现一己之智慧，二曰表现人类之灵魂，三曰表现时代之精神。"①牟氏认为惟有如此诗格，方为世人所尊崇。这标志着新儒家学者在古代美学的现代转化方面迈出了可贵的一步，惜乎牟氏未能拓展此类卓荦超迈的美学言说。在审美情趣方面，"信而好古"也许是新儒家同仁的倾向。

① 牟宗三：《论鲁默生诗》，载《牟宗三先生全集》（第26卷），台湾联经出版公司2005年版，第1133～1138页。

观　照　篇

第五章 涉猎西学——现代新儒家美学的视境

自从鸦片战争开始，古老的中国国门被打开，西方文化大量涌入，大批中国学者就运用西方的理论来解释和研究中国问题了。王韬、严复、梁启超、王国维、陈独秀、蔡元培、鲁迅、朱光潜等中国学人都在这方面留下了成果和印记。新儒家也表现出了强烈的时代感和拥抱西方文明的开放心态，借鉴西方文化，吸收新鲜血液，在贯通中西的基础上进行创新。一方面新儒家“资于故实”，以传统的理论资源和学术资源为依托，论证中国文化之精神价值；另一方面新儒家“酌于新声”，借助生成于西方文化系统的理论去阐明民族文化遗产，丰富文学文本的意义。新儒家对本土化的学问深具心得，又了解西方的学术。新儒家的文化学术与民族文化传统之间存在着一个直接的继承关系。同时，西方的学术思潮、研究方法、思想观念在不同的阶段、不同的时期进入他们的研究当中，且通过他们的消化、吸收、体悟，成为他们学术建构的参照系。

第一节 援西学入儒学

在20世纪中国美学的现代性思路中，“西方”首先是作为一种体现了一定先在必然性的理论话语形态而出现在中国美学家视阈之中的。王国维、鲁迅等“别求新声于异邦”，把美学的眼光投向西方，目的是“借别人的镜子照自己的面孔”，置身在中西文化会通的语境之中，通过审美体验和艺术境界的探求，努力解决近现代特有的文化难题。深受儒学文化影响的新儒家，以"天行健，君子以自强不息"的精神，从西方那里借取思想资源，用来加强中国思想的民族性价值理念。

一、"造模"功能

梁漱溟在回顾自己的新孔学思想形成过程时说："于初转入儒家，给我启发最大，使我得门而入的，是明儒王心斋先生。他最称颂自然，我便是由此而对儒家的意思有所理会，后来再与西洋思想印证，觉得最能发挥尽致使我深感兴趣的，是生命派哲学，其主要代表为柏格森。"①这段话清楚地表明新孔学是传统儒学与柏格森哲学的合流。熊十力对西方哲学很重视。他虽然不能用外文读西方哲学原著，但尽力搜罗中文译本。他认为，搞哲学不研究西方哲学，不可能登堂入室；不通西方哲学，便不可能推进中国哲学的发展。他在建构"新唯识论"时，遵循的基本原则就是采西方哲学之长，补中国哲学之短，融通中西，谋求儒家思想的新发展。熊十力承认"新唯识论"在许多地方借鉴或吸收了西方哲学的思想材料和思想方法。他自述："实则新论不唯含摄儒家大易，其于西洋哲学，亦有借鉴。"②"新唯识论"直接地吸收了罗素、柏格森等人的哲学思想，间接地受到黑格尔概念辩证法思想的影响。

尽管梁漱溟、熊十力主观上都想把西方哲学纳入儒家学说思想体系之中，但由于他们对西方哲学了解不够，理论准备不足，因此未能如愿。比他们出生稍后的一些新儒家学者，由于直接地、系统地学习和研究西方哲学，遂具有更开阔的西学视野和学养。

---

① 梁漱溟：《朝话》，百花文艺出版社 2005 年版，第 135 页。
② 熊十力：《新唯识论》，中华书局 1985 年版，第 402 页。

冯友兰把西方新实在主义同程朱理学联结起来，构成新理学的基本思想。他把新实在主义“两个世界”（共相世界、殊相世界）的理论同程朱理学的“理在事先”的学说结合在一起，提出“理世界在逻辑上先于实际底世界”的本体论原则，用新实在主义的个体性原理对程朱理学浑然一体的太极加以分割，提出“太极即是众理之全”的思想，并且尝试用新实在主义的“逻辑分析”方法对理学唯心主义结论作出理论上的论证。除了新实在主义之外，冯友兰还试图把西方其他哲学思想纳入新理学体系之中。比如，他吸收了柏格森的直觉主义思想，把本体界看成“觉解”的对象，借用实用主义的观点说明认识的相对性。他还用西方哲学史上几种有代表性的哲学思想印证新理学的观点。他说：新理学的“理之观念有似于希腊哲学（如柏拉图、亚里士多德的哲学）中及近代哲学（如黑格尔的哲学）中底‘有’之观念。气之观念，有似于其中底‘无’之观念。道体之观念，有似于其中底‘变’之观念。大全之观念有似于其中底‘绝对’之观念。”①冯友兰试图借西方哲学之“石”，攻程朱理学之“玉”。

贺麟创立的“新心学”基本上是陆王心学与新黑格尔主义合流的产物。贺麟运用新黑格尔主义的整体主义方法，论证陆王“吾心即是宇宙，宇宙即是我心”、“心外无物”的命题。新黑格尔主义把“内在关系”归结为意识关系，把“心”说成“绝对实在”。贺麟认为这种方法“大有中国吾心即天理乃至与天地参的意味”。他运用这种方法提出“心为物之体，物为心之用”、“心与物是不可分的整体”的命题。关于如何融会中西哲学，推进儒家思想的新开展，贺麟提出了三点主张。一是“以西洋之哲学发挥儒家之理学”，达成儒学的哲学化。他认为以苏格拉底、柏拉图、康德、黑格尔为“正宗”的

---

① 冯友兰：《新原道》，三联书店 2007 年版，第 119 页。

哲学同以孔子、孟子、程朱、陆王为“正宗”的儒学,都有共同的本质——唯心主义。因此,“儒家思想能够把握、吸收、融会、转化西洋文化,以充实自身,发展自身,则儒家思想便生存,复活,而有新发展”①。二是“吸收基督教之精华,以充实儒家之礼教”,达成儒学的宗教化。贺麟所说的“基督教之精华”,是指渗透在现代基督教中的平等、博爱等资产阶级思想以及“到民间去”的殉道精神,而平等、博爱的观念与儒家仁学的精神是一致的。儒学本来就包含着宗教的意味,但由于后儒过分强调儒学的道德修养这方面而忽视对其宗教精神的发挥,致使儒家礼教“家庭制束缚性最大”,缺乏鼓动性。因此,需要吸收基督教的狂热的宗教精神充实儒家的礼教。三是“领略西洋之艺术以发扬儒家之诗教”,达成儒学的艺术化。贺麟指出,诗教本来是儒学题中应有之义,可惜“因《乐》经佚亡,乐教中衰,诗歌亦式微。对于其他艺术,亦殊少注重与发扬”。礼教变得越来越不得人心。那么,怎样挽回礼教的颓势呢?他认为输入西方艺术的浪漫主义精神,不失为一条出路。比如,对儒学的“诚”,可以从艺术的角度加以发挥。“就艺术方面而言,思无邪或无邪思的诗教,即是诚。诚亦是诚挚纯真的感情。艺术天才无他长,即能保证其诚,发挥其诚而已。”②贺麟主张用西方艺术的“真”与“美”陶冶儒学的“善”,冲洗传统儒学的迂腐,使之适应现代生活的需要。贺麟推进儒家思想的新开展的原则,是“以儒家精神为体,西洋文化为用”,即以儒家精神为主体,去濡化西洋文化。

方东美的心路也经历了一个出生中土、学习西方、再回归中国传统文化主脉的曲折历程。据方东美自述,他“三岁读《诗经》,在儒家的家庭气氛中长大,但是进了大学以后,兴趣却在西方哲学,

①② 贺麟:《文化与人生》,商务印书馆 1988 年版,第 3、7 页。

后来所读的书和所教的书多是有关西方哲学的。直到抗战时,才有了转变,觉得应当注意自己注目民族文化中的哲学,于是逐渐由西方转回东方"①。这段话说明了方东美学术研究重点的转移。他自初习哲学以来,由接受中国文化(尤其是儒家文化)的熏陶而走向对西方哲学的追求,学思并进,致力甚深。在30年代出版的《科学哲学与人生》、《生命情调与美感》与《哲学三慧》中,方氏对古代希腊到黑格尔为止的西方哲学都了如指掌,娴熟运用。虽说抗日战争爆发后,他的哲学研究重点从西方哲学逐渐转到中国哲学上来,但实际上这是他会通中西哲学的开始,并没有因此放松对西方哲学的研究。从他去台湾前出版的《中国人生哲学概要》、《哲学三慧》、《科学哲学与人生》以及《中国人生哲学》等著作中,都可得到证明。特别是到台湾后,在全力以赴地融合中西哲学、建立自己的哲学体系的过程中,方氏更是博观精取,除了喜欢怀德海的过程哲学外,还经常论述现象学、逻辑实证论、分析哲学、存在主义,谈及海德格尔、维特根斯坦、雅斯贝尔斯、德日进等西方哲学家的思想,并一一以中国哲学中相关的思想予以比较和批评。这对日后他在会通中西哲学时采取兼综导向起了重要作用。

后来的新儒家学者都十分重视研究、吸收西方哲学思想,援西入儒,摆脱儒学的困境,推动儒学的发展。像唐君毅、牟宗三等,在理论准备方面显然占有优势。他们援西学入儒学达到了新的高度,建构了自己的道德理想主义哲学。至于在社会转型过程中成长起来的第三代现代新儒家,在对儒家文化价值共同承诺的基础上,更是呈现了多样的发展方向。他们既守师传,又能创发新意。无论对传统儒学的诠释,还是对西方哲学的评价,他们在文化视野

① 方东美:《原始儒家道家哲学》,台湾黎明文化事业公司1983年版,第1页。

上都开辟和展现了新的境界。其中,60 年代至 70 年代成长起来的一代,如刘述先、杜维明、成中英等,到 80 年代,已经活跃在国际哲学舞台上。他们曾是方东美、唐君毅、牟宗三的学生,因而在理论方向上与方、唐、牟并无原则上的不同。但是,由于他们有长期生活于西方文化环境的经历,有亲自与西方学者面对面缠斗奋战的持久经验,还有完全深入西方哲学中的长期思考,使他们的心智更具分析的触角,心灵更加开拓开放。

如果说第一代新儒家哲学活动的目标主要表现在传统儒学的重建上,那么,第二代、第三代新儒家则将儒学复兴与当代整个人类精神危机的解决统一起来思考,在努力摆脱传统儒学困境的同时,还尝试着为现代人的精神困境打开一条出路,在人类社会步入"后现代"的情况下,为人类寻找一个自我安顿的精神家园。为此,他们在检讨前代新儒家理论得失的基础上,还提出了新的理论主张。在这样的视域下,他们看到前一代新儒家虽然主张中西哲学会通,但对西方哲学的接触与选择的范围狭窄,忽略了现代西方哲学的最新发展;注意到了对西方哲学精微而细密的解析和铺陈,但没有主动与当代西方哲学产生的问题相觌面,更没有参与问题的解决过程。成中英认为,这些前辈对西方传统凝注成的理想范型,传统意味甚浓。新儒家若要继续发展就必须探求新的路子。这里所谓探求"新路子",就是要克服儒家文化中心主义立场,建立适应全球化的开放观念与文化心态。实际上,现代新儒家的新一代学者都是这样做的。杜维明从中西哲学会通的角度,不但看到了儒学发展的一些实际问题,而且更为重要的是,他考虑到,为了建立新儒家的哲学人类学,必须同西方第一流的思想家进行平等对话。除此之外,还要从现象学、解释学等学派那里汲取方法营养,儒学才有可能创新和有进一步发展的可能。所有这些观点,都表现了当代新儒家在中西哲学会通中的一种远大抱负。

二、“借鉴”作用

在创建其哲学体系的过程中，新儒家广泛地研究了西方哲学从古代到现代发展过程中的主要思潮。新儒家钟爱那些慎思明辨、对现实人生有深刻启发的西方思想家。或用一种纯粹欣赏的眼光，从理论深度来品味西方哲学；或用一种比观的、借鉴的方式，从批评角度来反思西方哲学。

在文化哲学方面，新儒家比较欣赏卡西尔的文化哲学体系。从方东美到刘述先，都秉承了这个理论兴趣。方东美早期在民族文化形态学的探讨中完全同意卡西尔的观点，即：人类生活的典型特征，就在于能发明和运用各种符号，从而创造出一个符号的宇宙——人类文化的世界。符号活动的功能就是把人与文化联结起来。对各种文化符号形式——语言、神话、艺术、科学等的研究，也就成了人文学者的主要任务。基于此，方东美得出如下结论：每个民族各有其文化，每种文化又各有其形态。我们如果想要体察一个民族文化的内容，尽窥其间所蕴蓄的生命活动及其意向，惟有考核其文化符号的性质而探索其意义。空间是文化的基本符号，我们如果对一个民族的空间观念有彻底的了悟，就能大致把握其文化的意义。方东美正是运用文化符号学观点来分析古希腊人、近代欧洲人、中国人的生命活动和文化特征的。在方东美晚年的演讲中，卡西尔的文化符号理论还回荡不已。方东美指出人是运用符号创造文化，符号活动在人与文化之间架起了桥梁，文化作为人的符号活动的产品成为人的所有物，而人本身作为他自身符号活动的结果则成为文化的主人。正是符号现象构成了一个现象界——文化的世界。“从这个里面就可以把寻常的自然界，透过种种符号象征那里面美的境界、美的秘密。拿艺术家的才能做更高的创造，创造了艺术上面美的世界——所谓艺术世界。这是个形而上的人，这一种就是各种类的艺术家，就像诗人、画家、建筑家、雕刻家、文学家。他们可以创造种种美的语言、美的符号，把一个寻常的世界美化了，使它变成艺术领域。"[①]方东美进而论之，一个艺术家在艺术的价值上面再加上道德的精神，就能成就一种优美的道德人格，其艺术就能达到尽善尽美。显然，卡西尔的文化符号理论，有助于方东美阐述儒学的文化观和审美观。

也许是受老师方东美的影响，刘述先对卡西尔的文化哲学架构表现出浓烈的兴趣。他不无感激卡西尔哲学对自己的启示："我所以特别喜爱读卡西尔的哲学作品，因为他永远以一种无偏见的清明朗静的精神，考虑问题，层层剥入，引人入胜，导引出他所研及的学说与问题的重重效果。而另一面，又不仅仅止于分析，而辅以一个伟大的综合心灵，使一切表现得明朗通畅。"[②]卡西尔在哲学上的重要地位，是因为他发展了一套符号形式哲学理论。在变相的自然主义实证主义流行的现代，卡西尔哲学可以说是惟一的空谷足音，令人感奋。卡西尔论文化，重视表现于语言、神话、艺术、科学等方面的各种符号形式，说明其意义，具有一种开放性和通透力。刘述先认为，卡西尔提出的符号形式概念，实在富有深刻的象征意义。正因为人性的真实决不是现成的所与，所以人类的一切文化造就都是活泼的心灵流露出来的意义系统（所谓符号），而每一个这样的系统都表现得有法有则，透发了一定的型构（所谓形式）。看来，卡西尔的文化符号理论有助于刘述先对儒家的道德理性和审美积淀的理解。正因为如此，刘述先翻译了卡西尔的文化哲学名著——《人论——人类文化哲学导引》，传播卡西尔的新人

---

① 方东美：《中国哲学对未来世界的影响》，载《方东美集》，群言出版社1993年版，第415页。

② 刘述先：《理一分殊》，上海文艺出版社2000年版，第324页。

文主义哲学思想。

对于那些桀骜不驯的西方学人，新儒家在理论上择善而用之，例如尼采。在暮色苍茫的欧洲大地，尼采振臂高呼“上帝已死”，倡导“酒神精神”、“权力意志”、“超人哲学”和“重估一切价值”。尼采创立的新的人生哲学，主要得益于他对古希腊人生活观念和行为的独特分析。在尼采看来，生活条件异常艰苦的古希腊人，之所以有文学艺术、社会制度等多方面的伟大创造，关键在于他们拥有“日神精神”和“酒神精神”。“日神精神”体现在古希腊那些伟大的绘画、雕塑等艺术品之上，那是一种人（艺术家）的生命在瞬间停顿而爆发出的炫目的光彩，真实的世界转换成美的艺术品，它需要的正是人的充溢的生命原创力。“酒神精神”则是人们情感的总激发，其背后恰恰是审美本能的自然流露。在“酒神精神”和“日神精神”的迸发中，古希腊人步入梦幻与沉醉，终至与生命之本源融化为一。方东美在早年所著《科学哲学与人生》的第六章“生命悲剧之二重奏”中，运用尼采的“日神精神”、“酒神精神”、“权力意志”等概念，分析古希腊悲剧和歌德的悲剧《浮士德》，以揭示两种艺术的生命情调之等差。方东美肯定尼采这位“精神界斗士”横空出世的意义，认为尼采生当欧洲末世，伤感于智慧的衰颓和文化的式微，于是提出理想的超人，以振奋绝世天才，创造新奇境界。虽然方东美佩服其理想高超，但后来仔细反思，患其理想实现乏术，不能如尼采思考的那样把问题推至极端，彻底摒弃人为的道德、理性与文明。方东美意识到尼采学说的缺陷是狂飙突进，践踏一切，毁灭一切。既然人类都应灭绝，缘何忽然冒出怪异的超人完成空前的伟业？于是，方东美改造尼采的“超人”理想，提出一种新的“超人”观：“所谓超人者，乃是超希腊人之弱点而为理想欧洲人与中国人，超欧洲人之缺陷而为优美中国人与希腊人，超中国人之瑕疵而为卓越之希腊人与欧洲人，合德完人是超人。"①这就对尼采的超人理想进行了创造性的改造和转换,把它纳入儒家"合德完人"的场域中来。西方哲学思潮在20世纪的多次变迁,曾使在这变迁中试图获得一个稳定支点的新儒家困惑不安。据张君劢自己说,倭铿、柏格森哲学的"生活体系"、"生之冲力"、"行为在先"等新异观念在激动他的心灵后,来自新康德派李凯尔特的著述的诱惑,曾使他第一次感受到"西方两派哲学之激荡";此后,胡塞尔现象学异军突起,致使新康德学派在德国从此一蹶不振,把他带进"第二次哲学界之急风暴雨";再后,以穆尔为代表的新唯实论的崛起,逼使先前曾风行于英国的新黑格尔主义退避三舍,他于此遇到了"第三次西方哲学之忽起忽落";最后,西方的存在主义哲学以"空无、愁虑、死亡"的话题抹去了传统哲学命题的"严肃、整齐、真挚",于是在他那里出现了"神魂不安之第四次"。多次的西方新潮学说的追踪只是留住了张君劢对情有独钟的康德哲学的信奉,也促发了返本意义上的回归。张君劢终于意识到,与其对西方某派学说左袒右护,不如以中国儒家思想为本位,确立自己的学思之路。他相信只有儒家的圆通广大、高明精微的学说和儒家的"道并行而不悖"的气度才能尽赅东西方文化的精蕴。东西文化交配后,方能产生"新种"。

在援西学入儒学的问题上,新儒家有着自身的精神取向、内化西学的学术能力,他们是在"中国语境"下吸收西学的。他们不但借鉴西方古近代的思想学说,而且也参照西方现当代一定的理论模式。我们在他们的著作里,不时会看到这样一些西方哲学家、美学家、文艺家的名字:柏拉图、亚里士多德、斯宾诺沙、康德、黑格

① 方东美:《哲学三慧》,载《方东美集》,群言出版社1993年版,第351~352页。

尔、歌德、席勒、谢林、尼采、叔本华、柏格森、立普斯、奥布德里奇、海德格尔、胡塞尔、雅斯贝斯、罗素、凯瑟林、怀特海、桑塔耶那、萨特、卡西尔等等。现代新儒家强调中西学说的借鉴和融通。张君劢以为中国应该从西方汲取"个人独立之精神"、"政治上之民主主义"、"科学上之实验方法"等。但这"现代"的本原性精神在汲取者那里需要一种内化,即一个东方人更需要"理智自主"地措置自己的文化传统,以便经由传统的再生,开辟出属于自己民族的现代化途径。

第二节　与康德、黑格尔对话

在西方哲学史上,康德和黑格尔的思辨哲学在德国古典哲学中达到顶峰。他们在西方哲学史上具有重要地位。新儒家的理论建构当然要汲取西方哲学的养料,因为中国哲学不能停留在传统的形态中,而须与西方哲学相照面、相摩荡,才有可能开出新的局面。而在新儒家对西方近代哲学的观照中,康德和黑格尔的思辨哲学占有一个关键性的地位。下面,笔者就绍述新儒家代表人物与康德、黑格尔两位西方学说大师的理论关联。

一、牟宗三与康德

牟宗三在创建其道德理想主义体系的过程中,广泛地研究了西方哲学从古代到现代发展过程中的主要思潮。但当沿着西方文化精神的发展线索进行追寻之后,牟宗三便把目光集中到了康德身上。牟宗三认为"古今哲人,辨力之强,建构力之大,莫过于康德"。对于哲学大师康德,牟宗三是高度推崇的,因为"对人类理性所涉及的全部学问通通做一个安排,这就是康德哲学的工作"。康德哲学是西方哲学发展之枢纽,"康德以前的哲学向康德处集中,而康德以后的哲学则由康德开出"[1]。在牟宗三的心目中,康德的哲学是伟大灵魂的表现,也是哲学的宝库。由于康德哲学博大精深,故牟宗三提出中国人可从康德哲学处得到诸多启示。牟宗三甚至提出了"消化康德就是消化西方"的口号。

在康德哲学中,牟宗三最为欣赏的是康德有关道德法则的先验性和普遍性的观念及其论证。康德把探索与认识"头上的星空"和"心中的道德戒律"作为自己的哲学使命。他的哲学的一个观点是,人们道德行为的根源不在自然属性,也不在感性经验,更不在皈依上帝,而只在于服从或执行纯粹的道德律令。所谓道德律令,一是指人们所遵循的任何行为准则必须具有普遍客观的有效性、适用性;二是指这些准则必须以人作为目的,而不能把人作为手段;三是指这些准则都必须出自理性意志的自我立法,必须以能够克制对外的欲望要求的自由作为条件。牟宗三指出,康德对这些观念的论证,彰显了道德法则的崇高和严整,因而其对道德哲学的贡献功不可没。为了弄清形上学的哲学系统的架构,牟宗三接近了康德。他不但接近,而且还要了解,去好好学习康德那套"架构的思辨"。

牟宗三竭尽全力,译介康德的三大批判(《实践理性批判》、《纯粹理性批判》和《判断力批判》),并先后出版了消化与吸纳康德哲学后撰写的《智的直觉与中国哲学》、《现象与物自身》、《圆善论》等。可以说,牟宗三是用中国智慧去消化康德,进行中国现代学术领域里的中国智慧与康德哲学美学最广泛和深刻的一场对话。牟宗三在理论研究中,既吸收康德哲学的某些概念和内容,用以改造儒家哲学,又对康德哲学中的缺陷和不足提出了尖锐的批评。他攀援着康德哲学的"两层立法"("知性为自然立法","自由意志为

---

① 牟宗三:《中西哲学之会通》,上海古籍出版社 1997 年版,第 39 页。

道德立法”)的脚手架,在知体明觉感应无外的意义上,会通儒、道、释的性智、玄智和空智,阐述本体界的“无执的存有论”(即本体界的存有),以拯救康德把“智的直觉”让给上帝的“观念的超越论”的消极面;在事物现象系属于识心(知性主体)的意义上,他融摄康德的“经验的实在论”,论说现象界的“执的存有论”(现象的存有),以弥补东方文化在知识论上的空疏。

消化、改造康德哲学,目的是建立儒家的“道德的形上学”。一方面,牟宗三赞成康德有关科学知识界定的范围,认为实践理性高于理论理性,人只有在道德领域才能使自己上升为自由的主体;另一方面,他指出了存在于其中的矛盾和问题,提出了克服与超越康德哲学不足的理论主张。康德所以最终没有建立道德的形上学,原因之一在于他对现象与物自身的区分和认识不当。现象与物自身超越区分的观念,在康德批判哲学中是一个重大的关键,也是康德一个最高而又最根源的洞见。这主要是它给科学知识划出了一个界限,打破了科学万能的神话。但康德囿于西方的哲学传统,没有充分说明现象与物自身的超越区分,使其洞见闪烁不定,若隐若现。原因之二在于康德对人是否有“智的直觉”的理解和处理不当。关于“智的直觉”,即康德所说的“理智直觉”问题,它是一种不依赖感觉和观念而直接理解把握对象的能力。在这个问题上,康德宣称人类只有感性直观,没有“智的直观”,这种直观只有上帝才有。牟宗三针对康德的观点,论证了智的直觉不仅上帝有,而且人类也有。人在单纯的认知方面是有限的,但从实践(道德)方面说,人虽有限而可无限。康德的“自由意志”相当于中国儒者的“本心”或“良知”。依据儒学的基本要义,此自由意志或良知虽体现于人类的道德领域,但必制约和主宰现实世界。它不仅是道德创造的源泉,也是万事万物存在的原则。它发生的直觉必然是智的直觉。康德只承认人有感官的直觉,而不承认人有智的直觉,因而人能认识现象却不能认识物自身。而牟宗三认为，中国哲学儒释道三家“同显无限心”，都肯定了人有智的直觉；而且，中国哲学中的儒、道、释三家的义理非通过智的直觉之肯定不能说明。

值得注意的是，晚年的牟宗三译注《判断力批判》一书，写有三万余字的《以合目的性之原则为审美判断之超越的原则之疑窦与商榷》一文。牟宗三为何花如此功夫沉浸于此呢？这是因为这项工作很值得去做。康德创立的批判哲学，将理性主义与经验主义结合起来，以“物自体”与现象界区别大千世界。一方面康德在现象界运用先验的形式对来自经验的材料加以演绎，从而论证了知识与科学何以成为可能，这是纯粹理性的功能；另一方面康德在本体界通过先验的道德律令论证了自由意志以及人的尊严何以成为可能，这是实践理性的功能。最后康德以美感的艺术以及目的论，将自然界的“必然”与伦理界的“自由”联结起来。这是审美判断力的功能。从历史看，西方学术中缺乏一种功夫实践上的心性之学，康德在轮廓上和关节上，已由“观解的”转到“实践的”，由外在的客体转到内在的本体上，但尚未从功夫实践上实现这种主体。

在美学研究方面，康德的审美理论发人深省。审美判断所表现的合目的性，在康德看来，既不同于认识、实践（道德）的合目的性，也不是自然的内在和外在的合目的性，而是一种“主观的合目的性”。它不涉及任何概念和客观对象的实际存在，而只与对象的形式和主体的情感有关。当对象的形式符合我们的心理功能（知解力和想象力）时，人们在情感上对它们的形象感到愉快，这就是审美判断。由于对象的形式的合目的性并不是自然本身的合乎客观目的，而是主体通过愉快或不愉快的情感来判定的，是相对于主体（人）而言的，因此是“主观的合目的性”。在“美的分析”的四个契机中，康德把审美和道德分得很清楚，指出：审美是无利害的、无目的的、无概念的、主观自由想象的；道德是有利害的、有目的的、理性概念的、客观规律的。但康德在“美的分析”中论述了“纯粹美”后，立即转到“依存美”上，指出，如果涉及概念，涉及由概念所规定的对象的完满性和目的之类的内容，这种美就是依存美。美的最高理想是依存美，只有人才能显示出理想美所要求的理性概念——道德精神，崇高是一种道德的情操，因此，美是道德的象征。

牟宗三对康德以“合目的性”概念为审美判断力的最高原则进行了质疑，断言《判断力批判》中的“美的分析”应当重述。因为审美判断如果是纯粹形式、完全不涉及理性的话，担当不了康德所说的沟通自由与自然两者的重任，也就谈不上“合目的性”。康德硬性牵合以说“合目的性”的原则，而且他最后说“美是道德的象征”，这是说不通的，这里有种种的窒碍与不顺。于是，牟宗三重述了审美判断之本性，而有真善美之分别说与合一说之别。在牟宗三看来，康德分别说真善美，后又说“美是道德的象征”，显得迂曲不顺。而中国儒家从“即真即善即美”合一的角度说真善美，这就顺理成章。真善美三者虽各有其独立性，然而导致“即真即善即美”合一之境的根由，仍属道德之心，即实践理性之心。牟宗三把道德价值作为人追求的中心价值和终极价值，力图将真善美在道德的领域内统一起来，并谓至此自己“已消化了康德，且已超越了康德，而为康德所不及”。

是否超越了康德，也不是由牟宗三本人说了算。现在看来，牟宗三对康德美学既有补充，又有误读。牟宗三认为“美主观地说是妙慧之直感，客观地说是气化之光彩，并不依于理性上。因为是妙慧之直感，故与认知机能无关；因为是气化之光彩，不依于理性上，故合目的性原则为不切”①。若在“非分别说”中，妙慧被吸纳于道心，而光彩亦被溶化，达成一种“即真即善即美”之境地。这样，牟

① 康德著、牟宗三译：《判断力批判》，台湾学生书局 1991 年版，第 78 页。

宗三一方面说明了审美和道德在表面上的不同,另一方面见出它们之间在审美结构的深层底蕴中的不可分割的联系。这是牟宗三的思路。我们再看康德的思路。康德以目的论来实现审美向伦理的过渡,整个过程是纯粹美(美的分析)—依存美—美的理想—美是道德的象征。在这里,审美向着纵深发展,向着理性发展,最后指向最高的存在——实践理性本体。应当说,这样的理论思路也是合乎逻辑的,但牟宗三以为此种思路滑转不顺。牟宗三强调"真善美合一说",以真正完成康德的"判断力"所"担当不了"的沟通两界的责任,以为"即真即善即美之合一之境者,仍在善之道德的心",经"摄善归美"之会通消化,终而建立圆教义的新儒家美学观。这样的会通消化,宗旨在使美学归向圆善之境,自然有别于康德的原来见解。牟氏是以中国的"建体立极"之学消化康德美学的。因此新儒家美学与康德美学存在义理差别。

深怀"援西学入儒学"的理想,牟宗三投入了大量的精力译介、阐释康德,正如他说:"我们由中国哲学传统与康德哲学之相会合激出一个浪花来,见到中国哲学传统之意义与价值以及其时代之使命与新生,并见到康德哲学之不足。"①就牟宗三对康德哲学和美学的认识与批评来说,既有创造性的融摄,也有理解性的偏差。牟宗三虽然肯定了康德哲学对于中国传统哲学的意义,但是他在揭示它的缺失处、阐明传统哲学高于它时,表明他并没有真正理解和把握康德批判哲学的精神实质及其在现代社会中的真正价值。正如成中英指出的,康德哲学的义理与批判方法是深刻根植于西方哲学的逻辑分析与现代科学的知识重建精神之中的。而牟宗三基于宋明儒家的心性道德立场对康德哲学进行的批评,必然是外在

① 牟宗三:《现象与物自身》(序言),载《牟宗三集》,群言出版社 1993 年版,第 114 页。

的、牵强的，并不具有实质上的针对性。特别是当他从这种认识出发克服康德哲学中存在的矛盾问题，以此融摄康德哲学而建立自己的哲学体系时，他未能深究它们的性质及其产生的真正根源。牟宗三为克服康德哲学的矛盾进行了种种努力，但靶向不够准确，不能对症下药。他以宋明理学为武器，使用天马行空、大而化之的办法进行理论措置。这样，不但康德哲学中的矛盾与问题是否得到了真正解决值得怀疑，而且更为重要的是，由于经过牟氏改造后的康德哲学完全道德化了，使它丧失了本来具有的认识论的意义与价值，从而削弱了其知性分析对牟宗三建构其哲学体系的积极作用。

二、唐君毅与黑格尔

黑格尔哲学在唐君毅自己的哲学思想锻造中起着极为重要的作用。在早期求学期间，他就开始阅读黑格尔的著作，认为黑格尔哲学“宏纳众流，吞吐百川，可谓近代哲学之奇杰”。读了黑格尔的《精神现象学》，唐君毅才知道，除新实在论者的平面铺叙的哲学境界外，另有层层向上升高之哲学境界。对于《精神现象学》这样一部撼动人心之杰作，唐君毅因受益匪浅而备加赞美：“黑格尔之浪漫想象与丰富之智慧，充实文中。彼依一条顺辩证法而发展的思想之线，去对人类精神生活之由低至高之不同境界，作一巡礼，处处是山穷水尽，处处是柳暗花明，实无异描述人类精神发展之诗剧。”①赞美之情，溢于言表。

《人生之体验》是唐君毅早年的一部代表作。在这部书中，唐君毅对人生问题多有用心，特别是对“人生之精神活动恒自向上超越”之义理有深刻的体认。在《人生之体验》中，他采用十分类似黑格尔《精神现象学》的哲学进路，从直接感官认知开始，层层翻转，

① 唐君毅：《人生之体验》，广西师范大学出版社2005年版，第11页。

步步高升，逐次深化，如此的精神发展过程可由低往高递进，构成一个有机的体系。这个发展过程在黑格尔的《精神现象学》中也被譬喻为个人心灵在教育中逐次成熟的过程。这一点被唐君毅把握住了，他描写自我生长之途程为以下十个层级：(1)婴儿之自言自语；(2)“为什么”之追问与两重世界之划分；(3)爱情之意义与中年之空虚；(4)向他人心中投影与名誉心之幻灭；(5)事业中永生与人类末日的杞忧；(6)永恒的真理与真理宫中的梦；(7)美之欣赏与人格美之创造；(8)善之高峰，坚强人格之孤独寂寞；(9)心之归来与神秘境界中之道福；(10)悲悯之情的流露与重返人间。他说前五种境界乃是凡人之心，而后五种乃是由凡人至超凡人以上的心境，代表的人物是科学家、艺术家、追求人生理想的特殊人格、修道者以及圣贤。他说写第八境时，他想到的是尼采式的人物；写第九境时，他想到的是印度式的神秘主义者；写第十境时，他想到的是中国式的儒者之襟怀。这种写法乃是有意学习黑格尔浪漫的精神与丰富的智慧，依辩证逻辑而发展的精神历程，对各种人格的精神生活由低往高的境界作一个巡礼。从这部书的第七节“美之欣赏与人格美之创造”来看，唐君毅受到黑格尔美学思想的影响。唐君毅说道：“一切艺术品，都是一绝对；一切艺术品，都是一绝对真理之表现。我欣赏、创作任何艺术品，都必须视之为绝对。我在每一艺术品中，直接接触绝对真理。于是，我在任何艺术品之欣赏创作中，均宛若与绝对真理冥合。”“我不仅需要永恒的真理之存在，我还需要永恒的真理之具体的表现。真理是抽象的、无血肉的，只有具体的表现的真理，才是有血肉的。有血有肉的真理才是美。真理要我超出直接感触之世界，美则使我们重回到直接感触之世界，而于其中直接感触其所表现之真理。美是现在的永恒，特殊的普遍。”①显然，

① 唐君毅：《人生之体验》，广西师范大学出版社2005年版，第121页。

唐君毅的这番话语，与黑格尔如出一辙。黑格尔美学的著名命题是“美是理念的感性显现”。黑格尔认为，艺术之所以要采用感性的形式，是因为艺术的任务在于用感性形象表现具体的理念。作为艺术的理念，不是在哲学逻辑里作为绝对来了解的那种理念，而是化作符合现实的具体形象，而且与现实结合成为直接的和谐的统一体的那种理念。具体的理念要求应该有符合它的一种感性形式和形象，于是，艺术的形象表现方式就应运而生了。唐君毅颇为赞赏黑格尔的观点，进而指出，正因为艺术的任务在于用感性形象来表现理念，以供直接观照，所以艺术表现的价值和意义在于理念和形象两方面的协调和统一，艺术品所达到的艺术高度，取决于理念与形象能够互相融合的程度。

审美观念，一方面，是与理性概念有关的，它虽然是由想象力形成的一种表象（形象），但也要力图接近理性概念，根据理性概念（例如超经验界的极乐世界、地狱世界以及经验界的死、恶德、荣誉、爱等）来表现和创造；另一方面，审美观念又不是理性概念，前者是形象思维的，后者是理性思维的。概念不能把审美观念表达出来，审美观念是个别的、具体的感性形象，是形象的丰富性和想象力的自由运动，与情感紧紧相连，因此才有了精神和灵魂，因而审美观念又不为概念所束缚。这就是审美或艺术中的既有概念又无概念的矛盾，黑格尔和唐君毅把它们统一起来。审美观念也就是一种理性观念的最完满的感性形象显现。把普遍的理性的东西统一在感性的形象上，在似乎无概念的表现形式下蕴含着最深刻的理性。黑格尔和唐君毅都把理性提高到艺术的重要地位（黑氏侧重的是客观理念，唐氏关注的是伦理实体），但他们并没有把艺术公式化、概念化，而是强调艺术创作和艺术兴趣需要一种生气。在这种生气中，普遍的东西不是作为规则和教条而存在，而是与心境和情感契合为一体，而发生效用。就像在想象中，普遍的和理性的东西也须和具体的感性现象融成一体。

唐君毅不仅在早年表达自己的人生体验与思想时运用黑格尔哲学,而且在晚年巨著《生命存在与心灵境界》中,更把黑格尔的辩证法发挥到较高的水平。这是一部深受黑格尔哲学影响,融通人性论、形上学、知识论的巨著。在《生命存在与心灵境界》中,唐君毅将理性认知融于生命与心灵的递升过程,通过对生命与心灵感通方式、种类、层次的揭示,展现了生命与心灵本身丰富的内涵和功能。这就是"三观九境"说。唐君毅认为,所谓生命存在,就是有心灵活动的人类存在。而人类的心灵活动有横观、顺观、纵观的不同。横观是生命心灵活动往来于内外左右向,目的在观种类;顺观是生命心灵活动往来于前后向,目的在观次序;纵观是生命心灵活动往来于上下向,目的在观层次;这种横观、顺观、纵观叫做生命心灵活动的"三道路"或"三意向"。依此意,顺观有"万物散殊境"、"依类成化境"与"功能序运境"三境;横观有"感觉互摄境"、"观照凌虚境"与"道德实践境"三境;纵观亦有"归向一神境"、"我法二空境"、"天德流行境"三境。唐君毅的陈述是从"万物散殊境"开始,辗转引生,最后达到"天德流行境"。

在这个颇为庞大的心灵境界体系中,文艺和审美现象被置放在"观照凌虚境"。观照凌虚境是人们在感觉的基础上,进而抛开事物的感觉性质,而使心灵直接观照事物的共相和意义,从而产生的一种共相与意义世界凌虚而在的境界。在这里,人从具体事物的约束下游离出来后,发现了纯相世界和纯意义世界,并可由语言文字符号来表示。唐君毅认为,一切由人对纯相意义的直观而有的知识,如对文字自身的意义的知识,对文学、艺术中审美的知识,数学中数形关系的知识,逻辑中的命题真妄的知识,哲学中的宇宙人生意义的知识以及人的纯欣赏观照的生活态度,都无不根源于心灵的观照凌虚境;那些重直观纯相、纯意义的现象学的知识论,重在发明纯相的存在地位的形上学及审美主义的人生哲学——如以理念为中心范畴的形上观照，斯宾诺莎伦理学的几何学式的心灵，胡塞尔的现象学，中国庄子的超个体意识而逍遥自得的人生审美情致——都可判归人生主观境界的这一境。

不难看出，在建构自己的哲学体系时，唐君毅借鉴和运用了黑格尔的哲学精神和方法论的智慧。黑格尔以主观精神、客观精神、绝对精神正、反、合三段式的运衍，展开了一个体大思精的绝对精神自我运动、自我认识的精神哲学体系。而唐君毅的三观九境学说实际上是依照黑格尔哲学的三段式，根据心灵向外观照、自我反省和超越追求三个活动方向所观的不同的体、相、用形成的不同境界而建立起来的，即以客观境界、主观境界、绝对主客观境界连环相生，展现了一个人之生命与心灵次第上升、不断自我超越的历程。唐君毅所述的心灵的体、相、用三观，都具有黑格尔哲学体系中概念由正而反、而合的意义。而心灵观照外物、自我反省以及超越主客，也明显地来源于黑格尔绝对精神必须经历的三个发展环节的思想。

唐君毅最感兴趣的是黑格尔的辩证法和历史哲学。但他也意识到自己与黑格尔的见解不同的地方。黑格尔论精神自我表现为不同文化活动时，认定以哲学为最高，宗教次之，艺术再次之，接下来是国家法律、社会道德、家庭生活。唐君毅则认为道德而非哲学为文化之中心。黑格尔以绝对精神表现于历史，其行程乃由中国、印度、埃及、波斯、希腊、罗马，最后归至日耳曼世界，表现出次第升进的形态；而日耳曼世界中，普鲁士国家之政制乃是绝对精神自觉的实现的榜样。对于这些，唐君毅都非常反感，在《人生之体验》这本书中，他表示不能认同。另外，黑格尔认为历史哲学只能说过去，不能说未来，对人类未来历史当如何，则无话可说。唐君毅认为这种文化观隐含着一种悲剧情调，这不是自己所欣赏的人生情调。所以,他也不欣赏黑格尔谈论文化时注重一个民族文化与其他民族文化互相冲突而毁灭,以昭显其文化之精神价值于后世所含带的悲剧精神。唐君毅认为这一点只能说明西方文化,不能说明中国文化,更不能说明人类未来只能如此。

贺麟在20世纪40年代就指出唐君毅的思想中有黑格尔的精神成分,但唐君毅的"三观九境"学说毕竟与黑格尔精神哲学在理论内容上有所不同。唐氏的生命境界是讲人的主观心灵自我升进的过程,以超越主客的天人合一视为人类心灵升进的最高境界。而黑氏讲的是绝对理念自我展开或实现的过程,以消融主观精神与客观精神的主客体同一为绝对理念发展的最后阶段。黑格尔理论的最高范畴是客观的理性理念,它依据自身所包含矛盾的辩证发展,逐步地实现和认识自身;唐君毅思想的核心观念是道德理性,它涵盖心灵主体和人文意识,直贯地显露和升进。唐君毅试图由生命的不断升进和超越来融通东西方哲学,由仁心的不断扩充,为中华民族乃至整个人类的文化发展创造描绘一幅"有容乃大"的精神蓝图。

第三节　与柏格森、海德格尔共鸣

柏格森、海德格尔作为西方现代非理性主义思潮第二代的主要代表人物,其直觉主义和生命主义哲学集中体现了对传统理性主义的反叛。他们对概念认识局限性的揭示和对生命本体的探讨,在哲学认识的发展中具有重要地位。他们对生命本体存在的强调,向人们展现艺术本身就是生命的一种形态、一种存在方式和生存状态,文学构筑生命的终结关怀,旨在以凸现生命美的本质方式,充分地肯定生命的价值与意义。这些哲性诗学思想为新儒家所服膺。而他们对感性存在的深度体验(包括现代人困顿、焦灼、苦涩和孤寂等等的人生体验),回旋着激荡的生命冲动与反思,同样激起了现代新儒家的共鸣。

一、新儒家与柏格森

20世纪初,以柏格森为肇始的直觉主义,启动了生命主义学说之澜。柏格森的生命哲学,虽然是以近代科技思想为基础发展起来的形上学,但它却超越于实用主义之外,用来说明宇宙存在的创造性、时间之流的创造性和创造性之本体与本质。柏格森挑战理性牢笼下的时间观念,把"真实的时间"定义为"绵延",绵延的时间之流也即生命之流。柏格森关于"生命"和"创生"的观念和关于"直觉"和"绵延"的观念,为现代新儒家欣然接受。

1. 生命本性的追索。

梁漱溟以柏格森的生命哲学重新解释和发挥儒家哲学"万物化生"的变易思想,并赋予它宇宙本体论的意义。梁漱溟把宇宙的本体理解为"生命"和"绵延",一切生物乃至人类社会,都是由生命本体派生而来。同时梁漱溟又把柏格森的"生命"概念延伸到生活层面上来,认为了解生活就是了解生命,了解宇宙,生活之意义与人生之价值,就在于体现生命本性。生命流畅自如则乐,生命顿滞一处则苦。就这样,梁漱溟从宏观的宇宙生命和微观的道德生活结合处来接受柏格森学说。他将"生活"和"生命"相提并论,从人生角度领会生命哲学。他高频率地使用"生命"、"自然"、"主动"、"创发"、"变化"、"活泼"等话语,同时最反对"被动"、"机械"、"教条"、"呆板"、"滞碍"、"现成"("现成"即死亡,是已成定局的存在状态)等毫无活气的字眼。在梁漱溟看来,"生"与"活"二字,意义相同,生即活,活亦即生,生命是"活的相续","活"就是"向上创造"。鉴乎此,梁漱溟认为,人生真义就是自强不息,奋勉向前。惟其如此,才体现了生命的意义。

在熊十力那里,他是以陆王心学改造柏格森生命哲学的。他认为“生命”是“本心”的别名，二者在本体论意义上异名而同实。本心，也即仁心、性体、恒转或道德自我，都是“生命”的同义语。本心是能动的、创生的，有如生命创化一般，故曰“生命本体”；同时本心又是内在的“道德自我”，故曰“仁体”。宇宙本体就是道德生命，它既是万化之源，又是人生价值的根据。一方面，熊十力赞赏柏格森关于“实在就是可动性”、生命本性向上喷发、健动不息的看法；另一方面，他认为柏氏的生命哲学张扬生命的盲目冲动，是“习而非性”，“未能超形与习，以窥生命之本然”（《读经示要》卷三）。熊十力强调主体能动性和生命之变易，试图把柏格森的“生命创化”、佛教的“灭故生新”、儒家的“生生之谓易”的思想糅合起来，提倡一种刚健向上的人生观。

与梁漱溟、熊十力足未出国不同，张君劢远赴法国，问学于柏格森，曾经写过《法国哲学家柏格森谈话记》一文。张君劢在柏格森的生命哲学中发现了一个异域，即柏格森把生命过程称作创造及其创造的衍化。与机械的科学观相比，它凸现了盎然的生命冲动力。张君劢对柏氏的生命哲学深契于心，接过柏格森关于“生命之流”绵延不绝、绝对自由的说法，视人生为变化的、创造的过程，赞美生命的劲力与创化。张君劢以柏氏的生命哲学反对科学主义，成为20世纪20年代中国思想界“科玄大战”的主要参与者。

20世纪初柏格森哲学在中国的流行，是有其学术缘由的。柏格森倡导人的心灵直觉、情感体验的人本主义，强调生命是一种不可抑制的永恒冲动，它处在不断生成流变之中，人们只能依据内在体验加以把握。柏格森的生命哲学强化了生命的本质、存在，提升了生命的地位和目的。这与崇尚感性体验、讲究天人合一的东方美学精神不谋而合，故为新儒家所倾慕。

2. 直觉方法的认同。

柏格森偏向于哲学与艺术，曾经以“奇异的思想”和“优美的文笔”获得诺贝尔文学奖。柏格森认为生命的本性在于创造,“直觉按生命的形式铸造,而理智却机械地对待一切事物。”柏格森的方法是把生命创化与本能直觉联系起来。新儒家喜欢他的“直觉”说,因为直觉使人在一刹那间抓住永恒,体验到空间的无限深远,捕捉到人生的幽微奥秘,与宇宙寻得同一。

早在20世纪20年代,梁漱溟认定柏格森所说的“直觉”是一种“超于理智感觉”,与理智不同。同一个“花”,在理智概念中的“花”与直觉意味中的“花”是全然两样的。理智所得到的是“干燥的概念”,而直觉所得到的是“含情的意味”。他强调直觉认识与理智认识的差异性和不相容性,认为直觉盛,则理智就退伏;理智起,直觉就平下去。生命与生活的直觉优越于科学理智,可以首先本能地体认出宇宙的生命来,并且圆满具足。同样,冯友兰在早期的《柏格森的哲学方法》一文中说明,柏格森的直觉主义方法的出现不是偶然的,它是在批判西方理性主义的片面性发展过程中提出来的。直觉就是“亲知”,是对于对象的直接感知。真正的直觉是钻到事物的里面去,认识和把握事物的全貌。

柏格森崇尚直觉,是不是完全排斥理智呢?事实上,柏格森只是把直觉看做优越于理智的“向上一着”,柏氏追求超理智的直觉。仔细研读柏格森的整套理论后,冯友兰觉得柏格森也并不是主张要以本能直觉来代替理智知识,而是说明人们要离开物质界走向精神界,诉之于一种生命的感觉。因此,不应把柏格森的直觉完全归结为反理智、反理性的主观想象或神秘经验。冯氏提醒说,直觉是分析以后的事,柏格森主张直觉,只反对以分析为究竟,并不反对分析;若以为柏格森主张直觉,便是不要分析,那是极大的误解。这也表明新儒家学者在理论上更趋成熟。辩证地看,科学与哲学、直觉与理智虽有种种区别,却并不冲突。现代哲学的趋势乃在于直觉方法与理智方法的综贯。明乎此,才能在传统与现实、直觉与理智、道德和科学之间寻得一条“中道”。

只有主客交融的艺术直觉，才能窥探宇宙本质，把握人生真谛。到了唐君毅那里，对西方生命哲学的心领神会，显然高出旁人一筹。他把柏格森的生命哲学称为“动的直觉”学说，因为柏氏主张投入事物的内部，以直观去把握它内在的运动生命，这种哲学显然“带艺术色彩、美学情调”。唐君毅在《哲学概论》第三部《天道论——形而上学》中，专门写了一章“柏格森之创造进化论”。他认为，生命的智慧被柏格森称之为“同情的智慧”，它兼理智与直觉之长。此同情的智慧本身是最高的智慧，“我们说同情的智慧，为真正之艺术、道德、宗教、科学之根，此乃并不难理解者。因吾人在艺术生活中，皆知对一切自然事物、人间事物之同情的直觉的了解，为最重要者。而此同情的直觉的了解之内容，正全幅为生命。在艺术之世界中，一切无生物之水流云散，日往月来，亦皆被视为生命者，此处即见艺术为更能接近宇宙之生命之本体或宇宙之真实者。”①艺术中的“同情的直觉”更能使人把握和领会宇宙生命力。

柏格森哲学在现代中国传播极广，激进主义、自由主义、保守主义人士都对柏格森哲学感兴趣。究其原因，多半是柏格森的“流变哲学”迎合了现代中国学者“创造进化”的心理要求和现实要求。柏格森的生命哲学与现代新儒家所建立的生命本体论有相通之处。柏格森的“生命冲动”、“绵延”、“创造进化”等中心概念与新儒家刚健精进、自强不息的宇宙观和人生观相凑泊，而柏氏主张的直觉体认的认识进路与新儒家重体悟的人文精神相类似。不过，在相近的外观背后，两者又存在着重要的差异。即柏氏以生命之流来解释宇宙进化，多半具有自然哲学、自然生命的性质；而新儒家没有像柏格森的生命哲学那样过分推崇非理性直觉与生命的偶

① 唐君毅：《哲学概论》，中国社会科学出版社 2005 年版，第 595 页。

然性、盲目性和无常性,也不把哲学的基础建立在生物学之上,而是赋予自然生命以道德意义。新儒家强调只有经仁心润泽过的生命(道德生命)才是真正的生命,才是宇宙的本体。可见,新儒家是站在儒学的立场来吸收柏格森的生命哲学,是以柏格森的生命哲学为借鉴,致力于复兴儒学之伟业。

二、新儒家与海德格尔

海德格尔研究现在是中国学术界的一门显学。但很少有人知道,现代新儒家是中国学界较早涉猎和研究海德格尔思想的一批学人。毫无疑问,海德格尔是一位西方现代大哲。他从“存在之思”出发,经由“道说之言”,最后通向了“诗意栖居”之路。海德格尔在《存在与时间》等著作中对“此在”与“大道”的思考、对以存在者之存在为归趣的人的存在结构的分析,深深影响了20世纪西方学界对世界和人生的运思方式,也极大地引起了新儒家的共鸣。

新儒家之所以钟情海德格尔,具体原因有四:一是海氏跟西方哲学的形上学传统完全不同,海德格尔在其代表作《存在与时间》中集中探讨存在问题,即追问“在的意义”。他认为,从柏拉图和亚里士多德到黑格尔,西方传统形而上学一直在探讨存在问题,但是却都没有真正理解什么是在。他们一向从现成的、被给定的东西即在者(Seiend)入手来探讨存在的意义,结果建立起的都是无根基的本体论。海德格尔则要建立一种以人的存在为核心的基本本体论。二是海氏要以人之存在为起点而建立形上学的存有基础。他把人的存在称之为“此在”(Dasein)。一般在者的在并不显示自身,因为它们是现成的、已被规定的东西。而此在,即人的存在则不同,它的本质不是给定的,而是展示于“在世”过程中;而且,此在通过“存在于世界之中”(在世)而把在展开、表现出来,此在处于在的澄明之中。海德格尔的学说就是环绕着人在世界之中的在而展开的。三是海氏是诗哲，他在《林中路》、《对荷尔德林诗的阐释》、《通向语言的途中》等著作中，对艺术的本质、艺术与真理、诗人何为、语言的自身言说、语言作为存在之家以及人的诗意性栖居等问题作了申论。在海德格尔看来，单纯的思本身（哲学之思）已经不再可能了，只有在思与诗的邻近中开展出来的道路，才能真正有效地走向存在的澄明。海德格尔关于荷尔德林诗歌研究的系列演讲与论文，显示了人类如何通过思与诗的对话来寻找本真存在的可能性，进入到人的诗意栖居。四是海氏很欣赏东亚思想并能有所鉴识，其中尤以道家思想为最。据中国学者萧师毅（萧氏听过海德格尔的讲座，并有交往，后曾在台湾辅仁大学任教）回忆，20 世纪 40 年代后期，海德格尔主动提出与之合作翻译《老子》并译出了其中关于"道"的八章。海德格尔的书房中挂有一对《老子》格言的条幅："孰能浊以止，静之徐清？孰能安以久，动之徐生？"海德格尔后期的思想具有明显的东方道家哲学的风韵和色彩。据不完全统计，海德格尔在论文、演讲中直接引用庄子至少就有三次，化用之处则更多。

牟宗三是以康德哲学为桥梁会通中西哲学和文化的，但其哲学发展的一大转折点，是他受海德格尔的康德研究的影响之后所写成的《智的直觉与中国哲学》。据他本人自述，他写此书，是由于阅读过海德格尔的《形上学引论》、《康德与形上学问题》二书的缘故。牟宗三肯定海德格尔在西方哲学史上的意义，称海氏"拆毁西方哲学传统中的存有论史，他根本视柏拉图所开的传统以及康德所开的理想主义（以应当统驭存在）为歪曲衰落的发展，为丧失'存有'的真义"。"海德格尔之重视直觉之接受性，重视时间与超越的想象，并不误"①。但牟宗三又认为海氏从存在论和现象学入手，建

① 牟宗三：《智的直觉与中国哲学》，载《牟宗三集》，群言出版社 1993 年版，第 406 页。

构“基础存在论”,割断了康德的自由意志、物自身等超越层面的东西,将其“基础存在论”放在康德所谓的“内在形上学”之范围,而不是放在“超越形上学”之范围来讲,违背了康德的意向,造成“形上学误置的错误”。牟宗三认为,“基础存在论”只能从本心、道心或真常心处建立。人类在现实上虽是有限的存在,但在道德实践上,却必须肯认道德本心,成就智的直觉,从有限中取得无限的意义。可见,牟宗三是站在儒家的道德本心的立场上来批评海德格尔的。

但是,海德格尔毕竟是一位值得牟宗三重视的西方哲学家。就其意义而言,海德格尔思想中的“此在”的基础存在论可谓最有价值也是最有影响的部分。牟宗三探讨了海德格尔的“此在”的含义,指出海氏用“此在”这一术语来标识发问的存在者,“存在”与“此在”来回互显,人存在地彰显其自己,不逃避、不掩饰,这便是其此在性。海德格尔将“此在”与“敞开”相连,而“敞开”即是“真理”,如此规定的“真理”是存在论意义的真理,不是后来认识论意义的真理。牟宗三以为,上述海德格尔的思路,犹如中国儒家所说的“诚于中形于外”。但由于海氏并不肯认一个超越的实体,所以此在只是无本之论,其真实性只是虚空的、不落实的,“基础存在论只有在超越层上说始有可能,而人的真实性与此在性也只有在实践地体证或体现一超越的实体或理境上始可能。”①看来,牟宗三批评海德格尔建立的存在论的思路不通透,是要开出真正的“基础存在论”——道德的形上学。

唐君毅最早接触海德格尔哲学的时间是20世纪30年代。当时他读了西方学者布洛克(Werner Brock)所著的一部论述德国现代哲学的书,里面讲到海德格尔,唐君毅便很感兴趣。1942年,唐

① 牟宗三:《智的直觉与中国哲学》,载《牟宗三集》,群言出版社1993年版,第422页。

君毅中央大学的同事熊伟(30年代曾亲炙于海德格尔)发表了一篇《说,可说,不可说,不说》的论文,刊载于《国立中央大学文史哲季刊》,其中有不少海氏之思想,加上熊伟常常与之谈到海氏,这给唐君毅留下了深刻印象。50年代初,唐君毅在香港同钱穆创办新亚书院时,其友人张丕介(曾在德国留学,听过海德格尔的讲演)更是经常同他谈海德格尔,并向他出示了一张海德格尔的相片,唐君毅看后,觉得海氏似乎是一个沉潜深思的哲学家。为此他集中阅读了一些英文版的海德格尔的哲学书籍,写成一篇四万字的论文《述海德格之存在哲学》。此文是唐君毅研究海德格尔哲学的一个重要收获,它介绍了海氏独特的哲学思想,以使读者走进海氏哲学的内部。唐君毅围绕存在之思、道说之言、诗意栖居、哲学关联四个基本维度,较为系统地概述了海德格尔的理论体系。

海德格尔在西方哲学史上的地位,关系到海德格尔的思想价值。唐君毅毫不掩饰他对海氏的高度评价:"海德格则意在由现实人生之存在,以展露形上学中之存有,而将'言说'、'了解'、'真理'等有关知识之论题,摄入人生存在中而述之,并反面地描述个人在社会日常生活中之'陷落',唯隐约暗示一求真实之人生之道。此为代表现代之存在哲学之大流之一思想。"①关于海氏的"存在之思",唐君毅认为海氏对存在之反思是为了通达存在之路。海氏的整个人生哲学,不外说明人生是一个被抛掷到世界的存在者,通常人在日常生活中的人生都是不真实的人生。真实的人生,要透过怖栗感、绝望感、赎罪感的体验,才能领悟人生的真谛。只有这样,人们才能感受人生的历时性。关于海氏的"诗意的栖居",唐君毅认为海氏的《诗人的回忆》和《荷尔德林与诗的本质》等作品"深沉而有幽远之致"。海氏关于荷尔德林诗歌的研究,言简意赅,为

---

① 唐君毅:《哲学概论》,中国社会科学出版社2005年版,第842页。

他人所不及。

固然,海德格尔哲学理论生涩费解,但唐君毅觉得其哲思契合东方哲学,尤近道佛。唐君毅在海德格尔与庄子之间找到了“视域融合”。唐君毅认为,海氏的形上学旨在显现存在,只求忠于此在。故他须绝对牺牲自己的主观,而让存在作为在场,以展开“存在的真理”,只有为存在而敞开的人才让存在作为在场而到来。人生在这里,就是对寂静的存在的“回响”,故存在也不在人生之外,人也永远不能将存在真正客观化为一外在的对象。因为存在显现于人生,原就是透过人生的存在,以显现其自身。由此,人可称得上是一切存在的守卫者。这就如《庄子·天下》所说:“在已无居,形物自著。其动若水,其静若镜,其应若响。”唐君毅找到了海德格尔与庄子的遥契点。即存在者乃是这样一种东西,它自立自形,无所迫促地涌现和升起,又返回并消失于其自身中,构成一种涌现着又返回到自身中的运作。那么,美之现象,不过是作为无蔽的真理现身的一种方式,它所表明的是存在者自身的无蔽的存在、一种自行的显现和敞开。唐君毅说:“一切艺术品,都是一绝对;一切艺术品,都是一绝对真理之表现。我欣赏、创作任何艺术品,都须视之为绝对。我在每一艺术品中,直接接触绝对真理。于是,我在任何艺术品之欣赏创作中均宛若与绝对真理冥合。”①人的精神和生命,可以凝注在一切物上而视之如艺术品,一切存在物都是艺术品,都是人的精神生命凝注寄托之所。

与牟宗三、唐君毅接触海德格尔的路径不同,徐复观是在探讨老庄哲学、进行美的观照时邂逅了海德格尔诗学。徐复观肯定庄子的心斋、坐忘的艺术创造宗旨,反对心为物所役、心为欲所役的状况,强调精神的自由和心灵的安放,张扬中国艺术精神的主体。

① 唐君毅:《人生之体验》,广西师范大学出版社2005年版,第122页。

徐复观发现庄子与海德格尔有相似之处，于是赞同海德格尔的澄明诗学："海德格尔认为'在作美的观照的心理的考察时，以主体能自由观照为其前提。站在美的态度眺风景，观照雕刻时，心境愈自由，便愈能得到美的享受'。"①在审美观照问题上，徐复观与海德格尔持相同的观点，即所谓审美观照，是对对象不作分析的了解，而只出之以直观的活动。艺术家此时的态度与实用的态度和求知的态度分开，而只是凭审美知觉发生作用。这是看视、倾听的感官活动，是属于感性，这种审美心斋并非停留在对象的表面，而是洞察到对象的内部，直观其本质，以通向自然之心，因而使艺术主体得以扩大和解放，走向无限的澄明之境。

在新儒家当中，方东美与海德格尔在诗哲品质上最为相像，他们都致力于诗与思的结合。方东美赞赏中国哲学的"诗性"显露，认为这种独特的哲学思想，自理论看，起于境的认识；自实践看，起于情的蕴发。学者把境的认识和情的蕴发点化了，形成一种高洁的意境，自能产生一种珍贵的哲学，即诗性哲学。哲学智慧的形成并非单独成就的，哲学的高度发展总是与艺术上的高度精神配合，与审美的态度、求真的态度贯串成为一体，不可分割。方东美称赞中国人将哲学精神处处安排在艺术境界中，总以文学为媒介来表现哲学，以优美的诗歌或绘画把真理世界用艺术手腕点化，所以思想体系的成立同时又是艺术精神的结晶。而海氏也是这样，一反西方传统的知识论形而上学，把哲学和诗结合起来，主张用"诗"来拯救"思"。因为诗才表示"思"的本质，"思本应是诗"，是"存在"的显示，而不是知识。诗的语言是凝炼而充满活力的，诗通过语词的含义神思存在。诗人和哲学家是一而二、二而一的。鉴于此，方东美认为海德格尔实际上是号召我们做诗人哲学家或哲学家诗

---

① 徐复观：《中国艺术精神》，春风文艺出版社1987年版，第63页。

人。

海德格尔的生命哲学也为方东美所欣赏。海德格尔在后期指出一个存在的本真状态,一个"诗"、"思"、"道"圆融一体的终极境域:世界活泼生动,万物浑然一体、相辅相成,总是处在永不停息的运化之中。海德格尔称这种运化为天地神人之四方游戏,并且将这种新境界总称为"大道"。海德格尔筑庐于人迹罕至的南德黑森林托特瑙山中进行写作和研究,是一位徜徉在"林中路"、在黑森林中沉思的哲学家。与此相似,方东美思考现实与人生,憧憬"澄明之境"。20 世纪 30 年代,方东美的学术研究趋于成熟。就在他发表《哲学三慧》几个月后,日军逼近南京,南京遭到浩劫,方东美携全家辗转来到重庆沙坪坝松坡石门村中央大学临时校舍内。方东美努力克服物质匮乏的困难,更注重精神自我的挺立。望着滔滔的嘉陵江水,他将自己的陋室命名为"坚白精舍",以表明自己的坚韧与清白。国难当头,方东美没有消沉,反而激发了他追求真理的诗情。他在《浪淘沙》一诗中吟道:"江涛能作海潮奔,吞吐空虚一叶身。生灭重重元不住,取新祛旧运天钧。"方东美在学问人生中努力体验诗意的栖居。

当然,方东美对海德格尔的思想也有剀切的分析,他认为海氏的"实存论"是试图尽其一切生命的可能投到时间里面去,投到历史的洪流中去。由于时间是无穷的,所以无穷的时间不断展开,足以吞没世界上的一切生命。"这样子一来,就形成他的双重苦闷的主要原因,即人所存在的世间,却又百般渴望要逃离世间。倘若他想与众人共同生活,却又心怀罪咎地要避开他们。他宣称要为他纯真自我的独特存在而活着,却又因处于一个他自己所选择的尘俗世界而退居自我疏离的困境。"①在方东美看来,海氏之苦闷,是

① 方东美:《中国大乘佛学》,台湾黎明文化事业公司 1984 年版,第 561 页。

海氏要维护其个人主义而产生了一个大的“我执”所致,治疗的药方是效法东方的“无我”哲学。

综上所述,新儒家十分重视研究、吸收西方哲学思想。援西学入儒学,这是新儒家共同的努力方向,也是现代新儒学区别于传统儒学的鲜明特色。新儒家有选择地利用西方的学术理论,参照西方的审美艺术实践,以便在阐释中国美学和艺术问题的过程中获得一种视野和借鉴,展开一种把儒学置于现代从而激励儒学生命、敞开古典无限可能的未来的积极建构。他们意识到,只有援西学入儒,才能摆脱儒学的困境,推动儒学的发展。当然,他们在援引西学的过程中不是盲目西化,而是有所甄别,为我所用,以中国文化精神和审美力学为学术基点,故他们往往用中国文化的传统思想来批评或改造西方的学说。新儒家学者每人都以独到的方式探索西方哲学与儒学相融合的途径,他们对中西美学和艺术的理论阐发也达到了一个开阔的境界。

第六章 批导现代——现代新儒家美学的忧思

现代世界进入20世纪,随着经济的发展和科技的进步,日渐暴露和凸显出工业文明的隐患,技术理性的统治使人类面临危机和困境。面对这一症结,20世纪思想家所作的拷问、批判、声讨之声不绝于耳。尼采诊断了西方文明对生命和艺术的敌对本质,克尔凯郭尔证实了物欲的社会造成人类精神家园的迷失,海德格尔宣告了欧洲科学理性的危机,斯宾格勒、汤因比等则预言了西方的没落,齐美尔深刻地揭示了西方社会的金钱崇拜症,马尔库塞抨击了西方社会的全面异化,而韦伯则详细地阐发了理性化进程所造成的对人的全面统治。新儒家痛感近百年人类文明的错位,批判工具理性、人性异化、诗艺缺损,致力现代文化的反思和生命意义的寻求。在整个世界的现代化思潮中,他们审视西方精神的症结,思考中国精神的出路。

第一节 对现代性的反思

新儒家对现代性的反思起源于20世纪初。现代性的全球蔓延给国人造成了双重压力:一方面,它撕裂了、中断了国人对自己本有经验的继承,被抛出自己的传统之外;另一方面,又把国人裹挟到现代性的边缘,仰人鼻息,痛苦挣扎。20世纪人类社会取得了长足发展,但也出现了意义的毁灭和价值的颠倒。新儒家对现代性的反思，缘于两方面的原因：一是出自对“欧战”阴影、西方社会堕落的反思。第一次世界大战给西方社会造成的满目疮痍，使新儒家怀疑西方现代性的普世价值。二是出自对现代中国“欧化”无成、社会失范的反思。自鸦片战争以降，尤其是甲午战争后，志士仁人都希望引进西方文明能富强中国，但其时西方文化传入中国已历半个多世纪，中国不仅未致富强，且民族危机日亟，家国生灵涂炭。正是基于上述两种因素的结合，新儒家由困惑而反思，以中国之美，批西方之谬。

一、西方的危机

梁漱溟认为，第一次世界大战的爆发，表明西方社会陷入了全面的黑暗与混乱之中。一战爆发的原因直接源自西方以个人主义与进化论为思想基础的近代文化：“近世以来，西方人专走个体自拓一路，其个人也各自自拓，其国学也各自自拓，才有其社会上种种罪恶痛苦，才有此次大战的爆发。”①梁漱溟认为，西洋人是先有了自我的观念，然后才去争取自己的权利，从而使个性得到伸展的。从此出发，每一个人之间的彼此界限划得很清楚，开口就是权利义务、法律关系，谁同谁都要把账算清，甚至于父子、夫妇之间也是锱铢必究，这样的情形实在不合情理。更重要的问题是，法律是依据民意而形成的，旨在保障个人财产与个人权利，它既对各种不择手段的自由竞争无以约束，又反过来使人们对恶性竞争习以为常，个人竞相争利成为天经地义，形成社会风尚。“自由竞争之说”已无孔不入地进入了西方社会的各个层面，包括政府组织与法律制度，自然也都不能例外。但问题也就出在这里，以个人主义的功利主义思想观念为基础的西方文化，因其巨大的渗透力，当其化为

① 《梁漱溟全集》(第1卷)，山东人民出版社1994年版，第501页。

社会潮流时,是很难走出这种竞争—破产—战争的怪圈的。梁漱溟把这种困境中的西方社会描写得一团黑暗:大机械化的做工,工人与资本家都完全跟着机器的速度转,不是人在利用机械,而是机械在驱使人。人们天天做工,累死累活,干枯至极。做一天这样干枯无聊的工作,挣得些钱自然要乐。乐要待寻,无非寻找些刺激,满足耳目口腹男女之欲。梁氏的意思不过是说明,西方社会人欲横流泛滥成灾,是社会的结构性反映。这种建立在"自由竞争"基础上的政治、法律、经济、教育乃至思想文化,不从根本上改变是不会有出路的。

按照梁氏对中西文化的了解,社会本位,和睦相处,利他恕道,调和持中,注重情感,都是中国文化异于西方的重要特征。显然,一战后的西方不得不彻底转向,走上社会本位的路,中国的道路正是他们的选择。不仅如此,全世界或迟或早也都必然走向儒家的路,走向中国的路。世界未来文化就是中国文化的复兴。梁氏十分自信他对儒家精神的了解,坚信儒家礼乐在人类未来社会中有不可替代的积极作用;但是梁氏也坦承,数千年以来使吾人不能从种种在上的权威解放出来而得自由,个性不得伸展,社会性亦不得发达,这是我们人生上一个最大的不及西洋之处。

如何对现代性现象的形态结构进行恰当的把握,这关系到文化哲学的视野和架构问题。从形态面观之,现代现象是人类有史以来在社会制度、知识理念体系和个体—心性结构及其相应的文化制度方面发生的全方位秩序重排,它体现为一个极富偶在性的历史过程,迄今为止还不能说这一过程已经终结。由此从现代现象的结构层面来看,事件发生于上述三个互相关联又有所区别的结构性位置,并形成了三个不同的论域,分别是:现代化论域——政治经济制度的转型;现代主义论域——知识和感受的理念体系的变调和重构;现代性论域——个体—群体心性结构极其文化制度之质态和形态变化。[1] 新儒家对这三个论域都有所涉猎，他们着重将现代性置于个体—群体心性结构极其文化制度之质态和形态变化上加以考察，对现代社会各种问题作了基础性、整体性、批判性思考。

在熊十力看来，近代自从科学发展以后，哲学的范围在日益缩小，除了本体论，其他几乎都成了科学的地盘。从价值角度来说，本体论是哲学特有的地盘，为科学所不能夺取，今日谈论哲学，实际上只是玄学，即本体论，为科学所不能过问，而特为哲学所趋赴。与科学不同，本体论是主观的，它以主体的修养为方法，而不是追求客观的认识；它"不肯把本来浑全的宇宙无端加以解析，不肯把它本来浑一的生命，无端分作物我，别了内外。它见到分析是因实际生活方面而起的一种支离破碎的办法，它并不是反知，却是超出知识猜度的范围而把握了真理"[2]。在科学主义的框架内，真与善是分开的，但真正见到人生实相的哲学家，必不同于科学家的见地，把真和善分作两片说去。熊十力对于科学与哲学的区分，不仅包含着对现代人文总体与知识分类的统一安排，而且也是针对科学主义而提出的防御性策略。

梁漱溟认识到："欧洲社会到近世晚世以来，其机械性亦愈演愈深。""使得近世社会日益演成为机械的关系者，举其大要有三：一是经济；二是工业；三是科学。三者各为一有力之因；而尤在社会关系的一切经济化，经济的工业化，工业的科学化，互为连锁因缘以成此局，而归本则在科学。"[3]机械的世界构成了一个巨大的抽象系统，在这个系统中，强制取代了劝说，人的自主性的程度沦落

① 刘小枫：《现代性社会理论·绪论》，三联书店 1998 年版。

②《十力语要》，中华书局 1996 年版，第 57 ~ 58 页。

③《梁漱溟全集》（第 2 卷），山东人民出版社 1994 年版，第 135 页。

为对于世界的适应性的水平。人不再有精力也不再有兴趣把人文的智慧用于自身,而是专注于对作为环境的世界的适应。机械实在是近代世界的恶魔,是应和西方人那种攫取性的人生态度而发明的。西方人征服自然利用自然,体现的是一种他向性而不是自返性的生活态度,而科学则是这种态度的又一种表现。在梁漱溟看来,所谓科学,意味着这样一种人文类型:把人的"智慧向外用"。科学方法的要害是将一切物观化。所谓物观化,一方面是把人设置为冷静的、无动于衷的旁观者,另一方面也从现象中切除认识者的兴趣、性情等因素,从而使得事物仅仅作为当前的表象而出现。在这个过程中,起主导作用的是人的耳目等感官,而不是人的主体思想的力量。

二、现代性的后果

徐复观对于科学世界观所导致的现代性后果同样充满忧虑。他发现:"一九五〇年以后,出现了一个新的现象。技术以空前的速度向前发展,战后工业复兴也是以空前的速度前进。在这种情形下,由于技术的发展,使人感到人只是从属于机器。又因为工业的发展,工商业之组织日益扩张,每一个都要加入企业组织中,而变成一个小螺丝钉。"①人一旦仅仅成为生产过程的环节,那么,隶属性而不是自主性就变成了人的现实本性。这种物观化的认识方法之所以盛行,是因为物观化的目的,本是在于要把不可用数字测量的东西变成可用数字测量,把不可用耳目感官视听的东西变成可用耳目感官去视听。然而同样真实的是,在人类生活中,永远存在着只能由心灵去接触,而不能完全诉之于用耳目感官去感受的东西。这种不能完全诉之于耳目感官去接受的东西,并非等于不

① 《徐复观文集》(第1卷),湖北人民出版社1998年版,第172页。

真实,更非等于不需要。站在人的生活立场来讲,或许这些东西即是最后的真实、最后的需要。宗教、道德、艺术这些属于"文化价值"系列的东西,便是如此。它们的存在,恰恰表明了科学的界限。然而,科学却无视这种界限,不断扩张自己的独断要求,对于凡是不能用自然科学方法处理、不能使其可用数学测量、不能使其可用耳目感官去感受的东西,便认为都是不真实的、不需要的东西,而要求从学问范围中加以放逐,要求从人的现实生活中加以放逐;于是文化中的价值系列与文化中的科学系列切断了关联,现代人完全活动于感官活动范围之内;科学与商业结合起来,使人的感官得到了圆满的满足,但销蚀了人们反思的动机。沉思与想象的搁置,使得世界沦为纯粹当前的在场,也即成为耳目之官就可以穿透的现象。这一点构成了现时代的最为突出的特征,因此,徐复观把现代命名为"不思不想的时代"。在这样一个时代,世界失去了它应有的深度和广度。

源于西方的现代性裹挟技术理性、个体诉求、宪政理念、市场模式,以普遍主义的姿态使其他后发型的现代化国家卷入政治经济、生活空间和观念心态的剧烈转型,在受迫状态下参与到全球一体化进程之中。这使新儒家产生了一种对我们的文化灵魂的现代命运的隐忧。新儒家看到,技术化、商业化的社会导致人们的道德沉沦与心灵萎缩。刘述先说,科学和工业化,对人生当然有积极正面的贡献。然而迷信科学主义和无限度的工业化却造成了偏差。科学把一切化为对象来研究,用数量来处理,却往往看不到活生生的人。无条件的加速工业化而罔顾工人的福利、环境的污染、能量的消耗,最终造成了现代文明的问题与危机。这些都是忘记了人文精神的缘故。主奴易位,本末颠倒,不但不能增加人生的幸福,反而加深了人生的痛苦,降低了生命的价值。牟氏认为,西方近代文化积极的成就就是民族国家的建立、科学的发展和自由及民主的实现，这是文艺复兴和启蒙运动以来的伟大成就，是人类的积极精神所孕育，亦表示人类理想的实现。但是19世纪后半期和20世纪以来，文艺复兴和启蒙运动的时代精神、文化理想停滞、消失了，真实的个性与真实的人格丧失了，成了“非人格”的存在；科学的发展使得很多人只知科学而不知另有价值、德性的学问，人类精神外在化了。于是就有了尼采的“上帝死亡”之说、海德格尔的“上帝的隐退”之说。牟氏指出，在这精神的大堕落、大病痛的时代，海德格尔、萨特等存在主义者企图走出一条新路，但西方文化传统哲学没有给他们留下一个典范，故他们的摸索有许多晦涩之处。而儒家的道德理想主义，可以担负拨乱反正的任务。今日人类如果通过“实践理性”的理路，矫正时弊，遏制向外趋、向下滑的毛病，就能达到天人契合，接近真正的希望。

自20世纪初以来，西方文化随着科技高度发达而出现了畸形发展的态势，知性思维以及物化观念日益侵入人的精神领域，人的心灵世界日渐失去其丰富性、生动性，而变得冷漠麻木、虚弱苍白。对此，敏锐的西方文化界人士，如叔本华、尼采、海德格尔、马尔库塞等，都曾表示了强烈的忧虑。西方学者意识到，现代性追求导致市场经济的出现，并且由此导致了人文精神的失落和道德伦理的滑坡，科学似乎以可怕的力量压抑和扼杀人文精神，将人类置于一个物质程序化的、没有诗意生命的世界。成中英也同样表示了自己的担忧：随着人类进入高科技、经济和商业大行其道的时代，我们面临的问题越来越严重，出现了普遍缺乏生命力和创造力的情况。主客体动态统一中原有的洞察力和想象力也已失去或者即将失去。主体在面对瞬息万变的客观世界时缺乏和谐统一的心态。就世界本身来说，过度的污染和开发破坏了自然内在的和谐，并将其置于人类大肆而为的改造和毁灭之下。主体如果没有一个和谐统一的心灵的话，客观的美和崇高又从何谈起？主体若没有一个充满和谐和创造力的环境,又怎会有平和的审美心境?从这两个问题中还能再引出两个更严肃的问题,即:现代中国美学何去何从?中国诗歌和绘画的出路在哪里?成中英的这番话,不是耸人听闻,而是一种警示,意在指出当代中国美学的处境不容乐观。这样的反思和分析有助于形成对美和崇高的审美认识。

现代性的遭遇,就是传统向现代的急剧转型以及由此引发的震荡的生命体验。公允地说,现代性不完全是弊病,更不是彻底的灾难。否则我们现在为现代化所进行的努力有什么意义呢?现代化有其不可抹杀的历史功绩,像生产方式的变革、生活方式的进步、生活质量的提高、人的个性的发育、人的觉醒、传媒的发展、社会生活的民主化等等,都令人倾心向往。但从另一方面说,现代化过程也有不少问题存在,这些问题包括人与自然的冲突、人与他人的冲突、人与自我的冲突,这些问题都有待于人们在现代化的过程中予以克服和解决。

需要说明的是,新儒家对现代性的批判,不等于对现代化的彻底否定。他们的文化现代性话语既是对社会现代化理论的一种批判和补充,也是对它的一种纠正和超越,其宗旨是要克服社会现代化的负面后果,发扬社会现代化的积极方面。新儒家在谈论现代性问题时,更关心中国自己,更关心现代性给我们带来的影响。新儒家看到,现代性给我们带来了文化心态上的激进主义、日常行为上的个人主义、伦理道德上的虚无主义以及对待自然的世俗主义。因此,新儒家提醒我们注意、防范、避免现代性带来的负面性。值得注意的是,新儒家在讨论现代性时,已把“现代化”与“西化”分开来考虑。新儒家认为中国文化、典章制度、学术方法都有现代化的必要,但是不能把现代化只看成西方化。冯友兰在《新原人》中指出,中国需要向西方学习,但并不一定要接受西方的宗教传统。比如,我们可以不接受基督教,但是仍然可以成为现代新型国家。因此，冯友兰主张我们应该现代化，但这并不一定意味着西化。

第二节　对西方中心主义的批驳

20世纪中国知识界同时形成两种观念思潮，即向西方学习和对传统的批判。前者出于改变落后挨打的自强愿望，后者来自推翻文化传统的激烈冲动。前者无可非议，后者却潜伏着一个危机：几乎所有的进化论者都试图站在整个人类发展的高度，以先知先觉的姿态，宣告某种具有普遍性和世界性的真理，预言人类应当步入全球性的现代化道路。这当中包含了一个前提：假定人类文明具有同一性，社会发展模式具有同一性。在这种同一性的背后乃是西方文化中心论。新儒家用文化相对主义和"文化持有者的内部眼光"来审视世界文化和本土文化。他们对"西方中心主义"、"文化优劣论"、"单线进化论"、"文化霸权主义"等意识形态话语进行了批驳。

一、抵抗"西化"

有感于西方中心主义的泛滥，自身民族文化有被淹没以至消亡的可能，新儒家奋勇而起，彰显民族文化。方东美强调"中国心灵"，要求中国人自己要葆有"中国心灵"。方东美痛感一些国人妄自菲薄，自毁长城，污蔑中国的文化遗产和宝藏，导致中国心灵的精神暗而不发，衰而不振。因此，他于1937年春写了《中国人的人生观》系列广播稿，分八次向全国广播，随后出版发行，激励国难期间的中华民族的士气。方东美自认书稿意在阐扬中国的慧心。书中所说的内容或许有人意见不同，但有一件事却不容置疑，那就是必须坚持"中国的心态"。因为中国心态的沦丧，不但对我们中国人是一个极严重的打击，而且对整个世界也是如此；不但备尝苦果,而且要付出无数的血泪代价。1956 年,方东美修订了《中国人的人生观》一书以英文出版,他更希望英语世界对中国心态能有同情的了解。他写了一首诗,言志抒情,其中说"殊语传深意,终然是夏声",表达了诚挚的爱国之情。同时,方东美希望西方学者要深入"中国心灵"。在方东美看来,西方学者已经写过一些有关中国的东西,但负面报道也很多,表面上看起来都是言之有物,持之有故,令人目眩,但实际上,西方学者很少有人触及真正的中国心灵。如果没有同情的感受,西方学者对博大精深的中国文化宝库就会视而不见;如果西方世界只以俗眼来看待中国的慧心,就会错误百出。

对西方中心主义的批驳,集中反映在由唐君毅起草、与牟宗三、徐复观、张君劢共同署名、于 1958 年元旦发表的《为中国文化敬告世界人士宣言》中。新儒家们认为,近代以来西方人研究中国文化,或是立足于传教的立场,或者从中国文化引起之好奇心,把中国文化当做一种"古玩"加以研究,或是从现实政治的角度出发,他们"不是顺着中国文化自身之发展去加以了解","不是直接注目于中国这个活的民族之文化生命、文化精神之来源与发展之路向的",所以这种研究"在事实上亦已产生了不少对于中国学术文化之过去现在与未来之误解"。《宣言》认为,研究中国文化的正确态度,"必须顺着中国文化历史之次序,由古至今,由源至流,由因至果之逐渐发展方向,更须把握中国文化之本质,及其在历史中所经之曲折,乃能了解中国近代史之意义,及中国文化历史之未来与前途"。从这种态度出发,《宣言》认为,在许多西方人和中国人心目中,中国文化已经死亡的结论是错误的。"中国文化正在生病,病至生出许多奇形怪状之赘疣,以至失去原形",但是,中国文化的生命力却是长存的,并且有着一个绵延不断的文脉。儒家的中心信仰是"天人合一"。在儒学中,"人性"是内在超越的理念,"天道"

是外在超越的理论。它们的具体体现便是“仁”、“德”、“恕”、“敬”等观念，构成了儒家文化的伦理价值观念体系。这种价值体系乃是“中国之历史文化，所能实际存至数千年而有一贯之传统保存下来之核心理由所在”。中国文化不但没有“死亡”，而且具有强大的生命力。因此，《宣言》认为，西方文化也有学习中国文化的必要。例如，中国文化中“当下即是”的精神、“一切放下”的襟抱、圆而神的智慧、温润而恻怛悲悯之情以及如何使文化悠久的智慧和天下一家之情怀，都是西方文化所欠缺而应当向中国文化学习的地方。基于上述认识，《宣言》认为，人类一切民族文化都是人之精神生命之表现，所以“人类皆应以孔子作《春秋》之存亡继绝的精神，来求各民族文化有价值方面之保存与发展，由此以为各种文化相容并，互相欣赏，而互相融合的天下一家之世界之准备”。对中国文化来说，“是如何使中国能承其自身文化发展的要求，而完成其数十年来民主建国的事业，及中国之科学化工业化，以使中国之人生存在兼为一政治的主体与认识的主体”；“而西方人则应自反省其文化之缺点，而求有以学习于东方”。新儒家试图以某种概括力和解释力的广而告之的形式，让外国人一窥中国文化之堂庑，让中国文化理直气壮地走向世界。《宣言》表明新儒家要以更坚定的立场来守护中华文化，要以独立的姿态来吸收外来文化成果，以开放的心态努力使自身具备与世界文化对话的能力和资源。

在一些国际学术会议上，新儒家也表现出批驳西方中心主义、捍卫自己文化的斗士风采。1964 年，第四届东西哲学家会议在美国夏威夷大学召开。出席会议的有美、欧、印、日等国以及中国港台地区学者数十人，列席旁听的也有数十人，可以说是会集了各地区哲学的精英人物。当时参加会议的中国学者有方东美、唐君毅、梅贻宝、吴经熊、谢幼伟诸位先生，成中英、刘述先等人也列席了会议。方东美在会议上用流利的英文宣读了《中国形上学中之宇宙个人》的论文。他的精妙玄思、典雅文辞顿时震惊了各国学者。日本学者铃木大拙先生慨然评价该文:“冠绝一时,允称独步,不愧精心结撰,压卷之作。”方东美的发言虽然受到与会者的推崇,但他所宣扬的生生和谐、天人合一的中国文化观念也引起了尖锐的反驳。持相反观点的是英国伦敦大学教授芬德莱先生,他以欧洲哲学的分崩离析倾向,讥笑中国哲学家的天真、不食人间烟火,说中国的个人观和世界观不过是一个美梦。方东美针锋相对,斥之幼稚,不足以了解中国高深的智慧。二人的争执,引起了一场火药味十足的辩论。这场辩论实际上是中国学者对西方文化霸权主义的呵斥。西方文化习惯于把自己当做中心,中国文化等而下之,受屈辱似乎也成自然。方东美以他对中西文化的深入把握,挺身而出,竭力为中国文化辩护,这既是出于一个学者的良知,也是出于一个中国人的义胆。

徐复观写过一篇《一个中国人在文化上的反抗》一文,声称,他从20世纪50年代所开始的在文化上的发言,不想为自己表现什么、维护什么,而是指向任何性质的洋教对中国文化的污蔑、压迫所提出的反抗,也是对中国人的心灵、人格及合理的生存权利的污蔑、压迫所提出的反抗。他坚信:中国人、中国文化可以与一切人、一切文化和平共处,互相取益。但中国人、中国文化决不允许任何洋人洋教来加以污蔑、压迫。这样鲜明的民族主义话语,并不意味着走全盘“反西化”的道路,而是奉行以我为主的“化西”立场。徐复观看得较为清楚:“我们需要科学、民主,并要从自己民族生命中成长出科学民主;但像吴稚晖胡适们,把科学民主当作洋教看待,要把线装书丢进厕所,说东方文明没有灵性,则我作为中国人,便必须起来加以反抗。”①徐复观反抗的是“西化”的潮流,反对的是

① 《徐复观集》,群言出版社1993年版,第59页。

以“西”压“中”的行为。于是，在他的内心，自然萌发了“为中国文化和中国人伸冤”的豪气和义举。

长期以来，国人似乎习惯于用西方理论来“指导”实践，这样做有一定的道理和成效，但在新儒家看来，引进西方文化，不能丧失自性。我们对西方文化不能盲目崇拜，降主为奴；要以不卑不亢的气度，对待西方文化及其理论。唐君毅反对在学习西方的过程中，国人心中夹杂怯懦与卑屈感，奴颜婢膝地拜倒在西方的脚下。在创造其哲学体系的过程中，唐君毅反复强调的是“灵根自植”；申论最多的是“人当是人，中国人当是中国人，现代世界中的中国人，亦当是现代世界中的中国人”这句斩钉截铁的铮铮誓言。

二、平视的态度

唐君毅倡导以“平视的态度”研究学问，实现治学态度的战略转变：一是从以西洋眼光看中国学术的态度转到以中国眼光看中国学术的态度，二是从所谓“整理国故”的态度转到学中国学的态度，三是从先有结论后寻证据的态度转到先寻求假设后搜集证据的态度，四是从先怀疑批判的态度转到先同情的态度，五是从过分相信西方哲学分析研究的态度转到重视中国哲学综合研究的态度。他反对一味用西方观念整合中国文化的做法，反对学术上的“洋务运动”，因为这种“洋务运动”以西绳中，移中就西，只会导致削足适履，只会丧失自身的特质。

这种“平视的态度”得到了刘述先的回应。刘述先认为，当今世界，我们遇到一个东西方会合的大问题：“如果今日的东西方仍然固执一己的成见，受帝国主义的侵略野心与偏狭民族爱国心的驱使互相敌对，则东西方的确永远将如吉卜林所说的‘东方是东方，西方是西方，它们永远不能会合’，但若我们能平心静气检讨东西方文化内在潜存的缺陷，互相比较参照，则又安知我们不能在未来找到一条通路足以解救世界今日的危局呢?"①杜维明以更加开放的心态,认为"应该了解不同的轴心时代的文明有不同的源头活水,不同的精神资源,不同的潜在力,不同的发展脉络",不同的典范有不同的人格形态、社会作用,在"人类的轴心文明时代,各种思想、各种精神、各种生命形态的方向大不相同,应以不同的角度来理解,以认识它的动力和局限,而不是因其不同而扬此抑彼"②。也许,在文化认识方面,这种文化自觉、自爱、自尊的观念,更符合现代的文化对话和文化交流的规律。

新儒家的"平视的态度",既有感于国人的"自卑",也针对着西方文化的"霸权"。在很长时间里,西方殖民主义固守"欧洲文化优越"论,无视其他民族文化的价值。西方文化传统、价值观念、思维方式和行为模式等,都被视为具有科学的和普世的真理性,因而应该为世界其他民族所效法。这种西方文化中心论的恶风所及,就形成了文化上的扩张主义和文化上的霸权主义。

西方有的学者视第三世界文化为非科学的、落后的、愚昧的存在物,认为它们仅有"奇异性"的观赏价值,若要生存与发展,更多的是需要接受西方的教诲和启蒙,需要泯灭掉自身的本性和特点,竭力效法和靠拢现代西方文化。因此,西方中心主义有两个相互联系的方面:一是征服、支配、控制的强力倾向;二是理性、效用、功利的谋划倾向。它们共同塑造了西方人的主体性的文化霸权:一方面是西方主体对于非西方文化的所谓原始野蛮民族文化、落后文化的征服和控制,一方面是欧洲主体自身的工具理性的强化。这两者相互补充:谋划为征服的最佳手段,征服为谋划的最后目

① 刘述先:《儒家思想与现代化》,中国广播电视出版社 1992 年版,第 495 页。

② 杜维明:《现代精神与儒家传统》,三联书店 1997 年版,第 35 页。

的。质而言之,谋划与征服构成了西方中心主义的两种要义。

直到20世纪,一些正直的西方文化人类学学者才突破此种偏见。例如,德国的斯宾格勒、英国的罗素以及美国的白璧德等学者开始反思与批判"西方文化中心论"的错误,倡导东西文化的互识与互助。现代文化人类学的一个基本观点认为,各民族的文化虽是千差万别,但就其各自缘自民族、历史、地理诸要素的独特的整合机制或独立的文化体系而言,却具有同等的价值。因此,世界上不存在什么惟一的和首善的文化范式。每一种文化都有其独特的精神气质,每一民族的价值观念都有个性差异。对世界总体文化的自觉意识,使一些西方的思想家和文化人意识到自身文化的局限性和褊狭性,开始对原来文化传统的中心地位和完美性产生怀疑,并积极向异域的文化学习。这些学者尊重中国文化的客观态度及其亲和的话语,令新儒家称颂不已。

新儒家对西方中心主义的批驳,还表现在对富有民族特色的文艺话语和美学范畴的坚守上。徐复观在谈到《中国艺术精神》的写作动机时说:"我在探索的过程中,纠正了许多古人,尤其是现代人们,在文献上、在观念上的误解。尤其是现在的中国知识分子,偶尔着手到自己的文化时,常不敢堂堂正正地面对自己所处理的对象,深入进自己所处理的对象;而总是想先在西方文化的屋檐下,找一容身之地。但对西方文化的动态,又常陷于过分的消息不灵。"随后,他举例说,一些人随便将中国绘画比附西方的某一画派,其实是不恰当的。诚然,"任何人不必干涉他人的艺术活动与见解;但说到'中国传统'的时候,便要受到中国画史事实的限制。今日有些人太不受这种历史事实的限制了……"①可见,徐复观是要为中国艺术尤其要为中国的绘画正名,还它们本来的面目;进而

① 徐复观:《中国艺术精神》,春风文艺出版社1987年版,第2页。

向世人证明,中国绘画并不劣于西方绘画,中国艺术也不差于西方艺术。

追求思想和学术的独创性,一直是新儒家的心愿。新儒家反对国人不分青红皂白向西方知识谱系顶礼膜拜的做法,企图摆脱西方中心主义的束缚。熊十力一针见血地指出:“今日学子安于卑陋怠散,虽剽窃西学,而于知识方面实不曾作过有根据有体系的探求。”①熊十力强调价值取向的自主性和思想精神独立的重要性,显现了一种“独立苍茫自咏诗”的精神气概。唐君毅更期待中国文化参与到全球化的进程中,并能独立自主,“故中国以后之接受西方文化必须彻底改变以往之卑屈羡慕态度,而改持一刚健高明的态度。仍在自己文化精神本原上,建立根基”②。新儒家以心态的自主性、学说的根基性和思维的创造性为追求目标,但是同样需要的是,以兼容并包的心胸让世界走向我们。在纵向的继承和横向的观照中,我们才能作出既有民族特色又有世界影响的贡献。

第三节　对现代主义艺术的评析

现代新儒家的文艺观是古典主义的,美学观是道德理想主义的。他们生逢 20 世纪文艺思潮的变革时期,同样遇到由现实主义、浪漫主义向现代主义文学的历史变迁。在传统与现代之间,新儒家是如何看待现代主义文学与美学的呢?

一、现代派文艺的弊端

总体上,对于现代主义文学与美学,新儒家持批评态度。他们

① 熊十力:《十力语要》(卷一),中华书局 1996 年版,第 3 页。

② 唐君毅:《中国文化之精神价值》,广西师范大学出版社 2005 年版,第 346 页。

对现代艺术的批评是与对西方现代文明的批评结合在一起的。在他们看来,现代艺术的弊病有二。

一是虚无主义。新儒家一方面盛赞希腊文化为人类文明史上之辉煌时代,盛赞文艺复兴时代的种种成就;一方面又诟病西方现代文明之种种恶果,诸如机械加予人性之桎梏,人与自然之失调,社会价值之坠落。方东美比较欣赏古希腊文艺,赞赏其酣畅饱满的生命气息。反观近代欧洲,方东美发现,自文艺复兴以后,迄至现在,其科学的发明日新月异,其哲学之创获层见叠出,其艺术之演变源远流长,表面上确是荣光灿烂,耀眼闪烁,但事实上呈现生命空虚、凌乱蔽亏的局势。换句话说,近代欧洲思想之流衍,也构成一种悲剧。这种悲剧的特点是,运有入无,不能从心所欲,随处表现驰情入幻的趋势,所以不妨称之为"虚无主义的悲剧"。其原因是"近代欧洲人之于自然,自始至终,要存一个敌对的、抗衡的、傲岸的态度,他们所谓自然美却只是理智缔造的境界。他们的艺术倾向要在涤除现实的真妍以显现臆想的幻美"①。这就准确地抓住了欧洲近现代文艺的一个特点——幻美,这从巴洛克艺术、罗可可艺术中可以见出。方东美站在哲性诗学的立场,具体地分析了"幻美"的根源:"近代欧洲人雄踞一己生命之危楼,虎视宇宙之远景,情则激越,理转退敛,理或远注,情又内亏,实情与真理两相刺谬,宇宙与生命彼此乖违,揭生命之情不足以摄宇宙之理,举宇宙之理不足以尽生命之情,情理异趣,物我参差,结果遂不免两相矛盾,销磨抵触,趋于空无,入于幻灭。"②如此,方东美并不看好欧洲近现代文艺。

达达主义在西方现代主义艺术中最为激烈,是现代破坏和颠

---

①② 方东美:《生命悲剧之二重奏》,载《方东美集》,群言出版社 1993 年版,第 115、145 页。

覆的滥觞。它的画艺,意在否定传统。1961 年夏天,徐复观在香港的《华侨日报》发表了一篇题为《现代艺术的归趋》的文章,质疑现代艺术对自然形相的破坏,不过是为追寻未来统一新形相的短暂过渡,"由达达主义所开始的现代艺术,它是顺承两次世界大战及西班牙内战的残酷、混乱、孤危、绝望的精神状态而来的。看了这一连串的作品——达达主义、超现实主义、抽象主义、破布主义、光学艺术等作品,更增加观者精神的残酷、混乱、孤危、绝望的感觉"①。徐复观认为,这种顺承着世界的残酷、混乱而来的现代艺术,把人和社会拉向了一个不可测度的深渊、不可测度的虚无世界。在他看来,西方激进的现代主义远离了人文价值,走上了虚无主义之路。

现代派艺术家反传统,美其名曰实现其革命的要求。牟宗三认为,它以一种"冲破的浪漫精神",把人们从传统价值世界的"限制性差别"中解放出来。这对传统价值世界而言,是一种解放,但解放的结果,则是对价值世界、人文世界的破坏,形成虚无主义。牟宗三从哲理的角度进行分析后认为,支撑着这种以日常生活为中心的现代世界观的,其实是一种"艺术性的欣趣之美学情调",正是它构成了现代世界观的灵魂。但由现实世界的敞开转向心理世界的僻执,业已成为一种时代精神或习气。这种美学情调是"对于行云流水之轻松弛散境之趣味。这既不是诗的,也不是戏剧的,乃是散文的,小品文的散文的,所以它首先不是强度的,乃是广度的,不是内在的,乃是外在的。这是一种平面的苍凉阴淡的趣味、无体的月亮光的世界"②。牟宗三指出,这种情调,从内在的方面说,其

① 《徐复观文集》(第 4 卷),湖北人民出版社 2002 年版,第 280 页。

② 牟宗三:《论"上帝隐退"》,载《牟宗三先生全集》(第 9 卷),台湾联经出版公司 2005 年版,第 245 页。

实只是知觉层面上的主观自娱之境,其中固然内蕴着一种智者的情趣,但也含有一种排他的僻执;从外在的层面说,世界被构想为"极端冷冷然而无情"的"一切'是其所是'的平铺之境",强烈的情感、生命的意义、意象的内容都化掉了。在这种平面无情的世界图景背后隐含着的,一方面是人不再从世界中获取他的存在意义,以超然于世界的方式沉湎于他的自身;另一方面则是随着世界的平面化而产生的人与世界之间的高度疏离。在这种疏离中,我们可以看到的是无可奈何而听天由命的苍凉的悲情。世界变得不再生意盎然,而是一个机械性的平面世界。但把嘈杂的世界简化为事件及其逻辑关系的要求愈是强烈,人们对于生活世界的无所适从的感觉就愈是显得深沉,而从现存世界中摆脱出来,进入简单理想的逻辑化世界中的愿望就愈发显得直接。在此,理想化世界的获得又是通过对现实世界的彻底颠覆才得以成为可能。因此,现代人的世界观总是为某种虚无主义的悲情所主导。

二是形式主义。现代艺术争奇斗异,注重形式的变化和翻新,形式主义的追求成为时髦。现代派艺术家对形而上学的执着,导致了艺术形象的变异。我们不难看出,活跃于纯文学艺术中的人物形象,大多是变形、抽象、怪异的。这种情形往往令人困惑。抽象主义和超现实主义是现代艺术的两大台柱。抽象主义绘画的特点是运用几何图形,描绘人物,弄得人物形象过于干枯和僵化。超现实主义采用所谓"自动装置",把自然变形,把人生变调,把社会变异,表现了人的潜意识和下意识,提供了一幅幅斑驳陆离的画面。

现代艺术家在种种反叛、颠覆、解构的革命行动中,致力于艺术的分解、拼凑与否定,随机的、自动性技巧所制作的不可名状、千奇百怪的"杰作"纷纷出现,陷入空洞的形式主义。徐复观指出,抽象主义和超现实主义同是出于"非人间"、叛逆自然的现代精神。

现代艺术中的所谓抽象,并不是经过思想的简练揣摩而得,而是把客观的形象、传统的形象加以抽掉,让潜意识不受限制地表达出来。这种"纯主观的抽象艺术,乃是出自变态的,因而是闭锁的人性、心理状态。他们根本失掉了人性最基本作用之一的美的观照的作用"①。这样一来,艺术不再是美的升华,而是趋向美的否定。徐复观不无调侃地说道:毕加索只有把自己的太太画成三只眼睛的怪物,才能满足自己艺术创造的冲动。其实,在现实世界中,毕加索的内心可能因自己未曾得到最后的形态美而会有时感到空虚、叛逆,但我们相信他决不会要三只眼睛的女性做太太,即使有这种三只眼睛的女性。

抽象画乃是出于好奇的幻想。徐复观说:"既是把形相抽掉了,也等于把人赖以把握艺术品的某种秩序抽掉了。严格地说,此种艺术品已成为不能被人所把握的东西。"②"用语言来否定语言的秩序,这是所谓意识流文学的穷途。以画出的形相来否定形相,此抽象艺术之所以为吊诡。"对于号称"新达达"、取代抽象画而兴起的"新具象主义"、"波普艺术"(徐氏译为"破布艺术"),徐复观一样投以不屑的一瞥,把这种艺术称为"异术",而不是"艺术"。因为他们并没有真正在危机苦难的世纪中发现出新的精神领域,而只是出于艺术形式上的叛逆作用,不能给艺术以新的生命。他们可以把旧纸条、旧布条、乱绳索等这类破烂不堪的东西粘贴在一起组成一幅画,也可以利用一张报纸和一把剪刀,在报纸上胡乱地剪出一首诗来,他们甚至可以把人画成三只眼睛或几个鼻子的怪物,想方设法对艺术形象进行破坏。

现代派艺术家跨略旧规,驰骛新作,愤世嫉俗,铺张扬厉,在一

---

①②《徐复观文集》(第1卷),湖北人民出版社2002年版,第279、283页。

个充满不确定性的世界寻找变形和标新的意义。针对现代主义艺术家片面追求主观印象和主观直觉以超拔客观人物形象的做法，唐君毅若有所思地评论道："现代之西方艺术，则任主观之意想构造以为意，乃不惜与自然人物之形相，舛异乖忤，则又无异自封闭限制于主观之'意'中，而'意'成罗网。其更欲决裂此罗网者，乃或唯破坏形式为形式，任意涂抹颜料，亦任其凌乱杂沓，以表现其心灵之郁积怨愤，此则入于艺术之魔道。"①现代西方艺术的怪诞美学，表现了诗人、艺术家在人类历史巨大分裂时期的迷惘和困惑。新儒家当然意识到其形成的现实根源，但是他们指出这个"新动向"是对艺术本质的背离，表现在各类艺术文本中的新潮性、混杂性、无主题、反英雄，就是明证。因此，新儒家看到其两个相互关联的方面：一是它构成了对现实的激烈的批判。从内容上说，它为现代人生活、劳作中的悲剧进行抗争，为人们战胜奴役而欣喜若狂，对所谓"主流话语权力"进行拆解，由此产生多元共生趋向以及个性自由的空前张扬。二是现代派艺术家永无止境的创造激情和解构冲动以及对异化的反抗，驱使他们不断质疑和再造，甚至向自身已经形成的传统宣战，于是他们不得不热衷于花样翻新。新儒家不免纳闷：这种折腾何时是尽头呢？

二、现代艺术的冲突

世纪交替的艺术重心，是给历史一个完整而负责的推陈出新，还是追求"过把瘾就死"的快感？新儒家集中在内在性、震惊性、永恒性和创新性等问题方面，展开了对现代派艺术的分析。

关于内在性问题。徐复观认为："现代艺术的精神背景，是有

① 唐君毅：《中国艺术与中国文化》，载《中华人文与当今世界》，广西师范大学出版社2005年版，第665页。

一群感触敏锐的人，感触到时代的绝望，个人的绝望，因而把自己与社会绝缘，与自然绝缘，只是闭锁在个人的‘无意识’里面，或表出它的性欲冲动，或表出它的孤绝、幽暗；这才是现代艺术之所以成为现代艺术的最基本的特征。”①现代艺术极力向人的内心世界掘进，主张向内转。但是，真正的艺术创作，是建立在人与自然之间的结合上的。而伟大的艺术作品，往往表现为人物两忘、主客合一的境界。成中英持同样的观点：情感与形式之间的不和谐及分裂在西方美学中愈演愈烈。当代西方诗歌已经在荒原上迷失了，但仍努力地试图通过借用外来文化的形象来复兴自己；而绘画则演变为后现代的，即解构人们熟悉的形式和秩序，以残缺不全的形状的形式表现怪异荒诞的冲突和紧张，警示人类这一时代的不和谐。成中英把这种情况归结为艺术主体在面对瞬息万变的客观世界时缺乏和谐统一的心态，认为主体如果没有一个和谐统一的心灵的话，客观的美和崇高就无从谈起；主体若没有一个充满和谐和创造力的环境，就不会有平和的审美心境。

关于震惊性问题。唐君毅认为，西方的存在主义面对虚无，产生恐怖和战栗，心性陷入沉霾幽谷，现代派文学表现了这种走出幽谷时的震撼感，但终不能解决人生存在之所遭遇的危机。现代人经历二次世界大战才猛然惊醒，科技的进步并未给人生带来幸福，这迫使作家对人的情状有了更深刻的了解。加缪写《异乡人》、《西西弗斯的神话》，深深地感受到，世界对人来说是一块陌生、无情、充满了敌意的土地，而人生是荒谬的。正如神话中的西西弗斯一样，把大石头由山下推到山上，又由山上滚到山下，不断在重复着这样无意义的过程。刘述先一针见血地指出：“现代西方人对超世的宗教理想绝望之后，最中心的体验是人生的荒谬，法国文学由马

① 《徐复观文集》（第 1 卷），湖北人民出版社 2002 年版，第 276 页。

尔罗到加缪所表现得淋漓尽致的都是这方面的感受。”①而成中英在《从哲学看文学》一文中指出，现代西方社会的偏颇发展，使许多人丧失了感受的能力，甚至缺少任何高尚情绪的体验。这可视为麻木不仁、无聊至极的情绪。西方存在主义的文学作品，就是源于此种情绪的宣泄，反映了西方现代社会的特殊境遇，令人产生心灵上的震惊和净化。

关于永恒性问题。徐复观认为，由正常的人性所发出的精神状态，自然而然地会以某种程度、意味和方式，把客观的自然、社会吸收进来，而与其发生亲和、交感的作用。所以具有永恒性的艺术，都注重主观与客观相互之间的关系。现代艺术的彻底的主观意识，孤立于社会、自然之外，不是出于正常的人性，因此也不能借此臻于永恒。此种艺术的自身，可以作为历史的创伤的表识，但并没有含着艺术的永恒性。“今日之所谓意识流的文学，乃是把‘私欲’、‘无明’当作人性的文学，则他们的反理性、反社会，也是必然的。但反社会、反理性的作家，能要求什么人来读他们的作品呢？”②现代派艺术家的艺术心灵中所流露出来的对自然、社会、历史的绝对排斥，是变态而绝望的心灵状态。人类前途不可能在这样的心灵状态之下开出一条康庄大道。

关于创新性问题。新儒家指出，“创造”二字不单纯意味着新奇而已；新奇只是创造的行为结果之一个属性而已；有意义的新奇，才是创造的本质。熊十力云：“须知创新者，不是舍除其所本有，而向外移来人家的物事。移与创，分明不是一回事，故为全盘外化之说者，是太消灭自家创造力，自暴自弃之徒也，创新者，更不

① 刘述先:《儒家思想与现代化》，中国广播电视出版社 1992 年版，第 201 页。

② 徐复观:《中国文学论集》，台湾学生书局 1985 年版，第 90 页。

是从无生有，如魏、晋人误解为老子哲学之所云也，创新，必依据其所本有，否则空无不能创。吾与《新唯识论》中，曾言此理，吾人生理，新陈代谢，是创新义也，新的血脉故是不陈的，然何尝不是依据陈的而变生得来耶？"①针对现代创造观念中的破坏主义与反传统的态度，徐复观尖锐地指出，"新奇"即"进步"即"价值"的现代艺术舆论，正引导人类走向虚无主义与时尚主义。反叛艺术自身的规律，把"出轨"当做勇于"创新"，以"颠覆"为"新价值"，不是艺术创造的正途。

新儒家对现代主义文艺的批导，具有具体而深刻的时代、社会原因以及这些学者个体的精神根源。在新儒家中，徐复观是较多注目现代艺术的学者。20世纪五六十年代，由于各种政治、经济方面的原因，现代艺术在中国的台湾岛内风靡一时。以《文学杂志》、《现代文学》为代表的现代主义文学和以"五月画会"、"东方画会"为代表的现代主义绘画，以西方先锋派文艺为皈依，专事模仿，生硬接合，标新立异。目睹艺术界的种种"怪现状"，徐复观站在"文化批评者"的立场来思考现代艺术的问题。他所遵循的是传统主义美学原则，所秉持的是儒家的性善理念，这使得他能锐利地洞见出现代艺术思潮中对人性否定的弊端。从人性"整体"角度来判断驳杂紊乱的现代艺术及其作品的价值是一把犀利的标尺，确实具有针对性和闪光处，但是又有偏颇性和不足处。例如徐复观对作为现代主义文艺思潮的理论基础的佛洛依德精神分析说的评判，就不太准确。在他看来，佛洛依德把人的精神分为潜意识、意识、良心三个层次。一如儒家划分情、心、性三个层次。只不过儒家认为"心统性情"，由独立自主的"心"调节道德（性）与情欲（情）的冲突；而受佛洛依德影响的现代艺术家却特别突出以"性欲"为内容

---

①《熊十力全集》（第8卷），湖北教育出版社2001年版，第102页。

的潜意识，这就阻断了意识与良心对生命的决定性。徐复观担心，在“潜意识”的基盘上展开的现代艺术会戕害人性中的道德理性和人文主义。其实，在文艺对现实的整体关系上，显意识与潜意识、理性意识与非理性意识都是现实的反映。现代派艺术家致力于挖掘人的内心世界的“潜意识”，描写怪异的人物形象，目的正是要唤起人们认识人性中的黑暗层面，唤起对现实的陌生效果和惊奇意识，以此来反思乃至克服现代社会的异化现象。现代派艺术大师卡夫卡、乔伊斯、普鲁斯特、贝克特、毕加索等人毕竟是西方现代心灵忧伤的叙述者，自有艺术存在的价值，不能抹杀。徐复观等新儒家似乎难以理解危机时代的苦闷的艺术家，包括其狂放不羁的处世态度和标新立异的创作风格，故他们囿于传统的理性主义美学观念，对现代派艺术多有犀利激烈的批判。他们眼里多半看到的是现代艺术的毛病。

这种情况到了现代新儒家第三代成员那里，才出现宽容性的理解。成中英说：“相对于中国传统，西方哲学中善与道德的发展，及美感的发展历经长久的分化与冲突，其一个最明显的结果是善与美失去实在或形上学的意涵。正如本体论已被知识论化，终而诠释学化，以至于美与善在代表后理性现象的科技与神秘形式中不断被切割、分化，终至于失去其创作的源泉。当美学与伦理学被抽离形上学，美也被抽离善，实际被抽离伦理。现代及后现代的艺术形式因而须被理解为美与实在感的疏离，美与善的疏离，甚至善终究也与实在感疏离。”①成中英对西方现代和后现代艺术的成因进行了客观的分析，指出了西方的科技宰制导致其对美善的疏离，从学理上厘清了现代主义文艺“疯癫”的症结所在。第三代新儒家认识到，在现代艺术中，一些艺术家受现代社会霸权制度和“后工

① 成中英：《创造和谐》，上海文艺出版社 2002 年版，第 123 页。

业社会”非人性化制度的压迫，产生了对现实的极力批判。不可遏止的反传统冲动，包括对既存艺术模式、理论、语言的叛逆，由此生发出多层面多向度的艺术造反。这种现象，只要看看毕加索的抽象绘画，读读卡夫卡的文学作品，听听勋伯格的无标题音乐，人们就会感到其中的痛楚。但新儒家认为这一切都是现代派艺术家的“自作自受”。

不难看出，新儒家高举“美善合一”的大旗，思考现代艺术的发展导向。他们觉得反崇高、反抒情、世俗性、官能性、寓言性、荒诞性、片段性的艺术操练，凸显了现代派艺术的先锋性和时尚性，但也种下了乖僻性与破坏性的隐患。他们认为现代主义艺术家未能处理好断裂与承传、坍塌与支撑、剥离与裂变、分化与整合、现实与理想之间的关系，不适当地把“艺术变形”演化为“变形艺术”，为变而变，甚至不惜以牺牲真善美为代价，自然有悖艺术的真谛。而一旦现代派艺术家背离了“中和”的圭臬，把异化的科学的理念与方法挪用到人文价值的艺术领域中，造成了价值的空洞化与虚无化，新儒家就断定西方现代艺术面临着最大的危机了。

第七章 比较文化——现代新儒家美学的尺度

比较作为一种认识方法和思想手段，可谓由来已久。有比较才能有鉴别。每一种文化都有相应的心理结构、文化传统、文化模式、价值观念。尤其是到了近现代，随着文化交流的扩大，只有进行跨文化的比较和对话，才能充分认识自身，拓展自身。中西文化比较在新儒家的文化哲学中占有一席之地。新儒家是现代中国最早从事中西文化比较的学者之一，他们对中国文化、中国哲学和中国艺术本身的特点有着整体把握与深入了解。他们是从文化的层面，在形而上的领域，以美感的民族性的角度来进行比较研究的。虽然他们不是专门的比较文化、比较诗学专家，但却以富赡的文化底蕴和清爽的审美知性，显示了现代中国比较文化和文学研究的收获和实绩。

第一节 中西文化比较

中西文化存在着差异，思维方式有所不同，这已是人们的共识。然而，中西文化之间究竟有什么特点，这并不是每个学者都能适切地回答得出来的。中西文化作为意识形态的整体性的不同的特征，需要人们从形上到形下，从哲学到艺术，厘清其间的脉络走向和相互关系。成功的文化比较研究，既要哲学的功底，又需诗性的修养。

新儒家诸位成员致力于中西文化比较,其比较的角度、比较的范围、比较的方法以及比较的深度虽然各有不同,但有一点是共同的,即他们不是盲目地全盘接受西方文明,将东方智慧视为被否定的对象,或者将东方智慧视为说明西方的论据和材料;也不是仅仅肯定东方智慧,认为西方文明一无是处;更不是取所谓的纯客观的立场,站在局外看待东西方文明。他们是不卑不亢,用东方智慧为标准看待西方文明。新儒家不仅明确地揭示了民族性的存在,而且进一步提出了类文化的概念,即从整体的意义上,将中西文化判为相互平行和独立的两大区域性文化体系,并由此探讨二者的关系,从而最终形成了自己中西文化观的鲜明特色。

一、文化特征

中西之学的比较,在中国历史上可以追溯到明代末期。特别是鸦片战争以后,它成为学术界关注的中心课题。中西文化是在很不相同的地理环境、历史传统和民族性格中形成的。因此,从价值取向、精神追求看中西文化,区别是非常明显的。一百多年来,中西文化的差异一直是人们热衷的话题,有所谓"中体西用说"、"中静西动说"、"中国精神西方物质说"及"西体中用说"等等。然而这些观点,或者因为囿于旧的思维框架,或者停留在文化的表层现象,往往缺乏一定的深度。新儒家进行中西文化的比较研究,力图从人类学的高度、文化环境的广度和文化心理的深度来考察中西文化特征,目的是穷其源,搜其真,尽其妙。

梁漱溟的《东西方文化及其哲学》一书,是现代新儒家学说的开山之作,也是中国现代文化比较学的奠基之作。如果说胡适强调的是中西文化的时代差异性,那么,梁漱溟着重指明了中西文化的民族差异性,即在"文化路向"上不同,从而肯定了民族文化的独立价值,这也是"现代化不等于西方化"思想的滥觞。梁漱溟从文化哲学和人生哲学入手，通过比较中西印三大文化系统的优劣得失，分析了三者的心理需要和人生路向。梁氏是典型的“意欲”决定论者。他认为民族文化社会生活受制于“意欲”，它可以决定、规范、主宰一切生活。以这种“意欲”为核心，比较中西印三大文化，就能见其不同的特征。西方文化“是以意欲向前要求为其根本精神”，中国文化“是以意欲自为调和为其根本精神”，印度文化“是以意欲反身向后要求为其根本精神”，因而形成世界民族生活“三路向”。西方人走的是第一条路向，由于意欲向前要求，所以对自然持征服的态度，由此产生了运用科学方法所创造的物质文明；中国人走的是第二条路向，由于意欲调和持中，所以对自然抱着安分自足、融洽游乐的态度；印度人走的是第三条路，既不像西方人那样追求幸福，也不像中国人那样安分知足，而是采取禁欲、解脱的生活态度。“三路向”有先后序次之分，有程度高低不同，代表了人类社会发展的三个阶段。第一条路向所要解决的是人与自然的关系问题，第二条路向所要解决的是人与人之间的关系问题，第三条路向所要解决的是人与神的关系问题。第一个问题是人类首先遇到的问题，第二个问题是人类社会发展到一定阶段才遇到的问题，第三个问题是人类社会发展到最高阶段所要解决的问题。中国人和印度人都是第一条路向尚未走完就折向了第二条路向和第三条路向，因而它们是人类社会早熟的文化。就现代情形而言，西方文化的路向已经走到了尽头，其征服自然的态度所产生的物质文明和科学方法已走向了反面，不仅不能再给人类带来福祉，相反还给人类带来了无穷的灾难。西方人由过去的物质上的不满足转为现代精神上的不安宁。这就迫使西方人不得不由第一条路向转向第二条路向，即中国儒家的路向。

基于对中西文明的这种理解以及对于中国文明优越性的认识，梁漱溟很自然地推导出西方必须走中国文明道路的结论。新儒家引导西方走“孔子的路”的主张,就必然性来说,实际上并不一定成立。国情不同,出路不一。如此高谈阔论,无非是无限地放大本民族文化的功能。

文化比较,重要的是有理路。如果有很深的理路,结论有些偏颇,仍然是会有价值的。虽然梁漱溟的中西类比未必精当,并时常表现出强烈的主观色彩,但从总体上说,还是显示了现代国人参与人类文化合唱的愿望。在梁漱溟看来,这个世界除了盛极一时的西方文化外,还有许多不同体系、不同传统、各具特色的其他文化存在。这就肯定了世界文化发展的多样性、民族性以及中国文化不同于西方文化的特殊价值。这实际上坚持了文化发展的多元论,是对“西方文化中心”说和“全盘西化”论的一种回应和反拨。后来的新儒家沿着这一思路继续掘进。

为梁漱溟《东西文化及其哲学》一书的奇特思路所吸引,唐君毅很早便把哲思的兴趣投向中西文化比较研究。他最初的收获是写于1932年至1937年的16篇论文,这些文字汇辑在1943年出版的《中西哲学思想比较论文集》中。唐君毅以“天人合一”与“天人相对”来比较中西文化精神的不同。但这“十字架”意象中的文化比较,其研究重心落在中西价值取向的截然不同上。文化比较的气势有余,而内容蕴藉的厚度不足。50年代初,唐君毅撰《中西文化精神之比较》一文,以中西文化所重的文化领域不同论中西文化精神的差异,把先前观点中的中西对反调整为一种主辅的互补,指出西洋文化之中心在宗教与科学,其文化为科学宗教精神所贯注;中国文化之中心在道德与艺术,其文化为道德与艺术精神所贯注。宗教精神是超人文精神,科学精神是非人文精神;道德精神是人文精神,艺术精神是切近于人文精神的精神。从这些角度考察中西文化,唐氏可以更准确地概括中西方文化的根本精神。西方文化中的宗教和科学,催生出非人文和超人文的精神;中国文化中的道德与艺术，滋生出人文精神。人文精神的完善，有赖于非人文超人文精神的参与。因而以中国文化润泽西方文化，以西方文化丰富中国文化，不失为现代的文化选择。在文化哲学方面，唐君毅主张以道德理性为体、以文化意识为用，而这种学思设定本身已经包含了对中西文化价值选择意向的理论措置。唐氏的文化比较思路步入圆熟阶段。

在中西文化的比较中察明中国文化尤其是儒家思想的特质，从而找出儒家思想现代转化的途径与方法，这是现代新儒家的共识和宗趣。新儒家认为，中西文化比较研究的基本方法应着眼于大处，做总体的宏观把握，而不应局限于微观研究；既应厘清其差异，又应见其根源。

钱穆注重从文化形态学来研究中西文化。他认为，就中西文化源流来说，中西文化是两种根本不同类型的文化，是属于平行发展、交流甚少、各有偏重、各具特色的两大文化体系。就地域而言，中国文化属于内倾性的农耕文化，西方文化则为滨海商业文化。就源头而言，中国文化为“一脉分张”，西方文化是“诸流竞汇”。就绵延而言，中西文化如两种赛跑，中国文化是一人“作长时间、长距离的跑”，西方文化却表现为一种“接力跑”。这样的文化类型比较，既揭示了文化的差异性，又找到了因果必然性；既昭示了文化的宿命，又触及了历史的规律。

文化形态研究，探讨的是各种文化有机体所经历的春夏秋冬的生命历程，从中看出人类精神涌动的轨迹。中国文化是活生生的有机体，有自身的生成、生长、创造。在徐复观看来，中国文化与西方文化在发轫之初，其动机就已不同，其发展遂分为人性的两个方面，形成不同的文化性格。具体地说，西方文化起源于西方人对自然的征服，中国文化起源于中国人对人生的忧患。中国文化精神主要是儒家精神。儒家以人自身的行为规范、道德修养作为探讨的主要内容,形成了一种以人为本的“仁的文化”。这种仁的文化包括两个方面:一方面,是对自己的人格负责,把性善的道德内化为人心之仁,从而把人和一般动物分开,使人成为圆满无缺的圣人或仁人;另一方面,是对自己人类负责,将内在的道德客观化于人伦日用之中,使人与人的关系、人与物的关系皆成为仁的关系。这两方面是内外合一、不可分割的。实质上,中国文化所重的是人的价值问题。人的行为如何才有价值、才有意义,是中国文化所关注的中心问题。中国文化所讲的价值,不是通过物的价值来表达的,而是根源于、体现于人的生命活动之中,是人们在自己的当下活动中即可掌握、解决、实现的。

在中西文化比较上,新儒家勘定西方文化的源头是古希腊罗马文化,但近代的西方文化出现了变异,走向了极端,在某种程度上背离了古代伟大的文化传统。冯友兰认为:“一般人所说之西方文化,实非西方文化,而乃是近代西方文化。若希腊罗马之思想,实与儒家之思想,大有相同之处。”①至于古希腊罗马思想与儒家思想有哪些相同处,冯友兰没有明示,倒是方东美在《哲学三慧》中给出了答案。他认为,古希腊人的精神符号是物质的、个别的形体,近代欧洲民族的精神符号是超脱实物行迹的无穷的空间;前者的宇宙观是静态的可亲的,在适应中力图求得物我和谐,后者的宇宙观是动态的与冷峻对待的,在后来的改造活动中愈来愈远离人而趋于极端无限。与不同的宇宙观相拥抱的是不同的人生情调,在古希腊文艺中充任主角的是阿波罗,在近代欧洲文艺中充当主角的是浮士德。古希腊人观感宇宙,体察人生,情之所钟,理必应之,理之所注,情必随之,情理圆融,物我无间,所以他们的思想风格恰

① 冯友兰:《三松堂全集》(第1卷),河南人民出版社2000年版,第580页。

可契合儒家的生命径向。

在中西文化比较上，新儒家有一个形象性的说法：中国文化是水文化，西方文化是火文化。唐君毅认为，中国古人言心说理，皆取象于水。孔子有“逝者如斯夫，不舍昼夜”之叹；道家老子以水之柔，喻其柔弱之教。这与西方人以火为灵魂、崇尚热烈的情感迥异。火热烈而水润泽，火有爆炸性，而水有涵容性。唐君毅赞成同辈学者程兆熊的看法，即近代西方文化的基础在工业，中国文化的基础在农业；工业文明为火的文明，农业文明为水的文明。今世战火弥漫，惟以水之文明，辅之火之文明，寓工业于农业，人类才有希望。而钱穆则从文学方面诠释了中国的水之文化和西方的火之文化：西方文学偏重于“火性”，中国文学偏重于“水性”，火照见外面，以客观外界为主，水映在里面，以主观内心为主。故西方文学演进如放花炮，中国文学演进如滚雪球；西方文学的力量，在能散播；而中国文学的力量，在能控搏。

正是站在民族特性、文化个性的立场上，新儒家强调每一民族与其他民族文化之间的差异。方东美称中国文化为“妙性文化”，贵在挈幻归真，人与自然彼此相因，流衍互润，蔚成同情交感之中道。在世界文化发展中，中国的智慧乃在允执厥中，保全太和，故能尽生灵之本性，合内外之圣道，赞天地之化育，参天地之神工，充分完成道德自我的最高境界。紧随方东美的思路，成中英梳理出中国文化所包含的四种原理：天人合德的宇宙本体原理，内外合用的理想政治原理，诚明合能的人生修养原理以及知行合体的社会实践原理。这四种基本原理是中国文化精神及命脉之所寄，也就是中国文化独特价值之所在。

现代新儒家以梁漱溟、熊十力两人开其端，而他们两人的共同特点就是突显中西文化的相互定位，并引申中国文化的独特价值和地位。梁、熊之后，方东美、唐君毅、牟宗三、徐复观等人则多能向西方文化中挖掘，并借此引申出儒学见解的新的含义。新儒家注重对中西人文精神特征的比较、对中西人文精神历史演变的比较。在比较中，新儒家彰显的是“自家的主体物”，但欠缺的是自家的“问题意识”。显而易见，新儒家上述关于中西文化或东西文化的比较研究的各种看法，只是一家之言，需要具体分析。新儒家的中西文化比较的意义在于：打破了从进化程度上判分中国文化总体上落后于西方的观点；从类文化的观念上判分中西文化为独立、平行的两大文化体系，试图在历时性与共时性的层面为中国文化寻求本源和地位。就这方面而言，新儒家是有识之士，他们感到自身民族文化有被贬抑以至淹没的可能，于是在比较中奋起阐扬本民族文化。这对于保卫中国文化、发展世界文化的多样性无疑具有重要的意义。

二、哲学基础

文化比较，从研究方法看，同时涉及中西哲学比较的问题。哲学之比较是文化比较走向纵深的标志。但是如果这种比较仅仅罗列中国与西方哲学的各自特点，指出什么是二者的相同之处，哪些是它们的差异之点等等，那么，这种比较还是表层的。从哲学思维发展的角度看，比较的真实意义可以从两方面来看。首先是历史之维。这个比较维度，意味着深入地理解了某一哲学系统，提供了一种理论背景。其次是哲学之维。这是文化比较的更内在、更深层的维度，体现了一种建构性的哲学思考。新儒家力求从深层探讨中西文化的形上属性。

文化层面上的差异，往往是与民族传统心理的“情”与“理”方面的构造关联的。熊十力认为，中西哲学在“知”与“情”方面显然不同。就知的方面，西人勇于向外追求，而国人特重反求自得；就情而言，西人具有高度的坚执之情，而国人则务调节情感，以归于中和。故中国哲学归极证会，证会则知不外驰，情无僻执。哲学之成，须涵养积渐而至。国人与西人用力不同，其所成就也各异。

冯友兰在博士论文《人生理想之比较研究》中阐述了他对世界各种哲学的看法。他认为哲学有三种类型：一类是“益道”哲学，主张人力胜天行；一类是“损道”哲学，主张废弃文明，返回自然；一类是“中道”哲学，主张天人合一，以人力辅助自然。这种分法类似梁漱溟把西洋、印度、中国划分为生活意欲“三路向”说，但其着眼点并不一样。梁漱溟着眼于西洋、印度、中国哲学之间的差别性；冯友兰着眼于它们的共同性。他认为每一民族的哲学史上都存在着损道、益道、中道三种哲学形态。这样，他就突破了梁漱溟以区域划分哲学类型的观念，从理论上解决了中国哲学为什么能够与西方哲学相融合的问题。梁漱溟着重于中西哲学之所“异”，较多保守性；冯友兰着重于中西哲学之所“同”，较多开放性。

在《历史哲学》一书中，牟宗三就中西文化生命之心灵问题表达了自己的一得之见：西方是“概念的心灵”（“智之知性形态”），而中国则为“智之直觉形态”。前者是知性的，表现为“分解的尽理之精神”；而后者是超知性的，表现为“综和的尽理之精神”和“综和的尽气之精神”。中国文化首要的精神是“综和的尽气之精神”，重在把握生命的整体；而西方文化不论从内在本质上还是现实历史因缘上都表现为“分解的尽理之精神”。所谓“分解的尽理之精神”，即是一种“方以智”的精神，它是知性精神的表现，重在以概念把握自然，故“抽象而偏至”。而所谓“综和的尽理之精神”，则是一种“圆而神”的精神，它“上下通彻，内外贯通”，因而是超知性的智的直觉，不注重用概念名言来贞定对象，而注重日常生活的“践形”意义。牟宗三强调，“这里所谓的综和与分解是就最顶尖一层上而说的”，意即从整个文化精神上来看，中国之文化精神表现为一种整合的精神，而西方之文化精神则展现为分解的精神。

与牟宗三相呼应，唐君毅的比较研究也进入到形而上的层次。唐君毅认为中西文化的根本精神表现在哲学上，一是“自觉地求实现”，一是“自觉地求表现”。中国文化可以表征为是“自觉地求实现”的文化，西方文化是“自觉地求表现”的文化。“求实现”与“求表现”只有一字之差，但存在着文化精神之根本差异。“自觉地求实现”之精神，积淀在中国人的心性之中，成为中国人文世界和心性哲学的价值追求；而在西方“自觉地求表现”的文化精神中，人的精神理想来自于超越外在的实体——神、上帝。中国文化重视个人的道德生命，追求“内圣外王”的理路。“内圣”是“外王”的前提和基础，而“外王”是“内圣”的表现与发露。西方文化追求个人精神上的荣耀与满足，譬如个人的名誉地位、好奇心、理论兴趣、审美爱好以及冒险欲望等等，或者改造自然界使之人文化来满足人的自然生命的种种需要。西方文化旨在发挥人的自然力、认知力、想象力等创造潜力，也就是智能与本能，以表现出个人与众不同甚至超凡出众的性格，用孔子的话来说这是一种“为人之学”。中国文化是通过所创造的民族历史文化来提撕、滋养、安顿个体的自然生命、精神生命，以实现内在于人的道德理性，因而是一种“为己之学”。西方文化“自觉地求表现”的精神，不惜耗尽人的自然生命以成就某种价值理想，它能使人的精神生命一时极显精彩，却是昙花一现。因此，唐君毅认为西方文化若想悠久长存，必须以中国文化的“自觉地求实现”的精神充实之。中国文化和哲学的优点在于，将天人关系作为研究的中心点，其基本的命题是“天人合一”。天人之际作为中国古代哲学的主题，渗透到中国古代社会和传统文化的各个方面，产生了巨大而深远的影响。与此同时，中国传统哲学在考虑真善美等问题时，又始终把“人”作为自然界和社会的核心，偏重对人的自身内在价值的探求，始终注重强调人的主体能动性，中国传统艺术审美的最高境界就是这种“天人合一”的表现。

所以天人合一的文化哲学,对现代世界大有裨益。

哲学是关于人的生命的学问,而人的生命存在又包括了理性和意志两大层面。在人类的哲学活动中,理性和意志分别显现为知识与价值,两者及其互动构成哲学的基本内容。通过对中西哲学传统的反省,成中英指出:中西哲学一为价值哲学,一为知识哲学,代表了人类哲学的两种基本形态。知识的灿烂,蔚成西方的知识论哲学;价值的坚守,构成中国的价值哲学。中西哲学传统分化的根源是由于知识化与价值化的底蕴造成的。知识化的底蕴在于理性,价值化的底蕴在于意志。虽然只有它们两者的共同作用才能形成人的生命的整体存在,但是它们两者之间相对的差异性又为其偏至性发展提供了可能。因此,不论是就个人的生命存在而言,还是就不同民族的文化慧命而言,"偏于知而失于志者,有之;偏于志而失于知者,亦有之;显于知而隐于志者,有之;隐于知而显于志者,亦有之。"①中西哲学传统的差异正表现为"偏"、"失"、"隐"、"显"的不同。依以上的了解,西方哲学面临的问题是如何在知识宇宙中安排价值,中国哲学面临的问题则是如何在价值宇宙中建立知识。知识与价值,相互观照,方能体用不二,显微无间,定慧两全,主客交融,理气相生。因此,必须以知识来开拓价值,也必须用价值来开拓知识。

面对中西文化和哲学的差异,新儒家认为,要拯救人类的前途,必须把中国文化哲学精神与西方文化哲学精神有机地结合起来。重"仁"的哲学文化与重"智"的哲学文化的结合,能使人类的人性得到全面、完善的发展。这是中国文化的新生,也是西方文化的出路。

---

① 成中英:《世纪之交的抉择》,上海知识出版社 1991 年版,第 364 页。

第二节 中西美学比较

中西美学比较，首先是探讨中西美学各重大问题（以命题和概念表现出来）的特色和关联，然后探索决定这些相关问题异同的中西美学的整体结构，最后寻求决定中西美学体系何以竟是如此的文化范式。在中西文化哲学的探索中，新儒家不断深化人文科学的内在结构，美学比较也是他们的学术诉求和研究类型。新儒家努力从中西不同的文化传统与美学思想中，分辨出不同的美学观念及其艺术特色。新儒家一旦把中国美学和中国文化联系起来，就为美学描述出硕大的文化背景，在研究视野上便立即宏通开阔。

一、美学特征

中西美学比较，要求研究者对中西文化要有基本的了解、体验，对自己所比较的范围要有系统深入的研究，才能达到一定的深度，做出独到的建树。新儒家对中国人的美的意识和美的历程有深入的研究，他们钩稽中西美学线索，并对中西悲剧美学进行了比较性分析。

1. 审美历程比较。

每一个民族的审美观念，都是在一定的民族文化背景、思维模式、哲学观念以及感知方式等的影响、制约下产生和发展起来的。中西美学在长期的历史发展中形成了各自不同的美学渊源，新儒家是在中西比较中寻找中西美学的根源基型和独特品格的。

其一，中西美学源流。关于美的起源，唐君毅作了发生学的考订。中国的美的观念的原点与西方不同。中国传统文化中没有“美神”这一类观念。古代“美”字，由“羊”、“大”二字合成，它的原义是象征羊的美味。在中国古籍，如《诗经》和《礼记》里，便有不少关于美的词句，大多表示器物之美，有酒醴之美、宫室之美、车马之美、纹章之美等。西方通常是把器物之美与艺术之美分开，而中国是把二者合并起来，把艺术的美加在器物上，产生了一些像鼎、彝之类的工艺品。这些东西既是人们日常生活所需的日用品，同时也是精美的艺术品。这正表现了中国的美的观念和西方最不相同的地方。

中国古代美学思想、观念的两大源头，是儒、道两家的思想，两者不仅构成了中国美学思想的主干，而且其主要哲学范畴又转化为美学的基本范畴。儒家关于美的观念源于诗礼乐之教，在于“仁”和“礼”，形成了“仁道之美”的观念；道家关于美的观念源于自然之道，在于“朴”和“淡”，孕育出“淡朴之美”的观念。这对中国后来的诗歌、绘画、音乐等艺术的风格有着深刻而久远的影响，也与西方美学源于古希腊和古希伯来的“神”、“上帝”的宗教观念迥然不同。从柏拉图的“理式”，到基督教美学的“上帝”，再到黑格尔的“理念”等等，西方美学家不断对美的本质这一本体论问题进行追问，试图寻找艺术的真谛，但总是不尽如人意，故常常互相攻讦，逆反辩驳。

其二，中西美学性质。由于对世界的本体的看法不同，中西方哲人对美的本质的看法也就很不一样。西方将世界的本体看成是神以及显示神的言，因此，其美总是有比较强的理性色彩；而中国将世界的本体理解成自然或自然之道，而显示自然或自然之道的是象。唐君毅认为，西方美学家论美，柏拉图、亚里士多德皆以模仿为根本观念，康德以超实际利害之观照为言，黑格尔、席勒以理性之表现于感性为言，叔本华以情绪客观化为言，利普斯以移情于物为言，克罗齐则以直观表现为言。这些关于美的定义都是在主客相对中谈美。而中国美学的观念是美的境界，必我与物俱往，而游心于物之中，心物两泯，而惟见气韵与神韵。中国美学观念是浑全,而西方美学观念是偏至。

美学观念的差异,构成了美学境界的不同。唐君毅认为,中国的人生哲学中不以获得理智为人生最高目的,也不以遁入象牙之塔、艺术之宫为人生最高目的,更不以与上帝接触为最高目的。中国的人生哲学的主体追求是道德哲学。受中国哲学的影响,中国文学以善为归宿,追求尽善尽美。中国古代最系统的文艺美学著作《文心雕龙》的开头就是"原道"、"征圣"、"宗经"。而且,中国文学比其他任何国家的文学都要注重含蓄,所以中国文学作品中很少有痛快淋漓的作品,"乐而不淫,哀而不伤","立言贵含蓄",反映了儒家的诗教主张。中国文学作品特别注重弦外之音,唐诗重意境,宋诗重神韵,二者均重在"其文约而旨远"。

中西美学形态上的差异,同样被徐复观注意到了。徐复观说:中国传统艺术精神,与西方美学家最大不同之点,是"他们尚未能'见体',未能见到艺术精神的主体"。因为对于中国传统艺术精神来说,"在主体呈现时,是个人人格的完成,同时即是主体与万有客体的融合。所以中国文化与西方文化最不同的基调之一,乃在中国文化根源之地,无主客的对立,无个性与群性的对立"①。中国美学正是有了"天人合一"的文化观念背景,才有了特有的审美方式和审美思维。

就这样,新儒家追溯中西美学差异之源,进而寻觅中国传统美学的特色和灵魂。新儒家的中西比较美学,植根于对中国文化、中国艺术神髓和意蕴的深度认识和挖掘。他们既不是机械地套用近代以来的西方美学观点来说明中国美学,也不是简单笼统地比附两种不同文化语境中的话语,而是通过审美历程与审美理念的比较,彰显中国美学的美丽精神。在他们眼里,中国传统美学对于美

① 徐复观:《中国艺术精神》,春风文艺出版社 1987 年版,第 115 页。

的起源、美的本质的认识和看法，对于审美主体的理想人格建构与审美人生境界的重视，都有不可否认的独特价值。

2. 观照中西悲剧。

关于悲剧美学，新儒家对古希腊悲剧、欧洲近现代悲剧、中国古典悲剧都有具体而深入的研究。他们一方面对古希腊悲剧和欧洲近现代悲剧进行了历史扫描，另一方面对西方悲剧和中国古典悲剧也进行了对照透视。

就戏剧体裁渊源而言，西方悲剧源远流长。有最早表现神定的命运无可逃脱的希腊悲剧，有表现内心矛盾冲突、性格决定命运的莎士比亚悲剧，有表现无限的自我肯定、自我否定的精神奋斗历程的歌德的《浮士德》悲剧，有表现道德良心与私欲罪恶的交战的托尔斯泰悲剧，有表现冷酷的自然、盲目的意志与机遇播弄人生的哈代悲剧，有表现个人的自由与社会的冲突的易卜生悲剧，有表现一神秘梦幻、凄凉现实的梅特林特悲剧。这些西方古代和现代的悲剧，大多具有雄浑的气魄、丰富的想象、高远的命意，扣人心弦，引人入胜。它们使接受者产生一种震惊和超越之感。新儒家看到，中国古代文学创作中缺乏西方这类悲剧。

中国古代文学戏剧中为什么缺乏西方式的悲剧？原因当然是多种多样的。新儒家从多方面、多角度作了力所能及的回答。

原型论观点。唐君毅认为，这是农业社会缺乏命运感的预言所致。悲剧意识是一种人类意志力仍不能逃脱宿命的播弄而最终导致失败和毁灭的意识。古希腊悲剧大多是人与神发生冲突后造成的悲剧。索福克勒斯的最著名的悲剧《俄狄浦斯王》，描述神祇预言主人公弑父娶母，主人公终不能逃脱，即是此类悲剧。游牧民族和商贾民族生活动荡不稳，人的命运易被神祇主宰，人神关系亦日益紧张。中国人以农为主，生活相对稳定，缺乏悲剧命运意识和原始宗教意识，人神关系不紧张。例如，中国古代带有悲剧色彩的小说,“《水浒传》中的人物,似有命运感,噩梦所示,为一悲剧预兆。《红楼梦》著者,以荒唐言,洒辛酸泪,似有悲剧意识。但皆终与西方之悲剧意识不同。其根本处,在此二书中人物,皆缺乏强烈的目的性之意志。《水浒传》中之一群二十余岁之少年英雄,实只是顺天赋之性情如是如是表现。《红楼梦》之一群十七八岁之儿女,在大观园中推推荡荡。此与西方悲剧中之人物,总是要表现一强烈的目的性之意志,而终屈服于一神定的、潜伏性格决定的、社会自然决定的命运者根本不同。《水浒传》《红楼梦》之形上意识,根本是一人生如梦如烟之意识。其中人物,任天而动,忍运而转,并无定要如何如何之强烈之意志。故著者亦未积极肯定一与人之强烈意志相违反、相对照,以之更强大的神力自然力社会力,以迫其意志屈服。《红楼梦》之悲剧,乃是自然的演成。而悲剧主角宝玉,尚不自觉。西方之悲剧主角,要自觉的挣扎,奋斗,逃避。《红楼梦》之悲剧主角,则自始在梦中,梦醒而悲剧已成。悲剧成而取得唯一之智慧,即人生原是梦而已。”①唐君毅把悲剧命运意识归结到中西方原型结构上面。

性格论观点。熊十力看到,中国缺少希腊那样的悲剧,究其原因,是中国民族性使然。“中国人鲜坚执之情”,因为“悲剧者,出于情之坚执。坚执,则不能已于悲也”。“中国人知不外驰,情无僻执,故小说写悲境,必以喜剧结,亦由情无所执耳。”②徐复观进而指出,中国人的人文世界是现世的、中庸的、与日常生活紧密关联在一起的世界。在这种文化背景、民族性格之下,文学家自然地不作超现世的想象,不作惨绝人寰的、有如希腊悲剧的走向极端的想

① 唐君毅:《中西文化精神之比较》,载《唐君毅集》,群言出版社 1993 年版,第 362 页。

② 熊十力:《略说中西文化》,《学原》1947 年 8 月第 1 卷第 4 期。

象,故中国没能出现西方式的悲剧。

社会学观点。方东美欣赏"世界是一个舞台,人生是一出悲剧"这句格言,而且赞成萧伯纳所言"生命中有两种悲剧。一种是不能从心所欲,另一种是从心所欲"。他认为,后者是古希腊悲剧,前者是近代的欧洲悲剧。古希腊人以惊叹生命的危机为起点,化无入有,演绎一种生命的悲剧。剧中的主人公人生坎坷,激情登场,入于从心所欲的胜境。而近代欧洲人虽以不懈的进取换取了科学创获的日新月异和艺术流变的光怪陆离,却终于因为驰情入幻而无从摄受生命的真趣,从而陷入虚无的悲剧。中国人向不迷执宇宙实体,而视世界为一种冲虚绵邈的意境,故难以构成西方式的悲剧氛围和情境。

伦理学观点。钱穆认为,中国人重视人伦和性情,西方人则以外面的功利为要旨。中国传统戏剧《尚香祭江》的主人公尚香,缠绵悱恻,至情动人,可以感天地,泣鬼神。尚香嫁给刘备,乃出自吴蜀对立的国际阴谋,既已成婚,尚香终亦离夫回国。生离犹可忍,死别更难堪。刘备卒于白帝城,尚香临江祭吊,时仍有老母在堂,而尚香哀其夫之死,不惜投江自尽。钱穆称此剧"乃为中国戏剧中一纯悲剧",赞颂尚香爱夫之情坚贞不渝。而西方悲剧是崇尚男女之爱,缺少夫妇之情。其实,钱穆的这种评价标准有失偏颇。中国古代一些提倡节妇的戏剧具有浓厚的封建思想,本不值得大加褒奖。

与缺乏西方式的悲剧相联系的一个问题是,中国文艺描述人之可悲遭遇,恒终之以大团圆。《红楼梦》似悲剧,而后人必继之以《红楼续梦》、《红楼圆梦》,使终于喜剧。《西厢记》终于惊梦,有凄凉之感,而后人必继之以《续西厢记》,咏张生终得其妻妾。诸如此类等等。如何解释这种反悲剧意识的"大团圆"模式呢?

在中国的悲剧意识方面,唐君毅分析得最为充分。他不仅分析了中国无西方式悲剧的理由，而且厘定了中国的悲剧意识的成分。他认为，依据中国文化精神，人们总不愿纯粹精神价值不能现实化，也不忍纯精神世界不能得到现实世界的支持。欲使精神世界得到现实世界的支持，则人的德性宜与福俱，因为百备之谓福。因此，人在行善过程中犯了小的过失而导致悲剧，不能不使人感到遗憾。中国小说戏剧必使善人得善报，使悲剧都归于团圆，这体现了百备无憾的人生要求。况且，《西厢记》中的"愿天下有情人皆成眷属"，亦表现了一种无私的至仁精神。由于道德精神渗透并支配着艺术，因而中国的艺术不能不缺乏西方艺术的真实性和超越性，而只能在这两者之间求中庸之道。因此，中国文学作品不喜欢悲剧收场，总以大团圆结局，这只能说主要是道德教化的需要。唐君毅认为，之所以出现这种情况，是因为中国文化否定人的强烈意志和自然力、自然法之间的"冲突"和"对待"，对宇宙人生（包括自然和社会）都从道德教化的心理动机出发，相信宇宙自然的神圣律和自然律与人类道德愿望一致，因而为善者必得赏；人们或者从艺术审美的心理动机出发，认为自然皆可随意美化，把自然界作为赏心悦目的对象，而"人为万物灵长"，"天地人三，而人最贵"，所以自然律皆应以人的意志为转移，因而反映社会生活的戏剧也该以大团圆结局。而西方文化的悲剧意识则来自对自然律、自然必然性的认识（科学精神），来自对人力的软弱和宇宙无限的认识（宗教精神），自觉到人为恶为善均无法改变自然和上帝的意志，所以有为善而受罚的情况，因而无可奈何，故有悲剧意识和悲剧。正是这种悲剧意识，使得西方文化重视探究自然、把握必然、认识规律的自然科学，求真之科学、科学精神因而得到充分的发展，与中国文化恰成对比。

在中西悲剧问题上，新儒家不仅注意到彼此的不同，更考察了背后的原因。即西方悲剧的实质在于剧烈的冲突，西方的最高文学审美境界在于“天人相对”。西方文明是二元对立的，由此造成一系列的冲突和对立，如地狱与天堂、灵魂与肉体等。在这样的氛围中，他们把悲剧冲突当做最高的美学理想就很自然了。而中国文明讲究“天人合一”，不重视对世界的征服，而是追求人生的和谐圆满。方东美注意到中国文化特征与中国式的悲剧的关联，即中国人一方面深植根于现实界；另一方面又腾冲超拔，趋入崇高理想的胜境而点化现实。这是中国悲剧“大团圆”结局的文化哲学的缘由。

从中国文学史上看，中国长篇叙事小说的“大团圆”结局是一种“圆圈文化”。《三国演义》叙述的是“分—合—分，合—分—合”；《水浒传》刻画的是“温顺小民—逼上梁山—招安归顺”；《西游记》描写的是“大闹天宫—赎罪取经—终成正果”；《红楼梦》有点不同，体现了“通灵宝玉—骄奢淫逸—遁入空门”，有些悲剧色彩，但高鹗续写还是想要“荣光耀祖”，“兰桂齐芳”。这些名著当然有很高的文学价值，但缺点是在很大程度上粉饰现实，让人醺醺然。因此，严格意义上的西方式的悲剧及其不屈不挠的对抗并不受中国人的重视，也没有得到充分的发展。中国文艺的魅力不在于激起人的对抗感，恰恰相反，在于把人引向物我两忘、天人合一的意境。

新儒家在比较中西悲剧精神时，心情是矛盾的。一方面，他们认为，中国无西方式的悲剧作品，这是一个不可否认的缺点。西方悲剧的优点是使人有解脱感，能直觉观照纯善，提高人们的精神境界。当然，西方悲剧存在着一些过于激荡人的情志的流弊，但这也不足以掩盖其提高人类精神之功。另一方面，新儒家又承认中国有悲剧意识，为中国悲剧意识辩护，指出中国悲剧意识是超悲剧意识的，构成中国文学的一个最高境界。例如，钱穆褒奖中国的悲剧，贬低西方的悲剧，就连沾染西方悲剧氛围的《红楼梦》也不被他看好。"近代国人又好言《红楼梦》,以为近似西方文学中之悲剧,然贾家阖府,以仅有大门前一对石狮子尚留得干净,斯其为悲剧,亦仅一种下乘之悲剧而已。下乘悲剧,何处难觅。而且大观园中仅有男女之恋,非有夫妇之爱。潇湘馆中之林黛玉,又何能与寒窑中之王宝钏,以及韩玉娘、薛三娘诸人相比。贾宝玉出家为僧,亦终是一俗套,较之杨四郎虽同为一俗人,然在杨四郎尚有其内心挣扎之一番甚深悲情,不脱俗,而见超俗。贾宝玉则貌为超俗,而终未见其有脱俗之表现。"①可见,钱穆是一个中国古典主义悲剧的拥戴者。

更有一些新儒家学者,从文本角度对《红楼梦》的悲剧因缘作了精彩的解读。牟宗三认为《红楼梦》中的人物之悲剧的成因,一是人生见解的冲突,二是兴亡盛衰之无常。宝玉生于富贵温柔之乡,享受过极度的繁华。后来渐渐家败人亡,死的死,嫁的嫁,黄金时代的大观园变成满地荒草!善感的宝玉倍感凄凉。最使他伤心的,便是开玩笑式的结婚与林妹妹的死讯。宝钗告诉他黛玉亡故的噩耗,他便悲痛欲绝,倒在床上,及至醒来,"自己仍旧躺在床上。见案上红灯,窗前皓月,依然锦绣丛中,繁华世界。仔细一想,真正无可奈何,不觉长叹数声。"(第八十九回)试想,这无可奈何的长叹含着多少痛苦,从这里边能悟出多少道理?宝玉一悟再悟,根据其固有的思想见地,把以前的痴情旧病渐渐冷淡起来,明白"色"即是"空","情"即是"魔",于是由纨绔子弟转变到佛教那条路上去,不再在这世界里惹愁寻恨了。② 牟宗三把宝玉最后出家归因于思想

---

① 钱穆:《情感人生中之悲喜剧》,载《中国文学论丛》,三联书店 2002 年版,第 169 ~ 170 页。

② 牟宗三:《红楼梦悲剧的演成》,载《牟宗三先生全集》(第 26 卷),台湾联经出版公司 2005 年版,第 1081 页。

之乖僻与人世之无常。这两个"主力"合起来,使宝玉感觉到人生的无趣和梦幻。

唐君毅从文艺社会心理学的角度论述《红楼梦》之悲剧。他认为,宝玉和黛玉两个悲剧主人公是作者的述情之作:"宝玉为著者之理想境,而作者之精神则是黛玉式。其情乃为超意欲、超行动之纯情,其忧伤憔悴,为纯忧伤憔悴。……而作者之所以表现此心情,则又非只托之于黛玉之事,或宝、黛二人之事,乃托之整个荣、宁二国府之兴衰成败,以状一切来自太虚幻境,而归于太虚幻境之历程。人生在世,热闹一场,思其前,不知所自来,思其后,则知世间无不散的筵席。荣、宁二国府之人物,乃合演此中间热闹一场,聚而复散之悲剧。"①唐君毅对《红楼梦》悲剧性格的这番分析,阐彰的是《红楼梦》中所显示的"人间一切来自太虚而归于太虚"之情调,认为这是一种"实中之虚幻性",一种人生虚幻感与人生实在感的交融。

刘述先反对"红学"研究中的"索隐"做法,主张捕捉《红楼梦》本身的文学价值,觉得"红楼梦所着力描写的主题,不外乎有两个:一个是以贾宝玉为中心着力描写的宝玉心灵的发展史和外在恋爱的事件相配合,另一个却是以荣宁二府为中心着力描写的贾府兴亡盛衰的实况,令人发出一种深邃的人生感喟;而两条线索巧妙地汇合成为同一条大线索,这就成了《红楼梦》。"②刘述先倡导,"红学"研究要回归作品的"本心"轨道和文学的价值主题。

自王国维开辟中西视野中的《红楼梦》的悲剧意味的研究以来,"红学"研究走过了百年历程。新儒家对《红楼梦》之悲剧意味

---

① 唐君毅:《中国文化之精神价值》,广西师范大学出版社 2005 年版,第 260~262 页。

② 刘述先:《文学欣赏的灵魂》,台湾克林出版社 1972 年版,第 168 页。

的研究,虽数量不多,但言简意赅。在融思辨于情境的体验式的分析之中,他们善用"议论带情韵以行"的话语表达方式评判其价值。其立论之高远、阐发之精辟,在有关《红楼梦》悲剧主题的研讨文本中熠熠闪光。而且,新儒家的悲剧美学观的深处潜隐着文化血缘和文化性格。由于具备广博深湛的理论素养,所以他们有可能将鉴赏得来的感性认识提升到理性的高度,超越具体的悲剧作品和悲剧意识,趋向对世界和艺术的形而上的把握,成为文学艺术的哲学之思、历史之思、发见之思。

二、艺术精神

自开始美学研究之时,新儒家就十分注意对中西两种不同文化精神浸润下的艺术实践进行比较性的探索。新儒家坚持穿插于中西艺术美学之间,追溯古今中西的艺术源流,神游艺术的各个门类,把握中西艺术美学各自在观念形态、表现形式、表达方法上的本质特征。在清澄通明的思维中,新儒家深入阐发中国古典艺术独特的意蕴和精神,凸现其不同于西方的时空意识和艺境本质,并将之上升到哲学高度来作探讨。

1. 辨识中西艺术情境。

方东美比较了中国人、近代欧洲人、古希腊人的生命情调,以揭示其不同的美感。他在《生命情调与美感》一文中,以戏剧舞台表演为喻,作了如下说明。人物:中国人。背景:荒远云野,冲虚绵邈。场合:深山古寺。缀景:山水画与香花。题材:大化流衍,物我相忘。主角:诗人词客。表演:吟咏。音乐:钟磬箫管。境况:明月箫声。景象:似幻而真。时令:和春。情韵:花香入梦,纡余蕴藉。而古希腊人和近代欧洲人的背景分别是有限乾坤和无穷宇宙,题材分别是摹写自然和勘天役物,主角分别是阿波罗和浮士德。两者观照中,见出了中西的美学特色。显然,中国人上演的是一曲不同于古希腊人、近代欧洲人的审美戏剧。方东美欣赏中国文艺中的纡余蕴藉之意境。它意趣空灵，造妙入微，在大化流行、物我相忘中展现了一种同情交感的太和之美。中国人总是将审美对象视为一个具有生命神韵的有机整体，而审美时空便是这个整体生存的感性氛围。这一空间，渊然而深，幽然而远，表现出一种虚实相生、虚无飘渺之景象。

唐君毅赞同方东美的观点，指出中国艺术的精神在于虚实相涵，极悠游回环虚实相生之妙。中国文学艺术精神，其异于西方文学艺术精神的地方，即在中国文学艺术的"可供人之游"。西方艺术精神表现了一种特有的向上精神，使人超有限达无限，而接通于无限的上帝，由此引发人的宗教精神和人生道德价值的尊严感。而中国文化的艺术精神，则在陶养人的性情。中国"每一种艺术，皆可为吾人整个心灵藏修息游所在者"。"藏"是怀抱，"修"是修习，"息"是休憩，"游"是游历。"藏修息游"体现了中国艺术的虚实相涵、情景交融的精神风貌。

众所周知，中国画与西洋画区别很大。西洋画重光色的明暗，重远近大小的不同，这是画家设定站在一固定位置观景。然而，中国画总是远近不分，阴影不明，采用的是散点透视，似乎不符合科学常规。但是，唐君毅认为，中国艺术精神独立于科学精神。西洋画重貌似，重明暗，重远近之观景，所绘物象，形界分明，如可握持，皆未离科学家观测实物之精神。而中国画之不求貌似，不重阴影、明暗、远近、观景，又不重形界，复运以淡墨，使虚实莫辨，气韵生动，则远离科学家观测实物之精神。中国画不合于西方数理、几何式的透视原理，而是服从于"以大观小"的艺理。中国艺术家不是从固定的角度集中于一个透视焦点，而是"提神太虚"，用心灵的眼睛，游目周览，绸缪往复，由流动观照的方式视空间如一有机生命境界的产物。这种艺术空间，其“境界层”的特点是虚灵不昧、物我浑融的。中国画正是体现了这一艺术境界。

2. 中西艺术感性的比较。

艺术是对民族生活和人生的感相模写。钱穆指出：“艺术从人生中流出，成为人生中重要的一部分。故贵能从人生来看艺术，亦贵能从艺术来看人生。人生不同，斯艺术亦不同。东西文化不同，人生不同，而东西双方之艺术亦有不同。不仅惟是，即专就中国言，古今递传，垂四千年，文化虽同一传统，然因时代社会不同，而各时代之人生亦有不同，于是各时代之艺术亦随之有不同。”①中西的艺术人生，生成在不同的传统积淀之中。

每个民族都有自己的灵魂。文学艺术之异，反映出民族灵魂之别。牟宗三确认中华民族的灵魂在于首先把握“生命”，非常注意调护生命、安顿生命；而西方的灵魂在于首先注重“自然”，追求人与自然的对抗，从征服自然中获取利益。在文艺创作上，西方人是从“本于物”开始的，艺术模仿可以不要生命的投入；而中国的艺术家从创作早期阶段就有“本于心”的感念，创作主体面对客体便会自发的以生命意识沟通贯穿，将主体自身生命的力量赋予对象客体，显现了一种破对待、泯主客、重解悟、致中和的艺术精神。

惟其是以生命为中心，中国艺术重视主体性和内在道德性。唐君毅认为，西方的艺术与科学关系密切，而中国的艺术与道德关系亲和。道德和艺术的基本特征是没有主体和客体的划分，这是它们与科学认识论最大的区别。正因为如此，中国文化中科学的因素没有得到发展，而在道德精神支配之下的艺术则发展得相对成熟，也比较符合艺术的本质。唐氏指出，艺术精神之根本，在于

---

① 钱穆：《中国学术思想史论丛》（第6卷），安徽教育出版社2004年版，第208页。

物我相忘以通情。中国儒家的“万物与我一体”的思想，中国道家“无我”、“坐忘”、“以天地为友”、“与造物者游”的思想以及这些思想影响下的书画文学，无不体现着这种精神。就中西艺术比较而言，中国的书画地位高于雕刻建筑，书画不求貌似，不重明暗、远近等，书画运以淡墨使虚实莫辨，气韵生动；而西方艺术由于追求科学求真的理性精神，书画极重貌似，重明暗，重远近观景，绘物写景务求逼真，不似中国艺术能够表现更“纯粹的艺术精神”。

新儒家很少关注中西之间具体美学观念、具体文本的相互影响，而是主要从宏观方面考虑中西美学为什么不同，追溯这些不同的文化、哲学基因和源流。方东美说：“各民族之美感，常系于生命情调，而生命情调又规抚其民族所托身之宇宙，斯三者如神之于影，影之于形，盖交相感应，得其一即可推知其余也。”①中国人之灵性，不寄于科学理趣，而寓诸艺术神思。这些都与中国人注重妙性和悟性的慧体有关。唐君毅发现，在中国艺术中，书法、绘画的地位高于雕刻、建筑，不像西方那样重视雕刻、建筑。这是什么原因造成的呢？他给出的答案是：雕刻和建筑的媒介是沉重坚硬的物体，容易显示物我对待的意识；而中国书法和绘画的材料是宣纸和毛笔，柔软轻便，这更适合中国人的物我两忘、以通情韵的艺术精神。看来，中西艺术种类的不同侧重点的背后，也与文化精神、文化特性有关。

需要指出的是，在文化艺术的中西比较方面，新儒家基本不采用影响研究的模式，而钟情于平行研究的模式。“阐释”也只是他们的平行研究的手段。之所以这样，是因为中西文化艺术是在相互独立的文化格局中发展起来的。新儒家坚信中国文艺美学包蕴甚广，在与“他者”的对比中，可以更清楚地了解并突出自身。当两

---

① 方东美：《生命情调与美感》，载《方东美集》，群言出版社1993年版，第357页。

种异质文化相遇时，各民族文学艺术也就进入了同一个文化磁场，两者之间形成了一种映照与互识的关系。新儒家对中西美学的比较，既有总体上的印象，也有深层次的观照。他们从中西艺术家对世界的不同态度出发展开论题，从比较的角度，把对一些艺术问题的回答与对价值问题的回答结合起来了。

第三节 统观与反思

新儒家是中国现代比较文化和比较文学领域里最早的开拓者之一。比较的目的，是中西对斟，较其异同，明其得失，对中西文化哲学和文学艺术两方面作深入的研究。唐君毅说："比较是兼较同与较异，然一切思想中恒有异，异中又恒有同。有似异而实同者，亦有似同而实异者。然吾人见同时，又恒易忽其异，见其异时又恒忽其同，因而比较之事，似易实难。而比较法之价值，则在由比较，而使同异皆显出，同以异为背景，而同益彰其同；异以同为背景，异亦更见其异。由是而使同异皆得凸显。而吾人之比较之思想活动本身，亦因而有更清楚丰富之思想内容。故吾人之从事对哲学思想之比较研究，亦即使吾人之哲学思想本身，升进为能综合所比较之哲学思想，以成一更高之哲学思想者。"①文化比较使各民族的思想性格的特点更加得到彰显，各个不同文化体系的文化特色也将得到更深的发掘，也为自身提供了新的生长点。

一、比较的方法

从20世纪上半叶到下半叶，新儒家的中西文化比较观发生了一些变化，即从情绪性、描述性向学术性、学理性转换。早年的新

① 唐君毅：《哲学概论》，中国社会科学出版社2005年版，第124页。

儒家从东西差异心态的比较研究来论东西文化的优劣长短。梁漱溟的《东西文化及其哲学》,抱着中国固有文化蕴藏着可资自足的源泉的自负,把儒家的伦理道德说成是永恒的民族传统。1922 年,留学美国的方东美在给"少年中国会"的同道左舜生、陈启天等人的信中写道:"我在美国所得到关于美国的印象,远不如在国内时所想的那样好。"一方面,美国人富有活动力,而且有持久的精力,所以看他们社会的事业的工作,真可惊异。另一方面,美国人富有俗气,固因多沾了铜臭气,然不好文学,不好艺术,亦是主因之一。① 到了 20 世纪 40 年代,经过这种激烈的情绪话语的中西比较过后,新儒家的民族文化本位主义观有了深刻的改进,强调破中外之见,实现中西文化互补。熊十力深有体会地说:"今谓中西人生态度,须及时予以调和,始得免于缺憾。中土圣哲返己之学,足以尽性立命。斯道如日月经天,何容轻议!至于物理世界,则格物之学,西人所发皇者,正吾人今日所当挹取,又何可忽乎?今日文化上最大问题即在中西之辨。能观异以会其通,庶几内外交养,而人道亨,治道具矣。吾人于西学,当虚怀容纳,以详其得失;于先哲之典,尤须布之遐陬,使得息其臆测,睹其本然。融会之业,此为首基。"②到了第三代新儒家那里,他们放弃从物质与精神、理智与情感的表层区分来解释中西文化差异的做法,而主张一种系统的观念,从形态学的角度提挈出一条更根源的线索,这就是:统一与分殊。刘述先从"理一分殊"来比较中西文化,认为西方文化的根本特色是彻底的分殊,中国文化有一个统一的灵魂。分殊的壮阔气象和统一的永恒追求是两大文化的差异:西方人求实求真,东方人求善求美;西方人重"所",东方人重"能";西方思想是实有型态的哲学,东方思想

① 参见《少年中国》第 4 卷第 1 期,1923 年 3 月"会员通讯"。
② 熊十力:《十力语要》,中华书局 1996 年版,第 73 页。

是意义哲学或者境界哲学。中西哲学各有优势,合则双美,离则两伤。

新儒家的东西文化比较研究,早期和晚期有明显的不同。早期侧重于探讨东西方文化的不同的智慧类型,晚期则侧重研究东西方哲学精神的根本差异。文化类别的不同,不仅表现在其外部特征的差异上,更重要的还在于文化各自内在的精神与特质的不同。新儒家注重自成体系的中国文化,强调新文化建设须以民族文化为主体,对西方文化进行积极的整合。

文化比较中的策略和方法十分重要。杜维明指出,自“五四”以来的中西文化比较,最值得探讨的,是文化比较的“过分认同”的策略。这策略表现为两种互为相反的手法:一是为加强对自己文化的信念,就专门撷取自己文化中的精华来与其他文化中的稗草进行比较。杜维明把这称之为文化比较中的“强人政策”。另一种手法是为了吸收外来文化,就把自己文化中的缺陷的一面凸现出来,并把外来文化的精华的一面加以强调,以证明自己文化之落伍和吸纳外来文化之必要。这是文化比较中的“强人政策”的反用,或者也可称为“弱者政策”。新儒家倾向于前者,他们从不认为民族自身的文化艺术弱于他者,故理直气壮地为民族的文化艺术精神辩护。

文化比较不能忘却自己的面貌,不能模糊自己的立场,而一旦没有作为个人认同对象与民族生命归依的文化主体,文化比较就会在外来文化的强烈诱惑下,失去自己的面目、立场,乃至灵魂。因此,新儒家在文化和文学比较中采用了诸多方法,即:类比的方法,对比的方法,综合的方法。

其一,类比的方法,也叫统观式的比较。研究者对文化有宏观的、概括性的认识,能够把握文化的精神和特性。唐君毅早年的《中西哲学思想之比较研究集》即属此类。

新儒家的文化比较与当时的中西文化论者不同。当时的人们往往使用一些简单明了的概念,来对中西文化的特质作一种"统观"或"总提式的描述"。这种"统观"或"总提式的描述",尽管有着某种客观根据,但往往是以偏概全,导致对中西文化认识的浮泛。譬如用"动"与"静"、"今"与"古"、"不知足"与"知足"、"德性的"与"智性的"来描述中西文化。这些"统观"流于皮相之论,具有独断论色彩。

文化比较原则,最重要的是具有可比性,力戒不三不四的类比和似是而非的议论。在这方面,新儒家比较原则之一是,"要须识得此独立传统之存在,然后可再有此比较之事"①。唐君毅认为,大率中国之哲学传统,有成物之道,而无西方唯物之论;有立心之学,而无西方唯心之论;有契神明之道,而无西方唯神之论;有通内外主宾之道,而无西方之主观主义与客观主义之对峙。如此比较,方符合本质,可信可贵。但是,现代学界一些人惟以西方思想为标准论述中国哲学,必假借与西方思想相同偶合处而庆幸,以自重。这种做法,在唐君毅看来,是惟西方马首是瞻,是降主为奴之行为,不足取。

新儒家的文化比较,高瞻远瞩,定性较为准确。如梁漱溟界定中国"早熟文化",方东美表彰中国"妙性文化",唐君毅赞扬中国"圆而神"文化。他们认为,早熟的中国艺术在千年以前已经圆融化解了主观与客观的矛盾,建立了和谐统一的中国艺术哲学。新儒家是在中西比较中掘发中华文化的特色和优点。

其二,对比的方法,也叫观照式、衬托式比较。方东美的英文著作《中国人生哲学》在阐述中国哲学的时候,就以西方哲学为背景进行逐步、逐点比较,从而借以显现中国哲学的特性。唐君毅的

① 唐君毅:《中国哲学原论·原道篇》,载《唐君毅集》,群言出版社 1993 年版,第 120 页。

《中国文化之精神价值》则几乎全是使用这个方法写成的。其中论宇宙观一章,和方东美的著作有异曲同工之妙,都把西方传统宇宙观作为阐述中国宇宙观的参照背景。

有意思的是,新儒家展开了不同历史时空的中西诗哲的对比研究。例如,牟宗三把黑格尔与王船山相提并论,认定他们都是好的历史哲学家,其具体解悟力特别强,故其论历史明鉴通广。唐君毅把孔子与歌德进行了一番等量齐观的比较,论述两者人格的相同点。刘述先把海德格尔与王阳明进行对比,发现两者的思路都倾向于"寂感模式",只不过海德格尔只描写人的世界架构,王阳明注重人与世界之间的架构,且必须作选择的工夫。这样,处于中外不同时空的两位哲学家,在某一点或某几点上呈现出类似的睿智,新儒家在意义系统中找到了它们的关联点。

通过类同的比较,我们可以更好地认识文学现象中的某些普遍特征和规律;通过异同的辨析,我们可以认识普遍性和特殊性的关系,认识表面的相似和本质的相异;通过差异的分析,我们可以更好地认识各民族文学和审美文化的独特性。新儒家所进行的中西文化文学的比较研究,目的是寻求中华民族的民族特征、发展规律和历史意义,以发掘中华文化的生命力和普遍意义。新儒家把文学放到一个广阔的语境中加以理解,审视文学与哲学、科学、宗教之间的关系(例如,唐君毅论求真意识、求善意识、求美意识之间的关系)。新儒家还把文学研究置于文化建设这样一个目标上,使文学作为话语系统参与到文化振兴和社会改造当中去。

其三,综合的方法,也叫融会式的比较。牟宗三的《中西哲学之会通十四讲》的第一讲便论述了中西哲学会通何以可能的根据。在他看来,根据就存在与哲学的普遍性与特殊性中,并且分为两个层次作出了具体论证。一层是通过哲学普遍性与会通关系的说明。他指出,哲学是在追求普遍的真理,所讲道理都具有普遍性。

因此，从普遍性开始，才可以说中西哲学的会通；如果没有普遍性，不同哲学之间就没有会通的可能性。另一层是哲学特殊性与会通的关系。他认为在这一层上，不能依靠笼统的说明使人理解，因为会通到什么程度，这其中还有限度问题。只有扣紧并说明会通的限度，人们才能具体地解答中西哲学会通的问题。

唐君毅最推崇超越的反省法。在他看来，"超越的反省之用，在补偏成全，由浅至深，去散乱成定常"。所谓补偏成全，是指"知正而知反"；所谓由浅至深，是指"知如此而知其所以如此"；所谓去散乱成定常，是指"知如此与如彼之互为局限……不相混淆"①。三者合起来，才能贯通明鉴。在超越的反省法中，分析和综摄都重要。因为分析，才知异类之为异；因为综摄，才知异类的关联。有分析而无综摄，那是执一废百；有综摄而无分析，则是执一而概百：二者不能偏废。但是二者之中，分析又是综摄的必要前提，综摄又是分析的自然结果。

二、比较的价值

难能可贵的是，新儒家还能突破文化体系的界限，在更加广阔的视野中进行探讨，从而寻求跨文化传统的共同点。这使他们的比较研究得出了具有跨文化意义的因而也是更有普遍价值的结论。牟宗三说："吾人现在不必单看中国没什么，而须看西方所有的什么，其本质如何，其贡献如何；中国所没有而特有的，其本质如何，其贡献何在。如此拆而观之，则由西方之所有，正见其所缺的是什么，由中国之所无，正见其所备的是什么。如此而见其会通，则人类文化始有其前进之途与向上一机之超转。"②这不正是新儒

① 唐君毅：《哲学概论》，中国社会科学出版社 2005 年版，第 208 页。

② 牟宗三：《生命的学问》，广西师范大学出版社 2005 年版，第 27 页。

家所追求的在互识、互证、互补中走向“道通为一”的境界吗?

新儒家在历史的缝隙中苦心运思,不遗余力地为中西文化定位,为东方文化正名。牟宗三论断中西文化,是“直透孔孟所开辟之本源以之为评判之标准”。唐君毅主张:“中国文化之高明、敦厚、广大、宽平之精神之表现于中国之文化历史者,吾人尤先肯定其价值。在评判中西文化之长短时,吾人之标准,亦不能离中国思想之根本信念。”①东方文化固然是一个令新儒家热情澎湃的话语系统,却也常常是他们一个限制性的观察视角,总是站在固定的角度观察世界,世界也就是那个视角所能形成的形象。文化的“濡化”也带来他们立场的“固化”,使他们的视阈挟带着理论私见。梁漱溟《东西方文化及其哲学》定下了文化保守主义的儒学复归的基调,其核心是中国文化复兴就是儒学的现代复兴,中国传统古典文化,尤其是由孔子开创的、宋明理学继承发扬的儒家文化,是天生优越的,本质上大大高于任何外来文化;中国文化的惟一出路,就是复兴儒学,寻求继先秦儒家、宋明儒家以后的儒学的第三期发展,以完成返本开新、内圣外王之道。如此,中国才有希望,世界才有希望。梁氏此论不免陷入“文化至上主义”的自我膨胀之中。

文化是一个不断突破自身局限的进化过程,它的理想形态在未来,而不是过去。因而,文化发展的目标就不应该是复制旧传统或是回归旧时代。而新儒家往往将中国的价值标准硬性地推为全球普世文明,这既不可能,也无必要。韦政通看到了新儒家的自负的偏差或傲慢的偏见:“新儒家的中西文化观,是要以‘中’论‘西’,以中国文化的信息为标准,去评判中西文化的优劣。这样的论法,第一是预设了中国文化优于西方文化,否则怎么能以中国文

---

① 唐君毅:《中国文化之精神价值》,广西师范大学出版社 2005 年版,第459 页。

化为评判标准？第二他们基本的态度，是在对中西文化做价值判断。基于前一点，他们以为西方人应该向中国文化学习；基于后一点，他们认为西方近代文明正‘日趋自毁’。”①此番评论，可谓点到了新儒家的软肋。

在强烈的文化忧患意识的驱使下，现代新儒家往往很急切地强调中国文化及中国哲学的精神优越性，而忘记了中国文化及中国哲学呈现的种种盲点和病灶。其实，正确的比较原则是，以理性的眼光，去对中西文化作对照的比较；以超越的眼光，去看中西学术文化的发展；以互补的眼光，去看中西文化的优缺点。以一种理性的、超越的、互补的心态，应对其他文化的挑战，并在迎接挑战中吸收其他文化的有益因素，来充实、完善自身。在这一点上，有的新儒家成员践履了，有的做得不是很好。例如，有的新儒家学者把中国文化称为孝文化，把西方文化称为爱文化；中国文化是青年文化，西方文化是壮年文化；中国如新春，前途有望，西方如盛夏，前景则肃杀。如此比较，理由不够充足，也就不太令人信服。

新儒家学者无不重视中外学说的比较，虽然他们引用的参照系不尽相同，对于中西传统诸学说的估计有所不同，但他们有着“家族的相似”，即研究态度是严肃的，都努力从历史遗存的文献中发掘出立论的根据。虽然他们考量中西，或不免迂执，但他们深于学问、刨根究底的比较研究话语，无不具有可以启迪来者的真知灼见。不管其成功之处，还是失误之处，新儒家的比较文化和比较文学的理论和实践，都可以为我们进一步探索中西比较文学问题提供可贵的经验。新儒家建立在扎实的历史资料整理和严谨的理论分析基础之上所得出的一些有价值的研究成果，不会随风而逝。

---

① 韦政通：《现代儒家的挫折与复兴》，载《当代新儒家》，三联书店 1989 年版，第 133 页。

第八章 独树一帜——现代新儒家美学的风标

新儒家是在宏观思想文化进程中展开美学研究的。他们的美学研究同20世纪中国社会的文化转换进程相振荡,在中国美学百年建构中有其特殊的意义和地位。新儒家作为中国现代学术领域的大师巨子,其学术实绩足以为人所记并传之后世。他们撰写的学术著作,知识建构上既博大精深,又返本开新,其开辟意义和精神价值,作为现代学术的经典之作而当之无愧。然而在20世纪,还有一些人文学者,在时代风雨与学术理性的双重铸造中同样创造出了学术实绩。现代学术在其发展中形成了多元化的格局,培植成了多方面的传统,包括重视学者自身的情怀的传统、广为吸纳外域经验而又不忘本民族历史地位的传统以及既专注现代学术分类又重视淹博通才的地位的传统。在这里,我们不妨把新儒家的一些学者与同时代的一些学者作一番比较,以使我们更加清晰地、立体地认识他们的学术贡献。

第一节 新儒家与同辈美学家

在中国现代,王国维是较早引进西方哲学与美学来研究阐明中国古代文艺与美学的学者,其《文学小言》、《人间词话》、《红楼梦评论》、《古雅在美学上之位置》以及其他一系列文艺美学论文,吸收和运用西方学术思想并与本民族的传统文论思想相结合,为中国的文艺学开启了新生面。同时,王国维还第一个主张在中国的大学里开设美学课。他在1906年《奏定经学科大学、文学科大学章程书后》中提出:"定美之标准与文学上之原理者,亦唯可于哲学之一分科之美学中求之。"并建议中国文学科科目应设:哲学概论、中国哲学史、西洋哲学史、中国文学史、西洋文学史、心理学、名学、美学、中国史、教育学和外国文。王国维可以说是中国近现代美学的奠基者。其后,蔡元培继续进行了这一工作。由于早年在德国留学,蔡元培接受了康德的影响,对美学发生了极大的兴趣,他终生不渝地坚持美学思想的传播和普及,大力倡导和实施美育,产生了很大的影响。蔡元培之后,有一批学者专门致力于艺术与美学问题的研究,如宗白华、朱光潜、邓以蛰、丰子恺、钱钟书等人,成就卓著。这里,笔者仅把方东美与宗白华、唐君毅与钱钟书进行对比,因为他们是同时代人,学术成果和学术智慧可有一比。而且笔者以为这样的对比,对中国传统美学的创造性转化具有重要启迪和范式意义。

一、方东美与宗白华

我们知道,方东美与宗白华在1949年前长期执教于南京中央大学哲学系,两位都是中国现代哲学界的翘楚与诗人哲学家。由于后来时局的变动,一个滞留于台湾大学哲学系,一位扎根于北京大学哲学系。但笔者以为两人的理论道路存在着诸多相通之处。青年时期他们都是"少年中国学会"的才俊,后留学欧美,学成回国。他们一生致力于哲学、美学的教学和研究,"孤寄冥往,潜心学理",以诗性的敏慧、哲学的头脑阐发深闳幽远的中国艺术生命境界。

中国文化向哪里去的问题,始终萦回于方东美和宗白华的脑际,挥之不去。而生命与艺术贯通,文化与美学调和,则是他们所憧憬的理想文化类型。他们在20年代就开始关注文化，在30年代以后一直在孜孜不倦地上下求索，追寻文化精神，并在抗日战争的特殊历史处境中，对中国的文化精神进行了令人瞩目的审美建构。1931年，方东美发表《生命情调与美感》（中央大学《文艺丛刊》第1卷第1期），显露出一种独特的文化生命感悟之风采。1936年春，中国哲学会南京分会成立之际，方东美宣读了论文《生命悲剧之二重奏》。1937年中国哲学会第三届年会上，参会同行又与方东美分享了其精妙之作《哲学三慧》。这三篇论文，是方东美前期思想的精华，也是他一生著述的代表作。同样，宗白华在30～40年代，写出了《中国艺术意境之诞生》、《论文艺的空灵与充实》、《中国诗画中所表现的空间意识》等重要论文。思维的精湛、文字的灵秀，把诗哲那澄明的心灵整个地烘托了出来。同时，这些文章也表明，他们对中西文化的领悟已经达到了相当的火候。赋予文章灵魂的，则是他们对文化精神、文艺境界和澄明之境的深湛体验。

其一，文化精神。寻找中国文化的美丽精神，是方东美与宗白华两人的宗趣。宗白华对中国古典美学的研究独有会心，在1937年后，他笃情至深地研寻中国“艺境”的特构，追忆在黑暗时代焕发真情的“晋人人格”，推究往返回旋、俯仰自得的审美方式。文化精神一直是他美学探索的动机和归宿，他尤其关注呈现在中国审美和艺术中的特殊精神和心灵节奏，试图通过艺术来窥见中国心灵的幽情壮采，探索中国文化精神的艺术表现形式，试图穿透这种审美体验和艺术形式，沉思“民族的灵魂及其命运”。30年代宗白华主编《时事新报》副刊《学灯》时发表了方东美的代表作——《哲学三慧》一文，在所写“编辑后语”中对方东美的文章推崇备至。他引用司空图《二十四诗品》中“天风浪浪，海山苍苍，真力弥满，万象在旁”来赞美方文的气派，高度肯定方氏的哲学探索的意义，指出：“文学家诗人所追慕的幻景与意象是一个个的人生及其命运。哲学家所冥想探索的是一个个民族文化的灵魂及其命运。”①事实上，作为同时代人，方东美这个时期的用力之处，也是把握文化形态，体察民族生命。《哲学三慧》是以揭陈文化生态为其主旨，首肯中国的妙性文化和生命情调。

其二，文艺境界。中国传统美学时空观反映了中国人对主体和宇宙自然的生命精神的体悟，体现了主体对宇宙生命形式的把握。中国人把宇宙视为一个有机的生命体，时空是这个生命体存在的形式，这种形式被赋予感性则是一种境界，这便是“舞”。宗白华说：“一个充满音乐情趣的宇宙（时空合一体）是中国画家、诗人的艺术境界。”②方东美说：“宇宙，当我们透过中国哲学来看它，乃是一个沛然的道德园地，也是一个盎然的艺术意境。”③关于空间意识，方东美认为，中国人视空间为一种冲虚绵邈之意境，审美空间晶莹剔透，流光四溢。“中国人之空间，意绪之化境也，心情之灵府也，如空中音、相中色、水中月、镜中象，形有尽而意无穷。”④中国诗画艺术中呈现的“时空合一体”，就是中国人的审美空间。

中国古代美学关于形神兼备、神韵、境界等概念和范畴，从生命本体层面上揭示了美的内在本性。唯道集虚、抟虚成实，构成中国人的生命情调和艺术境界的实相，代表着中国人于虚空中创现生命流衍、氤氲的气韵。宗白华善于从传统的艺术形式中揭橥生命的艺术化的境界，他捕捉到作为中国艺术空间意识之特征的“舞”，认为它不仅有着高度的韵律、节奏、秩序和理性，同时有着最

---

①《宗白华全集》（第2卷），安徽教育出版社1994年版，第173页。

② 宗白华：《美学散步》，上海人民出版社1981年版，第89页。

③ 方东美：《中国人的人生观》，载《方东美集》，群言出版社1993年版，第181页。

④ 方东美：《哲学三慧》，载《方东美集》，群言出版社1993年版，第370页。

高度的生命、旋动、活力和热情。他称赞“晋人之美”，认为晋人“风神潇洒，不滞于物”，“洗尽尘滓，独存孤迥”，“潜移造化而与天游”，体现了一种优美的、自由的心灵。方东美赞赏道家的化育之道，在他眼里，道家所寄托的世界，乃是一大神奇梦幻的世界，构成其世界空间的，正是美妙音乐及浪漫抒情诗歌中的“画幅空间”兼“诗意空间”——一种充满诗情画意的空灵意境。意象空灵，人物逍遥遨游其间，故道家能游心太虚，驰情入幻，直造乎“寥天一”之高处，而洒落太清，洗尽凡尘，臻于化境。

除此之外，澄明之境也是方东美和宗白华的共同追求。我们不妨比较两人的两首诗。宗白华《柏溪夏晚归棹》：“飙风天际来，绿压群峰暝。云罅漏夕辉，光泻一川冷。悠悠白鹭飞，淡淡孤霞迥。系缆月华生，万象浴清影。”再看方东美《月夜观雾》：“三界圆融雾所成，何妨慧眼运神明。高深远近征玄理，内外幽微寄胜情。春未来时花缱绻，诗才入韵意冲盈。千山月满流遐思，胸次无尘万象莹。”不难看出二人诗篇中充盈着玲珑剔透、渊然而深的灵境。方东美和宗白华两人都推崇“兰生幽谷中，倒影还自照”的艺术境界。

笔者以为，在中国现代美学界，方东美和宗白华两位学者学思相似，心源略同，差不多在同一时期展开了中国生命美学本体形态的探寻工作，并且都取得了可观的学术成就。

孰为生命？何谓美感？这是方东美和宗白华两位学者所要回答的问题。两人对生命美学都有系统而执着的探寻。他们深刻领悟鸿蒙之理、宇宙大生命，强调“悟道”。宗白华指出“道”的生命，契合着“艺”的生命，就像庖丁解牛那样，“游刃于虚，莫不中音，合于桑林之舞，乃中经首之会”。音乐的节奏是它们的本体。“悟道”所强调的是对生命本质的深刻体悟，而“道”既是宇宙之规律，也是生命之本质。在文学世界里，在艺术天地里，自然的生命与人的生命、宇宙的自然结构与生命的精神结构是和谐的、统一的。方东美认为,生命就是包括人生在内的一切景象,它可以兴,可以观,斯为美。生命与宇宙相依相存,人类了悟生命情蕴之神奇,就能契合宇宙法象之奥妙。方东美使用了生命幽情、生命诗戏、生命毅力、生命神韵、生命意趣、生命气象等词语,来渲染生命情调与生命美学。

关于艺术中的天人关系、道艺关系,宗白华和方东美论述了很多,且在他们的学术思想中占有重要地位。宗白华主张,文艺应当以宇宙生命本体之"道"为终极本原,而文艺家要创造出不朽的杰作,除了在形式技巧层面作出不懈的努力外,还应当有一种更高层次的追求,即要善于体悟"天人合一"之"道"。他说:"中国哲学是就生命本身体悟道的节奏。道具象于生活、礼乐制度。道尤表象于艺,灿烂的艺赋予道以形象和生命,道给予艺以深度和灵魂。"①宗白华重视艺术家对宇宙生命"节奏"的把握与体悟,由技进于道。因为中国人感到宇宙全体是大生命的流行,其本身就是节奏与和谐。宗白华探索中国古代的艺术生命化理论,进而踏勘中国艺术的生命美学特性,主张宇宙是一阴一阳、一虚一实的生命节奏,所以根本上是虚灵的时空合一体,是流荡着的生命气韵。艺术是生命的表现,中国的书法是节奏化了的自然,表达着深一层的生命形象的构思,成为反映生命的艺术。

在更深层次上,两人追求古今无阻、中西逢源的一种会通,从而找到特定人文环境、特定艺术命题的切入点,构成中国现代美学里程中的合璧性建构。因此,我们不妨指出,方东美与宗白华两人同是生命化艺术论和生命美学的倡导者。他们都受过西方哲学的严格训练,又深谙中国传统的哲性诗学。一方面他们对西方近代以来的美学理论了然于心,另一方面他们又重视从中国古典美学

---

① 宗白华:《美学与意境》,北京大学出版社1988年版,第240页。

中发掘美和审美的奥秘。他们赓续了中国美学源远流长的生命精神，又以其深邃的哲性诗学眼光，对它进行了创造性的现代阐释，铸造出独特的审美精神的生命型态。他们的美学是境界美学、意趣美学、散步者的美学、澄明者的美学。

方东美(1899～1977)与宗白华(1897～1985)不仅是远房亲戚，也是要好的朋友，而且他们都是诗哲，在致思理路和行文风格上极其接近。他们的美学著作中的文字之美、遣词之精、气象之纯，都是人们可以直接感受到的事实。但是，世界上没有两片相同的树叶，也没有两个完全相同的人。那么，方东美与宗白华在美学个性方面各有哪些特点呢？笔者以为有三点区别：

其一，玄思与艺道。从美学体系的构成来看，方东美注重从原始儒家生命意识与艺术理想的角度走上了探讨中国美学心灵的原创性理论之路。他侧重从形上本体的理论去讲美学，显得文思飘逸和理致高蹈。成中英称方氏哲学为本体论架构的哲学，这一哲学具体体现的则是易经思维模式，即所谓"太极无名"、"情理两仪"、"哲学三慧"、"文化四相"、"道通为一"，基本上全面概括了方氏的哲学美学的思想体系。方东美的艺术哲学亦确实表现出思入精微、趣入玄机的特质。

而宗白华走的是探究艺术美学的路子。他的美学研究，不是从抽象的观念、纯粹的理论概念出发，而是从大量生动的艺术创作实践入手，特别是善于联系中国古代的诗词、绘画、建筑、园林、书法、音乐以及学术史料来论述具体的美学问题。宗白华认为，美是生命的具形表现。在审美活动、艺术创造中，美的形式可以使得对象成为一个独立自足、内部丰满的形象，观赏着通过这一"形式"可以集中而深入地观照对象的美，并获得强烈的审美感受。而且，宗白华还首次全面、明确地划分出了中国美学史上有关"错采镂金"和"芙蓉出水"两种美感类型。大体上说，方东美往往用抽象的玄思来统摄美学现象，而宗白华常常从具体的艺术类型出发，寻出艺理。方东美倾向于“美学的哲学化”；宗白华侧重于“美学的艺术化”。

其二，意趣与艺境。从美学境界的探求来看，方东美重视生命意趣。从生的意趣和重“生”的精神角度来考察艺术，找到一种视角非常独特、意义非常深刻的美学观。在《生命情调与美感》中，他把宇宙、生命、艺术三点串联起来；在《哲学三慧》中，他把中国、古希腊、近代欧洲的情、理、慧进行对照比较。方氏追索生命意趣，指陈生命智慧，强调道德理性与艺术精神的融合。而宗白华具体联系中国艺术的实践，全面而深刻地探讨意境问题，将古代意境理论进行了创造性的现代转化。在宗白华眼里，从直观感相的模写，到活跃生命的传达，再到最高灵境的启示，艺术意境可以有三个层次，即“情胜”之境、“气胜”之境、“格胜”之境。而意境创构的最高境层是“格胜”，也叫“禅境”。大体上说，方东美侧重于“情”、“理”关系的探讨，强调胜境至理的境界；而宗白华倾心于“虚”、“实”关系的建构，强调虚实相生、形神兼备的意境。

其三，气质与格调。从性情爱好来看，方东美崇尚儒家，但生命气质显然为“致虚守静”的道家精神所浸润，可以说是以儒家为主，兼及道、佛，其《坚白精舍诗集》用古代格律诗的方式表达了生命的神韵，呈现出生命的梦想。在西方哲学方面，方东美喜欢柏格森、怀特海的哲学思想。而宗白华性嗜艺术哲学，早年醉心新诗写作，出版有白话诗集《流云小诗》等，不爱写古体诗，喜欢钻研康德、歌德、罗丹等西方哲人、诗人和艺术家的作品，侧重研究艺术美感创造论。宗白华推重“人生艺术化”的理想，在歌德式的“同情主义”生命人格的启示下，又同中国老庄的人格理想、魏晋时代的人生实践（“晋人之美”）会合，铸造出一种“超世入世”的人生格调。

以上几点区分，未必尽释方、宗二人的美学个性，但多少可以看出他们的精神个体性的风貌。在 20 世纪中国美学园地，方东美与宗白华以内敛的情思、奇美的文字和冲远的境界而风骚独具，其构筑的灿烂高妙的美学境界确实令人神往。他们既有思想历程的相似，又有精神个体性形式的区别。他们曾长期作为同事任教于南京中央大学哲学系，1949 年后又分别在台湾大学和北京大学从事学术研究，完成了美学领域里的自我对象化，形成花开两朵、双峰并峙的诗哲气象。

二、唐君毅与钱钟书

在比较中评价一位学者，应该说是一个冒险的过程。评比无定式，允许多种多样。关键是在大的方面找到彼此的异同。在 20 世纪中国人文学术史上，唐君毅（1909～1978）和钱钟书（1910～1998）学深识高，成果丰硕。他们年龄相仿，都是在“后五四”时期走上学术研究之路的；而且都出自诗书之家，唐君毅的父亲唐迪风对中国哲学造诣颇深，有《孟子大义》一书传世，而钱钟书的父亲钱基博文史兼通，著有《骈文通义》、《现代中国文学史》等名作。两人的父亲都曾在大学任教，而我们从唐君毅与钱钟书的治学历程中不难看出他们父子学术传承的一些端倪。天资聪慧的他们，中学毕业后都进入名牌大学学习，两人于 20 世纪 30 年代在学术界崛起，成为当时的青年才俊。所受涵泳深远，使他们具有广阔的视野和多维的参照系统；兼容并包的追求，显示了大师式的广阔胸怀和气度。

1．博通古今与学贯中西。

唐君毅与钱钟书都是民国年间成名的学者，他们既有家学渊源，又亲炙于前辈学人，受过严格的学术训练，学有根基，兼通西学。笔者以为，唐君毅与钱钟书乃是兼具“国学”功底与“西学”修养的现代学人，而且是富有文人学者气质的学术大师。

唐君毅的学术思想立场虽然是民族本位的，但他并不排斥外来的各种思想学术。他是立足于中学，综摄西学；或者说，取西学入中学。他深知要弘扬中国固有的学术文化和儒学精神，必须综摄西方的学术文化。他把西方的文化喻为上帝的左足，而把中国的文化喻为上帝的右足，中西文化应当谋求互相取资以开新，然后上帝的神足乃能遍行天下，人类精神的行程就可日进无疆。在具体的治学过程中，唐君毅坚持中学与西学、哲学与诗学的结合。同样，在学术研究中，钱钟书提出“打通”论，“打通”研究的层面之一，就是在学科关系上打通文学与哲学、心理学等各人文学科。如《管锥编》中“阐发古诗文中透露之心理状态”、“论哲学家文人对语言之不信任”等四例即属此层面。而对于“打通”中外文学及各人文学科的可能性，钱钟书则在《谈艺录》中早有论证。他的著名论断“东海西海，心理攸同；南学北学，道术未裂”，即为“打通”中外文学研究提供了必要的理论依据。

从唐君毅与钱钟书跨越文学、史学、哲学、心理学、文化人类学等诸多人文学科的学术实践来看，他们显然是以“通人”而非“专家”为其学术目标的，其学术的“综合性”特征也是与此直接相关的，可以说是既表现了中国古代“文史哲不分家”的人文传统，又体现了近现代学术大家的“百科全书式”的博雅风姿。

博古通今的程度有赖于文脉的传承和学者的努力。唐君毅生于宜宾，但童年大部分时光都是随出身名门、能诗善文的父母在成都度过的。他记得小时候，无论是去诸葛武侯祠、杜甫草堂，还是去老子青羊宫，父亲总要他行礼，接受民族传统教育。少年时代国文课的教程中的《庄子》、《孟子》和《荀子》等文章，直接引发了他要学哲学的兴趣。他在考上北京大学一年后转入南京中央大学。此段时期对他最有影响的是方东美、汤用彤两位先生，还有曾来中大短期讲学的熊十力先生。唐君毅泛览群书，钟情于康德、黑格尔等西方大哲的唯心主义精神传统。毕业以后在中大任教，对中国哲学的人生道德问题有所用心。到1943年，他出版了《中西哲学思想之比较研究集》以及《人生之体验》和《道德自我之建立》等著作。唐君毅天性纯挚，禀赋颖悟，对天地、人生充满灵心善感，且转益多师，幸得熊十力、梁漱溟、欧阳竞无诸贤传道授业。他好学勤思，从根本上反复用心，成为当时著名的青年哲学家，并且为自己后来宏富精微的哲学思想体系打下了坚实的基础。

同样，广博而深厚的东方和西方文化修养，使钱钟书有可能对中外文学艺术的美学特征进行多角度的比较研究。钱钟书中西文化的修养自少年和青年求学的时代。当他还在苏州一教会中学读书时，就阅读了《古文辞类纂》、《骈体文钞》、《十八首诗钞》，同时通过阅读《圣经》、《天演论》等不少的西方文学、哲学原著，学习英语，使英文成绩突飞猛进。钱钟书考入清华大学外文系后，更是博览群书，是学校公认的"才子"，他聪颖勤勉，成绩优异。当年清华大学的吴宓教授曾赋诗赠曰："才情学识谁兼具？新旧中西子竟通。大器能成由早慧，人谋有补赖天工。源深顾赵传家业，气胜苏黄振国风。悲剧终场吾事了，交期两世许心同。"①吴宓对这位"人中之龙"的才子给予了高度的评价。1935年，钱钟书赴欧洲留学。在此期间，他读得较多的是康德、黑格尔、克罗齐等人的哲学和美学著作，此外还阅读了一些西方现代派小说。钱钟书致力于探索"造艺之本源"，并对国外许多新理论的出现十分关切。在《谈艺录》中，他不仅援引西方古代诗人和诗论家的言论，而且以补遗的形式添加了现代西方文论研究的新材料。即使是在十年动乱、闭关锁国的环境下，他所著的《管锥编》也仍然尽量利用现代国外理论研究的成果。这些成果遍及语义学、符号学、诠释学、心理学、现象学、接受美学、文化人类学诸领域。钱钟书气度恢弘地吸收西方

① 《吴宓诗及诗话》，商务印书馆1934年版。

文化的养料，视野开阔地进行着东方与西方文学的比较，并始终把立足点放在探寻中国文化的基本精神、探索中国文学的审美个性之上。他善于熔铸，用弘取精，真正做到了"化书卷见闻作吾性灵，与古今中外为无町畦"。

唐君毅与钱钟书以其丰厚的学养、精深的著述、卓异的识见、淡泊的人格获得了人们的尊敬。他们的学术成就是多方面的，但就其主要学术旨趣而言，笔者以为是三维两态一核心。所谓三维，是指他们在文、史、哲方面齐头并进，宏通博肆；所谓两态，是指他们精通中国文化典籍，熟知西方学术态势；所谓一核心，是指他们擅长诗学鉴析和美学探讨。在20世纪的中国学术史上，唐君毅被称为"文化巨擘"，钱钟书被称为"文化昆仑"。近些年来，"唐学"和"钱学"在海内外不胫而走，唐君毅与钱钟书也具有世界性的声誉。唐君毅与钱钟书的代表性著作不只在触类旁通、探微知著、精审卓识、独辟蹊径上被传为美谈，而且二人在人格修养和学术作风方面也深得同辈和后学的尊敬和爱戴。

2. 哲性诗学与文艺美学。

学术大师的博雅，在于人文素养与文学造诣的同构，也就是"思"与"诗"的结合。文艺理论是唐君毅哲学体系中的一个重要的组成部分。《文化意识与道德理性》是唐君毅的一部文化哲学著作。该书的第六章"艺术文学意识与求真意识"体现了他的哲性诗学思想。唐君毅首先阐明求美意识与求真意识的不同：即求真意识中永远有思考主体与对象形式的对立，同时与感觉世界不免隔离；而求美意识可使我们的思考判断沉入个体实在的欣赏的把握中，同时与感觉世界息息相通，并且陶冶人们的情感。其次，唐君毅阐明了求美意识与求真意识的相通：即求美活动仍要感性地体现理性；而求真活动的目的，乃是获得具体真理，具体真理则需在美中实现。再次，唐君毅阐明求美意识活动与求真意识活动两者之间的互补关系，指出“求美意识与求真意识，皆为不能自足，而必相待以补足其自身之缺陷。故人由求真意识必须转出求美之意识，而人由求美之意识，亦须转出求真之意识。因而自求真意识上看求美意识，可说求美之意识中之抽象普遍者之未自觉，而不免陷于特殊具体者，是为较低之意识。自求美意识上看求真意识，又可说求真意识中之普遍者，未融入特殊具体者，而不免使人执著普遍抽象者，是为较低之意识。实则此二者意识，根本为相含而待，实无高下之别。”①最后，唐君毅再次分析文学艺术与科学哲学之间各类别的对应区别。整章内容条分缕析，环环相扣，解析透彻，论述到位。

写于1964年的《文学意识之本性》这篇长篇论文，更是唐君毅哲性诗学的一篇力作。该文在文学意识与历史意识的比照中深入地阐述了文学意识的特点与价值。即文学意识与历史意识不同，在于历史意识执着于事实，只有事实的时空意义、因果意义、种类意义，而无所谓广邈的价值意义。史家之为文，宜归于朴而近真；文学家之为文，宜归于华而尽美。文学作品中有内在的时空、因果、种类，历史上和现实中的人物、事物，皆必先由文学家根据其想象与情志加以渲染、改造或夸张，然后才能入于文学。文学的境界有其本身内在的价值意义，而且文学意识自身的价值兼具真善美三方面，这与历史家只知史实及其所涵的意义之真以及历史意识本身中的善便有不同。在阐述两者不同时，唐君毅运用了许多生动的文学作品范例给予说明，详尽的分析、具体的解剖构成了情意网与思想场，形成一个流畅的意义空间，让独到的文论见解从中不断动态生成、显现和演绎。

---

① 唐君毅：《文化意识与道德理性》，广西师范大学出版社2005年版，第373页。

显示钱钟书早期文论和比较诗学成就的作品，是发表于1937年的《中国固有的文学批评的一个特色》一文。文章试图以西方文学理论的“移情说”去解释中国传统文艺的特点。他认为，中国文论的一个民族传统，是“把文章通盘的人化或生命化”，“把文章看成我们自己同类的活人”。古代文论家直接用人体属性来比喻、讨论文学问题的论述处处可见。气、情、志、神、意以及文体、结构、文势、文脉、气象、风骨等概念渗透着生命精神。

钱钟书是文学史家，他的研究虽也涉及众多学科，但基点却是文学，在其完成的《谈艺录》、《管锥编》、《七缀集》等著作中可以清楚地看出文艺美学的取向。钱钟书的早期主要论著《谈艺录》以谈艺衡文为主体，重点评介了唐以后的诗人如李贺、陆游、王士祯、袁枚等人的诗艺、诗论或为人，并涉及了古今中外的文学理论，无疑是一部现代诗话。钱钟书的《七缀集》中有一篇论文《通感》，发现了中国诗文视觉、听觉、触觉、嗅觉、味觉五官感受的连通性。颜色似乎会有温度，声音似乎会有形象，冷暖似乎会有重量，气味似乎会有体质。如宋祁《玉楼春》“红杏枝头春意闹”中的“闹”字，即是把事物“无声的姿态”说成好像有“声音的波动”，仿佛在视觉里获得了听觉的感受。这种描写手法，沟通了听觉和视觉之间的界限。此外，钱钟书还举出大量例证表明，中国古典诗文为了达到特殊的修辞效果，使文词别呈一种美丽，广泛沟通了其他感官之间的界限。如陆机《拟西北有高楼》“佳人抚琴瑟……哀响馥如兰”，庞铸《花下》“若为常作庄周梦，飞向幽芳闹处歇”，即是沟通了听觉与嗅觉之间的界限；孟郊《秋怀》之一的“商气洗声瘦”，则是沟通了听觉与触觉之间的界限；李贺《蝴蝶飞》“杨花扑帐春云热”，则是沟通了视觉与触觉之间的界限；吴潜《满江红》“数本菊，香能劲”则是沟通了视觉和嗅觉之间的界限。在举出表现五官感觉交错的各类例证后，钱钟书指出，五官感觉的交错是不合乎逻辑思维的，也就是无

"理"的。但我们不能因此而否定以超感官为特征的描写手法,因为逻辑上不通的东西,在文艺创作中往往可能别具妙理;且诗人凭借其敏锐的感受力,往往会于无意中体察到逻辑思维所无法认知的真"理"。而且中国诗文中的超感官的描写手法与西方文学中的"神秘经验"的"通感"手法相通和类似。就这样,钱钟书对隐藏在文学中的"通感"美学进行了全面的说明和精要的论证。

3. 理论系统与片段思想。

学术大师往往追求"以一寓多"的理论抱负和学术境界。但在具体的治学中,唐君毅与钱钟书的研究方法和成果体式很不相同。唐氏擅长系统化的论著,包括结构谨严、推论精密的理论著作;钱氏追求鉴赏性的或诠释性的学术精品,常常以种种玄思妙想、审美感悟的札记成书。

唐君毅在《中国文化的精神价值》一书的自序中自称:"对于中国文化之特殊精神,则力求以较清楚之哲学概念,加以表达。对中国之人生意趣、文艺境界、人格精神、宗教智慧,通常唯恃直觉了悟者,吾皆以'方以智'之道加以剖解。"这段话大概是他的文化哲学思想为什么要用西方哲学的形式阐述的说明。在该书的第十章"中国艺术精神"中,唐君毅先论中国艺术精神下的自然观,次论中国文艺精神与西方的不同,再分论中国建筑艺术、书画艺术、音乐艺术、雕刻艺术的特色。论文谋篇布局,思路清晰,层次分明。在该书的第十一章"中国文学精神"中,唐君毅论述了中国文学重视诗歌散文的缘由、中国自然文学中所表现的自然观、中国文学在人物塑造与描写方面的特征。论文既有宏观扫描,又有微观透视,层层深入,步步推进,臻于"运化细推知有味"的学理境界。

在晚年的《生命存在与心灵境界》中,唐君毅对人之心灵所感通之境作了系统的扫描,依其种类、层位的高低、远近、浅深,而开之为九境。他认为人们观感生命存在和心灵及其所对的境界,其初必视他所对的境界为一客观存在的世界，于是有客观境；其次视这一客观存在的境界属于自己的主观心灵，于是有主观境；再次才以为有一超主客观世界超越于这主观客观的分别之上，而又统率此主客，贯通此主客，于是有超主客观的绝对境界。正是有了生命心灵活动的次序不同，而形成心灵活动的种类不同，故构成万物散殊境、依类成化境、功能序运境、感觉互摄境、观照凌虚境、道德实践境、归向一神境、我法二空境、天德流行境。唐君毅的九境是包罗万象的。一切宇宙的、社会的、人生的问题，一切有关科学的、政治的、伦理道德的、文学艺术的、宗教的思想和理论，都可以归入他的不同境界。唐君毅的著述，思有统系，学有宗基，煌煌大作，体大思精。

钱钟书的美学，不是以宏观的体系型论著出现，而是以传统的札记形式出现，其形态充满散漫性。钱钟书对比较文学的发探，向来都是从具体的文学形象出发，围绕文学"文本"展开研究的。早在20世纪40年代，钱钟书在《谈艺录》开篇第一句就称："余雅好谈艺。"并在另一篇文章中根据自己早年的治学经历总括地说："为学研究中，我有趣的是具体的文艺鉴赏和评判。"当然，"具体的文艺鉴赏和评判"，并非泛指一般的作品评论和分析，而是指艺术创作和批评中带有规律性的观点和现象。《管锥编》是钱钟书先生的"老更成"之作，写于"文化大革命"之时。全书围绕《周易正义》、《毛诗正义》等10种古籍，引用800多位外国学者的一千几百种著作，阐发自己的读书心得781则，其中与文艺有关的部分散见于卷帙之中。

确实，与唐君毅相比，钱钟书擅长对具体文艺现象做深刻而深入的研究，却疏于体系的构造，这与他的治学观念有关。钱钟书认为："研究中国古代的文艺理论不仅要读诗话、词话、曲论之类的专门文章，还应当留意具体作品甚至谣谚、训诂之类，因为很多精辟见解往往就包含在那片言只语当中。""诗、词、随笔里，小说、戏曲里，乃至谣谚、训诂里，往往无意中三言两语，说出了精辟的见解，益人神智；把它们演绎出来，对文艺理论很有贡献。……不妨回顾一下思想史罢，许多严密周全的思想和哲学观念经不起时间的推排销蚀，在整体上都垮塌了，但是它们的一些个别见解还为后世所采取而未失去时效。……往往整个理论系统剩下来的有价值东西只是一些片段的思想。”①钱钟书轻视体系性理论的建构，当然有其理由。中国学人对中西诗学的认识和利用，是通过由小到大、由微到著、由点及面、由个别到一般的途径来完成的。这样中国学人在诗学建构中便面临着两大课题：一是面对宏大的诗学工程，学人只能从细小的点开始研究；二是针对复杂的诗学现象，学人只能从感性的具象开始认识。就个人而言，钱钟书虽才华横溢，但不能超越自身所感知的中国古典文学知识养料；就研究手段而言，他濡染了中国重直悟、体验的批评方法。因而钱钟书能独辟蹊径，从局部着手，以丰富的联系性挣脱了对局部的认识，趋向总体比较诗学，由“小结裹”达到“大判断”。钱钟书弃置文论批评所采用的系统的论文形式，返回到中国传统的词话形式，是因为他想从迂回的接近中为中国诗学建构铺路。在忧患和动乱的年代，钱钟书埋首向学，头脑中有众多的学术“风暴”和“闪电”在酝酿与奔突，一时难以整合成长篇大文，就用速记的形式记录下来，以近乎原生态的方式把握文化灵感与文论精髓，积少成多，集腋成裘。散点式的透视、迂回式的接近，正体现了钱钟书治学的量力而行、欲达不速、实事求是的态度。当然，钱钟书是现代学术的“智者”，但并不是“至圣”或“完人”，他的学术研究也确实存在着某些“掉书袋”现象。与唐氏的一些著作失之冗长与繁复不同，钱氏的《谈艺录》和《管锥编》的一些篇章失之零碎和堆积，这点我们不能为贤者讳。钱钟书本人

① 钱钟书:《七缀集》，上海古籍出版社 1994 年版，第 33 页。

对他的一些著作也并不满意，甚至对《谈艺录》"壮悔滋深"。有人说钱钟书的《谈艺录》和《管锥编》分别成书于抗日战争和"十年浩劫"这样的国难当头的困境中，因而只能有这种散漫的形式。但这不是理由。因为在现代动荡的岁月中，并不是没有学者写出精辟而系统的学术著作。

由此，我们看到，在学术研究方面，唐君毅和钱钟书两人走的都不是以西方所长所有来补中国之短之缺的求同路子，而走的是以我为主，把握中国美学的观念形态、表现形式、表达方法上的本质特征的路子。所不同的是，唐君毅作为哲学家和儒学的现代传人，具有一种整体全面的思考习惯，在统之有宗、会之有元之中，兼容并包，慎思明辨。他特别关注中国文化的伦理特质，立足于哲学本位，编织着中西融合的形而上学话语。他的文章富有理致，逻辑高强，思路潇洒，文理清明。钱钟书则长于考证研索，注重具体的鉴赏和评判，其《谈艺录》和《管锥编》形式上虽然没有跳出古代诗话的窠臼，但毕竟在旧瓶中装了新酒，书中妙笔生花或妙语解颐之处甚多，在网合整取中透发了新声，表现出对中西文论融合的启示性意向。唐君毅和钱钟书都是不可多得的、具有智慧风采的学术大师。

第二节　新儒家与海外中国文论家

新儒家是把诗与思结合起来的学术大师。他们于 20 世纪 50 年代后转蓬香港与台湾，影响及于海外。20 世纪也有一些中国学人负笈美国，留学任教。他们观照中国古代文论范畴与西方文论观念，梳理体系，见其特色。他们对中国传统文论范畴体系的特点有深切的体认，并向西方学界介绍，构成了自己独具特色的现代的理论形态和学术范式。刘若愚、叶维廉就是这方面的代表性学者。他们与新儒家的一些成员在文艺美学方面是同中有异，异中有同。

一、徐复观与刘若愚

20世纪50年代后的新儒家第二代主要成员移地香港与台湾，是在中西交汇的环境中从事学术研究的。这里我们把徐复观的美学与刘若愚的文论进行比观，是要见出彼此的学问境界和慧根妙悟，从而探索中国文论和美学体系的建构问题。虽然徐复观要比刘若愚年长许多，但考虑到徐氏是半路出家，他与刘氏差不多是在20世纪40年代末步入学界的，而且他们的代表性的文艺美学著作均完成于60年代。徐复观于1965年出版《中国艺术精神》，刘若愚于1962年出版《中国诗学》。这两部著作为他们带来了声誉，凸现了他们作为美学家和文艺理论家的学术地位。除了以上著作外，徐复观还著有《中国文学论集》（1973年），《中国文学论集续篇》（1981年）；刘若愚著有《中国文学理论》（1975年），《中国文学艺术精华》（1979年），《语际批评家》（1988年）。在这些著作中，他们都出色地阐彰了中国文艺的理论与方法。因此，笔者把他们两人放在一起进行学术比较研究，以探讨他们在文化融合氛围中凝成的思想和智慧。

徐复观的美学，笔者在前面作了许多说明。现在再讲一讲刘若愚。刘若愚长期在美国大学任教，在英语环境中进行中国文学理论研究，并试图对中西文学理论进行综合。刘若愚于1975年出版《中国文学理论》一书，借用西方的理论模式阐释中国的诗歌理论，试图为中国古代诗学几千年的发展整理出一个清晰而有系统的线索。刘若愚认为“提出渊源悠久而大体上独立发展的中国批评思想传统的各种文学理论，使它们能够与来自其他传统的理论比较”，有助于达到融合中西两大传统、具有超越特定理论的普遍解释力的“世界性的文学理论”①。这种关注东土、融合中西的学术理念无疑是值得称道的。其做法是,一方面他对中国传统的文学理论有深入的了解;另一方面,他也以一个批评家的身份对西方重要的文学理论了然于心。关于中国文论体系,刘若愚意识到,中国的文学理论较少得到系统的阐释和明确的描述,而常常是在零零散散的著作中包含一些简略而隐晦的暗示。因为中国一部分批评家习惯上用高度诗化的语言表达感性直觉的印象而不是理性概念。因此,只有更为系统、更为深入的分析,才能把潜藏在中国文学批评家著作中的文学理论提炼出来。刘若愚根据美国文论家艾布拉姆斯的世界、作者、作品、读者的文学四要素理论,把传统的中国文学理论分为六类,即形上理论、决定理论、表现理论、技巧理论、审美理论和实用理论。阐彰显发,简洁透辟。这部总览中国古代文学理论的英文专著,甫一问世,就得到了国际学界的好评。美国学者弗罗特在《现代语言杂志》上发表书评:“刘若愚教授设计了一个足使中国任何文学理论都可置入的模式,这使我们有可能透视中国文学理论的大观,并拿这些特有的理论与其他一些中国和西方的文学理论进行比较和参照。……勿庸置疑,有朝一日,刘氏此部新著作将成为研究中国文学理论的珍贵资料。”显然,刘若愚让西方学者初步领略了中国古代文论大观园的绮丽景观。西方理论界也需要运用东方他者来观照。

令人瞩目的是,刘若愚不仅以西方的眼光来对待中国的诗学传统,而且能以中国的眼光来审视西方的诗学遗产,进行比较诗学方面的研究。例如,在对中西形而上观念的分析中,他认为,中国人把文学看做是宇宙之道表现的形而上学概念与杜夫海纳认为艺

---

① 刘若愚著、杜国清译:《中国文学理论》,江苏教育出版社 2006 年版,第 3 页。

术是存在之表现这种概念是可以并比的，而道家的道本身的概念与海德格尔所阐明的现象学存在主义的存在概念是可以并比的。"持有形而上学文学理论的一些中国批评家，主张物我合一和情景不分，正象有些现象学家主张'主体'与'客体'合一，'知觉'与'知觉'对象不分一样。受道家影响的中国批评家与现象学家都提倡一种二度直觉，那是在对现实中止判断之后达到的。"①刘若愚试图将中国（尤其是形而上学观的）与西方（尤其是现象学论的）文学理论的要素综合起来。他不是将两种观念做简单而机械的并置，而是从东西方思想的互相观照中阐明对方。

但是，刘氏所作的一些比较分析还停留在表面，尤其是与新儒家代表人物之一的徐复观相比，存在着诸多差距。徐复观的学术研究达到了"窥古今之迹"和"通中西之郎"的纵深境界。虽然中年以后才开始潜心学术，但由于徐复观早年已奠定深厚的国学根基，后来对中国政治、中国文化的现实感触极深，回归学术界后，在哲学、政治、文学、思想史众多领域取得了突出的学术成就。徐氏对于中国文学重要的理论问题提出来重新加以讨论，"汰去夹杂，通其郁滞"。他论述、考证中国文学问题，常常以西方文学相关理论加以参证、对勘，取其贯通之处，借取西方文学理论运思清晰的优势，以彰显中国文学理论的丰富内涵；同时也映照出西方文学的一些缺失甚至误区。例如他对庄子的"心斋说"与西方现象派的"括弧说"之间关系的评论就很见功力。徐氏认为，庄子所讲的纯知觉活动，与现象学的纯粹意识有相似之处。现象学希望把有关自然世界的一切学问归入括号，加以暂时搁置，实现中止判断，所剩下的是纯粹意识，从而探出更深的意识，以获得一个新的存在领域。

① 刘若愚著、杜国清译：《中国文学理论》，江苏教育出版社 2006 年版，第 213 页。

这一点，实近乎庄子的“忘知”，只不过在现象学是暂时的搁置，在庄子则成为一往而不返的追求。徐氏在表面的相似背后掘发到其深层的差异。

而且，徐复观把中国古代文艺美学中的概念术语放到整体审美意识和文化意识中来分析，从更深层次上发掘认识其美学内涵和文化品格。《中国艺术精神》对诸如“虚境”、“气韵”、“妙悟”、“意境”等一系列范畴作了细密的考察，在阐明其美学含义的同时，更说明其产生、演变的文化因缘，这就避免了就事论事、望文生义的简单化解释。《中国文学论集》对《文心雕龙》的研究，以“文体”为理论基点，透视全书的纹理结构。不仅如此，徐氏把中国文体理论与西方风格理论加以比较和打通，实际上是对中国文论的开拓。

徐复观和刘若愚的重要的文艺美学著作都是在20世纪六七十年代完成出版的，其相同之处是，了解并理解汉语文化的精髓。他们都系统地研读过中国历代诗话，对中国古代文学批评史的“范畴”和“纲维”都有所研究，力求彰显中国传统文化诗学的脉络、灵魂和生命。刘若愚久居海外，外语功底更深，学识渊博。他深感西方众多学者存在偏见，因为他们总是采用希腊罗马以来的西方文学理论，而忽视了东方文论。刘氏认为东方文论不同于西方，但毫不劣于西方。刘氏有志于弘扬中国古典文论传统，他拟定的中国文论的五种模式不乏明晰，且与西方接轨，这对中国古代文论走向世界，对西方了解中国古代文论之声，具有一定的助益，功不可没。但刘氏的中国文论模式毕竟有些牵强与生硬。刘若愚的中国古代诗学研究不乏创见，却不免带有西方学术的痕迹，其根本方法和主导观念皆出自西方文学理论。他是用西方文论的理论形式来包装中国古代文论要素的，不像徐复观那样具有中国哲学思想体系的整体底蕴和内在根基。刘若愚的代表作《中国文学理论》的参考书目中有徐复观的《中国艺术精神》和《中国文学论集》这两本书。看来，刘氏著述时阅读过徐氏的著作。我们进行比照，不难发现两者的学术理论有契合之处，但两者的文化脉络与学术归趋还是有差别的。简言之，徐复观的学术导向是在中国文化视野下，适当参照并消化西方理论，追求思、诗、史的融合，是在"植根"中"深根"；刘若愚则是在西方语境下追求西方诗论元素与中国诗艺材料的结合，是在"离根"中"归根"。

二、成中英与叶维廉

现代新儒家的第三代成员，如刘述先、成中英、杜维明，是方东美、徐复观、牟宗三的学生，他们接受过前辈的学术熏陶，从台湾到美国留学，踏上自己的学术之路。成中英在美国获得博士学位后，长期在美国夏威夷大学执教，从事中西哲学思想的研究。1969 年他发表《文学语言与哲学语言》一文，1975 年他发表《从哲学看文学》一文，表现出致力于"思"与"诗"融合的迹象。70 年代，他还发表了"哲学诗三章"。"哲学诗"一词是他对自己所创作的诗歌而作的命名。所谓"哲学诗"，即"以哲学入诗"，其诗作兼有诗与思的双重意义。成中英是方东美先生的高足，他从老师那里获得一种文化维度和哲性诗学的熏染。在研究哲学的同时，他涉足美学，在 2004 年还发表《中国美学中的美的动态变化过程》一文，阐述其美学见解。

叶维廉虽不是新儒家，但他也是从台湾大学毕业后去美国留学、执教的。叶维廉追求一种有根的中国文化诗学。他于 1974 年提出的"模子"的应用理论，就是对西方的文化模子、理论架构、美学据点的质疑。从《比较诗学》到《中国诗学》再到《道家美学》，显示出他对灵动神思的中国诗学的执着追求。他认为："五四给了现代中国人新的眼睛去看事物，但一厢情愿去拜倒细分的解剖的西洋思维方式的裙下，是会伤及中国美感领域及生活风范的根的。"①20世纪50年代新儒家在港台播迁之时，叶维廉目睹过新儒家的哲性诗学的学术大作，对新儒家的学术著述是服膺的。熊十力、冯友兰、钱穆、徐复观的论著在叶维廉的《中国诗学》中多次得到引用，叶维廉把新儒家视为冷静、客观、深思熟虑地对中西文化作寻根认识的理论家。

在回顾中国传统文学批评的特色时，叶维廉得出一个观点，即：中国的传统理论，除了泛论文学的道德性及文学的社会功能等外在系统外，以美学上的考虑为中心。因此，叶维廉尽力挖掘中国诗学的美感视境和观物感悟形态。他着重以中西的山水自然观，对有代表性与针对性的王维与华兹华斯的诗与诗观进行了比较，以阐明中西各自不同的天然的美学理想："王维的诗，景物自然兴发与演出，作者不以主观的情绪或知性的逻辑介入去扰乱眼前景物内在生命的生长与变化的姿态，景物直现读者目前；但在华氏的诗中，景物的具体性渐因作者介入的调停和辩解而丧失其直接性。"②这其中，根本的原因不在于不同的作家有不同的创作与审美取向，而在于他们在文化生成的哲学观与思想观的浸润下所呈现的必然的分野。所以叶维廉认为"由庄子的'道无所不在'，经东晋间的'山水是道'（孙焯），到宋朝的'目击道存'（宋人袭用庄子而成的批评术语），及至理学家邵雍由老子引发出来的'以物观物'，无一不是中国传统生活、思想、艺术风范的反映"。正因如此，使得中国诗学的运思和表达完全不为形而上的问题所困惑，所以能物物无碍、事事无碍地任物自由兴观。

---

① 叶维廉：《寻求跨中西文化的共同文学规律》，北京大学出版社1987年版，第83页。

② 叶维廉：《中国诗学》，人民文学出版社2006年版，第85页。

叶维廉擅长从中国古典诗歌中探寻美学原理。在《中国古典诗中的一种传释活动》一文中，叶维廉根据人际、物际、时空的离合等因素说明中国古典诗歌中的传意方式。中国古典诗人常常利用“若即若离、可以说明而犹未说明”的语法，还给读者“初次印认”的机会，把“说明”含孕在“景物继起的出现和演出”里。假如我们说“意在言外”是作者的传意的方式，那么，“言在意中”便是读者接受的状况。叶维廉以杜甫的《旅夜书怀》为例进行确证。杜诗曰：“细草微风岸，危樯独夜舟。星垂平野阔，月涌大江流。名岂文章著？官应老病休。飘飘何所似？天地一沙鸥。”对于该诗，有不少读者有这样的倾向，由后面四句的“命题”出发去解释前面的景，而集中在“危樯独夜舟”一句，以此作为作者“天地一沙鸥”的自况。这样的解读过程虽不能说错，但有明显的不足。叶维廉以为，这首诗像其他的中国古典诗歌一样，是依照一种近似电影镜头活动的方式向我们呈示的。诗歌开头“危樯独夜舟”，直描出一种孤独的气氛，但不马上就提供“孤零零”的含义。到“星垂平野阔”、“月涌大江流”，才使得原是狭窄的夜和夜中的一点（独舟）突然开放与光明起来，使原来较凝滞的状态突然活跃起来。而在这空间活泼的展开里，我们仿佛被镜头引带着朝向开阔明亮的夜之际，一个声音响起，“名岂文章著？官应老病休，飘飘何所似”，声音带有感情性和活泼性（不是一个人平白地向你说教）。而此际，镜头一转，“天地一沙鸥”。由于前面有开阔的空间和自然活泼的活动，这只沙鸥，一面承着“飘飘何所似”，有了“孤零漂泊”的暗示，但也兼含了广阔空间自然活动的状态——休官后的自由。由此可见，景物演出可以把枯燥的说理提升为戏剧的声音。中国古典诗歌的传释活动，很多时候“设法保持诗人接触物象、事象时未加概念前物象、事象兴现的实际状况，使读者能够在诗人引退的情况下，重新‘印认’诗人初识这些物象、事象的戏剧过程。为了达成这一瞬实际活动状况的存真，诗人利用了文言特有的'若即若离'、'若定向、定时、定义而犹未定向、定时、定义'的高度的语法灵活性，提供一个开放的领域。使物象、事象作'不涉理路'、'玲珑透彻'、'如在目前'、近似电影水银灯的活动与演出，一面直接占有读者（观者）美感观注的主位，一面让读者（观者）移入，去感受这些活动所同时提供的多重暗示与意绪"①。可能受英美新批评派的"文本细读"方法的影响，叶维廉精细地阐释了中国诗歌的审美机理和美学特色。

再说成中英。在文艺美学阐释方面，成中英与叶维廉有一些共同的语言。成中英认为，我们体验到的美就像是"寓多于一"的协调整体。即使事物本身并不存在一种和谐而统一的关系，但为了称之为美，我们也必须将其视为这样的一个和谐统一体。美和崇高的审美体验是人类在情感和感觉上对自然和外界事物作出的反应。这些反应并不能脱离人类的情感以及激发它们的各种形状、大小和颜色。人类情感是特定的、有明确区别的，因此相应的美的（或与审美相关的）物体和事件也是特殊的、有分别的，它们引起的体验可能包括心灵和身体上的愉悦、情感的悠游、精神的自由、痛苦的解脱、冲突的消弭、自我意识的丰富等等。我们可将这种独特的对美和崇高的审美情感看做是一种精神发现和人类对自身的一种欣赏。成中英特别重视审美心境的和谐，认为只有在主体心灵和客体自然处于一种适合的状态时，两者才能互相作用，从而产生美感。在此意义上，美无疑是一个结果、一个事件、一种互动，它以主客之间的统一和谐为前提，因此可以称之为主体自然（心灵与客体）为前提的创造性统一与动态化和谐。

至于主体自然（心灵与客体）是如何产生美和美感这一问题，成中英有着自己的看法。美就是我们从自然或人那里体验到的和

① 《叶维廉文集》（第2卷），安徽教育出版社2003年版，第57～58页。

谐、统一、无功利的快感、清新和生动。美是主客体之间创造性的互相作用所产生的一种和谐统一的体验。按照成中英的见解，描述主体心境可以用“感”和“味”；描述客体自然状态可以用“象”和“景”以及后来出现的“境”这一概念。中国古代也有“神”、“妙”“清”、“逸”等词来描述能引发美的体验的主体精神与客体自然之间的和谐互动过程。中国美学中，美既可以从主体精神对客体自然的感受来定义，也可以从客体自然对主体精神的作用来定义，甚至往往是以主客体之间的创造性过程来定义。这些定义代表着不同时期审美体验不同的侧重点，反映出中国美学不同的发展过程。但总的来说，三者是融合统一的，主体、客体及两者之间的创造性的和谐统一关系或过程也就统一为一个整体。有了上述对中国美学中美的动态化过程和结构的分析和认识，我们就可以阐释中国诗、画中的美感和美的情景。①

显然，成中英与叶维廉都能深入中西哲学和美学的核心，发掘中国美学中的生机和活力，弘扬中国美学的精华。1985 年后，他们多次返回祖国讲学。不同的是，他们各有特长。成中英是哲学家，长期研究“合外内之道”的儒家哲学，兼及美学；叶维廉是诗人，长期从事文艺理论批评研究，对道家美学心有独钟。但他们在海外都对中国特色的文艺美学体系进行了宝贵的探索。

第三节 新儒家与鲁迅作品的因缘

新儒家是中国现代学界的新传统主义者，他们中的一些成员对中国现代文豪鲁迅先生的作品有所涉猎，并发表了一些看法。这些看法，包含着对鲁迅及其作品的理解与误解。这些理

① 成中英：《中国美学中美的动态化过程》，《世界哲学》2004 年第 2 期。

解与误解，显现了现代中国知识分子在传统与现代方面的不同思想倾向和价值追求。在这里，我们主要通过新儒家的一些代表人物对鲁迅及其作品的认识和评价，来展示他们别样的声音与特定的视角。

一、钱穆论鲁迅

钱穆曾在《中国文学论丛》和《现代中国学术论衡》等著作中多处论及鲁迅。钱穆认为，在提倡白话文学的人当中，鲁迅是有成就的文学家。“鲁迅一生的文学生涯，可分三阶段：一、同周作人译《域外小说集》，那是有意学林纾的。二、《呐喊》时期，这期间的文学意味够浓厚。他的精神，实近于唐宋八家，在文学中描写人生。例如其中的《社戏》、《孔乙己》、《药》、《故乡》、《端午节》……都是偏重日常生活的描写，实在主要是以描写人生来作文章。三、卷入政治旋涡以后，他的文字更变得尖刻泼辣了。实在已离弃了文学上‘文德敬恕’的美德。”①这段文字不长，一方面，简练地概括了鲁迅的文学生涯，充满着感性的理解；另一方面，对鲁迅后期的创作存有微词。不过，钱穆对鲁迅早期和中期的文学活动还是肯定的：“今日国人提倡新文学，主要意义亦在创造人心，惟求传入西方心，替代中国心。于中国旧传统则诟厉惟恐其不及。近代最先以白话新文学擅盛名，应推鲁迅，为《阿Q正传》，驰名全国。阿Q二字，不胫而走，当时国人无不知。”②要知道，钱穆和其他新儒家对五四新文学倡导者的反传统文学的行为是大为不满的，尤其是对胡适，

① 钱穆：《中国散文》，载《中国文学论丛》，三联书店2002年版，第77页。

② 钱穆：《再论中国小说戏剧中之中国心情》，载《中国文学论丛》，三联书店2002年版，第189页。

但对属于五四新文学阵营中的鲁迅所取得的创作成就却刮目相看。在谈到五四新文学时期的散文小品时，钱穆把鲁迅的《呐喊》视作为数不多的好作品。

就生活背景看，钱穆和鲁迅都出生于19世纪末期，虽然钱穆比鲁迅小14岁，但钱穆同样感受到近现代文学运动的震荡。钱穆和鲁迅都生长在吴越文化地区，所以钱穆对鲁迅小说所描绘的江南日常生活，包括民俗习惯和风土人情，基本上能了解和认识，因而肯定之，赞赏之。但是，钱穆对鲁迅小说也有不解甚至误解的地方："鲁迅用阿Q一词来讽刺国人，可谓不庄严，不忠厚之至。其尖酸刻薄，犹超乎嬉笑怒骂之上。其病在流入人心，为害风俗。此则须深通中国文化大义，乃知其不宜之所在。"①事实上，鲁迅通过阿Q形象，是要揭示中国国民的国民性及其病症，意在哀其不幸，怒其不争，以引起疗救的注意。钱穆在这一点上却不能理解鲁迅的用心。这显示了钱穆内心世界的倾向性和矛盾性，这种倾向性和矛盾性在钱穆的另一段文字中表述得比较清楚："及余四十左右，乃读鲁迅之新文学，如《阿Q正传》。自念余为一教书匠，身居当时北平危城中，中日战争，如弦上箭，一触即发。而犹能潜心中国古籍，以孔子之道为教，若尚有无限希望在后，此正一种阿Q心情也。使余迟生数十年，即沉浸在当时之新文学气氛中，又何得为今日之余。余常自笑此一种阿Q心情，乃以上念前古，下盼来者，此亦诚阿Q之至矣。此乃余一身所受新旧文学之亲身经验。一人之私，终不免有此歧见之存在耳。"②显然，钱穆在人性情感上是认同阿Q形象的，但在新传统主义的立场上，他不喜欢鲁迅作品讽刺的叙事

① 钱穆：《现代中国学术论衡》，三联书店2001年版，第295页。

② 钱穆：《漫谈新旧文学》，载《中国文学论丛》，三联书店2002年版，第209页。

风格。这就出现了钱穆对鲁迅作品的理解与不理解的矛盾情况。归根结底,还是崇古的心理驱使钱穆对鲁迅作品的不理解,我们看看他说的一段话就可知道这一点。他说:"阿Q一词,鲁迅本欲为三四千年来中国人心作写照。但试问今天,阿Q之影响,何能与关公相比。"①在钱穆心中,现代文学的典型形象终不能与传统文学的著名形象相比。这不能不说钱穆所持的评论"标尺"的倾斜。

二、徐复观论鲁迅

徐复观在《中国文学论集》中有一篇文章,专门"漫谈鲁迅",这是他在香港中文大学新亚书院文学会上所作的一个讲演稿。徐复观谈了鲁迅作品对他的启迪以及后来他放弃阅读鲁迅作品的转变。他说:"我在一九二六年以前读的多是线装书。对五四运动,虽扛着反日的旗子到街头去演讲,但对当时的文艺思潮却是很隔膜的。后来国民革命军到武汉,我的态度开始改变了,自问读的那些古书有什么用处,渐渐对线装书甚至对中国文化,发生很大的反感。在当时,偶然看到鲁迅的《呐喊》,便十分佩服。因为他所批评的,也是我所要批评而不能表达出来的。他的文章泼辣生动,不同于线装书里的陈腔滥调,一下子便变成鲁迅迷了。自1926至1928年间,凡能买到的鲁迅作品,我都热心地读过了。不过,我是一个肯用脑筋的人。读完了鲁迅的作品以后,感到对国家、对社会,只是一片乌黑乌黑。他所投给我的光芒,只是纯否定性的光芒,因而不免发生一种空虚怅惘的感觉。一九二八年三月到日本,一九二九年春开始阅读京都帝大教授河上肇的《经济学大纲》一书,在两相比较之下,鲁迅的分量显得太轻了。河上氏《经济学大纲》规模

① 钱穆:《再论中国小说戏剧中之中国心情》,载《中国文学论丛》,三联书店2002年版,第190页。

宏大,组织、论证严密,…… 文字的泼辣犀利,与鲁迅有点相像。但从文字的规模、气势来说,则河上氏的文章是大家,而鲁迅只能算是名家。这样一来,我由鲁迅迷一变而为河上肇迷了。"①徐复观早年喜欢鲁迅的作品,是因为鲁迅的"文字的泼辣生动",没有"陈腔滥调",而后来,徐复观摈弃鲁迅的作品,是因为鲁迅的作品"只是纯否定性的光芒",因而"不免发生一种空虚怅惘的感觉"。显然,这与徐复观所秉持的文化守成主义的认识有关。鲁迅剖析中国社会时否定中国国民的劣根性与社会的负面性,显示了一种全面的反传统主义的姿态。同钱穆一样,徐复观对鲁迅的此种精神旨趣不甚赞同。

为了"让鲁迅坐在历史的正常座位",徐复观指出了两点成就和三点局限。鲁迅的成就:在思想方面,向封建势力宣战,向黑暗腐败进攻,决不妥协;在表现技巧方面,擅长人物典型的创造,奠定了现代中国小说的基础。鲁迅的局限:在文学创作上,不能创作长篇小说,其短篇小说有刺激力而无感动力;在认识方法上,采用"直线性思考",好坏绝对化;在个人性格上,尖刻而缺乏人情味。徐复观的这个概括,既有对鲁迅的肯定性的认识,存在着理解的一面;也有否定性的看法,存在着误解、曲解甚至不解的一面。当然,我们今天也不能苛求徐复观会在那个复杂的历史年代里全面、正确地认识鲁迅。

不过,徐复观毕竟是一位光明磊落的学者。本着该要肯定的要肯定、该要否定的要否定的学术理念,在《漫谈鲁迅》一文的结语部分,徐氏怀着实事求是、崇真务实的态度说道:"我们应当向鲁迅学习对黑暗腐败奋斗的精神,应当学习他写作的严肃态度及其写作的技巧,尤其可以学习他简练的文笔。"但徐复观反对把鲁迅捧

① 徐复观:《中国文学论集》,台湾学生书局 1985 年版,第 536 页。

为偶像,主张让鲁迅坐在历史正常的座位上:"所以我们应当学习鲁迅之所长,而不必把他当作偶像,以致封闭了自己。"

在现代的大转折时代,思想家和学者考虑问题的角度往往是不同的,往往存在着思想的交锋和观点的辩驳。确实,新儒家与鲁迅在现代文化建设方面见解不同。新儒家认为,鲁迅对中国历史和文化虽有不少的了解,但没有从学理上分析圣贤之学的潜能,而只是将政治化的儒家和庸俗化的儒学作为中国文化的代表,一概予以否定。新儒家以为鲁迅的这种言行是不正确的。再说鲁迅作品中表现的中国社会太黑暗太悲惨了,看不出人民"愚昧中的伟大";而看不出人性的善,也就不能透出中国文化的伟大。因而,新儒家对鲁迅作品所反映的内容有所不满。

20世纪70年代初,寓居在香港的徐复观写了一篇文章,题目是《悲鲁迅》,文章通过鲁迅考察了中国知识分子在现代的命运。徐氏有"三悲":一是鲁迅一生呼唤民主自由,但是如果晚年不死,能逃过如胡风一样的悲剧吗?二是鲁迅所诅咒的中国传统文化,到了20世纪60年代,却成为五四知识分子心灵的慰藉;而当年鲁迅所寄予希望的苏联,却成了中国最大的敌人。鲁迅如果死而有知,将作何感想?三是替国民党难过,认为鲁迅当年本保持中立,抨击社会现实并不等于与某种政治党派集团作对,而当时的政府毫无雅量,不能利用批评为改进的力量,结果将鲁迅逼向了另一方向。徐氏思考的这些问题不能不说敏锐和尖锐。但历史太复杂了,也没有假如。实事求是地对待历史,我们才能感悟历史风云之变幻。

三、特定的视角

毋庸置疑,在文化发展策略上,如"破"什么、"立"什么、怎么"破"、怎么"立"等诸多问题上,新儒家和鲁迅是存在思想分歧的。但他们之间也显示出一些相似的学术品质:浓厚的民族意识、睿智的思索，在学术探索中抵达文化的通境。钱穆、徐复观两人和鲁迅在对中国古代文学的认识方面还是有一致性的。例如，对中国文学何时出现“文学自觉”这一问题，他们表现出惊人的一致，或者说英雄所见略同。鲁迅把中国文学的自觉期敲定在魏晋时代。钱穆论述文学史，同样看到了这一点，认为中国文学历史上，开始并没有一种离开社会实际应用而独立自在与独立发展之纯文学，中国具有纯文学与纯文学作品，严格言之，当自建安以后。徐复观在论述中国艺术精神时，同样也认定，中国文学艺术精神的独立与滋长，萌茁于魏晋时期。

“劲草不随风偃去，孤桐何意凤飞来。”这是钱穆非常欣赏的宋代大诗人范仲淹的两句诗。作为文化守成主义的新儒家，在20世纪的文化论争中，固执己见，甘当“劲草”和“孤桐”。新儒家的第一代和第二代成员都未与鲁迅发生过正面“交锋”，他们的鲁迅观基本上是他们寓居港台后有感而发的话语。从钱穆和徐复观对鲁迅及其作品的理解和不理解中，我们可以看出，新儒家的一些成员，既与鲁迅在思想倾向和文化立场方面存在着较大的差异，也与中国内地当时奉行和风行的鲁迅观不太一样。长期以来，因为种种原因，鲁迅被革命化、神圣化、工具化，被奉上圣坛。对此，新儒家颇有反感，力求从文学上、从学理上观照鲁迅。一方面他们对鲁迅作品有所认识和理解，另一方面他们青睐并熟悉古典文学，而对鲁迅以及五四新文学知之不多，甚至表现出相当的隔膜。当然，鲁迅在世也不会完全赞同新儒家的价值取向及其理论主张，他当年对“学衡派”的文化守成主义思潮的抨击就是明证。但从20世纪中国现代学术文化的生态角度来说，新儒家的主要成员和现代文豪鲁迅都是文化学术大师，他们从不同层面而程度不同地为现代中国人文学术事业作出了具有价值的贡献。新儒家的鲁迅观，也为现代学界整个鲁迅研究的版图增加了不可小觑的色调。

专　题　篇

第九章 阐释之则——现代新儒家阐释学美学观

阐释学又称“赫尔墨斯”之学，起源于对《圣经》的解释，这一起源与儒家传统的解经方式有相似之处。德国哲学家和神学家弗里德利希·施莱尔马赫把古老的阐释学发展成为一门具有普遍意义的学问。他的“哪里有误解，哪里就有解释学”成为解释学上的名言。狄尔泰把仅仅局限于文体解释的阐释学上升到历史哲学的高度进行认识，海德格尔和伽达默尔使阐释学成为当今的一门显学。中国文化有着浓郁的解释学传统，从《易经》中的“仁者见之谓之仁，智者见之谓之智”到《孟子》中的“以意逆志”，从刘勰的“复意”、“重旨”到刘熙载的“微言大义”，无不体现出解释学的识鉴。新儒家毕其一生踯躅于文化哲学的玄思之路，在文艺作品的审美理解和审美鉴赏方面也颇有建树。他们寻找合理的理解途径和阐释方式。

第一节 “客观的了解”

阐释学作为一门理解和解释的学科，显然有着悠久的历史。但是在各个发展时期，在各个民族那里，阐释学所提出的问题和解决问题的方式却是不同的。新儒家对解释学问题有高度的自觉，他们对自己所“解释”的对象、视角和方法有很清楚的理解和说明。

一、洞见本原

熊十力对经典的解释自有一套办法。他认为，精研经典，想有收获，一方面须识旨归、辨脉络、得系统、穷枝流，从文本中妙会古人的义理；另一方面，疏通古人的义理，不必只在文字上猛下工夫，而要深入到文字以外，重在平日进行仰观俯察、近取远观，返本浚源，即事致知。由于洞见本原，明察物理，故"读古人文字，能以睿照而迎取古人义理。古人真解实践处，吾可遥会其所以。若其出于意计之私，而陷于偏陋浮妄者，吾亦得推其错误之由来，而以吾之经验正之。以故，于古人之意理无不尽也"①。熊十力区别于传统的考据家的地方，就在于他的"阐释之环"更大、更周全。

徐复观以治思想史的丰富经验，主张"任何解释，一定会比原文献上的范围说得较宽、较深，因而常把原文献可能含有，但不曾明白说出来的，也把它说了出来。不如此，便不能尽到解释的责任。……并且没有一点解释的纯叙述，事实上是不可能的。对古人的古典的思想，常是通过某一解释者的时代经验，某一解释者的个性思想，只能发现其全内涵中的某一面，某一部分。所以任何人的解释，不能说是完全，也不能说没有错误。但所谓解释，首先是从原文献中抽象出来的。某种解释提出来以后，依然要回到原文献中去接受考验，即须对于一条一条的原文献，在一个共同概念下，要做到与字句的文义相符。这中间，不仅是经过了研究者舍象抽象的细密工作，且须经过很细密地处理材料的反复手续"②。徐复观所说的解释，并不完全排斥主观的参与。但强调解释者要自觉地、公正地进入历史文本的真实圆圈。

---

①《返本开新——熊十力文选》，上海远东出版社 1997 年版，第 230 页。

② 徐复观：《中国思想史论集》，台湾东海大学出版社 1959 年版，第 3 页。

新儒家强调对文化研究的“客观的了解”。这种“客观的了解”，在钱穆那里，是历史的客观性与时间性。历史具有时间性，它本身就是一个持续不断的发展过程。由于历史时间自有起讫，由此而形成为一历史事件。钱穆认为，凡为一事件者，莫不有其相当的持续性。这些事件不仅能由过去持续到现在，而且还能穿透现在而牵引到将来。因此考察历史事件，绝不能孤立地、静止地去作观察，而应把它放到一定的历史环境中去作具体的动态的分析和把握，既要弄清已经逝去的历史事实的存在状态，又要展现这一事件对现在及其未来所发生的作用和影响。必须领略其意，历史研究才有神悟和妙契。在20世纪三四十年代的中国学术界，钱穆是较早提出中国历史文化精神的学者之一，在《国史大纲》、《中国文化史导论》中，他强调国史研究，就是要用“历史实证”的方法，从政治、经济、社会风俗、文化学术、宗教道德等各个方面去具体探究中国文化演进的自身途辙和价值，以积极求出国家民族永久生命之源泉。所以，他倡导中国历史研究中的民族文化精神的渗透。钱穆本人在具体的历史研究与叙述之中，始终贯穿着对民族文化的温情和敬意，故对中国文化的永久生命力作了不遗余力的阐扬。

“客观的了解”，在徐复观那里是“知人论世”。徐复观赞赏中国古代的“知人论世”的观点。他说：“孟子的‘颂其诗，读其书’，是要深入进去以把握诗、书中的人，人是活的，是有精神血脉的。把握到诗、书的人，不仅诗书也是活的，也成为有精神血脉的，而且此时所见的不是文字的世界，而是人的世界。但每一个人，皆生于时代(世)之中，人的价值乃在时代中形成，亦须在时代中论定，否则人不是具体而成为抽象的‘非历史的存在’。”①徐复观指出，孟子“知人论世”说的目的，是把人生与世相紧密地连结在一起，由历

① 《徐复观论经学史》，上海书店出版社2005年版，第29页。

史确定人的地位，由人照明历史的运行。这样一来，阐释者所进入的人的世界，便是一个有精神血脉的历史的真实世界了。

二、崇敬与契合

熊十力非常重视儒学的历史价值，强调儒学在中国传统文化中的根源性，提出“诸子同源于儒”的看法。他认为孔子创立的儒学的源头有两个：一个是尧舜、文武的政教典籍，开启政治文化的传统，足以垂范后世，这可称之为“实用派”；另一个是八卦的伏羲，开启穷神知化与辩证思维，这可称之为“哲理派”。孔子把“实用派”和“哲理派”综合起来，创立了儒学。熊十力把孔子的儒学思想划分为两段：50岁以前为早期，这时的孔子崇尚小康礼教，维护统治，其学说可称“小康之学”；50岁以后为晚期，创立六经之学，其学说可称“大道之学”。但汉唐之后，孔子的“大道之学”隐而不彰。熊十力觉得自己有责任把隐没已久的“大道之学”阐发出来。

唐君毅强调中国哲学史研究，要有先存“崇敬和契会”的态度。在如何阐论中国传统哲学时，他认为，中国哲学史研究要有哲学之态度：“要在兼本吾人之仁义礼智之心，以论述昔贤之学。古人往矣，以吾人之心思，遥通古人之心思，而会得其义理，更为之说，以示后人，仁也。必考其遗言，求其训诂，循其本义而评论之，不可无据而妄臆，智也。古人之言，非仅一端，而各有所当，今果能就其所当之义，为之分疏条列，以使之各得其位，义也。义理自在天壤，唯贤者能识其大。尊贤崇圣，不敢以慢易之心，低视其言，礼也。吾人今果能兼本此仁义礼智之心，以观古人之言，而论述之，则情志与理智俱到，而悟解自别。”①唐君毅在此把“仁义礼智”规定为中

① 唐君毅：《中国哲学原论·原性篇》，中国社会科学出版社2005年版，第5页。

国哲学史研究的应有态度,即阐释之则。要想领略中国传统哲学的真谛与生命,阐释者必须以自己的生命活动上契古先圣贤的生命,以与所欲客观了解之哲学思想相契接。综合清儒重训诂和宋明儒者重义理的各自长处,唐君毅勾勒出中国哲学研究的途径:(1)"辞义"研究。即以训诂来了解哲学思想著述中的名辞意义及其演变。(2)"义涵"研究。即分析哲学语句所包含的义理及其引申意义。(3)"义系"研究。即分析由义理相互关系所结成的思想体系以及这种体系的形态。(4)"义旨"研究。即分析这一思想体系的哲学宗旨及其哲学意境。(5)"义趣"研究。即分析这一哲学宗旨、意境与著述者的精神志愿的关系。(6)"义用"研究。即分析这一思想体系在其文化领域中的应用价值。(7)"义比"研究。即比较不同的哲学思想体系的宗趣、意境、义理内容及其不同的价值。(8)"义通"或"义贯"研究。即会通在历史中相继出现的不同的或相反的哲学的基本精神。如此,方能在综合观照中,一窥中国哲学的面貌。

研究方法也就是理解与诠释的方法,牟宗三在《心体与性体》的自序中有明确的交代。此后在《中国哲学十九讲》中也有相当的说明,并在《客观的了解与中国文化之再造》一文中再次予以阐释与强调。在实际的理解活动中,阐释者如何实现"客观的了解"呢?牟宗三提出三点:其一,"客观的了解"要根据文献。文献即历史留下来的文本。了解中国哲学,其根据只能是中国哲学文献。离开了文献的根据,将无从了解哲学家的思想及其形成的文化背景和历史渊源,就谈不上客观性。要恰当了解宋明儒家的思想,须仔细下工夫,而下工夫的惟一根据就是文献,要对文献作恰当的了解。根据文献,不游离于文献,才使理解和诠释成为可能。其二,"客观的了解"要遵循生命的进路。所谓"生命进路",就是"入乎其内"。讲中国哲学虽是叙述前人已有的一些问题与观念,但是若要提出新的见解,或引发出新的问题,就必须入乎其内。哲学是“生命的学问”,学者要把哲学问题与自己的生命连接起来,扣紧文化生命,以全幅生命进入文化生命和哲学宇宙,而展开理解活动。入乎其内的关键是要有“存在的呼应”和“相应的生命性情”。“存在的呼应”是将生命的纵贯线唤醒,与古人沟通,与文化生命连接,进入文本所彰显的时空;“相应的生命性情”是与古人的生命及其智慧通气、感通、共鸣,产生“同声相应,同气相求”的情境。这是使理解和诠释成为可能的决定性条件。其三,“客观的了解”要合乎理性。“客观的了解”是哲学的了解,要与理性相应。具体做法是“依语以明义”和“依义不依语”,通过文献所载之言,接触客观的义理,从而使研究者的生命向理性方面渗透。

客观的了解,作为一种研究方法和原则,应该是整体性的,且必深入到理性的层次。牟宗三认为,了解有感性之了解,有知性之了解,有理性之了解。仿佛一二,望文生义,是感性之了解;义理厘清而确定之,是知性之了解;会而通之,得其系统之原委,是理性之了解。感性了解只是接受性,未进入思维层次;知性了解以感性对象为思维对象,始能进入严格意义的研究与理解活动,知性思维在客观范畴规定中活动;理性之了解综合统一知性,当然不是背离,而是支持了知性所取得的客观性。所以,客观了解,是理解的第一步。坚持客观了解与坚持知性原则、理性原则是一致的。客观了解的理解原则涵盖、贯通知性之了解与理性之了解两个了解层次。

客观的了解,必须进入理性了解的层次和阶段,始可实现。为什么这样说呢?按照牟宗三的观点,理性之了解,不是边知解边摸索,不是“非存在地”,而是“存在地”进入研究与了解。它涵盖着生命的进路,是在“存在”的领域中的了解;只有循此进路,始可言理性之了解。牟宗三指出:“理性之了解亦非只客观了解自己,要能融纳于生命方为真实,且必须有相应之生命为其基点。否则未有能通解古人之语意而得其原委者也。”①在这里，“要能融纳于生命”之意，是说能将各别的观念义理和问题“融纳”进人的整体“生命”当中，予以存在的体认、体悟、呼应、感应。“有相应的生命为其基点”，是指面对古人的生命智慧，我们与其发生生命的感通和共鸣，达成理解。牟宗三认为，客观的了解，非文字训诂与表层知解所能完成。人们须有生命智慧之存在感应，始能理解儒家的学问。因此，生命进路，即生命智慧的存在的呼应，是传承与理解中国哲学儒学的客观要求；客观了解的有效性，必待生命存在的参与，始得实现。

牟宗三的中国儒家哲学的诠释系统可以归结为一句话，即首先定位儒学哲学的基本性格是一个道德的形上学（《心体与性体》）。道德的形上学，既是牟宗三的中国哲学诠释体系，又是比衡会通中西哲学（主要是康德哲学）义理所建构的形上学体系。牟宗三在《心体与性体》中运用“云门三句”来陈述他对康德的批评，表明他对道德的性体心体的理悟与发用。云门禅师有三句名言：涵盖乾坤，截断众流，随波逐流。牟宗三认为“云门三句”意指真理无所不在，涵盖整个宇宙的万物之中。这是最符合儒家的道德理性的言路的，是康德所不能及的。牟宗三的本体理解研究重视“生命”的体认，赓续先秦儒家到宋明儒家的“心体”与“性体”两个观念，进行疏解，“辩之以相示之”，建立了他的中国儒学的诠释系统。

新儒家的阐释学有两个特点。一是坚持历史真理的主体主义。它既不同于狄尔泰的“客观心”所强调的历史的客观性原则，也不同于伽达默尔的以“先见”或“偏见”为前提的历史的主体性原则，而是强调在生命感通基础上的主客合一、情理合一，其“客观的

① 牟宗三：《心体与性体》（序），载《牟宗三集》，群言出版社 1993 年版，第 98 页。

了解”是生命的、内在的、深层次的,比狄尔泰的“客观心”和伽达默尔的“先见”或“偏见”更为深刻和完备。而且,在研究途径上,新儒家反对直线进化论,坚持历史与现实视野的交融一致。他们要求学术或学人必须根于文化理想,表现人文价值,不是一味求变迁,务新奇,失本根,离故常。二是坚持历史阐释的人格主义。徐复观体会到,愈是迫近到研究对象,要把握住一个伟大的人格以及把握由一个伟大人格所流露出来的思想,就愈感到困难。但在研究过程中,阐释者所要做的,是尽力客观公正地理解。徐复观说:“思想史的工作,是把古人的思想,向今人后人,作一种解释的工作。我深深体悟到,解释和解释者的人格,常密切相关。”①徐复观力倡学者要以独立自主的精神来阐释文本,深思熟玩,把握其根源性的价值。

对于中国文化传统,新儒家也确实存在“同情”与“敬意”的一面胜过其冷静、客观分析的一面的现象,这可以说是一个不争的事实。但是今天我们面临的问题,不只要恢复承继传统中好的精神,还要进一步突破传统的框框,寻找新的出路。这就需要眼光,需要手段,通过善巧的解释,把握到传统的真精神;而后分辨开来,哪些是我们必须保存并进一步加以发扬的精神,哪些是我们必须抛弃的烂包袱,哪些是我们需要向西方学习借鉴的地方,哪些则需要我们去运用开创的智慧。这样我们才能真正返本开新。

第二节 “追体验”的方法

文学艺术是一种特殊的生命体验形式的表现,只有从生命体

---

① 徐复观:《中国思想史工作中的考据问题》,载《徐复观集》,群言出版社 1993 年版,第 102 页。

验的角度出发,才能更好地理解艺术的意义。徐复观在《中国文学论集续篇》的自序中说:“我把文学艺术,都当作中国思想史的一部分来处理,也采用治思想史的穷讨力搜的方法。搜讨到根源之地时,却发现了文学艺术,有不同于一般史的各自特性,更须在运用一般治思想史的方法以后,还要以‘追体验’来进入形象的世界,进入感情的世界,以与作者的精神相往来,因而把握到文学艺术的本质。”无疑,文学艺术作品确实包含了作者对生命的体验、理解,解释者在对文学作品文本的理解过程中也确实需要展开感性和体验。

一、体验内蕴

在阐释学史上,狄尔泰首先把人文科学的基础置于内在的体验上。狄尔泰认为,认识历史世界的最终前提就是体验。意义的理解性不能归结为某种先验的主体,而是从生命的历史实在性中产生的。因为正是生命自身在可理解的统一性中展现自身和造就自身,正是通过个别人的体验,意义的统一性才能被理解。意义不是一个逻辑的概念,而应当被理解为生命的表现。因此,在狄尔泰的解释学中,生命构成了精神科学的基础,这就决定了精神科学的理解不同于自然的知识,也不同于先验的哲学,而是以体验为基础和核心。狄尔泰敏锐地意识到精神科学中的一些特殊特征,诸如生命、体验、同情和意义等等,这些确实是历史和文学艺术所具有的与自然科学截然不同的概念,这些概念为人文科学建立了一种属于自己的具有普遍有效性的认识论方法。

体验是理解者向理解对象的一种移情。诗是生命的表现和传达,它表达了体验,而且表现了生命的真实。体验是一种完全个人的、独特的、内在化的亲历;体验不是一般认知、感觉、印象、经验,而是对生命瞬间的反思式直觉。当然,体验不同于经验。无论是创作体验,还是理解体验,都不同于经验。“体验是经验中之一种特殊形态，体验是经验中见出深意、诗意与个性色彩的那一种形态。……更进一步说，经验一般是一种前科学的认识，它指向的是真理的世界（当然这还是常识、知识，即前科学的真理）；而体验则是一种价值性的认识和领悟，它要求'以身体之，以心验之'，它指向的是价值世界。"换言之，体验与深刻的意义相连，"它是把自己置于价值世界中，去寻求、体味、创造生活的意义和诗意"①。

在文学阐释问题上，新儒家有着方法论的自觉。他们沉潜浸润于古代文学之中，长时期积累了欣赏和理解的成果，不断体悟玩味，自具慧眼，才有可能从各种层面挖掘文学作品的丰富内涵。徐复观提出文学研究的一个核心概念是"追体验"，认为刘勰所说的"观文者披文以入情"，是指鉴赏者顺着文字走进作者的心灵，与作者创作时的心灵相接触和融合。惟其能见作者之心，才算真正读懂了作品。

从古代文论家的零星的阐释话语中，徐复观找到了"追体验"方法的理论根据。徐复观对理论体系的创构深有体会。他认为，中国理论话语不是以推理为根据，而是以先哲们在自己生命、生活中的体验所得为根据，只要精心探索，我们就能在散布在各处的语句中发现内在的思想关联——一个立体的完整生命体的内在关联。"西方少数以体认为立足点的哲学家及大文学家大美学家，常把这种内在关联，组成思想体系，以相对应的文字组织表达出来；这便是读者容易顺着他们文字的理路，一直追寻下去，作如实的了解。中国先哲们，则常把他们所体认到的，当作一种现成事实，用很简单的语句，说出了来；并不曾用心去组成一个理论系统。尤其是许多语句，是应机、随缘说了出来的；于是立体的完整生命体的内在关联，常被散在各处，以独立姿态出现的语句形式所遮掩。"②

① 童庆炳：《文学概论》，武汉大学出版社 2002 年版，第 93 页。
② 徐复观：《中国人性论史》，华东师范大学出版社 2004 年版，第 2 页。

鉴于这种状况,如果我们能把"这些散在的语句集合在一起,用比较、分析、追体验的方法",就能"发现其内在关联,并顺此内在关联加以构造"。东西方伟大哲人的思想系统,都是融会贯通而成一家之言的。西方的思想家是以思辨为主,思辨的本身必然形成一个逻辑的结构。中国的思想家遵循出自内外生活的体验,因而具体性多于抽象性。但生活体验经过了反省与提炼而说出时,也常意味深长,显出一种合于情感的结构。这也可以说是"事实真理"与"理论真理"的接合点。但这种结构,在中国的思想家中,都是以潜伏的状态而存在。因此,徐复观认为把中国思想家的哲学话语中的这种潜伏着的结构如实地显现出来,这便是今日研究思想史者的任务,也是较之研究西方思想史更为困难的任务。

二、审美体验

新儒家的诗学阐释学,重在以深度地体验人生的方式和诗意地把握世界的方式,去探索艺术的奥秘;重在对客体的本真之悟和对艺术的本源之思中,传达精神的重建。在阐释中,他们体验作者的创作意图,体会作品的客观意义,体悟作品的语言艺术。

1. 对作者的创作意图的体验。

真正的文学作品,总是以其自律性的特殊方式和艺术特性开启着一个不可穷尽的意义世界,包含着人类审美经验的真理。张君劢摘录并品鉴了宋儒陈白沙的一首诗《次韵顾通守》:"到处能开观物眼,生平不欠洗愁杯。窗前草色烂凝绿,门外波光月荡开。歌放霓裳仙李白,醉空世界酒如来。春山几幅无人画,紫翠重重叠晚台。"张君劢认为诗中充盈着美学哲理,"仙李白"、"酒如来"这些诗句,"不似道学家所言,而是由自由胸襟吐出,这种逍遥自得之态,言之似乎容易,但是世人心中若充塞书本知识,世俗名利,决不足以语此。只有逍遥自得者,乃能自由自在而合乎宇宙之无量无边之妙境也。”①张氏称赞陈白沙心地晶莹,故其美学之维表现出逍遥自得、以酒醉代下意识的特点。人之胸襟须与宇宙合而为一,超越世俗的功名利禄、富贵贫贱,而后乃能心旷神怡,领略宇宙间种种之美,如山峙、水流、日出、日落、鸢飞、鱼跃。天地自然之美,惟有学道者胸襟开阔,不为物欲所蔽者乃能得之。通过对这类作品的阅读和理解,我们不仅能够意识到作品中所表现的东西,而且也通过它传达着我们自己对生命有限性和时间性的理解。

2. 对作品的因果结构的体验。

阐释学认为,阐释经验是在效果历史事件中实现的,文学的审美经验同样是在效果历史事件中实现的。文学史家充分意识到它所参与的意义事件的有限性和历史性,从而也充分肯定了文学意义理解的绝对开放性。对一部传统的文学作品的每一次领会和理解都是历史的相异的领会,这种领会是对事物某一方面的经验。文学阐释是对文学作品文本意义世界的把握和领会,就是在对文学作品文本的不断阅读和理解中领会作品所具有的意义。通过这种理解,我们才使文学作品的意义变得丰富,也使我们的审美经验世界变得丰富。牟宗三写有《水浒世界》一文,文中分析了人物的性情与命运。他认为,《水浒传》表现的是一群粗野的汉子,人物有着率直无掩的性情。例如,李逵见各人下山接应爹娘,便大哭起来。宋江问何故伤心,李逵说想搬老娘上山快活。宋江让他去搬,结果搬不来,在深山中老娘被老虎吃了。小说作者为什么这样描写呢?牟宗三觉得不如此不能塑造人物的个性。李逵若不去搬,就不是李逵;去搬而搬得上来,也不是李逵。去搬而搬不上来,才符合李逵的性格逻辑,才是这个人物行为的必然结果。回来后李

---

① 张君劢:《义理学十讲纲要》,中国人民大学出版社 2006 年版,第 119 页。

逵把经过告诉宋江等人,皆大笑。初看起来,众人不替他惋惜,而是发笑,实在太不仁义了。牟宗三认为这种艺术描写,并不荒唐,结合历史场景和人物性情,倒也能理解。原因在于李逵自身是可笑的。他的可笑处超过了他对亲娘的仁义处。众人若于此而不笑,便是虚伪。小说作者作这样的艺术处理,是符合人物性格逻辑的。再如,林冲派人去东京接家眷,回来得知爱人已死,哀恸不已。众人无不为之悼惜悲叹,以助其哀。这是林冲悲慨的人物性格使然。而此种描写决用不到李逵身上。同样,读者在对《红楼梦》人物的鉴赏中,如果以林黛玉不能与宝玉成婚为大恨,便深恶痛绝于宝钗,这样做也不免带有流俗之酸腐气了。试想,若真让宝黛结婚生子,黛玉就不成为黛玉了。此乃宿命的悲剧,开始就已注定,不可抗拒。读者责备作者如此描写,实则是一种自私的喜剧心理作祟。人们必须超越这一关,方能了悟人生的严肃,方能体悟经典艺术的诀窍。

3. 对作品的语言艺术的体验。

文学是一种以语言方式来表示意义的活动,是一种在语言中进行的意义交往和阐释活动。文学作品的语言世界就是人类理解和解释世界的一种方式,就是表达人类经验和陈述真理的意义世界。文学作品的语言并不是某种外在于自身的物理符号,而是丰富的意义世界的艺术审美的展示。

李白词曰"西风残照,汉家陵阙",人们皆赞叹其气象之阔、境界之大,近人王国维在《人间词话》中特举其为诗词注重境界的范例。那么,气象之阔在何处? 境界之大在何处? 唐君毅展开了精彩的体验式诗艺分析:词中的西风、残照与汉家陵阙,处在同一天地之间,而互为其呈现的条件。而它们之所以能互为其呈现的条件,是因为诸种景物的相类而又不相类,不相类而又未尝不相类。具体地说,西风是秋天之风,残照是日暮之照,一日之暮在一日中的时位,正如一年之秋在一年中的时位,这是两者的同类之处。西风吹落叶,残照洒余晖,而汉家陵阙是逝去的朝代的陵阙,正有如红日之余晖、深秋之落叶,这三者构成相类之处。然而西风残照是自然的景物,汉家陵阙是人间的遗物,这些显然是不相类的。而西风是风,残照是光,又不相类。词中说西风残照,只是说当时的所见;说汉家陵阙,是面对历史遗存的怀古之情:这也不相类。然而这种怀古之情,又由当前所见之陵阙而生,此西风所拂、残阳所照,恰即是此怀古之情所致的陵阙,又可看出三者未尝不相类。再说,汉家原为大朝代,其陵阙又屹立于今,端见其庄严。西风过之,残阳照之,越发显得庄严。西风残照在天,陵阙在地,诗人在天地之间睹物怀古,故合成一个涵盖天地、贯彻古今的壮阔气象和宏伟境界。因此,"西风残照,汉家陵阙"这八字所彰显的境界,是一个相类而又不相类而未尝不相类的三个景物合成的整体境界。三个景物相类而不相类,正是三者构成互为其呈现条件的理由所在。"由相类以知其通,不类以知其别。通故一,别故异;别故各有其界,通故合为一境。通与别为异,故又不一,一与异相通,故又不别。……要之,一文学境界中,绝不能只有一单纯之境物,而必为由若干境物,依其异而同、同而异之关系,所合成之一整体。"①唐君毅从两句诗词中演绎出包蕴甚深的理论问题,从鉴赏角度分析出古典诗歌作品中的"一"与"异"、"通"与"别"、"相类"与"不类"的辩证关系,使古典诗歌的解释与鉴赏由经验上升到哲学高度,这显示出唐君毅在诗学阐释学方面的洞察力和体验力。

4. 对读者接受程度的追测。

对文学作品的任何理解,理解者总是从自身的解释学处境出

① 唐君毅:《文学意识之本性》,载《中华人文与当今世界》,广西师范大学出版社 2005 年版,第 250 ~ 251 页。

发而做出理解，这是由理解者自身的历史性处境所决定的，因此对文学作品意义的理解总是具有有限性和局限性。文学作品也都是作者以自己具有的前理解结构去创造性地理解生活对象，运用艺术方式创造意象和意境，建构了一个意义空间。读者进入一个伟大的文学文本时总会发现某种新的东西存在在那里。这可能是因为读者先前的阅读忽略了文本中本来所包含的内涵和意义，也可能是读者的修养一时难以跟上文本。当读者再一次阅读和理解作品时，读者又有了新的“发现”，逐步达到与文本的视界的融合。

在阐释学看来，文本的意义只有在阅读和理解的过程中，才能对我们发生。徐复观表示赞同，他着重指出三点：其一，读者与作者之间，不论在感情与理解方面，都有其可以相通的平面。每一作品，一经读者读过，立刻可以形成一种解释。读者与一个伟大作者所生活的世界，都是包罗万象的立体的世界。但读者在这个立体世界中只有生活真实，而伟大的作者却会在生活真实的基础上，升华到艺术真实和艺术境界。正是由于艺术创造的魅力，使读者走进作品。其二，读者对一个伟大作者的成功作品，最初形成的解释，往往不得要领。若不怀成见，而肯再反复读下去，就会越发感到作品所呈现出的气氛、情调，不断溢出自己原来所作的解释。就在这样的不断体会、欣赏中，读者走向更深更广的境界。其三，读者与作者作品进行不断深入的交流，在包罗万象的立体世界中，两者的距离不断缩小，最后读者可能站到与作者相同的水平、相同的情境，追上作者的艺术体验与艺术境界。解释主体在“追体验”中，才能把握和理解作品。即使不能真正做到“追体验”，也会通向作品的解释之路。① 徐复观的解释学，既不像作者意图论者那样把作

① 徐复观：《环绕李义山〈锦瑟〉诗的问题》，载《中国文学精神》，上海书店出版社2004年版，第324页。

品的意义完全视为由作者决定的，也不像文本客观论者那样认为意义就是作品的形式和结构，而是认为，如果作品不是在理解活动中进入读者的视界，展示其所表现的东西，读者就不可能对作品的意义进行理解。因此，理解的对象并不是发生在解释情境之外，而是处在与读者所有的经验的联系之中。文学欣赏的过程，乃是一种“追体验”的过程。“体验”是指作者创作时的心灵状态。读者对作品要一步一步地追到作者这种心灵活动状态，才算是真正的欣赏。在“追体验”的过程中，读者可以运用许多观点和方法，因而可以得出不同的意境和效果。

5．对中国审美意识的体会。

文学是以作品中的审美对象的方式存在的。越是优秀的作家及其作品，其所表现的审美意识就越能传达出存在的深度。当读者真正达到审美对象的深度时，他就达到了作者存在的深度，并且分享了这一深度存在。唐君毅发现中国诗人有一种无限而寥廓的心怀，他们以极大的形上美学性的忧郁感看待人类与宇宙。这就氤氲了一种“独立苍茫”之美。“独立苍茫，而愤悱之情不已，是名苍凉悲壮之感。林木蓊郁而不枯之谓苍，天风吹过而不寒之谓凉，生意蕴蓄，而温情内在之谓苍凉。于是悲而不失其壮”。如屈原的“惟天地之无穷兮，哀人生之长勤。往者余弗及兮，来者吾不闻”，杜甫的“此身饮罢无归处，独立苍茫自咏诗”，都属于这种苍凉悲壮之情。这种“苍凉悲壮之心灵，悬于霄壤，而上下无依，往者已往，而来者未来，可谓绝对之充实。夫然而可再返虚入实，由悲至壮，即可转出更高之对人间之爱与人生责任感。诚可称为中国文学之一最高境界矣”①。在永恒面前，诗人有着原始的悲情，却也有一份

① 唐君毅：《中国文化之精神价值》，广西师范大学出版社 2005 年版，第 264 页。

安之若素的泰然，回视屈原"侘傺忧郁"、语不成声的天问，杜甫"情随物迁、感慨系之"的描写，中国诗人呈现了一种浩荡的人生宇宙意识——"独立苍茫"。他们所流露的忧郁心怀，在屈原、杜甫来说，当然是深具"忧患意识"，但也必然兼有诗性言说。故这些伟大诗人的作品拥有永久的艺术魅力。

由此可见，新儒家的阐释美学注重体验的方法。所谓"体验的方法"，在贺麟看来，是"设身处地，用同情的态度去了解之。体验法最忌有主观的成见，贵忘怀自我，投入认识的对象之中，而加以深切沉潜的体察。……此种方法，用来体察人生，欣赏艺术，研究精神生活或文化创造，特别实用"①。新儒家的审美体验，直指文学的深层底蕴，从文学所传达的人生观、价值观、心理结构、审美文化意识等诸方面展开研究，显得"契情"、"明理"、"达旨"，具有深刻性、深沉性和深邃性，其体验型研究呈现出阐释中的美学和历史的双重效应。

第三节 圆通的阐释

20 世纪的一批中国学人，都曾程度不同地接受了西方现代诠释学思潮的影响，他们融通中西学理，提出了建立新的阐释学的主张，例如"本体诠释学"和"创造性诠释"思想。新儒家是这种新的阐释学的倡导者和推广者。他们追求一种圆通的诠释方法和阐释型态。

一、"本体诠释学"

成中英倡导建立"本体诠释学"。什么是"本体诠释学"呢？"它是以统一的整合的思考之语言为其探索的对象，此思考语言的

---

① 贺麟：《文化与人生》，商务印书馆 1988 年版，第 178 页。

基础是集合来自对象、结构、意义、辩论、用途等人类思考之各层面之正确理解。"①所谓"本体"在"本体诠释学"中，是基于时间性的根源而发生出来的意识或存有。它以历史传统、文化现象、知识体系或哲学传统作为对象，作出身临其境的意义体现，并通过创造性的概念的开拓来掌握对象主体所涵摄的生活经验和生命真实，以指向本体。中国传统哲学的本体本来就是主客体互渗，西方主客体二分的哲学进入中国哲学之中，可通过主客体之交互理解，以扩大视野，寻求统一的本体。所以说"本体诠释学"取得传统整体和生活经验，并归于本体之道。"本体诠释学"的目标是把诠释对象当成承载其产生的那个时期的历史背景下之富有内在生命力的有机整体，来进行知识与价值的双重诠释。这实际上就是用整体上的关注、相互回流、机体动感的思想方法，既显发整体意义上的知识，又显发对人生经验的注重，阐发出人生的深刻价值与意义的理论意向。"本体"是中国哲学中的中心概念，兼含了"本"的观念与"体"的思想。本是根源，是历史性，是时间性，是内在性；体是整体，是体系，是空间性，是外在性。因此，本体是包含一切事物及其发生的宇宙系统，更体现在事物发生转化的整体过程中。本体思考反映了中国哲学的重要性，是中国式的诠释法。成中英说："本体诠释学的看法是植根于中国哲学概念之中，尤其是植根于强调整体作用的《易经》哲学中。"②中国哲学有强调完整性、变动性和内部转化的传统。代表这个传统的就是《易经》哲学。《易经》的形成显示了人的内在的理性，也显示了人的内在本体意识。它肯定一个变动的不变与不变动的变，它也肯定一个全体大用和一个整体一元，故具有整体思考和本体思考的特点。掌握《易经》的整体

① 成中英：《世纪之交的抉择》，知识出版社 1991 年版，第 352 页。

② 成中英：《论中西哲学精神》，东方出版中心 1996 年版，第 83 页。

意识与本体意识，了解《易经》的辩证法和理性方法，正好提供了解决西方哲学问题的一个重要工具。成中英把阐释学同时看成本体论，故本体阐释学本身既是一种本体哲学，同时也是一种方法哲学，更是一种分析和综合的重建(再建构)的方法。现象分析、本体思考、理性批判、秩序发生，是本体阐释学的四个方向。

成中英注意到，相较西方近代传统重方法而轻本体，中国古典传统是重本体而轻方法。在西方近代，追求方法扬弃本体是文化的主流，但也是其危机。这是哲学阐释学面对的隐忧。在中国传统，方法意识隐藏在本体与工夫意识之中，亟待开拓与独立出来。在阐释方面，既要反对掌握了方法与方法的权力而扬弃本体的做法，又要防止面对方法的冷酷面目而遁入超越言诠的无形本体的做法。这样才能开拓出整体普遍的理解范型。

在成中英看来，阐释是对已有的文化与语言的意义系统作出具有新义新境的说明与理解，它是意义的推陈出新，是以人为中心，结合新的时空环境与主观感知展现出来的理解、认知与评价。它可以面对历史、面对现实、面对未来作出陈述与发言，表现诠释者心灵的创造力，并启发他人的想象力，体会新义，此即为理解。事实上，诠释自身即可被视为宇宙生生不息创造的实现。在这个意义上，道是可道的、所道的或非所道的，也不可能是真理的全部。但道作为诠释，不在把握所有的真理或常道，而在体现道的本体的活力与创造性，在于以有限提示无限，以有言提示无言，以已知提示未知，同时促进了对道的理解和体会。因此，诠释可以是对本体的诠释，也可以是自本体的理解中进行诠释。无论对本体或自本体的诠释，都可说是在本体之中，形成一个“本体诠释圆环”。诠释是语言的道的活动，因而“本体诠释学”也可以看成是“道的语言学”或“道的道说学”。人的心灵对意义的体会，导向对真理的理解。就真理所涉及的深度与广度涵义来说，它可说是涵盖了本体与现象、宇宙和人生、真实与意志、存在与思维、物质与心灵、自然与文化、理性与情性、知识与价值、审美与道德等各方面的理解认知与体验感受。人的心灵透过意义的体会与意义的创造呈现真理,则语言的意义也就有其真理性了。

新儒家的"本体阐释学"发扬中国哲学的固有传统,将许多的洞见,无论是本体—宇宙论的、本体—方法论的、本体—伦理学的、甚至本体—美学的洞见,都带入到文本分析的理解之中,形成一种充满生气的智慧源泉。徐复观在《研究中国思想史的方法与态度》一文中说:"中国的思想家,很少是意识地以有组织的文章结构来表达他们思想的结构,而常是把他们的中心论点,分散在许多文字单元中去,……中国的思想家,系出自内外生活的体验,因而具体性多于抽象性。但生活体验经过反省与提炼而将其说出时,也常会澄汰其冲突矛盾的成分,而显出一个合于逻辑结构。……但这种结构,在中国的思想家中,都是以潜伏的状态而存在。因此,把中国思想家的这种潜伏着的结构,如实地显现出来,这便是今日研究思想史的任务。"①新儒家对儒学的现代转换,主要体现在两个方面:一是将古典儒学放在古代中国的历史背景中衡量;二是将古典儒学放在20世纪中国的时空条件下衡量。如果前者可以称为"以古释古"的话,那么,后者不妨称为"以今释古"。这种对儒学的再阐扬,不仅在20世纪为儒学注入了活水,使儒学重光,而且为他们提供了安身立命的根基。

在中国思想的历史遗产中,孔子的思想具有重要地位。然而,历代对孔子思想的评价可谓褒贬不一,或将孔子思想偶像化而当做"至圣"、"素王"、"教主",或将其妖魔化而斥为与现代性思想尖锐对立的"孔家店"、"孔老二"、"丧家犬"。这些极端化、绝对化的

① 徐复观:《中国思想史论集》,台湾东海大学出版社1959年版,第2页。

言说,使新儒家觉得有必要辨识。唐君毅写于20世纪70年代的《孔子在中国历史文化的地位之形成》,是一篇全面阐释孔子及其文化影响的论文。唐君毅认为,孔子的崇高地位的形成,乃最初因孔子是一位上承六艺之学、下开诸子之学的思想家和教育家,其人格直接感召其弟子,由此代代相传,而后孔子成为中国学术文化的世家。孔子与中国的哲学以及文学、史学、宗教乃至整个中国文化相互联系,密不可分。何以如此?则一方面自然由于孔子的思想、学术、人格的伟大,另一方面亦是由于一切崇敬孔子的历史人物的推尊所致。孔子的纯粹学术的地位,乃由推尊孔子的儒家代表人物如孟子、荀子、董仲舒以及宋明儒、清之儒者而建立,亦由史学家司马迁、班固,文学家陶渊明、杜甫等建立。孔子的宗教性的神圣地位,始于纬书之神化孔子以及佛道诸教共同承认孔子为圣贤。孔子的政治思想的地位,主要由汉儒推尊孔子为素王,然后由唐宋君王封孔子为文宣王。孔子的至圣先师的地位,主要是由孔门弟子及宋明儒者以孔子为师而建立。孔子的地位的形成,乃由孔子自己的伟大,与后世一切崇敬孔子的历史人物的伟大的合力而形成。两千五百多年来,孔子与后世人的思想、精神、人格互相感应,合成民族文化生命的光辉。五四以来至今,对孔子地位的不正确的看法及侮辱孔子的言行,只能视为中华民族文化生命大流中的一时歧出的思想逆流,必将消失,归于干涸。

二、"创造的阐释学"

在思想阐释方面,刘述先感到"要把握儒家的真精神,必须凭借内在中心的体验以及高度善巧的解释学技巧"①。就个人的体验

① 刘述先:《儒家思想与现代化》,中国广播电视出版社1992年版,第108页。

而言,刘述先认为,儒学最中心的本质不外乎内在仁心的亲切体证,由此推扩出去,乃可以体验到天道的生生不已,神化不测。"了解"、"评价"、"创造"是阐释的三个步骤。先就对传统的了解来说,我们要尊重客观的证据,不能只以意逆之来迁就我们自己主观的愿望。哲学家也得听取考古、人类、语言、历史学各方面提出的论据,而对传统的哲学观念采取一种合理的解释,获致一种切实的了解。其次,我们必须对传统采取一种批评性的接受的态度。我们绝不可能说过去的传统都是好的,也绝不可能将之全部恢复过来。由于没有人生活在真空之中,我们必然受到生身其中的文化传统的影响。在这样的情形之下,我们可以做到的最好的可能性是尽量发挥传统的优点,并在同时,针对实际情况尽量改善传统的缺点。最后,无论我们自己的传统多么优越,多么伟大,现在与未来永远有传统无法网罗的情况,所以我们要不断地进行新的综合、新的创造。

徐复观立志要做个中国思想史的"现代疏释者"。他确实这样做到了。在对中国道德哲学和艺术精神的诠释中,徐复观集中笔墨,阐发其中关于人的能动主体和精神自由。在儒学中,他发掘出道德自律与人格独立的主体性原则;在庄学与玄学中,他又发掘出审美观照与艺术自由的创造性原则。代表徐复观在学术上建树的著作,如《中国人性论史·先秦篇》、《中国艺术精神》、《两汉思想史》以及《中国文学论集》中九篇关于《文心雕龙》的论文,是研治儒学、龙学和中国思想史、美学史不能不读的经典性文献。杜维明说:"徐先生所谓的'现代疏释'是义理和考据双管齐下的学问方法。他每一篇学术论文都是先从原始材料着手,也就是以顾炎武所提倡的亲自上山采矿的基本工夫为起点。接着,他详阅乾嘉朴学和东洋汉学的既有成绩,参考时贤的解析,并涉猎欧美有关的理论,最后才根据自己长期苦思的结果运用'发展'的观念撰成初稿。”①徐复观对中国美学与中国文学的研究，既有阐释、贯通(《中国艺术精神》)，又有辨析、演绎(《中国文学论集》)。徐复观充分占有资料，联系中国传统文化的大背景，结合古人的思维特点，对文学艺术理论和美学的众多命题、范畴，进行了规模较大的“史”的纵向梳理和“论”的深入研究。

徐复观对刘勰的《文心雕龙》作了全面而精细的阐释。他说：《文心雕龙》是我国一部文学理论、批评的经典。“它的内容虽然有些地方受到时代的限制，但就全体说，表现了四大特点：一是在刘彦和那个时代，把文学各方面的问题、因素都全面地提到。二是他所提出的全面性的问题，都组成一个严密的系统。三是因为他把握到了人与文学之间的最基本关系，所以他全书几乎都是由此最基本关系所贯通，而使他所建立的系统，不仅是形式的依序敷陈，而且是由内在关联所形成的有机体。四是他对有关的历史知识非常渊博，对每一问题都能从历史的发展加以综贯，以观其流变与归趋。后来论文之作，代不乏人，但一直到现在为止，能像《文心雕龙》这样体大思精的，可以说一个也找不出来。由中国文学的理论批评，以把握中国文学的特性，更进而讨论其利弊得失，必须从《文心雕龙》着手。”②徐复观发现《文心雕龙》的核心不是创作论，而是文体论。《文心雕龙》一书所谓的“文体”实际上是包含着“体要”(由题材内容而来的生命整体要求)、“体裁”或“体制”(由语言文字形式而来的生命整体的要求)、“体貌”(由艺术性的形相而来的生命整体要求)，最后统一于“体性”(由作家才气学习而来的生命

① 杜维明：《儒家传统的现代转化》，中国广播电视出版社 1992 年版，第 599 页。

② 徐复观：《〈文心雕龙〉浅论之三》，载《中国文学精神》，上海书店出版社 2004 年版，第 180 页。

整体要求)这样一个文艺学语义系统。在周密解析的基础上,徐复观给出的结论是:《文心雕龙》全书,是中国古代的文体论。这种解析抓住了《文心雕龙》的体系和主旨。可以说,戛戛独造,道前人之所未道,发前人之所未发。而且在具体的阐释中,徐复观不为贤者讳,敢于坚持真理。黄侃在《文心雕龙札记》中把刘勰"原道"的道解释为道家的道,徐复观以为不妥,会把《文心雕龙》全书的重要纲维以及刘勰用心之所在完全搅乱了。在徐氏看来,刘勰虽并不排斥道家,并且站在文学的立场,对诸子百家乃至明知其为伪的纬书,都承认他们在文学上某方面的意义,但全书在思想上是以儒家为归宿,以矫正当时过重形式而忽视内容之弊,随处可见。在《自然与文学的根源问题》和《〈原道〉篇通释》两篇文章中,徐复观对刘勰文艺理论话语的主调予以澄清。

马克斯·韦伯在谈到关于古代文化研究的不同原则立场和观点时,曾经区分过由于不同的价值目标和方法原则所决定的不同研究范式:一种是认为古代文化具有绝对的价值,是永恒有效的不朽文化规范,是具有普遍意义的学术客体;另一种看法则认为,对于古代文化,就其真实的个别性而言是无限远离我们的,因此,希望洞见其真实的本质是完全无意义的,然而从审美的角度去看,它却是绝对独特的、极有价值的、通过主体进行个别沉思的崇高对象。从这两种原则立场出发,就文化阐释而言,自然会形成两种不同的学术范式及其方法,即载道的和审美的研究。新儒家的做法是,尽可能把两者协调、结合起来。一是在儒学内部寻找人生艺术化、人生审美化的质素(笔者在"人文之美"一章就有论述);二是在儒道互补中肯认道家的审美理论;三是以情志为纽带把握载道和审美的关系。唐君毅指出,如果以为重情志及其道德意义或善的意义,就必定妨碍文学的美感,这种看法其实未必成立。"因文学既必依情志,而有其故事与境界,则文学所述之故事与境界之美,必不能离人之情志。人之情志，原不能无一道德意义与善的意义。……言文学之依于情志，情志有其善的意义、道德意义之说，固未必碍于文学作品自身之具纯美，而亦正所以说明此纯美之表现如何可能者也。"①四是力求真善美三者的统一。牟宗三就主张，真善美虽各有其独立性，但中国哲学由道德之心主导而走向"即真即美即善"之合一的境界。

新儒家的一些成员在学术研究中大多贯彻了相似的宗旨与理路，以实现对中国传统进行创造性转化。他们运用深度的本体解释学模式，揭示了中国优秀传统文化学术在各个层面的辐射和穿透，在具体的阐释中对阐释理论予以丰富和拓展。

与新儒家关联的海外学者傅伟勋（方东美的学生），也致力于中国哲学在当代的创造性发展。结合中国经典的考据之学、日常语言解析学派、当代西方解释学等，傅伟勋创立了"创造的诠释学"。傅伟勋认为，我们今天的解释学课题是，如何站在"中西互为体用"的开放立场，吸纳西方解释学的精华，而建立我们中国本位的新解释学传统。具体言之，创造的诠释学包括五大层次，即实谓、意谓、蕴谓、当谓和创谓。实谓即"原作者（或原典）实际上说了什么"。意谓即原作者（或原典）的"客观意思"或"真正意思"。蕴谓即"原思想家（或原典）可能表达什么"或"他所说过的可能蕴涵什么"。当谓即"原思想家或原典（本来）应当表达什么"或"创造的诠释学家为原思想家（或原典）应当如何重新表达，以便讲活原来的诗学思想"。创谓即"为了原思想家未能完成的思想课题，我现在必须'创谓'什么"（参见傅伟勋的《学问的生命与生命的学问》）。"创造的诠释学"告诉人们：理解和解释的目的，就是为了避

① 唐君毅：《文学意识之本性》，载《中华人文与当今世界》，广西师范大学出版社2005年版，第262页。

免误解并对文本做出正确的理解。如果我们要正确地理解文本的思想，就必须返回到思想产生的根源，就是在对文本的理解过程中重建其原本的思想，达到丰沛、圆润的地步。而阐释的最高境界是走向“创谓”（“创造性的言说”）。创造的阐释学，立论精审，黜伪崇真，其蕴涵之广，理虑之周，显示出涵括性的阐释力，因而备受海内外学界重视。

创造性阐释一直是新儒家学术研究活动的诉求和愿景。20世纪30年代，牟宗三在《理解、创造与鉴赏》一文中，开宗明义地指出：“今造此论，目的有三：（一）确定文艺批评之定型；（二）阐发文艺之根本原则；（三）划一文艺理论之派别。环观言论界，汗牛充栋，而扼要者则甚少。吾为斯悲，爰造此论。予岂好辩？不得已也！”①牟氏强调文艺作品的价值赋予、美感构筑和心灵凝聚，试图从作品中解剖作者的内蕴与外缘。在《说诗一家言》中，牟氏更是从格调、诗意等方面发掘中国古典诗人（尤其是李白、杜甫）的“潜德之光”，主张经典在夙昔，鉴古当思创新。

新儒家大多数是诗性哲学家，他们在阐释中致力于“诗”与“思”的结合，以艺术的情操发展哲学的智慧，以哲学的智慧浇灌艺术的生命。值得一提的是，唐君毅于1964年发表的《文学意识之本性》一文，是一篇体现“诗”与“思”结合的力作。在这篇三万余字的论文中，唐氏通过对古典诗歌作品本身的感性研读，进而上升到理论高度。唐氏分析了中国文学意识中的时空观念、类比观念后，重点剖析了古典诗歌所蕴含的因果观念。他指出，张九龄的“海上生明月”，此中之明月实非海所生，诗人是在无因果处说因果；杜甫的“磨刀呜咽水，水赤刃伤手”，先写结果（水赤），后写原因

---

① 牟宗三：《理解、创造与鉴赏》，载《牟宗三先生全集》（第26卷），台湾联经出版公司2005年版，第1021页。

(刃伤手),因果秩序颠倒;王胄的"庭草无人随意绿",实则草之绿,必有因,岂能随意?但诗人不写原因,让读者去想象。唐氏确认古典诗歌存在着无因果处说因果、因果秩序颠倒、超出因果等观念。与此同时,唐氏发现古典诗歌中也有善能反映事物的真实的因果关系而为人所传诵的诗句,如杜甫的"细雨鱼儿出,微风燕子斜",此中鱼儿之出,实因细雨,燕子之斜飞,实因微风。此本身为一细微之因果关系之发见。骆宾王的"露重飞难进,风多响易沉",亦为因果之叙述,借咏蝉以自况其出处之难。杜甫的"云在意俱迟"所表现的,也是"因人心之着意于云,而云不动,则意亦留于其上"之心理的因果关系。因此,唐氏认为上述文学意识中的因果观念,与历史意识具有不同的表现和意义,它们均与诗人的情志有关,均服务于"诗文中之当下的整体境界之形成"①。显然,唐氏不仅研究"古代的文学理论",而且还研究"古代文学的理论",采用了一种直接从古代文学作品中抽象出理论的方法。

20 世纪 60 年代,徐复观在台湾东海大学宿舍完成美学大著《中国艺术精神》后,赋诗一首:"茫茫坠绪苦爬搜,刿肾镌肝之自仇。瞥见庄生真面目,此心今亦与天游。"从诗中,我们可以体会到徐氏的创造性阐释的艰辛与欢乐。可以说,现代新儒家以其具有的中国特色的阐释理论和阐释实践,为今人提供了方法论上的导引和颇有价值的成果。

① 唐君毅:《文学意识的本性》,载《中华人文与当今世界》,广西师范大学出版社 2005 年版,第 238 ~ 240 页。

第十章 农国之美——现代新儒家论农业美学

农业与中国文化的关系极为密切。中国历史悠久,自古以农立国,建立起一套政治、社会、文化体系。新儒家对于农业文明在中华文明中的地位进行了富有创建的阐述。他们认为,一部中国农业文明史,实际上就是一部中华文明史。围绕这个中心,新儒家对农业文明的发展线索、内在理路、主要贡献以及农业文明与文学艺术的关系进行了系统的探讨。

第一节 农业文明与文化源流

农业塑造了中华文明,农业对中华民族的衣食住行、家庭结构、政法制度和价值体系等都起着决定作用。农业与自然环境息息相关。从自然环境来考察农业文化,将文化的起因归结为自然环境,是自古以来就有的一个理论倾向。《礼记·王制》说:"广谷大川异制,民生其间者异俗。"《管子·水地》说:"地者,万物之本原,诸生之根菀也,美恶、贤不肖、愚俊之所生也。"可见,从自然环境考察文化,在中国有着极为深远的传统。

一、农业渊源

据钱穆和唐君毅考证,中国古代很早就进入农业阶段,至迟在夏代已有农业。至周代,周人自称其祖为后稷,而后稷相传生活在尧舜时期,《诗经》有“周原膴膴,堇荼如饴”之诗。《易传》记载中国上古经济生活的发展,先说庖牺氏以佃以渔,后说神农氏教民稼穑,可见中国古人以农业为主。神农氏为中国远古农事传说中的第一人,而神农氏又称烈山氏。烈山者,焚山而耕也。可见,从远古时期,中国先民就从事农耕生产。

擅长历史研究的钱穆,从世界文明史的角度分析了中国农业文明。他在《中国文化史导论》中认为,中国与埃及、巴比伦、印度被推为世界四大文明发源地。此四大文明之发生,则都受农业之影响。就文化地理背景而言,中国是一个文化发展很早的国家。埃及、巴比伦、印度的文化是在一个相对狭小的土地上产生的,独有中国文化是在辽阔的土地上生发的。这是双方最相异的一点。人类文明的生息地往往依赖河水灌溉。这样,农业易于应运而生,文明易于萌芽而出。埃及的尼罗河流域、巴比伦的美索不达米亚平原、印度的恒河流域莫不如此,而中国的地理环境显然与上述诸国不同。人们常常以为中国文化发生在黄河流域。钱穆经过仔细研究,发现并不尽然。黄河本身其实并不适合灌溉与交通。准确地说,中国文化的发生并不依赖黄河本身,而是凭借黄河的各条支流。也许人们会说钱穆如此顶真,是吹毛求疵。但钱穆恰是在这点上显示出治学的严谨。钱穆辨析道,黄河每一支流的两岸和其流进大河的交叉处,正是古代中国文化的摇篮。虞、夏、周文化正是分别发生在汾水、洛水、渭水两岸及其流入黄河的桠杈地带。因为这些地带更适宜于古代农业的发展。中国文化开始便在一个广袤的土地上展开。庞大的水系和灌溉区域,可行农耕。先民们择水而居,相互之间有亲密频繁的接触。因此,中国文化开始便走进一个大局面。这与埃及、巴比伦、印度始终限制在小面积的情形大不相同。因为中国文化在大环境下展开,又能迅速完成国家内部的团结与统一,因此对于外来异族的抵抗力量特别强大,得以不受摧残，而保持其文化进展的前程，直至现在成为世界上文化最悠久的国家。

显然，钱穆是从种族和地理环境的关系入手来探讨中国农业文明的。古代中国因其天然环境之特殊，影响其文化之形成。内陆型农业文明成为中国数千年文化的基础和主干。早在五千年前，中国古代的农业生产就发展到较大规模，农业技术就形成一定体系，生产经验得到不断总结，形成基础庞大的、令人惊叹的农业文明。钱穆对农业文明的祖先——黄帝予以了考证。中国远古时期的黄帝氏族活跃在黄河流域一带，古籍中有黄帝族内嫘祖养蚕、仓颉造字、大挠作干支、伶伦制乐的传说。这些传说反映出与农耕有着密切关系的耕织、祭祀、战争等多种生活图景，说明农耕对于华夏先祖生息、繁衍之重要意义。中国人至今统称自己是炎黄子孙，而正是炎帝族和黄帝族的争斗、融合，不断同化，又吸纳、影响、融会进其他众多民族，才形成华夏文化的历史传统。

此外，钱穆在一些论著中考证了中国农植物的栽培、中国农业水利工程等，以充实的史料对中国农业文明进行了严密论证，言之有理，论之有据。但是，钱穆把地理环境看成是一个民族历史文化形成的决定性因素也是片面的。因为人类社会的发展和文化类型的形成，并不是由地理环境单独决定的，它还要受到各种社会条件尤其是物质资料生产方式的制约。

于是，冯友兰力图用"生产的家庭化"解释中国文化的特征。在《新事论》中，冯友兰认为，中国古代的经济生产是以家为本位的生产，即所谓"生产的家庭化"。农民过着自给自足的生活。他们自己的田地里有自己种的粮食、自己种的菜、自己种的棉花。他们自己能把自己的稻麦弄成米面，把自己的棉花弄成布。所谓"凿井而饮，耕田而食。不识天功，安知帝力"。所谓"帝力"，可以说是社会之力。以家为本位的生产制度，造成以家为本位的社会制度。

所有一切人与人的关系，都须套在家庭关系中。在古代的君臣、父子、夫妇、兄弟、朋友五伦中，家庭就占其三。另外两种虽不是家庭，却也可以看做是家庭关系的延伸。譬如君臣关系，被看成父子关系；朋友则被看做是兄弟关系。因此，以家为本位的生产制度和社会制度，在中国最为发达。

然而，梁漱溟认为，中国古代始终墨守其古朴的农业社会不变，是因为中国没有西方发展集团生活的精神、物质的历史条件，所以缺乏集团生活和由集团生活养成的习惯，导致对家庭、家族生活的倚重，并产生由此而来的习惯与偏重。经济和政治也无不受到此种社会构造的影响。中国是一个"伦理本位的社会"，伦理社会的出发点是家庭或家族。由于中国没有社会构造的影响，又由于伦理社会是重情谊的社会，相互依赖，而以义务来调节，这就使得无论在政治或经济领域中"权利"的观念都没有发展。在政治上，"比国君为大宗子，称地方官为父母，视一国如一大家庭。所以说'孝者所以事君，弟者所以事长，慈者所以使众'；而为政则在乎'如保赤子'。自古相传，二三千年一直是如此。这样，就但知有君臣官民彼此间伦理底义务，而不识国民与国家之团体关系。""不但整个政治构造，纳于伦理关系中，抑且其政治上之理想与途术，亦无不出于伦理而归于伦理。"①农业民族铸就了宗法社会的结构形态。这是中国文化和社会的特点所在。

社会学的视野被纳入对中国农业社会文化特征的考察之中。梁漱溟在《中国文化要义》一开始就提出中国文化具有七个特性，即：第一，独自创发；第二，自成体系；第三，历久独存；第四，同化力最强；第五，民族融拓最大；第六，文化成熟后两千年不复进步；第七，于四周影响既远且大。然后，他又将中国文化常常被人指说的

① 梁漱溟：《中国文化要义》，上海人民出版社 2005 年版，第 75 页。

特异处加以罗列,共计十四个特征:第一,广土众民;第二,偌大民族之同化融合;第三,历史长久,并世莫与之比;第四,中国文化之力量伟大而莫知其所在;第五,社会历久不变,文化停滞不进;第六,没有宗教的人生;第七,家族制度在全部文化中占重要地位。第八,学术不向科学前进;第九,缺乏民主、自由、平等的要求与制度。第十,道德气氛特重;第十一,不像国家;第十二,无兵文化;第十三,孝的文化;第十四,隐士的文化。这些总结从正面和负面、物态和制度方面描述了中国文化的特征。这些描述,有的恰当,如广土众民、家族制度突出等;有的大可商榷,如文化现象的所谓停滞、文化结构的诸种所谓缺乏等。

梁漱溟上述的描述并非是他的独到发现,民国初期以来各个学科的学者们在批判地分析中国文化的过程中就不断地提到过。梁漱溟所提供的独到见解,乃在于他对上述特征的原因的解释。在整个中国宗法制度下的农业文明时代,中国的文化经济中心在农村。农业是中华古代文明的基础,与农业相应的生产活动、社会组织、生产方式、风俗习惯、信仰崇拜等等构成了非常丰富又非常有特色的、有机的文化综合体,并且向城市传播。在漫长的农耕时代,历代王朝的统一政权机构只达到县一级,村落实际上是一个自治体。在大多数汉族居住地区,这个自治体是由宗族管理的,宗法制度和泛神崇拜的基础是农业经济,由农业经济又引发了早期的市场经济。中国最重要的取仕制度、科举制度实行了一千多年,也是在宗法制度的支撑下运衍的。

新儒家界定中国属于陆地农业文明,不同于欧洲海洋工商文明。虽然中国也有很长的海岸线,但濒临的海洋因辽阔无际,让人望洋兴叹。事实上,早在公元前 4 世纪,庄子曾经描写过大海(《庄子·秋水》),大海在他的眼中是“千里之远,不足以举其大;千仞之高,不足以极其深”。它那“万川归之,不知何时止而不盈;

尾闾泄之,不知何时而不虚”的浩瀚无穷,在中国人看来永远是一个无法设想、无法驾驭的未知世界。甚至在此后的一千多年中,中国人对大海仍然只有无尽的感叹和疑问。从屈原《天问》中的“东流不溢,孰知其故”的诘问,到柳宗元《天对》中的“东穷归墟,又环西盈”的回答,都把大海当做无边的、无法逾越的天堑。虽然是同样面临大海,但像古希腊那样以航海为基础的海洋文明,在中国始终没有出现,而是固守在内陆农业文明的封闭格局中。由于封闭一统的地理格局、土地栽种的生产方式和家庭化的活动方式,故古代中国只能因地制宜地发展起农业经济,创造了世界最古老的农业加伦理的文明模式和经验加实用的文化精神。农业虽然也需要一定的知识,但极为有限,仅限于气候、季节等与农业密切相关的方面,而且变化很小。这样,天文学和历法便很快发展起来,天文学后来又主要演变成天象学,它转而以天象与人类事件之间的联系而不是天体运行的规律为研究对象;历法则直接是围绕农业制定的,所以称为“农历”。农业的收获如何,往往不在耕种者自己,而是听天由命,依赖老天。人的意志无论如何强大,也总不能阻止干旱、洪水、风暴的到来。所以产生了敬重自然的宿命论,养成了勤劳朴实的人生观。在农业经济中,人们与之打交道的对象几乎是完全固定的,那就是土地,而土地的所有权又仅在一个家庭或家族整体手中。在农业生产和产品交换过程中,生产者所要与之发生联系的对象一般也是较为固定的,它不需要与更多的、经常变化的人群打交道。对土地的依赖又加强了个人对家庭的依赖,使血缘关系得到进一步的巩固。建立在家庭家族和血缘关系基础上的政体则必然是君主制的宗法制政体。中国社会的政体就是一个家族的放大,中国社会的等级结构亦为血缘关系的派生,君主制乃是家长制度的推衍。中国的社会结构与家庭结构也就形成同构关系,国家就是一个大家庭,家庭亦是一个小国家。徐复观深有感慨地说:“中国从古代以至近代,都是以散漫的农业生产为社会经济的基础;而黄河流域的广大平原的实力,使它可以向四周辐射,以建构一个庞大的农业帝国;这便促进了封建政治向大一统的专制政治的发展。而大一统的专制政治建立起来以后,虽不断的改朝换代,但卒无一种社会力量可以支持建立专制以外的政治形式;于是中国专制政治的规模之大,时间之长,在人类历史中殆罕有其匹。”①中国的农业文明长盛不衰,形成超稳定系统的结构形态。

二、立国之本

新儒家注意到,中国历代都强调农业的重要性,把农业作为立国之本,甚至不惜采取“重农抑商”、“崇本抑末”的策略。这使古代中国没有发展科技,走上资本主义的道路。原因到底何在呢?徐复观的解释是:中国文化,毕竟走的是人与自然过分亲和的方向,征服自然以为己用的意识不强,于是以自然为对象的科学知识,未能得到顺利的发展。而且由于儒家对道德主体的重视,不知不觉地减轻了对事物的客观性的重视,道德理性限制了科学思维的自由发展。唐君毅认为:“中国文化中之道德精神与艺术精神,复互相增上缘引,合力以使中国之宗教科学不得发展。”②

新儒家的大多数成员都与农村、农民有着密切的关联。熊十力和徐复观来自湖北农村,是农民的儿子。少年时代,他们一边放牛,一边读书,穷苦的农村生活养成了他们刚健奋发的品质。牟宗

① 徐复观:《研究中国思想史的方法与态度问题》,载《徐复观集》,群言出版社 1993 年版,第 77 页。

② 唐君毅:《中西文化精神之比较》,载《唐君毅集》,群言出版社 1993 年版,第 364 页。

三的少年时代是在胶东半岛农村淳朴的民风中度过的。当他成为著名的哲学家以后,回顾昔日的乡间生活,从心底发出感慨:真正的人才是从乡间走出的。他回忆少年时期的健康、纯朴的乡间生活,孩提时代漫山遍野地跑,充满生命的原始性,而现在的人就失去了这个原始性。钱穆生长在江南水乡无锡的七房桥,少孤失学,辗转乡村,担任小学教师,执教谋生;正是乡村的艰苦磨练,奠定了他以后事业的基础。梁漱溟虽出身破落的士族家庭,但早年曾在山东邹平创办乡村建设研究院,搞"村治"实验,以后一生同情农民而仗义执言。尽管上述学者日后成了学术大师,但"农村情结"始终挥之不去。

在研究中国农业文明及其嬗递时,新儒家表现出浓烈的现实关怀。中国一向是一个农业文化的国家,一切以"安足"为目的,到现代骤然遇见了一个以"富强"为目的的西方商业文化,遂使自己有些"相形见绌"。西方列强搅乱了中国固有的安足,中国文化开始在不安足的环境中运衍。这样,中国现代遇到了两个问题:一是如何赶快学到西方文化的富强力量,以便把自己国家和民族的地位支撑住;二是如何学到西方文化的富强力量,而不把自己传统文化以安足为终极理想的农业文化之精神斫丧或戕伐了。换言之,即是如何再吸收融合西方文化而使中国传统文化更加光大和充实。新儒家清醒地认识到:若第一个问题不解决,中国的国家民族将根本不存在;若第二个问题不解决,则中国国家民族虽得存在,而中国传统文化则将失其存在。

20 世纪二三十年代,梁漱溟提出了乡村建设理论,目的是实现一种至善至美的社会。而至善至美的社会的实现,全靠一个乡村建设贯穿其中。梁漱溟之所以要把解决中国问题的基点放在农村,是因为中国 80% 以上的人口和土地皆在农村。在近现代,由于帝国主义的入侵和国内各派军阀势力的混战,中国农村几乎濒于破产的地步。中国虽有东一政府,西一政府,南一政府,北一政府,却无一顾及农村,解救农民,而农村的兴衰又直接影响着整个国家的前途,所以,农村的出路就只有"自救"——搞乡村建设。那时,梁漱溟提出的乡村建设理论无疑是一个乌托邦,但这并不妨碍他的美好向往:中国旧日所谓"农、工、商"是有内在顺序的。近代资本主义社会违背了这个顺序,放弃了自己的农村经济,由商业起家,以城市或工业为本位,以盈利为目的,以掠夺殖民地为基础,导致了自身经济的畸形发展。结果是工农业脱节,城乡矛盾突出,不但引起了经济危机,而且导致了国内阶级斗争和殖民地的民族革命屡屡发生。中国避免发生这些问题的方法是工农结合、城乡结合。要以农业为本位,待农业发展后,按照它的正常顺序和它所提出的要求,有计划、有步骤地发展工业。工农业相互作用、相互促进并融为一体的结果是密切了城乡关系,逐步消除了城乡差别。

中国正由农业文明转向工业文明,因种种原因,使原来农业文明中的一些优秀传统和遗产被忽视、遗忘甚至破坏。新儒家当然怀着深深的忧虑。钱穆认为,照西方人看,人类文化的进展必然由农业文化进一步变成商业文化,但以农立国的国情使中国人意识到不应该脱离农业文化。只有在农业文化的根本上绵延拓展而加上一个工业,再附上一个商业,才是合理的。中国以农业立国,在历史上通过抵御、融合游牧文化和适度发展工商业,得以发展壮大。今天,中国文化遇到新的工商业和科技的挑战,因此,必须把农业文化与新科技、新工商结合起来,中国仍然可以保持安足之感。钱穆曾指出,领导世界潮流的有美国、苏联和中国。美苏都是大型农业国,又有新科学、新工商相配合,但其传统文化不是农业,换言之不是和平的。中国是举世惟一的农业和平文化,它所缺少的是科学与工商。中国把农业文化与新科学、新工商结合起来,对全世界人类文化前程以及世界和平必将作出重大的贡献。

第二节 农业文明与价值体系

中国的农业文明具有特殊的成熟性,这不仅表现在其历史悠久,而且体现在其内在的文化机制的成熟和对全部社会生活和价值体系的影响。中国的人文主义、人生态度、思想体系与小农经济、古典社会、家庭结构之间,存在着非常密切的联系。为了更加深入探索中国农业文明的绵延之维,新儒家从器物层面和制度层面进入观念价值层面,予以阐述论证。

一、早熟的文明

新儒家赞美中国传统中无与伦比的悠久历史和深厚积淀。梁漱溟断定中国文化是“早熟的文明”,中国哲学是“早熟的哲学”,中国文化是“独立发展的”而且是“自主创获的”(上古就矗立东方大陆,一国独大,中古时期虽然吸收了印度的佛教,形成中国的禅宗,但仍然保持中国文化的独立性)。因而,在世界上,中国民族是早熟的民族,中国文明是独立自足的文化体系。

钱穆在《中国文化史导论》中说:“中国文化,始终站在自由农村的园地上滋长。”所以,“农村永远为中国文化之发酵地”。讨论农业文明,新儒家不仅重视农业的物质层面,而且把握它的内在精神和价值观念,更在中西文明类型的比较中见出中国农业文明的特质。

大抵人类文化,最先由于自然地理生态环境的不同,尤其如气候物产等的相异,而影响了各民族的生活方式,再由其原始的生活方式之不同,影响到此后种种文化精神的大趋向。本着这一看法,新儒家划分人类文化源头为两大类型:一是农业文化,另一是游牧与商业文化。一般来说,农业文化大体上是自给自足的,而游牧与商业文化则需要向外依存，要吸收外来的营养维持自己。农业民族是安定的、保守的，游牧与商业民族则是变动的、冒险的。

农业文化与商业文化的不同导致了中西文化的不同。钱穆具体分析了这两类生活方式孕育着两大民族性格和心理的差异。农业文化的特点是安足静定，游牧与商业文化的特点是富强动静。农耕可以自给自足，自本自根，不需要向外求，因此安土重迁，养成的文化心态是静定、保守的。草原与滨海地带所凭借的资生之地不仅感到不足，而且深受其阻，于是激发起游牧与商业民族的战胜与克服欲，还有工具感。草原民族的最先工具是马，海滨民族的最先工具是船。没有马与船，就无法克服自然险阻而获得生存。草原、滨海民族对自然、对外界怀有敌意。这种民族的内心深处，无论是世界观或人生观，都有一种强烈的对立感，对自然表现为天人对立，对人类表现为敌我对立。于是崇尚自由、争取独立与其战胜克服对方的要求应运而生，往往表现为侵略。相反，农业生活所依赖的是气候、雨泽、土壤，这三者都不是人类自力所能安排的，而是大自然赐予的，不需战胜克服。游牧与商业民族千方百计地获取财富。他们的财富往往以等比级数增加，如此则欲望增生，贪念不已。商业民族的财富观念更益增强，农业民族则不擅长积累财富，只知日常生产。生产有定期，有定量，则少新鲜刺激；又且生生不已，源源不绝，便不愿多藏。他们往往感到满足而其实并不富有。因此游牧商业文化是富强的，农业文化是安足的。富者不足，强者不安，安者又不富强，以不富强遇不安足，则虽安足也不安足，于是人类文化才得永远动荡而前进。

农业和商业的发展分别构成了中西文化精神形成的外缘因素。唐君毅在进行这样的分析时，着重于精神角度，认为“商业之生活，必使人倾向于外，多所希慕于人，而自我中心之情显。其精神之向上，则易为向一超越性之神致其崇敬，并重纯粹求知之理性活动,及数之计算等。农业之生活,则使人倾向于内,重尽己力,求人我各安其居,互不相犯之愿浓;其精神之向上,则易为向一有内在性而周行地面之神,致其崇敬;而对环境中之人物,易有悠久之情谊;伦理之念笃,艺术之审美心强,此皆促成超敌对性、致广大之精神的实现者也"①。在这里,农业生活与商业生活所生出的精神需求,被当成了解释中西文化精神何以形成的一个缘由。唐君毅力图向人们说明,农业生活与商业生活本身只是规定而非决定文化精神的表现的因素,农业生活的定居性规定着"内在而超越"的精神,而商业生活的远游而异方则规定着"外在而超越"的精神。

二、农耕文化的特质

新儒家的一个基本观点是,中国之地理环境便于农业生产,故中国文化重农、重文、重宗法、重伦常。西方地理便于商业,故西方文化重商、重武、重国家、重平等。正因为中西文化具有各自不同的地理环境、人种条件、经济生产方式,故而形成独立的文化传统和文明体系。新儒家概括了农耕文化的特质:

一是物我一体。以农耕为主的生产方式注定了中国人与土地、与自然存在着难以割舍的血肉情缘。古代中国哲学始终把人与自然万物视为一个统一、和谐的整体。在农业文明中,人与自然、土地具有格外密切的亲和关系。"农民所要对付的,则如土地和庄稼,一切都是他们直接领悟的。他们纯朴天真,珍贵他们如此直接领悟的东西。"②长期作为人们劳动对象的自然物,包括自然地理环境条件所提供的草木禾稼、鸟兽鱼虫在内的动植物,也成了有

① 唐君毅:《中国文化之精神价值》,广西师范大学出版社 2005 年版,第 11 页。

② 冯友兰:《中国哲学简史》,北京大学出版社 1985 年版,第 32 页。

灵性的东西。世代生活在天幕之下,过着"日出而作,日落而息,凿井而饮,种田而食"(《击壤歌》)的生活方式,内外一线,浑然一体。人生活在自给自足的状态中,没有造成对自然的破坏;在精神方面,人的心灵生命与自然万物的生命精神互相交融。人与天地万物为一的观念,便很容易产生、形成。

二是天人相应。与西方的天人对立的宇宙观不同,中国农耕文化的宇宙观是天人合一的。古老的农业社会,大地赐予五谷,培养了敬天的思想。农业是一项勤劳的工作,所谓粒粒皆辛苦,来之不易。农业的特征是一半赖自然,一半靠人力。从事农业定要外在条件,如天时、地利。中国古代人称这些外在条件为天,天给与人们这些条件,人的力量还得迎上去。"古者包牺氏之王天下也,仰则观象于天,俯则观法于地,观鸟兽之文与地之宜,近取诸身,远取诸物,于是始作八卦,以通神明之德,以类万物之情。作结绳而为罔罟,以佃以渔,盖取诸离。"(《易传·系辞上》)农业文明产生了朴素的天人相应、天人合一的观念。农耕生活顺应自然规律,达到人与自然和谐的状态。天地四时之变化与农作物的生长、成熟,使人体认了自然秩序的圆满性,故天道成为最高的准则。儒家提倡仁民爱物,道家提倡自然无为。赞天地之化育,成为人们的共同使命。

三是安分守己。游牧与商业文化常觉得有一个外界和我对立着,永远引诱它向外征服;中国农耕社会则乐天知命,只求融合,不求扩张。前者主斗争,后者主协调。前者注重空间的向外伸展,后者注重时间的向后绵延。前者往往开疆扩土,无限向外;后者往往安土重迁,故土难离。中国自古即为农业社会,"五亩之宅,树之以桑,五十者可以衣帛矣;鸡豚狗彘之畜,无失其时,七十者可以食肉矣;百亩之田,勿夺其时,数口之家可以无饥矣"(《孟子·梁惠王上》)。追求拓展,收获不增,反致荒芜;安分守己,斯为上策。夫妇和睦,父慈子孝,兄友弟恭,一家有福,其乐融融。

四是自足和平。游牧与商业文化起于内不足,故常外倾;农业文化起于内在自足,故常内倾。前者常是趋向富强性的文化,后者则是趋向于安足性的文化。农业文化以农业为主,以和平为本,农耕民族往往是以自给自足的和平为目的。中国人习于农业生活,自然养成了超敌对、致广大、爱和平的精神。中华文化崇尚和谐,注重人与人的和谐,倡导国与国的和谐。尽管中国周边的少数民族政权和中国周边的国家相对弱小,但中国历代政府实行怀柔、和亲的和平外交政策,极少运用武力去侵略。和平主义思想也反映在利用厚生的技术观里。例如,中国人发明火药以后,是用于制造烟花爆竹,不是像西方人那样广泛用作杀人武器。

梁漱溟最早从生活路向的歧异来说明东西文化精神的不同。他认为,中国人的生活路向造成了一种以调和为精神,讲变化流行、一阴一阳、相反相成、反极端的形而上学。根据这种哲学,中国人具有以下的生活态度:其一,以生活为对,为好,顺应自然道理,活泼而流畅地发展;其二,一切不认定,无可无不可,无成心,无成见,不执着外部固定标准;其三,不计较利害,一切言行由仁爱之心自然流出,无一点虚假,行吾心之安,爱人敬人,种种美行沛然而发,内心安宁快乐。梁漱溟说,孔子的人生态度就是要人过一种情志的生活,处处尚情而无我,生活充满情趣。因此,中国传统文化具备西方文化不可能有的、不可能取代的价值。

中国传统文化形成注重和谐统一的特点,来自一种强大的文化传统,一种受中国先民生产、生活实践所培育、滋养、制约的思想习惯与文化传统。华夏先民的生存根基是农业。农业绝对需要顺天应时,一切生机有赖于自然的惠泽。“中国原始民族赖以谋生者主要是农业,所食者是植物,所住者是植物,所衣者一部分是桑所养之茧所吐之丝，所以植物与中国人生活有密切的关系。植物生根于地上，枝叶上升于天，植物本身即是贯通天地之最好的象征。植物生根于地，其空间地位是确定的。人赖植物以为生，故人在地上之居处求安定为第一。所以人亦即如植物之生根于土。植物以其种子向其自身以外之土散布而成围绕之新植物，人亦生子孙围绕之以成家庭。植物成林，一家扩大成族，是谓耕于斯，食于斯，群族国于斯，中国古代人之家族式的国家社会由此而成。”①如此，天时、地利、人和、家旺，构成和谐稳定的局面。

《国语·周语》指出：“气无滞阴，亦无散阳，阴阳序次。风雨时至，嘉生繁祉，人民和利，物备而乐成。”“夫天地之气，不失其序，若过其序，民之乱也。”天地之序、天地之和对于国家、民族和人民的生存至关重要。天道运行自然成为先民社会活动的依据。而且，在生产力水平极为低下的情况下，先民们只有依靠和谐的集体力量，才能对付恶劣的自然环境，从事农耕渔猎活动，由此而形成了聚族而居的氏族部落。先民们依靠血亲关系，根据民主习惯和古老的传统而形成原始的道德准则，维系氏族内部的和谐。农耕生产、农耕生活造就了华夏先民求天和、求人和、求天人相和的意识，这也是后来“天人合一”思想产生的最初源头。同时，农业生产又无时无刻不向人们昭示着事物的变化和生生不已，天、地、人三者不仅是血脉相通的一个整体，而且时时都处在变化转移之中。这样，统一和谐的意识又很自然地包容有运动变易的因素。正是这样一种农耕社会文化心理，集中到古代哲人们手中，便形成了以和谐为根本的世界观和辩证思维方式，并能适应中国社会、中国文化发展的需要，成为在中国各个文化领域起主导作用的思想观念和思维方式。

---

① 唐君毅：《中国原始民族哲学心灵状态之形成》，载《中华人文与当今世界补编》，广西师范大学出版社 2005 年版，第 55 页。

新儒家确认中国古代经济生活之所托命,实在农业而非商业。经济基础制约了意识形态的发育。儒学文化是典型的农耕社会的产儿。儒家思想中的一大部分是这种社会制度的理性论证,也就是它的理论表现。经济环境成为这种社会制度的基础,儒家思想反映了它的伦理价值。儒家文化曾经作为中国传统社会的主体文化,无论是其原生形态,还是秦汉以后的嬗变形态,无论是作为政治文化还是作为精英文化,或是作为世俗层面的大众文化,都是中国古代农业文明的文化形态,其产生或生存之本原,是自然经济和宗法等级社会结构。它作为一种文化建构,其主体内容实质上属于农业社会的意识形态。自先秦时代起,"礼"文化不仅为统治者营造了巨大的等级森严的统治秩序,而且规定了人们道德践履的法度。儒家力主所谓的"礼之用,和为贵","泛爱众而亲仁"。道家虽倡议"小国寡民",但老子也讲"民复孝慈"、"少私寡欲",庄子也推崇"天地之本,而道德之至",这就为后世的"儒道互补"奠定了可循的理论依据。农业文明是中国传统文化思想赖以产生的主要土壤。

从农业经营的主体特征来看,分散的小农经济占绝对的主导地位,应当是公认的中国农业文明的本质特征之一。幅员辽阔、居住分散等地理环境无疑是小农经济存在的重要原因。新儒家在赞美小农经济的优点时,未充分注意到其负面性。首先,小农经济的这种稳定性长期抑制商品经济的发展,抑制社会化大生产的形成,抑制非日常的社会活动领域和自觉的精神生产领域的拓展,把全部生产限制在日常生活的范围内,从而使中国传统农民的主导性生存样态呈现为彼此隔绝的、封闭的、分散的自然状态,使中国传统社会基本上呈现为相对封闭与凝固的自然日常生活世界。对土地的依赖和人身依附,把多数人牢牢地锁在家庭、村庄、土地这些天然的共同体或直接环境中。即使在现代生活中,虽然每个人都有机会进入非日常的社会活动和精神生产领域,但日常空间依旧具有狭窄和封闭的特征。其次,中国发达的和成熟的传统农业文明也表现出日常时间和日常生活图式的相对凝固性和重复性特征。农业社会的人们,生性端谨凝重,现实性强,讲究礼德,以不偏不倚的中庸之道为行为准则。在彼此隔绝的、封闭的、分散的天然共同体中,小农的日常生活基本上遵循两个节奏或节律:一是伴随着大自然的节奏进行,与黑夜白昼、春夏秋冬的自然循环相一致,春耕、夏锄、秋收、冬休,这几乎成为千百万年的传统日常生活的基本节奏和韵律;二是跟随着人的生理变化和进展,与生老病死的自然流程相一致,诞生、成丁、结婚、生子、衰老、死亡,成了日常时间的千篇一律的运动图式。① 正因如此,农业社会的日常生活,既生生不息而又循环往复;既世代绵延,又似乎亘古不变,往往给人一种恒常、凝固的印象。

新儒家对中国传统生活方式及农业文明是欣赏的,也是矛盾的。"土地平旷,屋舍俨然,有良田美池桑竹之属",这样的世界只是五柳先生心目中的世外桃源。徐复观说:"说农村是落后,那是当然的。生产技术的不进步,基层政治的腐化贪污,教育的不发达乃至不适合,都是落后的主要原因。假定能改进技术,澄清政治,普及教育,农民岂有不欢欣鼓舞之理;更有什么丧心病狂的人来反对呢?但我们说农村是落后,这是拿外在的东西作尺度去说的。若就一般农民作人作事的基本精神而论,则我觉得不仅不是落后,而且是中国能支持几千年的一种证明;也是中国尚有伟大的潜力,尚有伟大的前途的一种证明。"②新儒家对中国农耕文明虽有自信,对其局限也有所认识。他们的内心是复杂的、矛盾的,

① 衣俊卿:《文化哲学十五讲》,北京大学出版社2002年版,第82页。
②《徐复观集》,群言出版社1993年版,第48页。

但理论逻辑是清楚的、明确的,即现代社会的变革与发展毕竟是硬道理。张君劢清醒地意识到:中国文化所涵养的文明“在静不在动;在精神之自足,不在物质之逸乐;在自给之农业,不在谋利之工商;在德化之大同,不在种族之分立。数千年闭关自守,文化停滞,生计萧条,智识之权操之少数,其大多数则老死乡里,文字不识。一言以蔽之,以农立国,既乏工艺之智识,又无物质之需求,故立国虽久,尚可勉达寡而均,贫而安之一境而已”①。这个最好的境况不过于“寡而均,贫而安”的文明,但无论如何,在西风东渐的时势下,它已不可能再由固步自封以求迁延赓续。“安足静定”的农业文化性格在现时代的转进中,一定要吸纳“富强动进”的商业文化性格,才能真正面对现代文化的挑战,造就健全的民族性格。

第三节 农业文明与文学艺术

成熟的、持久的农本社会、乡土社会、自然经济,使得中国传统日常生活世界像大自然的春华秋实、星移斗转一样,无言地、自然而然地延续着,处处透露着一种自然的气息。在中国古代诗人的眼中,自给自足的田园牧歌般的生活构成了创作源泉和表现对象,他们用感性的诗意来观照农业社会生活。新儒家是诗人哲学家,他们也发现了农业文明与文学艺术之间的内涵和外延的关联。

一、农业文明与古诗缘起

研讨中国文学起源,便不得不牵涉到中国文化发展的背景。

① 张君劢:《国宪议》,上海时事新报馆1922年版,第108页。

钱穆指出,中国古代文化环境,与埃及、巴比伦、印度、希腊诸区域不同。中国文化在大地面上发展成熟。在一个绝大的地面上,散布着稀落的农村,又分别各自环拥着一个个的城圈,那就是当时所谓的国、都与邑。而那些国、都与邑的经济不很繁荣,人口不太稠密。国与国、都与都之间,其格局同样是稀落的、散布的。那些稀落的城郭和农村,散布在黄河两岸乃至江淮之间的一片地面上。各地有不同的方言俗语,产生了许多歌谣和民间传说,可资运用,作为文学的好题材,形成华夏文学的胚胎与种子。《诗经》中的十五国风就是来自民谣,经过社会上层的贵族们的雅化,才浮现到文学层面上来的。史籍记载,大约从上古时起,历代统治者就注意到在广大农村收集民俗文化材料。《礼记·王制》记载:"天子五年一巡守,……命太师陈诗以观民风。"《汉书·艺文志》也说:"古有采诗之官,王者所以观风俗,知得失,自考正也。"我国第一部诗集《诗经》,就是上古采诗制度的产物。

中国古代文学作品以抒情短诗和散文为主,为什么没有产生像古希腊那样的史诗呢?唐君毅认为这与农业民族的生活环境和命运观有关。中国古代人所处的自然环境不似古希腊那样恶劣,种五谷、饲牲畜以养人,衣服、食物、居屋取之自然,由此即削弱了中国古代人的人与自然之物的对待和主观客观对待的意识。而希腊人的农业不足以谋生,须冒风波之危业商谋生(荷马史诗《奥德赛》可证),则足以增强其主客对待的意识。古代业商者游牧者民族的命运意识强,而以业农为主者命运意识必较弱。命运意识与拼搏行为互为因缘。业商者游牧者民族在旅途的跋涉中拼搏,经历无数希望和失望、悲哀和欢欣、成功和失败,这就构成了史诗产生的一个条件。因此,"生活波澜较小之安定的业农者,则不易诞育史诗,而只有历史之记载与抒情诗。而中国史诗之缺乏与悲剧之缺乏乃同一根源。史诗之缺乏亦可助证我们所说中国缺乏悲剧命运意识之根源,在其人神关系之不紧张。"①与此相似,徐复观认为,中国不发展史诗,是因为中国的史学发展太早。中国不出现悲剧,是因为中国民族的性格和文化的性格不愿接受走向极端的悲剧。中国缺乏西方那样的悲剧,是与古代中国人的宇宙观、历史观、命运观、人生观相联系的。

农业民族的人们追求人性的人生,而淡漠神性。这在《诗经》中可以见出。熊十力说:"三百篇,是中国先民底思想的表现,都是人生的、现世的,无有迷于神道者。如二南于男女之际,及凡日常作业,习劳之间,写出和乐不淫,与仁厚清肃勤厉之意,表现人生丰富的意义、无上的价值。"②也许正是没有神性色彩,上古诗歌才显出人性化、平民化的风格。

二、农业文化与古诗内涵

"诗是中国农业文化的代表。"这是钱穆在《中国文化史导论》中的观点。五千多年来的中国文化,一直是农业文化占据着主导地位,这种文化的本质就是人与自然的关系。人们吃的、穿的、住的、用的等,都取之于自然界。日月风云、山川花草、鸟兽虫鱼,都是人们的生活资源。由于生存需要,人们对自然物观察之多、之久、之细、之深,是非农业文化国家的人们所望尘莫及的。《诗经·甫田》云:"黍稷稻粱,农夫之庆。"人们生活于斯,钟情于斯,农业生活自然成为文化和艺术反映的对象。自然的生物作为意象被写进文学作品之中。孔子说,学《诗》可以"多识鸟兽草木之名",此言不虚。清人顾栋高在《毛诗类释》中所做的统计为:鸟 43 种,兽 40

① 唐君毅:《中国科学与宗教不发达之古代历史的原因》,载《中华人文与当今世界补编》,广西师范大学出版社 2005 年版,第 99 页。

②《返本开新——熊十力文选》,上海远东出版社 1997 年版,第 323 页。

种,草 37 种,木 43 种,虫 37 种,鱼 16 种,谷类 24 种,蔬菜 38 种,花果 15 种,药物 17 种,马的异名 27 种。孔子的话肯定了鸟兽草木等自然意象在文艺中存在的认识价值,而且在诗学领域开创了一门新的学问,即"鸟兽草木之学",探讨古典诗歌中的名物。

《诗经》是中国诗学文化的宝典。熊十力认为中国民族的一个特性是无宗教思想,这在中国远古的《诗经》中可得到印证。《诗经》以《周南》、《召南》冠首,其所咏歌,皆是人生日用之常和农桑劳作之事,处处表现其高尚、和乐、恬淡、闲适、肃穆、勤勉、宽大、坦荡之情怀。日常生活皆顺其天则,畅其至性。因此,一饮一食、一花一木乃至日月星辰、江河大地,无不是真理的显现,不必排斥现实人世而别求天国上帝。钱穆进而言之,从《诗经》三百首起,中国诗文就一向以农村作背景,表现农业人生的情致。古代有所谓田园诗人,他们专歌颂农村田园生活。例如陶渊明、陆放翁,都可归入田园诗人中而被推为代表。"中国以农业立国,五口之家,百亩之地,春耕夏耘秋收冬藏,四时勤劳,皆可入诗。牧牛放羊,凿池养鱼,鸡豚狗彘,凡所与处,相亲相善,亦一一皆可以入诗。'绿树村边合,青山郭外斜',莫非诗境。故中国诗亦以田园局多数。"①他们既歌咏乡村,歌咏田园,歌咏乡村田园的人生,又从乡村田园人生的独特场面和视角来歌咏自然,歌咏人类文化。除田园诗派外,中国还有山林诗派和江湖诗派诗人。这些诗人或是隐居山林,或是漫游江湖,他们大多接近自然,接近乡村,类似于田园诗人。像王维,可归入山林派;像李白,可归入江湖派,他们两人都可作此两派之代表。中国古代其他大诗人,也都可分别归入此两大派。如杜甫接近田园派,尤其是他住在成都草堂那一段时期的生活和歌咏。苏轼,一生浪迹天涯,他的诗,歌咏自然,歌咏人生,接近江湖

---

① 钱穆:《诗与剧》,载《中国文学论丛》,三联书店 2002 年版,第 133 页。

派。凡属中国古代的大诗人,都可以说是情近自然。他们能将人生融入大自然,在大自然中获得了真人生。他们都能写出大自然中的一番生命意义。即使他们写到无生命的一面,也常当它们有生命来描写。因此,中国诗人所写的自然,都有生命融化在内;而中国诗人所写的自然生命,也都有人类生命融化在内。如此构成一种天人合一、与物一体的自然文学。据此,钱穆认为中国古代诗歌,往往能把人生境界融化于宇宙境界,而来为宇宙境界做中心、做主脑。

人与自然的审美统一,不仅是中国文化的"根",也是中国艺术和美学的"源"。在感应天时、化成人文方面,中国得天独厚。由于地处北温带,春夏秋冬四季分明,寒暑变化,二十四节令各有其特性与佳趣,形成诸多人文节日,如三月三日之上巳节,五月五日之端午节,七月七日之情人节,八月十五日之中秋节,九月九日之重阳节,乃至自然节令中的清明节、冬至节、春节。一年三百六十五天,不时有特殊礼俗、特殊娱乐、特殊记念与特殊盼望。四时佳节,连绵不断,不啻如一首诗。诗人诗兴大发,予以歌咏。《诗经》、《离骚》以后,歌咏农业文明的诗作,不绝如缕。"天人合一"观念渗进诗人之心坎,歌出歌写,中国人生则涵泳在优美的诗篇之中。可以说,中国古代《诗经》是人的情志与鸟兽草木的审美统一。在中国美学领域中,美学家们对于这个传统有各种各样的表述,如郑樵《昆虫草木略序》云:"鸟兽草木,乃发兴之本。"黄宗羲《景州诗集序》云:"以月、露、风、云、花、鸟为其性情,其景与意不可分也。"陈周政《又与周栎园》云:"故兴观群怨,皆一一委之于草木鸟兽,而不敢正言之。"刘熙载《诗概》云:"花鸟缠绵,云雷奋发,弦泉幽咽,雪月空明,诗不出此四境。"因此,这个传统,就是唐君毅所说的"借彼物理,抒我心胸"的中国式的艺术创造传统,就是"情景交融"的"意境"美学传统。

农业文化使中国士大夫文人有着独特的生活历程——仕和

隐，形成儒道互补。所谓“达则兼济天下，穷则独善其身”。中国文人确实是欲有所为的，而一旦在仕途上受挫，便倾向“归田园居”。用世理想破灭后，出世意识便萌发，筑草堂，构别墅，优游林泉，躬耕南亩，破损的心灵在隐居的田园中得到休憩，故隐逸成为中国文化、中国文学的独特现象。无论是陶渊明的“采菊东篱下，悠然见南山”，还是孟浩然的“开轩面场圃，把酒话桑麻”，都表现出悠然自得的意味。古代中国的小农经济结构以一个相对独立的空间为世界，自给自足，其乐融融。人们对农业空间现象景观充满了休戚与共的情感。“情往似赠，兴来如答”，乡村的眼前景、寻常景，成了古代诗人临景结篇、寓目辄书的审美对象。陶渊明、孟浩然得到后人称许，原因在此。元好问《论诗绝句》赞赏陶诗：“一语天然万古新，豪华落尽见真淳。”天然即自然，正是来自农业文化意识。中国诗美学根植于天然的农业文化心态，形成了一个如钱穆所说的重要审美原则，即中国诗歌一向以农村作背景，从农业人生的观点中发展，尤其是田园诗人，专门歌颂农村的田园生活。农业型文化心态铸造出中国诗人的审美心理结构。

唐君毅在中国原始社会政治与文学艺术之间找到了一种相互联系的线索：“中国古代之诗，如《诗经》之《风》，盖皆不外歌咏其日常劳动生活与社会人情。其《颂》则美古人之盛德，《雅》则记王政之废兴。《楚辞》之美人芳草之思，亦初所以寄忠君爱国之情。使皆足证中国之文学、艺术精神，直接为其在自然之劳动生活、社会生活、政治伦理生活之充内形外、流露升华而出。固非逃于现实之外，寄情幻想，企慕神境，以焕发才思，如西方文学、艺术之精神之表现于若独立之文学、艺术之领域者也。”①中国美学的文化品性

① 唐君毅：《中国文化之精神价值》，广西师范大学出版社 2005 年版，第20 页。

是与中国的农业社会结构分不开的。古老的农业产业结构以小农经济为本位，无论是儒家所描述的“五亩之宅”、“百亩之田”的社会蓝图，还是道家所构想的“老死不相往来”的原始社会，都是一个封闭、自足的社会结构，完全不同于西方古老社会的城邦制和商业性质，形成的是安贫乐道的自足心理而不是躁动不安和冒险的心理及其行为方式。这样，便使中国文学美学形态上产生了早熟的而为数众多的牧歌诗、田园诗。十五国风中就能看到这些诗歌，陶渊明将这一类型的诗发展到高峰，特别是诗中所散发出来的美学风格和情味。陶渊明的田园诗不仅在这一诗的美学中独领风骚，并且把中国古老的诗美学化圆熟化了。在群星丽空的中国诗歌苍穹中，田园诗代不乏例，成为重要一脉，具有独立的美学形态、美学格调，成为人们不嫌厌倦的欣赏对象。这和中国早熟而又鲜有变革的农业社会密切相关。后起的田园诗都没有超过《诗经》、陶渊明，正反映了小农经济的农业结构的基本稳定性。而在“意”的闲适上和“象”的形态上，村落、墟烟、暮霭、牧童、水流、渔歌唱晚都大致不差，只是在组合结构上有所不同，又正反映了农业社会形态的相对不变性。①

三、农业社会与艺术思维

农业社会环境培育了中国文化、审美心态及其文艺致思方式。在长时期渐进积累的过程中，形成了独具一格的大生命美学，它把天人、群己、心物、体用、情理、意象、形质等不同的方面予以辨证地观照与调适，构筑成一个较为圆融的体系。纵贯两千多年的诗学史，虽遭逢来自辞、赋、曲、小说的冲击，诗歌却未丧失其独立自峙

---

① 吴功正:《中国文学美学》(上卷)，江苏教育出版社 2001 年版，第 285 页。

的地位，而且大多是抒情性的短诗。这与农业社会的务实、自足的艺术思维有关。

《诗经》是中国古代文学的鼻祖，其妙在能用“比兴”；而此后优秀的中国文学之作，莫不善用“比兴”的艺术手法。中国诗歌世界中的“比”和“兴”，从表层看，是一种写作技巧，但从深层看，是农业社会中形成的一种物态化了的艺术思维方式。比与兴的背后指向的世界，是农业生态环境的大千世界。农业自然生活和社会生活的神韵和滋味，氤氲出比、兴的艺术思维方式。钱穆说：“诗人之言性情，不直白言之，而必托于物起于物而言之者。窃谓《诗三百》之善用比兴，正见中国古人性情之温柔敦厚。凡后人所谓万物一体、天人相应、民胞物与诸观念，为儒家所郑重阐发者，其实在古诗人之比兴中，早已透露端倪矣。”①所以，赋、比、兴三者，不仅是作诗的方法，而且是诗人看家本领的根源所在。在赋、比、兴三者中，尤以兴为要。诗人有所兴，自当比而赋之。诗人有作，皆观于物而起兴，而读者又因于诗人之所观所赋而别有所兴。这就是诗教的真谛。《易大传》云：“近取诸身，远取诸物，……以通神明之德，以类万物之情。”钱穆解释说，“类万物之情”即是“比”，而“通神明之德”则是“兴”。

远从《诗经》三百首起，其所用比兴的描写方法即已具此意。新儒家不仅把比兴看做中国文学表达的主要方式与主要技巧，而且看做是一种万物一体、天人合一的内心境界在文学中的活泼真切的表现与流露。钱穆说：“不识比兴，即不能领略中国文学之妙趣与深致。而比兴实即是人生与自然之融凝合一，亦即是人生与自然间之一种抽象的体悟。此种体悟，既不属宗教，亦不属科学，

① 钱穆：《中国思想史论丛》（第1卷），安徽教育出版社2004年版，第134页。

仍不属于哲学，毋宁谓之是一种艺术。此乃一种人生艺术也。”①这就大大扩充了传统文论对比兴的解释内涵。

在传统农业文明和自然经济条件下，传统日常生活主体的活动方式具有典型的经验性特征。各种经验、习惯、传统、风俗等成为调节日常生活、支配日常行为的基本图式。而中国人对于经验的信任、依赖堪称世界各民族之最。表现在文艺鉴赏上，是味觉体验。西方人很难理解东方民族以“味”论诗的传统，甚至会产生某种神秘感。那么，为什么东西方之间会有这样的差异呢？

显然，中国人重“味”，同农业社会注重食物养生有关。《说文解字》训“味”为“滋味”。“滋味”不仅指咸、酸、苦、辣诸般味道，还特指能引起人的愉悦心理的味感，其中即包含美感的成分。《史记·礼书》云“口甘五味，为之庶羞酸咸以致其美”，扬雄《解难》亦讲到“美味期于合口”，都曾将“味”与“美”相联系。而若遵从“羊大则美”的说法，“美”字的本义便在口味，“味”与“美”更是不可分割了。当然，口味之美并不能等同今人所谓的审美，它主要表现为感官上的愉悦，但也不能完全排除精神上的享受。恰恰因为古人认定口味之美中即含有一份精神享受在，“味”这个词才能由单纯地品尝食物扩展为对精神领域的各种事象进行品味与领略，也才能循此而转向对艺术美以及自然美的欣赏、品评，并演变为诗学与美学中的特色范畴。

传统感兴论诗学与美学的兴旺，与农业文明大有关系。《管子·五行》云：“人与天调，然后天地之美生。”这一产生于中国古代农耕社会的、旨在天人和合的思想成果和理论认识，其根本精神一直影响着中国历代文艺思维的发展。中国感兴论诗学和美学就与

---

① 钱穆：《中国文化与中国文学》，载《中国文学论丛》，三联书店2002年版，第44页。

农业文化和文明有关。它将诗性生命的发动归因于“心物交感”。“心物交感”的依据便在于天人同源。审美感兴活动的功能正是将审美主体的心灵逐步提升到与周遭物象的内在神髓相贯通的境界,这样的物我同一实即“天人合一”。中国古典诗歌美学基本上属于一种感兴美学,它以心物之间的感通为审美活动的基础,以抒写现实生活的感受为文艺表现的内核,以情、景的交会为诗歌意象的生成,而以感动和感化人心为艺术功能的极致。在农业文化和文明中,“天人合一”也造成文艺运思的功利性和实在性。① 这也是造成传统感兴论诗学与美学在理论思维上见出薄弱的重要原因。

农业文化的内倾性,还表现在中国文学与艺术上。新儒家认为,中国的文学家、诗人,如屈原、陶渊明、杜甫等,是先有了此作者,而后有他的作品的,作品的价值紧系于作者之本人。人们不仅崇拜其作品,更崇拜作家自身的人格和个性。文以载道,即是文以传人,即是作品与作者之合一。中国艺术也同样富有内倾性。如绘画,西方人主要追求绘画的真实性与逼真性,其精神乃是向外、外倾的。中国人绘画则不然,画山不一定要像这山,画树不一定要像这树。乃是要通过画中的山树,表现出画家自己的意境和胸襟。这就是所谓“外师造化,中得心源”。西方戏曲,必有时间、空间的特殊规定,因而有一番特殊的布景,剧中人亦必有其一套特殊的个性和特殊的情节。中国戏曲没有这些限制,它所要表现的,不是外面某种特殊条件下某人的性格行为,而是人的共性,即所谓的“道”。中国戏剧不强调布景,布景越逼真,便越失去戏剧所涵有的真情味。中国戏剧重在描写人的内在心情,即求道,技进于道。

① 陈伯海:《中国诗学之现代化》,上海古籍出版社 2006 年版,第 121 页。

中国古代文艺和美学作为宗法式农业社会文化精神的产物，在现代社会中能起到何种作用呢？新儒家的答案是肯定的、充满期待的。唐君毅说："中国文学中无论言志载道，都要使之足以陶养人之善良的性情。中国过去文学艺术，现在人虽渐不能欣赏，而且有许多都不免带山林气、庙堂气，也不全适于今日。然而这终是人类文化中最宝贵的成就之一。而且世界人类如真要陶养其和平之气，而消除暴戾之气，也终将有一日会大大发现中国之艺术文学之一方面的无上价值的。"①唐君毅看重的是古典文艺的陶冶心灵、济焦润枯的功能。同样，徐复观对中国古典艺术及其精神寄予厚望。在徐复观看来，庄子的艺术精神及中国山水画的成就不仅有历史的意义，而且有现实的意义。尽管在高度工业化的现代社会中，竞争、变化都非常激烈，与庄学、玄学的精神完全处于对立的境地，但这并不意味着中国山水画的生命会因此而归于断绝。艺术作为社会生活的反映，常取两种不同的方向，一种是顺承性的反映，另一种是反省性的反映。前者对现实起推动、促成的作用，后者对现实起批评、超越的作用。前者对现实如火上加油，后者则有如在炎暑中喝下一杯清凉的饮料。西方近现代的各种画派大致属于前者，体现了庄子艺术精神的中国山水画则属于后者。对于现代人的生活来说，后者更有其特殊的意义和作用。在中国山水画的意境中，现代人的精神能得到澄静，获得安顿。

关于农业民族与美学特征的关系，钱穆有一段总结性的话："中国民族在大平原江河灌溉的农耕生活中长成。他们因生事的自给自足，渐次减轻了强力需要之刺激，他们终至只认识了静的美，而忽略了动的美。只认识了圆满俱足的美，而忽略了无限向前的美。他们只知道柔美，不认识壮美。超经验的科学与宗教，鼓不

① 唐君毅：《青年与学问》，广西师范大学出版社2005年版，第84页。

起他们的兴趣与勇气,而终于舍弃了,迷恋在文学人生的路上,而很早便进入到道德的人生。鄙视财富,排斥强力,文化理想自成一型。"①面对现代工业化和信息化的社会,古典文艺美学及其精神走向何处,这是社会转型时代必须思考的问题。应当承认,新儒家的一些想法带有一厢情愿的理想主义色彩,并不能完全兑现。空灵淡远的古典艺术情趣有利于心灵的舒解,但并不完全适合现时代的要求。若使它们起死回生,我们得下一番分解、剥离、转换与重组的改造工夫,方能作为有用的元素存活在现代社会生活中。

① 钱穆:《湖上闲思录》,三联书店 2000 年版,第 98 页。

第十一章 校园之灵——现代新儒家论审美教育

中国古代美育思想可追溯到孔子。子曰:“兴于诗,立于礼,成于乐。”古典美育强调人的情感和意志是在艺术的氛围中陶冶而成的。美育观念初露端倪。但真正属于美学领域的古代“美育”观念,是由东汉末年建安七子之一的徐干《艺纪》而确立的。《艺纪》曰:“宾玉之山,土木必润;盛德之士,文艺必重。”“美育群才,是犹人之于艺乎!既修其质,且加其文,文质者然后体全。”徐干明确了“文艺”对人格的“美育”关系,有概念创设之功。从中国近代美育史看,第一个提倡美育的是王国维,他的《论教育之宗旨》和《孔子之美育主义》彰显了美育之理念。蔡元培随后对美育理论作了系统全面的阐述和发展,并提出了一整套的美育实施方案。新儒家承继前辈的传统,在审美教育方面发表了诸多卓特之见。

第一节 大学之道

中国是一个具有悠久的艺术审美和教育传统的国度。中国的哲学、道德、教育和思维方式、生活方式,都带有浓郁的审美性质。新儒家大多数成员是高等学府的教授和学者,他们对现代中国大学的美育的实施,提出了一些很好的建议和许多具体的设想。

在大学教育问题上,新儒家主张既要切实进行科学教育,也要进行包括美育在内的人文教育。新儒家认为,大学除了培养智能、培养思想,还应当有“审美”,有艺术的感觉与眼光。熊十力指出,民国以来,大学招生情况不断变化,时而文学特盛,则青年非为新文学不足自慰;时而哲学特盛,则又非哲学不足自宠;时而科学化的呼声过高,则青年考大学者,必以投理工,弃文哲,美其名曰重实学、去浮虚。实际上,文学、哲学、科学,都是天地间不可缺少的学问,都是人生所必需的学问。这些学问,价值等同,不分贵贱。唐君毅期盼青年学子既应具备科学的修养,又要具备艺术的精神,“安得千百天才焕发,而有高明之智慧、敦厚之德量,与人文陶养之士,愿献身于文学艺术,为中国创辟一新音乐、绘画、建筑、文学、戏剧之世界。既博大以雍容,亦刚健笃实以光辉,岂非中国文化之盛德大业哉。”①新儒家的这番见解,不能不说是他们在教育上的远见卓识。

大学新生需要掌握国文知识,这是起码的要求。徐复观重视大学人文教育,认为大学一年级学习国文很有必要,至少有三种好处:一是训练学生的思想的条理性,并培养其表达能力;二是激发学生的想象能力;三是使学生因此能得到人生的感发。

现行的大学制度存在不少不合理处,是大学发展的瓶颈,需要进行适当的改革。钱穆写过一篇文章《改革大学制度议》,针对大学教育中存在的问题发表了自己的见解。他认为,现代中国大学教育主要注意三大事项:一是校舍的建筑;二是图书仪器的配备;三是院系的扩展、教师的罗致和课程的更新。关于建筑,现在各大学都追求美轮美奂,门墙之美富,宫室之壮丽,确实引人注目。但钱穆觉得这种铺张排场与艰难兴邦、坚苦卓绝、实事求是之旨不相符合。大学的重点是培养国家所需人才,而不是注重“花架子”。关于设备,当然服务于教学、科研和生活。钱穆觉得,像大学校舍

---

① 唐君毅:《中国文化之精神价值》,广西师范大学出版社2005年版,第385页。

的建筑一样，稍能因陋就简，不事铺张，则内部设备，亦自大可省削。关于院系师资和课程的建设，这是大学教育最高目的所在。钱穆认为大学不能仅仅注重知识的传授，今日大学之院系设置、课程编配，大有可商榷之处。二十左右的青年，初入大学，茫无准则，先从事各人的选科，各筑垣墙，自为疆境。大学课程愈分愈细，钻进牛角尖，培养的人才知识面狭窄。今日大学教育，只望学生成为专家，而不望学生成为通才。就学术而论学术，一门学术之发皇滋长，固贵有专家，而尤贵有大师。大师是有通方之学、超乎各部专门之上而会通其全部之大义的学者。今日大学师生通识少而专业多。因此，现行大学制度，实有根本改革之必要。钱穆以为，改革不外两方面：一是缩小规模，二是扩大课程。关于前者，大学不能贪大求全，应以独立学院为原则；关于后者，每一学院的课程，应以共同必修为原则，而以选课分修副之。例如，人文学院的系科（应包括现有文学、历史、哲学、政治、经济、教育等各系）应开设略通大义的必修课程，如中外名著研读、中国文学史、中西通史及文化大纲、中外人文地理、中西哲学思想纲要、政治经济学大纲、教育哲学和教育方法等，并应兼习与文科相关的科学常识课程（例如心理学）。共同必修的学程，应占大学全学程二分之一以上。在研习必修的学程外，大学生还得根据兴趣，分习选科。选修课的开设，一方面根据各学院所聘请教授学业的专长，一方面兼顾各学科的现实需求。大学教育，造就人才，当先求其为通才，而后始及于专家。细碎无当大体的课程，则尤以少设为是。最后，钱穆主张，大学教育除了传授知识外，还要注意学生人格之锻炼和品性之陶冶。未来的大学，贵乎艰苦卓绝，而不贵乎铺张扬厉；贵乎实事求是，而不贵乎粉饰门面；贵乎淡泊宁定，而不贵乎热闹活动。规模不厌其小，而课程务求其大。如此才能为国培养英才。钱穆的这篇发表于1940年《大公报》上的文章，是有感而发，深中肯綮。虽时隔近

70年，这篇文章仍然具有发人深省的现实意义。

科学在求真，艺术在求美。求真求美本身即有价值。求真求美本身都可以成为人心与人心相通的媒介。杜维明指出，学术市场因为竞争激烈，通常充满了蓬勃和紧张的气氛，这种气氛固然可以引发噱头，但往往不能培养深沉的创造力。大学理工科的专业和教师应有尽有，但是以文学、绘画、音乐以及哲学创作为终生职责的作家在学府里却不易生存。学术界有"不出版即灭亡"的口号，但出版一词带有特别的含义，即必须是有关学术的作品。不但报纸杂志不能算，就是第一流的文学创作如小说、诗集都不行，必须是学术型的论著。这对自然、社会两科学而言，不是苛刻的标准，但对哲学、文学和其他艺术来说，这常常是致命伤。因此作家中很少部分能在学术界生存。现在有些著名的大学为了补救这种缺陷，采取了一项新的措施，即聘请所谓"驻校艺术家"。这些人由学校支薪，但不受学术界升迁的限制，他们虽不是学院派出身，但都是已经成名的作家，他们的参与，可以为学府带来一些新气象。

德性美育应该是教育的重心之一。牟宗三说："中国从古即说'大学之道，在明明德'。试问今日之大学教育，有哪一门是'明明德'。今之学校教育是以知识为中心的，却并无'明明德'之学问。"①在牟宗三看来，"明明德"之学问，才是真正"生命"的学问。它包括成德成性、成己成物、个人的尽性、民族的尽性与参天地赞化育。外在的、肤浅的学术，无助于学生的心性的培养。大学教育若不能知性尽性，就不能开启价值之源泉，就不能树立价值之主体。鉴于此，成中英指出："高等教育必须提供一个促进个人品质发展及提升的大、中、小环境，因之必须把对群体的责任感与维持感强化为教育整体的一个重要成分。此即意味着高等教育必须把

① 牟宗三：《生命的学问》，广西师范大学出版社2005年版，第33页。

管理教育与伦理（尤其是德性伦理与责任伦理）教育规范为高等教育中的不可或缺的成分。”①因此，现代大学仍需倡导“明明德”，实现智能与德性之间的良性互动。

第二节 全粹为美

教育应以人的全面发展为宗旨。荀子在谈到美的意义时，曾指出：“君子知夫不全不粹之不足以为美也。”按荀子的看法，作为“成人”的规定，美以“全而粹”为题中之义。“全而粹”则表现为存在的完美形态，其内在意蕴是指美的真正意义在于人自身存在形态上达到完美之境。钱穆认为，我们讲教育，包括德、智、体、群、美，皆在养育人所既有的心灵、精神和德性。中国人的教育理想，注重培养人的心灵精神，养心、养性、养智、养德。文化和艺术的美感世界能给人以丰富的想象、心灵的启迪、情感的慰藉、理想的渴望、心理的满足。为此，新儒家倡导有助于培养人的性情与心性的教育类型。

传统教育。方东美认为现代中国人要担当起拯衰救弊、复兴文化的重任。反身立诚，从现代上溯到清代，直至先秦，把中国文化史上最伟大的创造与成就原原本本地了解清楚，从文化传统这一方面引进创造的精神，发挥崇高的理想。在当今学术界，已届成熟年龄的大学生与研究生应该具有这种抱负，站在讲堂上为人师表的老师要有这份襟怀。钱穆表达了相似的见解，认为学校要加强人文教育。学校教育若以科学教育为中心，必将遗漏众多为人生所必要的知识。他说，青年学子若能读《论语》、《庄子》、《史

---

① 成中英：《从中西互释中挺立》，中国人民大学出版社2005年版，第314页。

记》、《陶渊明诗集》，必有收获。这样做，有助于情感之陶冶、意志之锻炼、趣味之提高、胸襟之开阔和人格之养成。这种对传统文化的认识所带来的效果，与上一堂化学课的收获是不一样的。

通识教育。刘述先强调"通识教育"的价值，力倡在大学本科中予以推行。大学本科阶段，虽然已经分科，但系科不能变成隔绝的孤岛。大学教育毕竟不只是职业教育，同时也应是人生整体教育。学科学的人若只懂科学，结果会变成科学怪人；学文科的人也不能对科技的性质一无所知，以致完全与时代脱节。事实上，每一个学院都可以提供一些通识课程，为整个学校服务。文学院可以开设哲学概论（知识论或伦理学的引介）、中国文化要义、文学或艺术欣赏；理学院可以开设科学概论、生命科学概论；社会科学院可以开设政治经济学、传播学；商学院可以开设有关企业管理、商业伦理一类的课程。这些与人类文明的整体相关联的课程，都可供学生选修。如果不只是敷衍了事，真正重视"通识教育"，对课程的设计慎重地加以处理，有适当的师资来教课，并有统筹的委员会担任沟通协调的工作，那么通识教育就一定可以发挥它的作用。

师范教育。这里的师范教育是指老师作为人师给学生带来的行为表率的作用。钱穆认为中国之学，重在学习做人。为师者就是所学的典型和榜样，学者努力学其师之为人和学问，而知识则仅仅是为学的一部分而已。唐君毅强调教师人格的重要性："师之人格学问若真伟大，则学者沐浴于其春风化雨之下者，同为其师之为学做人之风度所感召，即皆可分别了解其师之学问人格之全体，而亦可为一具体而微之人物。于是师之精神，乃得如月之映于万川，而世代相传，以及于广大之社会。"①中国学术文化由宗师传道授

① 唐君毅：《中国文化之精神价值》，广西师范大学出版社 2005 年版，第 209 页。

业,薪火相传,赓续精进。后人在继承中创新,遂可建成学术文化之统绪。

人格教育。即教导学生怎样做人。为学与做人,学问与德性,应两头并重。"做人的最高基础在求学,求学的最高旨趣在做人。"钱穆强调新亚书院的教育理想,不仅指导学生如何读书、求知识,同时也注意指导学生如何做人,好让他们懂得如何凭借他们的知识,来为社会服务。为学与做人,乃是一件事情的两个方面。若做人条件不够,则所做的学问,仍不能到达一种最高境界。因此,在训练学生做学问的同时,即训练他怎样做人。例如教导学生存虚心、肯负责、有恒心、能服善、能忘我、能淡于名利、能有孤往精神、能有极深的自信等,这些都是为人的德性,具备这种德性,方能做一个理想的人,方能做出理想的学问。真做学问,则必须同时训练这些德性。若忽视了此一方面,便不能真正到达另一方面。近代教育有两大弊端:一是唯能力论,只注重专业技术能力的培养;二是唯知识论,追求为知识而知识,为学问而学问。这两大弊端的共同之处,就是忽略了道德品行的教育和人格的培养。

励志教育。钱穆鼓励师生发扬中国文化,沟通世界文化,以丰富世界文化而奋斗,提出"生命愈奋斗,将愈见有价值,无奋斗的生命,终将枯萎而死"。为了向这一目标迈进,钱穆亲自为新亚书院制订了校训、校歌。钱穆为新亚亲订的校训是"诚明",此二字取自《中庸》:"自诚明,谓之性;自明诚,谓之教。诚则明矣,明则诚矣。"钱穆对"诚明"二字的解释是:"言行一致,内外合一。"钱穆还亲自为新亚撰写了校歌:山岩岩,海深深,地广博,人之尊,心之灵。广大出胸襟,悠久见生成。珍重珍重,这是我新亚精神。十万里上下四方,俯仰锦绣,五千载今来古往,一片光明。五万万神州子孙,东海西海南海北海有圣人。珍重珍重,这是我新亚精神。手空空,无一物,路遥遥,无止境。乱离中,流浪里,饿我体肤劳我精。艰险我奋进,困乏我多情。千斤担子两肩挑,趁青春,结队向前行。珍重珍重,这是我新亚精神。这首由钱穆写的校歌,被谱曲后,广大师生结队高歌,对鼓舞新亚书院的士气、激励新亚学子的精神起了重要作用。

理想教育。教育过程始终受到人的审美理想的制约。审美理想自身包含着主体价值理想的实现。熊十力主张学者从事哲学,必先开拓胸次,有上下与天地同流之襟怀,则万理昭著,前景无量。新儒家在教书育人的过程中,常常教导学生,不负圣贤之遗训,续文化之慧命,留民族之正气,树百世之风声。在新亚书院,唐君毅希望青年学生树立远大的理想,放开目光,去看中国的前途、世界的前途,而自知其对中国社会以及中国与世界文化继往开来的责任所在,呈现出一种庄严而圣洁的光辉。

塑造健全的人格,智育与德育必须互补,而美育更因其广泛的渗透性而可发挥独特的功用。它渗透于智育,可以使学习变得轻松愉快而提高效率。孔子曾提出:“知之者不如好之者,好之者不如乐之者。”(《论语·雍也》)程颢阐释道:“学至于乐则成矣。笃信好学,未知自得之为乐。好之者,如游他人园圃;乐之者,则已物尔。”(《二程遗书》卷十一)“好”的情形中,主体与对象还有距离;“乐”的情形中,对象已属于主体,后者尤为自如。唐君毅谈求真意识、求善意识、求美意识,强调以美导真,以美启善。他在《文化意识与道德理性》一书中,把教育意识由低到高分为五个层级:(1)为满足自己本能目的的教育意识;(2)出于无私,求延续文化的教育意识;(3)肯定受教育者自动地接受文化的教育意识;(4)教育受教育者成未来文化创造者的教育意识;(5)不仅视受教育者成未来文化的创造者,而且也视受教育者是自己老师的教育意识。人自身走向完美,当然包括人格的升华或精神境界的提升。美育总是以理想人格为参照,以塑造完整人格为目标。席勒明确写道:有促进健康的教育，有促进认识的教育，有促进道德的教育，还有促进鉴赏力和美的教育。这最后一种教育的目的在于培养我们感性和精神力量的整体达到尽可能和谐。[①] 唐君毅说："中国文化中之理想人格是含有音乐精神与艺术精神人格，所以中国之道德教育是要人由知善之可欲，进而培养善德，充实于外，显为睟面盎背之美。"[②]这样把握美育的宗旨才是较为深刻和全面的。

新儒家的美育观带有浓厚的道德理想主义色彩。在他们看来，美育作为桥梁，它的最高理想是把自然的人培养成道德的人。这种人，因为不苟且，故能立身，且有品位；这种人，因为合群，故能处事，且有道德。所谓理想人格，实质是指道德的人格、道德美的人格。道德理想和审美理想在最高的人的理想上融为一体。

第三节 "以美育代宗教"辨

审美教育的根本目的在于塑造完整的人格。这一观点为近代的仁人志士所趣赴。著名教育家蔡元培先生不仅在实践上开拓了我国近代教育与西方教育事业相结合的先河，成功地将北京大学建设成为一所在现代中国具有不可替代地位的一流大学，而且他的教育思想也对中国现代教育事业具有永久的启迪意义。蔡元培的"以美育代宗教说"，让人们在艺术的美感王国中走进一个更温馨、更真实的美感世界。审美对每一个人来说都是一种必不可少的人生艺术，关键在于它能使人的精神得以丰富和升华。

蔡元培在20世纪初提倡的"以美育代宗教"的观点，是建立

---

① 席勒：《美育书简》，中国文联出版公司1984年版，第108页。

② 唐君毅：《中国文化中之艺术精神》，载《中华人文与当今世界补编》，广西师范大学出版社2005年版，第45页。

在他的“造就完全人格”的目标基础之上的。在五四时期，他呼吁文化运动不要忘了美育。美育应该是绝对自由的，能调养人的感情，陶冶人的性情。美育就造就人格来说，是一种最高的境界。美育借助艺术塑造人的灵魂。审美心理结构是人类所创造的内在精神文明的重要组成部分，艺术是这种心理结构的物态化。审美是以生动的形象和优美的意境展示这个世界的意义。如果人们能以审美的方式过一种精神生活，能以诗情画意丰富自己的生活，能自觉地以耳目之悦、身心之快、情意之爽调节自己的心境和心态，就会有利于人的全面成长、个性潜能的全面发挥。在很大意义上，审美教育是培养和塑造现代公民新感性的必不可少的重要途径。

蔡元培在 1912 年就任临时民国政府教育总长，第一次把美育确立为国家教育的一项方针。蔡元培的“以美育代宗教说”，表现了一种科学与人文精神。他认为，与其信仰一种外在的、强加的空幻的“天国”或“来世”，不如通过自由的想象与情感体验去享受一下精神自由——这就是艺术境界。“宗教是靠人心信仰而存在，但是宗教是空空渺渺的，不能使人都信，永久维持着它的势力，故必借着优美的山林，才能无形之中引诱一般人来信他的……”这正是寺庙大都建在名山美景之中的缘故。“宗教是靠着自然美，而维持着他们的势力存在。现在要以纯粹的美来唤醒人的心，就是以艺术来代宗教。”艺术是创造美的，实现美的。所以我们要创造更多的精美的艺术，“使以后的人都移其迷信的心为爱美的心，借以真正完成人们的生活”①。在 1932 年的《美育代宗教》一文中，蔡元培对美育与宗教的区分作了进一步说明：就美育的材料言，纯粹的美育无限制，而宗教上的美育材料有限制；美育应该有绝对的自

---

①《蔡元培全集》（第 5 卷），中华书局 1988 年版，第 218 页。

由，以调养人的感情，而在宗教专制之下，审美总不很自由；美育具有时代性，而宗教却绝对的保守；美育是普及的，而宗教则都有界限，不同宗教有利害冲突，同一宗教中间也有界限，美育不必有界限，趋向独立和自由，所以宗教可以去掉。“以美育代宗教说”表达了蔡氏的一种无神论的世界观和人生观。

在蔡元培那里，“美育”和“美术”两个概念含义差不多，泛指文艺教育和审美活动。蔡元培将美育归为艺术审美的“情感教育”，它能陶冶人的内心而成为知、情、意统一的完整的人。事实上，大学教育的功能，除了传授“知识”、培养“思想”外，还应当有“审美”（美育），教导大学生有艺术的感觉与眼光。在这个日益平面化和物质化的时代社会里，审美感觉与鉴赏能力的培养更显重要。

蔡氏的“以美育代宗教说”，为一些新儒家学者所认同。冯友兰说道：“一个真正能审美的人，于欣赏一个大艺术家的作品时，会深入其境，一切人我之分，利害之见，都消灭了，觉得天地间万物都是浑然一体，人们称这种经验为神秘经验。这是一种最高的精神境界。一般的人固然不能得到这种经验，达到这种境界，但也可以于审美之中陶冶感情，‘使有高尚纯洁之习惯’，这是艺术的社会作用。所以，蔡元培主张‘以美育代宗教’，这是他的美学思想的一个重要原则。”①可以看出，冯友兰认为，一个真正能够审美的人，在艺术欣赏中，似乎可以达到或接近天地境界；除此之外，一般人是不能得到这种经验，达到这种境界的。冯友兰曾提出“人生四境界”说，最高的境界是天地境界。这是一个“与万物为一体”的澄明之境，也是一个审美之境。

徐复观赞同美育的主要内容是要追求艺术的陶养。他说：“艺术的精神为一‘不关心的满足’。这种无所谓的求得生活中当下一

① 冯友兰：《中国现代哲学史》，广东人民出版社1999年版，第61页。

种不关心的满足感，常可纯化生活中许多杂乱的成分，保持生命的原始生活力，从而保持天真无邪的生活态度。"①审美是以感性娱乐的方式调剂人生，以美感享受增加人生趣味。

方东美认为，审美实际上是人从对象中直观到自身，领略到人的形态美、道德美、智慧美、心灵美、诗意生存美，潜在地以一种"完人"作为参照。"世间常有才德兼美之人，尽心知性，明理察物，动作威仪之则，一一符合于自然，不教而怡情适意，不言而节概充实，美感起则审美，慧心生则求知，爱情发则慕悦，仁欲作则兼爱，率真淳朴，不以机巧丧其心，光明莹洁，不以尘浊荡其心灵。"②艺术的审美功能是通过艺术的感化作用实现的。艺术的感化作用是通过艺术美的形象，陶冶人们的情操，塑造人的完美个性。

在新儒家成员中，也有人不大同意蔡元培的观点。牟宗三钦佩蔡元培执掌北大的"兼容并包"的教育方针。但从学理上，牟宗三以为，蔡氏的"美育代宗教说"的真实性和必然性似应受到怀疑，颇有值得商榷的余地。牟宗三说："蔡元培先生欲以美术代宗教，误也。无论西方意义之'宗教'或中国意义之'宗教'，皆不可以美术代。谢扶雅先生谓蔡氏之意正合孔子之意，亦误。儒家之教自含有最高之艺术境界，然艺术境界与蔡氏所说之美术不同。"③牟宗三提出来两个值得注意的问题：一是宗教也有一个存在的维度，这表明他对宗教的作用持一种平和的肯定态度。他认为美术是美术，宗教是宗教，二者不能替代。二是蔡元培和谢扶雅所说的艺术

---

① 徐复观：《中国知识分子的精神》，华东师范大学出版社 2004 年版，第 221 页。

② 方东美：《科学哲学与人生》，载《方东美集》，群言出版社 1993 年版，第 73 页。

③ 牟宗三：《生命的学问》，广西师范大学出版社 2005 年版，第 65 ~ 66 页。

境界与孔子的“乐”论内涵有所不同。孔子的“成于乐”，是含有礼乐在内的艺术境界，而不是仅限于狭义的艺术范围。这表明礼乐所涵盖的艺术境界的内容与范围要比艺术教育广泛得多。所以，牟宗三推崇“孔子之美育主义”，而不太欣赏蔡元培的“以美育代宗教说”。

牟氏的申辩是否有道理呢？答案是肯定的。“以美育代宗教”所表达的观念在当时具有时效性和相对性，但不是“放之四海而皆准”的普遍的绝对真理。事实上，蔡元培是新文化运动的领导人，他的“以美育代宗教”，是以高扬“科学与民主”的大旗、反对封建专制和宗教蒙昧主义思想为背景的，是基于文化批判和文化整合立场而提倡的。他的美育活动主要是制定教育界的方针、政策，在各大学、学会发表激情洋溢的演说。这一理论的提出与它的实现之间，还有着漫长的路程。不可否认，蔡元培的“以美育代宗教”论，旨在贬宗教，抬美育。蔡元培否定的宗教主要指基督教、佛教、孔教，而包括牟宗三在内的新儒家是不会同意的，因为他们认为，在生命境界维度上，宗教要高于艺术；而且牟宗三非常担心蔡氏的“以美育代宗教说”会导致一种反儒教的后果。儒家道德乃宗教意识的表露。这种“人文教”是不能代替和否弃的。他认为，现代中国除了要发展科学与民主外，还有必要肯定和成立“儒家人文教”，否则，民族决无立国之本，也决无文化生命。这些都是牟宗三无法完全同意蔡元培的“以美育代宗教说”的理由所在。

一些新儒家从折衷、补充的角度来理解蔡元培的“以美育代宗教”。梁漱溟认为宗教信仰在现代还不能舍弃，因为教堂的一切设施环境和每周的礼拜生活直接对人的整个身心起着影响作用，能使人超脱尘劳杂念，净化和升华人们的精神。宗教本身有艺术化的色彩，让人生活在礼乐之中，与美育类似。宗教和美育同属礼乐范围，都能“给人的高尚品质以涵养和扶持”，目的是造就“社会人生的艺术化”①。

显然,美育绝不是一个狭隘的问题。更有新一代的新儒家从“大美育”的角度诠释蔡元培的美育方针。成中英说:“我们必须认识蔡元培所强调的美学教育的重要性何在。蔡氏倡导美学教育,固在以感性教育补充理性教育之不足,但还应具有更深刻的教育含义,其目的在使学者从静止的美的鉴赏到积极、主动地实现对称、平衡、和谐、整体化的关于自身的生命与群体的生活之中。”②成中英设想,这样的“大美育”,可以在广泛的智性与德性教育课程中提示与体现,而不完全寄托在独立的艺术与美学课程之中。这样就更能达到高等教育的综合培养目标。

总之,在美育问题上,新儒家往往把美育和德育结合在一起谈论,强调美育的内化性。养天地之正气,法古今之完人,诚然是新儒家的美育追求。他们的审美教育的思想告诉我们:大学之大,本在理想抱负之大,道德生命之大,审美向度之大,知识才学之大。今日之大学美育,当在继承“志于道,据于德,依于仁,游于艺”的传统美育的基础上,踵事增华,发扬光大。

---

① 梁漱溟:《人心与人生》,上海人民出版社 2005 年版,第 214 页。

② 成中英:《从中西互释中挺立》,中国人民大学出版社 2005 年版,第 314 页。

结　语

现代新儒家在广阔的文化背景中，弘扬中国文化的辉煌博大气象，重铸民族文艺美学之魂，对人伦世相、心迹情怀、生命意趣和审美感兴等中国美学观念进行了庄严的历史和美学透视，使中国审美精神显露光芒。其宏阔的视野，颇合《庄子·天下》所言，“明于本数，系于末度”，“其于本也，弘大而辟，深闳而肆；其于宗也，可谓调适而上遂矣”。牟宗三认为以上话语几乎是“为中国文化生命写真”。他以同样的话语即“弘大而辟，深闳而肆”评价唐君毅的哲学思想。其实，他本人以及新儒家的其他成员，都展示了“弘大而辟”的大家风采。

从20世纪中国美学理论建构的历史史实来看，凡是有粹灵之气的学术大师，无一不是充分承继、利用了中国传统美学思想资源的有效部分，并在西方美学本土化的背景下，使中国传统美学思想得以创造性转化和发展。诚如陈寅恪所言：“其真能于思想上自成系统，有所创获者，必须一方面吸收输入外来之学说，一方面不忘本民族之地位。此二种相反而适相成之态度，乃道教之真精神，新儒家之旧途径，而千年吾民族与他民族思想接触史之所昭示者也。”①近代以来学人的出处升沉、学术的兴替流变无不证实此言。美学研究的生命力在于原创性，在于激活传统思想资料中的美学

① 陈寅恪：《金明馆丛稿二编》，上海古籍出版社1980年版，第252页。

质素,在于中西美学的内在融通。

现代新儒家以整个中华文化智慧作底蕴开展学术活动。青年时代,他们就在传统文化的熏陶中,对中国传统文艺有深切的体验,培养了较高的鉴赏力。在"西学东渐"中,他们接触到西方文化。西方文化的吸纳,开阔了他们的眼界。当面对西方文化的新观念和新思维时,新儒家并不保守,他们自觉或不自觉地进行着中西文化的对话,试图返本开新,援西学入儒学。在中西对话和交流中,西方现代学术思想在中华民族的文化中得到了回应,中国文化传统也因此而获得了进入现代的途径。在学术文化研究中,新儒家主张不失自性,本着儒家的智慧以畅通中外文化生命之道路。他们以中国智慧的特质与西方对话,而不是以化归的方式向西学认同。在中西文化的交会中,熊十力主张:贯中西而识大旨,尊德性而道问学,致广大而尽精微,极高明而道中庸,温故常而知新学。新儒家系统地思考和研究了中国古代的人性论、心性论、宇宙观和审美观。对于触机随缘式的中国文论和美学话语,他们采取了慎思明辨的归纳、溯根穷源的体会、切问近思的印证,从中探索文化基因与审美基质,发现中国文论和美学的气韵和丰神,进行较有成效的现代转换和阐释。

刘勰《文心雕龙·通变》曰:"望今制奇,参古定法。"一种美学体系只有在内涵、学理、精神与智慧上与传统接榫,又真正注入到整体的现代学术系统当中,才有实际影响和学术价值。方东美说:"我们承受中国的文化传统,应当在这种优美的精神传统中,先自己立定脚跟,再在自己的立场上发展内在的宝贵生命和创造精神,然后培养成内在的智慧,虚心反省自己的优劣,再原原本本地去看西方文化,以取法乎上,得乎其中。"①此种心态,见出新儒家的理论动机。学术

---

①《方东美集》,群言出版社 1993 年版,第 43 页。

所造之境，应以统览文化生态为其主旨，始能潜入民族心灵深处，洞见其情与理。新儒家以“人”、“心”、“生”、“诗”为中心范畴，论述文艺美学，融思辨以入体认，融传统以入现代，其构筑的学术思路虽非十全十美，但所展示的美学理论架构，值得我们重视和借鉴。

学术研究贵在力求对学术问题作庄重的历史、文化与美学透视。新儒家的成就，在于贡献了一个有根的中国文艺美学体系，它是由人化论、心化论、生化论、诗化论组成的。正因为这个“有根”的中国文艺美学构造——有“人”、有“心”、有“生”、有“诗”，这就比那些“无根”的美学构拟——无“人”、无“心”、无“生”、无“诗”，更切入中国特色。德国汉学家卜松山说得好：“中国人——就美学而言——是不是更应该追踪自己悠久而卓越的艺术传统、具有诗的暗示性的艺术话语，而不是劳累地步西方方法的后尘呢？毫无疑问，中国现在正处于一种文化的转型期，非常需要开放，需要对西方理论做批评性的讨论，需要与西方做跨文化的对话。但是，如果现代中国美学在接受西方美学范畴和术语的同时不能真正参与到西方美学讨论中，结果又如何呢？假如西方人根本不注意中国现代的美学（似乎正是如此），那又该如何？西方人至少在某种程度上通过汉学家的努力比较注意中国传统美学，因为这是中国自己独特的思想传统。……我有一种感觉，西方人仍然在等待一种具有强烈的中国文学特色的现代中国美学。这种美学不是顺从西方理论，而是能对其提出挑战。”①在著述中，卜松山欣赏儒家倡导的“内在的超越”的思路，认为这种中国思想具有世界性价值。他提醒我们在建构现代美学体系时应走一条什么样的道路。而新儒家的文论和美学正是在中国人的哲学与文化土壤中结合现代化进程，运用我们自己的眼光来融合西方美学与中国美学的资源，而形

① 卜松山：《与中国作跨文化对话》，中华书局 2000 年版，第 14 页。

成的自己的理论话语。

中国人文科学的民族化、现代化,是目前中国学术界最重要的课题。杨义说:"现代中国学术面临的总体方法或元方法是双构性的,它以世界视野和文化还原二者作为富有内在张力的基本问题。这也是它的总体方法的'内在原则和灵魂'或者所要贯之的'道'。二者缺其一,就会发生严重的'失魂'或'失根'的倾斜。只有把世界视野和文化还原相结合,才能使学术踏实明敏、登高望远,在反思自己自何而来、向何而去的基础上,明古今之变,察中西之机,外可以应对全球化的挑战,内可以坚持自主性的创造。这样的学术才是有大国气象的学术,才能找到自己的生长之机、创造之魂,才能在克服抱残守缺或随波逐流的弊端中,实现一种有根的生长、有魂的原则。"①新儒家的美学在内涵上继承了中国民族形态的道德形上学美学的学理传统,在形式上吸收了西方认识论的理论形态。在美学建构中,新儒家既掌握本体也重视方法。他们主张中国美学必须在自己的主体性上进行自我提升与丰富,也必须在自己的主体性上吸收西方文化的营养成分,在时间向度上追求有民族特色的现代化,在空间向度上追求和而不同的世界化。新儒家的美学体系,确实是20世纪中国既植根传统又接纳西学的美学话语,是既有个性又成格局的美学一脉。因此,新儒家对中国文化精神的审美建构在中国现代美学史上具有独特的地位。

我们肯定新儒家对中国文化精神的美学沉思的积极意义,描述新儒家在中国现代美学史上的独特地位,但决不意味着我们承认新儒家的美学观点完美无缺。第三代新儒家成中英用中肯的态度评价前辈新儒家说,他们"为后世的承继者开拓了一条精致雅驯的理解大道,但他们的概念思考资质仍未充分发挥,而就处理东西

① 杨义:《现代中国学术方法综论》,《中国社会科学》2005年第3期。

交流问题所必须开发的共同据点而言，他们尚未能达到理想的目标"[1]。我们必须看到新儒家的美学沉思存在的局限性和理论系统的遮蔽性。笔者曾在《有根的诗学——现代新儒家文化诗学研究》一书中，指出了新儒家的历史局限性和理论遮蔽性表现在三个方面：泛道德主义倾向、信念独断论色彩、心性决定论意味。[2] 迄今为止，笔者仍然认为这三个方面的局限是新儒家思想学说存在的偏至缺失。联系到新儒家的文艺美学，笔者认为，新儒家也存在着一些不足。其一，在理论范畴展开的过程中，新儒家淡忘了文化创新所具有的时代性品格。其表现是，新儒家青睐中国古典文化和文艺传统，而缺乏应有的时代亮度，其价值取向发生某种偏移也成了不可避免。论及中西文化时，他们往往以中国好的方面去比西方差的和坏的方面，以中国文化的典雅理想去比西方文化的丑陋现实，在反西方中心主义的意欲和冲动中，对西方近代文明和文艺现象缺乏周全的理智判断。其二，新儒家只是一味强调中国艺术意境的价值，但随着传统文化向现代文化转化，传统的"意境"应该怎样转换为现代意境，渗入现代人的感知方式，成为现代人广泛接受的"灵性"或"灵境"，新儒家没有作出足够有说服力的论证。他们责备科学之世界不复为诗意的生命世界，说"前人睹一桃花色，听一流水声，诗意自然生于其心。今人目尽天下色，耳尽天下声，而所谓诗意则渺不得其存在。声色纷陈，雅兴转塞。亦可谓科学日进，诗情日退"[3]。这类话语似是而非，带有贬低自然科学、厚古薄

---

① 成中英：《从中西互释中挺立》，中国人民大学出版社 2005 年版，第 43 页。

② 侯敏：《有根的诗学——现代新儒家文化诗学研究》，上海人民出版社 2003 年版，第 23 页。

③ 钱穆：《晚学盲言》（下卷），广西师范大学出版社 2004 年版，第 599 页。

今的基调。这些都是新儒家表现在文艺美学方面的历史局限性和理论遮蔽性,不能不察。另外,道德的理性精神与美感的艺术精神如何“和光同尘”地融合在一起,这也是新儒家追求“建体立极”过程中能否抉发出“充实而空灵”的美感意义所遇到的难题。当然,建构民族特色的美学体系,任重道远。眼界决定境界,思路决定出路。我们把新儒家的美学当做“桥”和“路”,继续坚持综合创新,才能走向中国美学的新天地。

参考文献

一、文献类

1. 钱穆著《文化与教育》,广西师范大学出版社 2004 年版。

2. 钱穆著《中国文化史导论》,商务印书馆 1994 年版。

3. 唐君毅著《文化意识与道德理性》,广西师范大学出版社 2005 年版。

4. 徐复观著《中国艺术精神》,春风文艺出版社 1987 年版。

5. 徐复观著《中国文学论集》,台湾学生书局 1985 年版。

6. 徐复观著《中国文学精神》,上海书店出版社 2004 年版。

7. 钱穆著《灵魂与心》,广西师范大学出版社 2004 年版。

8. 钱穆著《人生十论》,广西师范大学出版社 2004 年版。

9. 刘梦溪主编《中国现代学术经典——方东美卷》,河北教育出版社 1996 年版。

10. 成中英著《论中西哲学精神》,东方出版中心 1996 年版。

11. 牟宗三著《中西哲学十九讲》,上海古籍出版社 2005 年版。

12.《熊十力学术文化随笔》,中国青年出版社 1999 年版。

13. 牟宗三著《中西哲学之会通十四讲》,上海古籍出版社 2007 年版。

14. 刘述先著《儒家思想与现代化》,中国广播电视出版社 1992 年版。

15. 钱穆著《湖上闲思录》,三联书店2000年版。

16. 牟宗三著《中国哲学的特质》,上海古籍出版社1997年版。

17. 唐君毅著《人文精神之重建》,广西师范大学出版社2005年版。

18. 牟宗三著《人文讲习录》,广西师范大学出版社2005年版。

19. 钱穆著《中国学术思想史论丛》,安徽教育出版社2004年版。

20. 牟宗三著《寂寞中的独体》,新星出版社2005年版。

21. 黄克剑等编《徐复观集》,群言出版社1993年版。

22. 黄克剑等编《方东美集》,群言出版社1993年版。

23. 黄克剑等编《熊十力集》,群言出版社1993年版。

24. 黄克剑等编《唐君毅集》,群言出版社1993年版。

25. 黄克剑等主编《牟宗三集》,群言出版社1993年版。

26. 钱穆著《中国文学论丛》,三联书店2002年版。

27. 钱穆著《现代中国学术论衡》,三联书店2001年版。

28. 成中英著《创造和谐》,上海文艺出版社2003年版。

29. 唐君毅著《青年与学问》,广西师范大学出版社2005年版。

30. 刘述先著《儒家思想开拓的尝试》,中国社会科学出版社2001年版。

31. 徐复观著《中国人性论史》,华东师范大学出版社2005年版。

32. 唐君毅著《人生之体验续编》,广西师范大学出版社2005年版。

33. 唐君毅著《中国人文精神之发展》,广西师范大学出版社2005年版。

34. 唐君毅著《中华人文与当今世界》,广西师范大学出版社2005年版。

35.《返本开新——熊十力文选》,上海远东出版社 1997 年版。
36. 钱穆著《新亚遗铎》,三联书店 2004 年版。
37. 刘述先著《理一分殊》,上海文艺出版社 2000 年版。
38.《杜维明学术文化随笔》,中国青年出版社 1999 年版。
39. 方东美著《生命理想与文化类型》,中国广播电视出版社 1993 年版。
40. 杜维明著《儒家传统的现代转化》,中国广播电视出版社 1992 年版。
41. 唐君毅著《中华人文与当今世界补编》,广西师范大学出版社 2005 年版。
42. 冯友兰著《人生哲学》,广西师范大学出版社 2005 年版。
43. 唐君毅著《人生之体验》,广西师范大学出版社 2005 年版。
44. 牟宗三著《中国哲学十九讲》,上海古籍出版社 2006 年版。
45. 梁漱溟著《人心与人生》,上海人民出版社 2005 年版。
46. 梁漱溟著《中国文化要义》,上海人民出版社 2005 年版。
47. 汤用彤著《魏晋玄学论稿》,上海古籍出版社 2005 年版。
48. 牟宗三著《才性与玄理》,广西师范大学出版社 2006 年版。
49. 梁漱溟著《东西文化及其哲学》,商务印书馆 2004 年版。
50. 贺麟著《文化与人生》,商务印书馆 1988 年版。
51. 钱穆著《国学概论》,商务印书馆 2005 年版。
52. 成中英著《合外内之道——儒家哲学论》,中国社会科学出版社 2001 年版。
53. 唐君毅著《哲学概论》,中国社会科学出版社 2005 年版。
54. 熊十力著《读经示要》,中国人民大学出版社 2006 年版。
55. 熊十力著《原儒》,中国人民大学出版社 2006 年版。
56. 李维武编《徐复观文集》,湖北人民出版社 2002 年版。
57.《中国古代儒家语录四书》,山东友谊出版社 2001 年版。

58. 冯友兰著《中国哲学简史》,新世界出版社 2005 年版。

59. 余英时著《现代哲学的回顾与展望》,三联书店 2004 年版。

60.《牟宗三先生全集》,台湾联经出版公司 2005 年版。

61.《方东美全集》,台湾黎明文化事业公司 2005 年版。

62.《唐君毅全集》,台湾学生书局 1988 年版。

63. 张寅彭主编《民国诗话丛编》,上海书店出版社 2002 年版。

64. 贺麟著《儒家思想的新开展》,中国广播电视出版社 1995 年版。

65. 成中英著《知识与价值》,中国广播电视出版社 1996 年版。

66. 冯友兰著《极高明而道中庸》,中国广播电视出版社 1995 年版。

67. 徐复观著《中国人文精神之阐扬》,中国广播电视出版社 1996 年版。

68. 熊十力著《现代新儒学的根基》,中国广播电视出版社 1996 年版。

69. 熊十力著《十力语要》,中华书局 1996 年版。

70. 熊十力著《新唯识论》,中华书局 1985 年版。

71. 方东美著《哲学三慧》,台湾三民书局 1971 年版。

72. 方东美著《生生之德》,台湾黎明文化事业公司 1979 年版。

73. 方东美著《方东美先生演讲集》,台湾黎明文化事业公司 1978 年版。

74. 唐君毅著《中西哲学思想之比较研究集》,正中书局 1943 年版。

75. 唐君毅著《生命存在与心灵境界》,台湾学生书局 1976 年版。

76. 刘述先著《文学欣赏的灵魂》,台湾克林出版社 1972 年版。

77. 牟宗三著《中国哲学的特质》,台湾学生书局 1976 年版。

78. 张君劢著《明日之中国文化》,山东人民出版社 1998 年版。

79. 钱穆著《钱宾四先生全集》,台湾联经出版公司 1996 年版。

80. 余英时著《中国传统的现代诠释》,江苏人民出版社 2003 年版。

81. 牟宗三著《宋明儒学的问题与发展》,华东师范大学出版社 2004 年版。

82. 俞剑华主编《中国古代画论类编》,人民美术出版社 1957 年版。

83. 郭绍虞主编《中国历代文论选》,上海古籍出版社 2001 年版。

84. 钱穆著《晚学盲言》,广西师范大学出版社 2004 年版。

85. 成中英主编《本体与诠释》,三联书店 2000 年版。

二、论著类

86. 王尔敏著《中国近代思想史论》,社会科学文献出版社 2003 年版。

87. 罗志田著《裂变中的传承》,中华书局 2003 年版。

88. 杨义著《重绘中国文学地图》,中国社会科学出版社 2003 年版。

89. 李泽厚著《华夏美学》,中外文化出版公司 1989 年版。

90.〔德〕卜松山著《与中国作跨文化对话》,中华书局 2000 年版。

91. 赵宪章著《文艺学方法通论》,江苏文艺出版社 1991 年版。

92. 袁济喜著《20 世纪中国美学与传统》,首都师范大学出版社 2006 年版。

93. 孙隆基著《中国文化的深层结构》,广西师范大学出版社 2006 年版。

94. 叶维廉著《中国诗学》,人民文学出版社 2006 年版。

95. 萧华荣著《中国古典诗学理论史》,华东师范大学出版社 2005 年版。

96. 杨国荣著《心学之思》,三联书店 1997 年版。

97. 周宪著《超越文学》,三联书店 1997 年版。

98. 韩林德著《境生象外》,三联书店 1996 年版。

99. 黄霖等著《原人论》,复旦大学出版社 2000 年版。

100. 陈明著《儒者之维》,北京大学出版社 2004 年版。

101. 司马云杰著《心性灵明论》,陕西人民出版社 2006 年版。

102. 蔡尚思著《中国思想研究法》,复旦大学出版社 2001 年版。

103. 胡晓明著《中国诗学之精神》,江西人民出版社 2001 年版。

104. 曹聚仁著《中国学术思想史随笔》,三联书店 2003 年版。

105. 冯天瑜著《中华元典精神》,上海人民出版社 1998 年版。

106. 傅庚生著《中国文学欣赏举隅》,中国书店 1986 年版。

107. 詹福瑞著《中古文学理论范畴》,河北大学出版社 2000 年版。

108. 廖蔚卿著《六朝文论》,台湾联经出版事业公司 1978 年版。

109. 单波著《心通九境——唐君毅哲学思想引论》,人民出版社 2001 年版。

110. 张皓著《中国美学范畴与传统文化》,湖北教育出版社 1996 年版。

111. 衣俊卿著《文化哲学十五讲》,北京大学出版社 2004 年版。

112. 鲁枢元著《生态文艺学》,陕西人民教育出版社 2000 年版。

113. 汤一介著《和而不同》,辽宁人民出版社 2001 年版。

114. 刘士林著《中国诗性文化》,海南出版社 2006 年版。

115. 方克立主编《现代新儒学研究论集》,中国社会科学出版社 1991 年版。

116. 张奎志著《体验批评:理论与实践》,人民出版社 2001 年版。

117. 朱立元主编《天人合一:中华审美文化之魂》,上海文艺出版社 1998 年版。

118. 钱钟书著《谈艺录》,中华书局 1948 年版(补订本)。

119. 刘若愚著《中国文学理论》,江苏教育出版社 2005 年版。

120. 祝瑞开主编《儒家与 21 世纪中国》,学林出版社 2000 年版。

121. 牟钟鉴著《走进中国精神》,华文出版社 1999 年版。

122. 魏明德著《全球化与中国》,商务印书馆 2002 年版。

123. 张利群著《中国诗性文论与批评》,人民文学出版社 2001 年版。

124. 陈良运著《中国诗学体系统论》,中国社会科学出版社 1992 年版。

125. 伽达默尔著《真理与方法》,上海译文出版社 1999 年版。

126. 杜夫海纳著、孙非译《美学与哲学》,中国社会科学出版社 1985 年版。

127. 邓新华著《中国传统文论的现代观照》,四川出版集团 2004 年版。

128. 潘立勇著《审美人文精神论》,浙江大学出版社 1996 年版。

129. 张伯伟著《中国古代文学批评方法论》,中华书局 2002 年版。

130. 韩望喜著《善与美的人性》,人民出版社 2001 年版。

131. 姚文放著《当代性与文学传统的重建》,人民文学出版社 2004 年版。

132. 陈德礼著《人生境界与生命美学》,长春出版社 1998 年版。

133. 韩钟文著《美善境界的寻求》,齐鲁书社 2002 年版。

134. 古风著《意境探微》,百花洲文艺出版社 2001 年版。

135. 郁沅、倪进著《感应美学》,文化艺术出版社 2001 年版。

136. 胡家祥著《审美学》,北京大学出版社 2000 年版。

137. 张立文著《和合学概论》,首都师范大学出版社 1996 年版。

138. 张法著《中西美学与文化精神》,北京大学出版社 1994 年版。

139. 汪涌豪著《范畴论》,复旦大学出版社 1999 年版。

140. 吴功正著《中国文学美学》,江苏教育出版社 2001 年版。

141. 成复旺著《神与物游》,中国人民大学出版社 1989 年版。

142. 朱良志著《中国艺术的生命精神》,安徽教育出版社 2006 年版。

143. 蒙培元著《心灵超越与境界》,人民出版社 1998 年版。

144. 彭吉象主编《中国艺术学》,北京大学出版社 2007 年版。

145. 蒲震元著《中国艺术意境论》,北京大学出版社 1999 年版。

146. 邓牛顿著《中华美学感悟录》,社会科学文献出版社 1999 年版。

147. 陈庆辉著《中国诗学》,台湾文史哲出版社 1994 年版。

148. 陶东风著《中国古代心理美学六论》,百花文艺出版社

1992 年版。

149. 刘墨著《中国画论与中国美学》,人民美术出版社 2003 年版。

150. 蒋寅著《中国诗学的思路与实践》,广西师范大学出版社 2001 年版。

151. 张亨著《思文之际论集:儒道思想的现代诠释》,新星出版社 2006 年版。

152. 何怀硕著《苦涩的美感》,百花文艺出版社 2005 年版。

153. 胡经之著《文艺美学》,北京大学出版社 1999 年版。

154. 黄克剑著《百年新儒林》,中国青年出版社 2000 年版。

155. 叶朗著《中国美学史大纲》,上海人民出版社 1985 年版。

156. 李泽厚、刘纲纪主编《中国美学史》,中国社会科学出版社 1984 年版。

157. 陈鼓应著《老庄新论》,上海古籍出版社 1992 年版。

158. 张祥龙著《从现象学到孔夫子》,商务印书馆 2001 年版。

159. 胡伟希著《中国本土文化视野下的西方哲学》,首都师范大学出版社 2002 年版。

160. 张世英著《进入澄明之境》,商务印书馆 1999 年版。

161. 王树人著《回归原创之思》,江苏人民出版社 2005 年版。

162. 王岳川著《目击道存》,湖北教育出版社 2000 年版。

163. 张文勋著《儒道佛美学思想源流》,云南人民出版社 2004 年版。

164. 党圣元著《与古为邻》,陕西人民教育出版社 1999 年版。

165. 王晓清著《学者的师承与家派》,湖北人民出版社 2000 年版。

166. 杨匡汉著《时空的共享》,河北人民出版社 1988 年版。

167. 郑家栋著《断裂中的传统》,中国社会科学出版社 2001 年版。

168. 李山等著《现代新儒家传》,山东人民出版社 2002 年版。

169. 陈伯海著《中国诗学之现代观》,上海古籍出版社 2006 年版。

170. 陈望衡著《境外谈美》,花山文艺出版社 2004 年版。

171. 韦政通著《中国思想传统的创造转化》,云南人民出版社 2002 年版。

172. 吴兴明著《中国传统文论的知识谱系》,巴蜀书社 2001 年版。

173. 刘文英著《儒家文明——传统与传统的超越》,南开大学出版社 1999 年版。

174. 陈来著《现代中国哲学的追寻》,人民出版社 2001 年版。

175. 蒋述卓主编《文化诗学:理论与实践》,人民文学出版社 2005 年版。

176. 黄俊杰著《儒学与现代台湾》,中国社会科学出版社 2001 年版。

177. 张炬著《以艺论道》,中国社会科学出版社 1999 年版。

178. 蒋勋著《美的沉思:中国艺术思想刍议》,文汇出版社 2005 年版。

179. 侯敏著《有根的诗学——现代新儒家文化诗学研究》,上海人民出版社 2003 年版。

180. 李维武主编《徐复观与中国文化》,湖北人民出版社 1997 年版。

181. 吴光主编《当代新儒家探索》,上海古籍出版社 2003 年版。

182. 赵德志著《现代新儒家与西方哲学》,辽宁大学出版社 1994 年版。

183. 张毅著《文艺美学——从原始儒家到现代新儒家》,南开大学出版社 2004 年版。

184. 蒋国保、余秉颐著《方东美思想研究》,天津人民出版社 2004 年版。

185. 龚鹏程著《美学在台湾的发展》,台湾南华管理学院出版社 1998 年版。

186. 王守雪著《文心与文学——徐复观文学思想研究》,郑州大学出版社 2005 年版。

187. 李明辉主编《当代新儒家人物论》,台湾文津出版社 1994 年版。

188. 刘述先等著《当代新儒学论文集·总论篇》,台湾文津出版社 1991 年版。

189. 蔡仁厚著《孔子的生命境界——儒学的反思与开展》,台湾学生书局 1998 年版。

190. 曾昭旭著《充实与虚灵——中国美学初论》,台湾汉光文化事业公司 1991 年版。

后　记

光阴荏苒,学魂重铸。现代新儒家是20世纪初以来运衍近百年的重要的思想流派。对现代新儒家的学术研究,我已持续进行了十年时间。六年前,我发表了新儒家文化诗学研究的系列论文;《有根的诗学——现代新儒家文化诗学研究》(上海人民出版社2003年版)一书的出版,奠定了我的一个学术平台。著作出版以后,意犹未尽。2004年,我以"现代新儒家文艺美学研究"为题,申报了国家社会科学基金项目,有幸获得了批准立项。如今这本《现代新儒家美学论衡》,就是该项目课题的结项成果。如果前者主要是对新儒家代表人物的文化诗学进行个案集中研究的话,那么后者则是对新儒家美学思想之范畴与体系所作的全面的学理探讨。在项目课题的研究中,我发觉,要完成这个任务,难度较大。从资料的爬梳到思路的拟定,从学理的认知到概念的阐发,从体系的架构到学说的论证,无不经历了一个反复推敲的艰难历程,可谓殚精竭虑。著者日夕沉浸于新儒典籍之中,领其真义,衡其玄理,吸其元神,探其大美。当然,美学思想的探寻是一个互文性的过程,既诠对象,又表己见。

细心的读者会发现,这么多年来,我坚持不懈地研究新儒家的文论、诗学和美学,目的无非是寻找中国古代文论、诗学、美学的现代转换的理论资源和学术范型,在学界呼吁走向"有根的诗学",彰显一种博雅的"大美学观"(大"人"、大"心"、大"生"、大"诗"之

“大美学”），以对中国特色的文艺理论和美学体系的建构有所裨益。我以为，新儒家美学所依托的境界形上学的根基，所包含的儒道感悟的艺理，有很多特殊的内蕴，而且具有重要的价值。由于新儒家是一个学派，我的研究就不是着眼于单个的人，而是着力抉发新儒家群体的流派特色。新儒家每位成员有着“家族的相似”，但在不同的阶段，每个人可能有不尽相同甚至出入较大的看法。我的任务是综观他们对文艺审美现象的认识（包括对美的本质所作的形上的探讨），找出他们大体一致的对美的看法以及他们对审美活动的一个中心指向，即一以贯之的东西——理论体系。而所谓体系，不过是由某一基本概念衍生出来的各个具体论题的总和。我发现，人、心、生、诗是新儒家美学的关键词。这些范畴和概念基本上包含了中国传统美学的基本精神和理论内核，既有民族特色，又能展开中西理论的对话。由此形成的人化论、心化论、生化论、诗化论，构成一个相对完整的体系，具有整体性与境界性、通贯性与互渗性。因此，著者围绕这四个关键范畴予以演绎，以少总多，执一驭众，用核心范畴去统领从属范畴，将这些范畴群、命题、话语加以整合，使新儒家的美学体系得以朗现。

学术探索，贵在体悟。今年二月，我应邀去台湾东吴大学担任客座教授。半年时间，在“双溪滢秀”的台北士林区，我感受到了浓厚的中华文化气氛。教学之余，我查阅了新儒家代表人物的著作全集，复印了一些宝贵的研究资料；访问了他们当年转蓬宝岛的研学场所，并在钱穆故居学术报告厅作了专题演讲；结识了一些新儒家的弟子门生，与学界同人交流了学术心得。所有这些，都加深了我对新儒家“返本开新”之思想趣赴的认知和理解。文以气为主，气畅文通。我完成了这本书稿的修改和润色。这段学术交流与研究生涯，令我学识提升。

一书即成，如释一重。在此，我要衷心感谢国家社会科学基金的项目资助。我深知,学海无边,人生有涯,问学不倦,力探不已,也只能像苏轼所言“纵一苇之所如,凌万顷之茫然”。不过,吾人既然选择了远方的目标,就得义不容辞,风雨兼程,向着“有根的中国诗学”的愿景,勉力前行。

是为后记。

侯　敏

2009 年 10 月于苏州新湘苑